L'AGONIE

EN VENTE A LA MÊME LIBRAIRIE.

Du même Auteur

Byzance. 3 50
Un Volontaire de 1792. . . . . 3 50
Adel. La Révolte future. Poème. . . : . . . . . . 2 »

EN PRÉPARATION :

Loïs Majourès, Roman de mœurs provençales. 3 50
Les Chrétiens. Drame en 3 actes, donné au Théâtre
   d'Art à Paris. 3 50

« *La bête que tu as vue a été
et n'est plus; elle doit monter
de l'abîme et s'en aller à la perdition; et les habitants de la
terre, dont les noms ne sont pas
inscrits dans le livre de vie dès
la création du monde, s'étonne-
ront en voyant la bête qui était,
et qui n'est plus, bien qu'elle
soit.* »

(APOCALYPSE.)

JEAN LOMBARD

L'AGONIE

Avec une Préface d'OCTAVE MIRBEAU

PARIS

NOUVELLE LIBRAIRIE PARISIENNE
ALBERT SAVINE, ÉDITEUR
12, Rue des Pyramides, 12

Tous droits réservés.

A THEODORE JEAN

A celui-là qui, avec quelques autres, malgré les Méconnaissances et les Inimitiés, est resté l'ami des anciennes heures.

Jean LOMBARD.

JEAN LOMBARD [1]

Un puissant et probe écrivain, un esprit hanté par des rêves grandioses et des visions superbes, un de ceux, très rares, en qui se confiait notre espoir, Jean Lombard — un nom qui sonne la force mâle — Jean Lombard, l'auteur de l'*Agonie* et de *Byzance*, est mort. Il est mort dans une inexprimable misère, sans laisser, à la maison, de quoi acheter un cercueil, sans laisser de quoi acheter un morceau de pain à ceux qui lui survivent. Devant la détresse si navrante de ce pauvre foyer, où pleurent une femme, admirable créature de dévouement et de bonté, et trois petits enfants charmants, dont le regard doit être si douloureux à regarder, le cœur se serre et des larmes vous viennent aux yeux. C'est donc vrai, qu'en ce temps-ci, en ce temps de journaux pullulants, de revues, de publications de

[1] M. Octave Mirbeau a bien voulu nous autoriser à reproduire comme préface de la nouvelle édition de l'*Agonie* son remarquable article qu'il a consacré à Jean Lombard dans l'*Echo de Paris*.

toute sorte, qui, « accueillent les talents et font les réputations », en ce temps où les plus inutile des Theuriet, où le plus infime des Delpit trouvent à vivre de leur métier, à s'enrichir de leur néant, c'est donc vrai qu'un homme courageux, un formidable et supérieur et pur artiste, peut mourir de faim, devant la table servie pour les médiocres et les farceurs, et, lui parti, ne laisser aux siens, vivant seulement de sa tendresse, qu'un héritage de misère et de douleur ? Il faut que, de temps en temps, éclatent de pareilles tragédies — et combien d'ignorées ! — pour rendre croyables et possibles ces effrayantes choses moins rares qu'on ne pense.

M. Paul Margueritte, qui n'est pas seulement un romancier de grand et délicat talent, mais une âme généreuse, vibrant à toutes les causes nobles, et M. Edouard Petit, un des plus chers, des plus fidèles amis de Jean Lombard, ont fait entendre, le premier dans l'*Echo de Paris*, le second dans le *Mot d'Ordre*, un éloquent, déchirant appel à la pitié publique, en faveur de ces quatre êtres désespérés, entrés, soudain, dans les ténèbres de l'avenir. Cet appel a trouvé de l'écho. Une somme disponible, relativement importante, peut subvenir aux premiers et plus pressants besoins ; le ministère de l'instruction publique s'est empressé d'allouer spontanément un secours de cinq cents francs. D'autres secours s'annoncent, sont attendus. C'est bien pour aujourd'hui. Mais, demain, le demain si noir, que sera-t-il ? On ne peut poser ce point d'interrogation, sans un grand frisson. Pourtant, il ne convient point de désespérer. Comme l'a dit M. Edouard Petit « Lombard était des nôtres, sa famille sera désormais des nôtres ». Il n'est pas possible qu'un être élu, en qui a brûlé une des plus belles flammes de la pensée de ce temps, soit plus maltraité de la charité publique que le dernier des comédiens, qui, devenu vieux, n'a qu'à tendre la main, pour qu'on la remplisse d'or; il n'est pas possible que nous ne trouvions pas le moyen d'émouvoir cette charité, qui a fait tant de miracles, souvent mal à propos, en faveur d'une infortune sacrée, digne, celle-là, de tous les respects et de toutes les pitiés.

* *

D'origine ouvrière, Jean Lombard s'était fait, tout seul. Je veux constater, en passant, une vérité. Plus nous allons, et plus tout ce qui émerge de l'universelle médiocrité, tout ce qui porte une force, en soi, force sociale, force pensante, force artiste, vient du peuple. C'est dans le peuple, encore vierge, toujours persécuté, que se conservent et s'élaborent les antiques vigueurs de notre race. Nos bourgeoisies, épuisées de luxe, dévorées d'appétits énervants, rongées de scepticisme, ne poussent plus que de débiles rejetons inaptes au travail et à l'effort. Jean Lombard avait gardé de son origine prolétaire, affinée par un prodigieux labeur intellectuel, par un âpre désir de savoir, par de tourmentantes facultés de sentir, il avait gardé la foi carrée du peuple, son enthousiasme robuste, son entêtement brutal, sa certitude simpliste en l'avenir des bienfaisantes justices. C'est ce qui lui a permis de vivre sa vie, trop courte, hélas, par les années, trop longue et trop lourde par les luttes où, toujours, il se débattit. Je voudrais que tous ceux qui liront cet article puissent lire un des livres de Jean Lombard, l'*Agonie*, par exemple. Il est possible que quelques-uns soient choqués par ce style barbare, polychrome, et forgé de mots techniques, pris aux glossaires de l'antiquité, bien que ce style ait vraiment une grande allure, des sonorités magnifiques, un fracas d'armures heurtées, de chars emportés et comme l'odeur même — une odeur forte de sang et de fauves — des âges qu'il raconte. Mais il est impossible que personne ne soit frappé par la puissance de vision humaine, d'hallucination historique, avec laquelle ce cerveau de plébéien a conçu, a reproduit les civilisations pourries de Rome, sous Héliogabale, et de Byzance. C'est très grand et d'une monotonie splendide. Des théories d'hommes passent et repassent en gestes convulsés d'ovations, en belles attitudes martiales de défilés de guerre, en troublants cortèges de religions infâmes, en courses haletantes d'émeutes. Comment, par des mots, donner une idée de cela, qui est formidable? C'est frénétique et morne; tout un peuple d'ombres soulevé hors du néant.

L'*Agonie*, c'est Rome envahie, polluée par les voluptueux et féroces cultes d'Asie, c'est l'entrée, obscène et triomphale, du bel Héliogabale, mitré d'or, les joues fardées de vermillon, entouré de ses prêtres syriens, de ses eunuques, de ses femmes nues, de ses mignons; c'est l'adoration de la Pierre noire, de l'icone unisexuelle, du phallus géant, intronisé, dans les palais et les temples, avec d'étonnantes prostitutions des impératrices et des princesses; tout le rut forcené d'un peuple en délire; toute une colossale et fracassante et ironique folie, sombrant en des massacres de chrétiens, et l'incendie des quartiers de Rome.

Byzance, qui est à l'*Agonie* le panneau d'un dyptique, avec ses développements analogues et une catastrophe identique pour conclure, mais d'un ensemble très chaste et nullement érotique, comme dans l'*Agonie*, met aux prises les Verts et les Bleus, sous Constantin Copronyme, les amours de l'Enfant Oupravda, qu'une conspiration réserve au trône et à qui le Basileus, en découvrant le complot, fait crever les yeux. Là, toute la folie retentissante du cirque, tous les soldats dorés et gemmés de l'empire, et sept très extraordinaires aveugles, de sang royal, candidats proscrits au trône, qui tâtonnent à travers tout le livre, de leurs mains vagues, en disputant vainement leurs prééminences. Mais les livres de Lombard sont si vastes, si complexes, qu'il me serait impossible de les expliquer dans un bref article de journal. Je ne puis en donner qu'une superficielle et très insuffisante impression. Il faut les lire ; il faut surtout ne pas s'imaginer que l'écrivain se borne à des descriptions de temples, d'architectures, de cérémonies, à des évocations de rites étranges et de mœurs maudites. Certes, Jean Lombard est un savant; il connaît jusqu'au moindre bibelot qui orne le coin d'un triclinium de riche Romain; il sait jusqu'au nom de l'étoffe précieuse qui cache mal la nudité frénétique des femmes et des éphèbes; il ne vous fait grâce d'aucun document, d'aucune reconstitution caractéristique. Mais dans le savant, qui revit curieusement toute une époque plastique, il y a un penseur profond, qui observe, explique les passions humaines, dans le recul, pourtant si incertain, de l'histoire, et qui sait les contemporaniser sous l'armure dorée des soldats byzantins et la robe traînante des asiatiques, prêtres du soleil, adorateurs de la Pierre noire. Et combien l'on regrette que ce visionnaire, qui lit leurs secrets sur les pierres effacées des temples, aussi bien que dans le cœur des hommes, n'ait pu achever l'*Affamée*, ce livre social, où il aurait fixé, avec des couleurs terribles, l'histoire de notre époque, comme il a fixé celle de la Rome décadente.

*
* *

Lombard, on peut le dire, est mort de la misère et des difficultés des débuts. Il souffrait d'une gastrite; un refroidissement est venu, et l'a emporté ! Il était miné par la lutte, par le travail; le corps trop frêle, pour une âme si ardente, n'a pu supporter l'assaut de la maladie. Très fier, très digne, ne se plaignant jamais, soutenu par des espoirs sans cesse reculés, il s'était réfugié à Charenton, dans un pauvre quatrième étage, ne voyant presque personne. Là, il travaillait comme un manœuvre, car c'était un laborieux terrible. Tout lui était bon : travaux de librairie, articles spéciaux de science ou de voyages. Il prenait tout ce qui s'offrait, parce qu'il fallait vivre. Son cerveau contenait une encyclopédie bouillante et fumeuse. C'était le type de l'homme de lettres du dix-huitième siècle. Au milieu de ces besognes obstinées et différentes, qui étaient son pain et celui de sa famille, jamais une compromission. Il se gardait pur, intact, croyant. Devant l'indifférence des critiques, devant le succès relatif et insuffisant de l'*Agonie* et de *Byzance*, il se disait avec une bonne humeur, voilée d'un peu de mélancolie : « Bah !... je travaillerai davantage encore... Et il faudra bien qu'un jour on reconnaisse la sincérité de mes efforts et ma valeur..... Car, après tout, je ne suis pas tout le monde. » Hélas ! le pauvre garçon, il est mort trop tôt !

Ce sont de tristes conditions littéraires que celles où se débattent les écrivains d'aujourd'hui, au milieu d'une critique abjecte, que la sottise seule réjouit, et d'un public indifférent qui ne sait vers qui aller et se laisse guider par elle. Et puis les écrivains sont trop nombreux. La mêlée est compacte, dure, égoïste. On n'y entend pas les cris de douleur, les appels désespérés couverts par le hurlement de tous. Chacun pour soi ! On ne se connaît pas ; on n'a pas le temps. On n'a le temps que de songer à ses intérêts, à sa réclame, à sa vie, si disputée. Il paraît trop de livres, et les mauvaises herbes, que personne n'arrache, et qui jettent librement, à tous les vents, leurs pullulantes graines, étouffent les belles fleurs, poussées à leur ombre mortelle !

***

Ce que je voudrais dire encore, c'est l'attitude très noble de Mme Lombard. Ceci est d'un ordre plus intime, et si j'ose en parler, c'est que j'espère éveiller, en faveur de cette admirable créature, la pitié des bonnes âmes. Mme Lombard, qui est du peuple, a, à un très haut point, le respect « du génie » de son mari, car, pour elle, n'est-ce pas, le mot n'est pas déplacé. Dans sa détresse, elle ne songe qu'à lui. Son unique crainte est que le nom de Lombard ne disparaisse, qu'avec les pelletées de terre on n'ait jeté l'oubli sur la fosse de celui dont elle était si fière, et qu'elle aimait comme un saint, comme un Dieu. Elle sent, cette femme inculte et dévouée, que le talent de son mari, bien qu'elle ne le comprît pas, était quelque chose de grand, de supérieur à elle... comme si l'amour n'était point aussi grand, plus grand même que le génie... Connaissez-vous rien de plus touchant ?

OCTAVE MIRBEAU.

L'AGONIE

LIVRE PREMIER

I

Le navigium égratignait, de ses rames cadencées, la mer saphirée, vaporante, et sa voile rouge, à peine se gonflait sous l'ambiant calme qui planait sans qu'aucun bruit le troublât, ni les appels de l'équipage, ni le celeusma balancé des rameurs assis sur les transtras, au mouvement régulier du bâton du hortator, pendant que les passagers, accoudés sur les bords, rêvaient, indiciblement.

Ceux-là étaient un Romain, deux Grecs, un marchand cypriote, un Alexandrin, plusieurs Italiques revenant des ports orientaux. Quoique lassés d'un long voyage, des étapes de la côte, des nuits écoulées à se diriger sur les étoiles, ils avaient appris à aimer cette mer que maintenant ils quittaient à regret. Aussi, leurs yeux visionnaient de villes apparues sur les falaises et les plages, de temples étalés sur les rivages, de marines coupées d'îles brûlées du soleil et déformées furieusement par des orages, et qui prenaient tous les tons, depuis le blanc d'argent jusqu'au rouge ardent, par les intermédiaires bleu et vert.

Sous le regard du proreta, qui, à l'avant, surveillait l'horizon circulaire, des matelots pesaient sur la vergue; d'autres, par les balancines, tiraient la voile, et le navigium bondissait, le rostre droit à la côte invisible encore, sous l'attitude verticale des enseignes romaines que le capitaine, — le magister — sur le pont, avait fait arborer.

La mer Intérieure — pâle, verte, bleu-sombre — se mouchetait de vols d'oiseaux dont les ailes traînaient. Un ciel tout blanc à sa base, tout céruléen à son zénith, ci et là tigré de nues à marche lente, surplombait en un vide infini, et ainsi la marine avait une mélancolie, une douceur solennelle, une sorte d'amertume quiète qui presque ravissait.

Heurté à un fond de sable, le navigium, la proue en l'air, s'était un instant arrêté. Alors, le hortator leva son bâton, recommença le celeusma que sur un rythme plus dur, un rythme saccadé, reprirent les rameurs secoués sur les transtras. Et les rames régulièrement s'élevèrent, retombèrent, emportant le navigium comme en un soulèvement d'écume, d'une blancheur de craie et sous un coup brusque de gouvernail qu'empoignait un pilote — le gubernator — coiffé d'un piléatus de feutre roux.

Maintenant, les passagers conversaient lentement sous le charme du trajet, et d'une divination de la côte halitueuse annoncée par la seule douceur du roulis qui n'était plus celui de la haute mer. Le magister, assis dans son thronus, faisait des signes aux matelots dont quelques-uns serraient la voile attachée à la vergue fixée, au milieu du mât, par l'anquina, collier de fer, et des esclaves, apparaissant par des ouvertures carrées, jetaient sur le pont des marchandises, des ballots d'étoffes et de peaux; des coffres de bois ornés de bronze ou d'ivoire; des capsas renfermant des volumens, livres en rouleaux; même des thécas de parfums, surtout de thus, qui odoraient fort.

Col et tête nus se dégageant d'une lacerna soyeuse qui recouvrait une tunique courte et une subucula collante à manches, Attilius, debout, regardait la terre approchante.

Ses doigts portaient des bagues d'or avec des sertissures de rubis et de saphirs; ses sandales, qui étaient de cuir rouge, avaient au cou-de-pied un soleil d'argent. Une barbe fine, d'un blond roux, lui toisonnait la face, qu'éclairaient d'une lueur de vitrification deux yeux d'un noir violet, bien fendus, dont l'éclat contrastait avec la flaccidité de son maintien, ni voluptueux, ni viril, inerte plutôt.

Madeh se dirigea vers lui. Vêtu, à l'asiatique, d'une robe jaune traînante, aux manches amples, striée de lignes noires, une mitra coiffait ses cheveux frisottés; il avait des sandales brunes, attachées, à la semelle, par deux courroies passant à l'orteil et tournant la cheville, des anneaux d'or aux oreilles, et, sur la poitrine cuirassée d'une batiste à raies rouges et vertes, une amulette, une pierre noire en forme de cône.

La côte ombrée d'arbrisseaux se dressa dans une lumière qui rosoya, et une ville entière surgit d'un goulot de rocher, avec des temples, des arcs, des maisons jaunes, des massifs verts, des bois de pins s'échevelant en des éloignements, et, à son seuil, une rade emplie de barques dont les voiles de couleur reposaient leur ombre sur le rostre renflé. Quelques-unes couraient, cinglantes. Des citoyens en tunique et en blanche toge bouffante se précipitaient vers les quais; des enfants se jetaient à l'eau par la facilité d'une grève qui découvrait des galets luisants sur un adoucissement de sable, et, en une rumeur violente, en une vie de poussière qui les enveloppait, des soldats — un manipule — entrechoquant un glaive et un bouclier rectangulaire à leurs pectorales et à leurs jambières de fer, débusquaient d'un forum.

Le hortator accompagnait dans l'entrepont, d'une voix qui devenait allègre, le celeusma des rameurs; sur le pont, qui s'animait tout à fait, le magister commandait; le gubernator répondait de sa poupe au proreta assis à la proue et les passagers se disposaient au débarquement. Les deux Grecs, qui étaient riches d'une opulente barbe noire, écoutaient le marchand cypriote gesticulant, comme un mime, une altercation qu'il avait eue avec un esclave; et l'Alexandrin, homme court, gros, à face ronde de pleine lune, qui portait sur son chiridota un diploïs rayé de brun et était coiffé d'une calantica aux ailes retombantes, prenait à part Madeh, respectueusement, doucement, devinant en lui un prêtre du Soleil !

— Toi aussi, tu vas à Rome, comme moi, comme Aristès et Nicodœmès, ces Grecs ! Et, cependant, ton maître paraît triste, alors que nous tous sommes joyeux de visiter la Ville que le Tibre arrose, mais qui n'a pas le charme d'Alexandrie. Connais-tu Alexandrie ? Moi, si je me rends à Rome, c'est pour la comparer à ma ville où je retournerai bien vite, car, Rome, n'est-ce pas le lieu de perdition des hommes qui doivent rester prudents, ainsi que je dois l'être, moi, Amon ?

Et comme il continuait, verbeux, jusqu'à le tirer par une manche ample pour mieux solliciter son attention, Madeh secoua la tête et le quitta pour rejoindre Atillius toujours immobile, toujours regardant devant lui, emporté par le navigium qu'à présent remorquaient deux embarcations engagées dans la corne de Brundusium, au port encore obstrué de pierres et de navires pourris qu'y avait jadis coulés Cæsar. Les avoisinements de la ville se détachaient : des pêcheurs remmaillaient leurs filets sur le rivage semé de débris de planches ; au fond d'une crique en hiatus, des charpentiers taillaient des mâts et des ais ; sur de hautes poupes de navires accotés au quai, des vêtements séchaient, et des esclaves, au torse luisant, aux biceps gonflés, comblaient les interstices des blocs d'un môle rongé par les flots, par des coufins de pierrailles qui sonnaient en tombant.

Atillius et Madeh prirent place dans une barque à l'aplustre semblable à l'évasement d'une lyre géante, qui les emporta rapidement à travers un monde de vaisseaux. C'étaient des trirèmes aux mâts courts, bonnes pour la guerre, dont les rangées de rames se profilaient rythmiquement ; des cataphractes pontés et des aphractes sans pont, puis des navires marchands arrivés à peine ou se disposant à partir ; des actuariaires, dont on se servait pour la course ou les découvertes, des phaselús, qui venaient de la

Campanie et avaient une forme en fuseau; des cameres et des celox; des gaulus tout ronds; des curbites, en forme de corbeille, des hippagoges, qui servaient au transport des chevaux; enfin, des infatigables liburnes qui se voyaient partout, et, victorieusement, hissaient leurs voiles dans toutes les rades de l'Empire romain.

Avec eux, les voyageurs avaient pris des barques que, sur leur passage, accostaient d'autres barques montées par des marchands d'étoffes et de fruits criant leur marchandise, des courtiers d'hôtelleries, presque tous Grecs, et des maîtresses de prostituées, horriblement fardant une vieillesse de peau couturée, qui les invitaient à s'arrêter dans les lupanars de Brundusium.

Et Atillius demeurait silencieux! En une fugace revivance cependant, lui, Madeh, *songeait* sa petite ville syrienne d'où l'arracha une légion qui, après avoir châtié une révolte d'Asiatiques, l'avait séparé d'un ami à la face et au nom inoubliables, peut-être à jamais disparu... Puis, la légion l'avait rendu à l'opulente famille d'Atillius, dont un ancêtre fut préfet de Rome, et qui, ayant suivi la fortune de Mœsa, aïeule d'Élagabalus, était tout à fait devenue asiatique... La sœur d'Atillius, aux jeux de laquelle il servit, cette sœur dont les petites mains cruelles souvent le blessèrent, restait maintenant auprès de Sœmias, la mère du jeune, du prestigieux empereur déjà au soleil voué, que tout Émesse vit en robe traînante et constellante de sacrificateur, de pourpre brochée d'or, et tiaré et gemmé! Il l'avait adoré, Élagabalus fils de Sœmias, comme le symbole de la Vie, emplissant tout, animant tout, résolvant toutes les forces naturelles en une pierre noire en forme de cône, qui était la virilité même, et Madeh, aussi, avait sacrifié, avec bien d'autres, au dieu par le don de sa personne à Atillius, comme si l'amour mâle, à signification religieuse, eût été sa consécration tangible au culte syrien!

Tendrement, Madeh regardait Atillius, qui l'avait affranchi, sans que ces souvenirs circulant, fluides, en lui, lui amenassent l'ombre d'une volupté. Il se disait que le jeune Élagabalus s'avançant vers Rome, depuis sa victoire d'Émesse, avec Sœmias, Mœsa, son cortège de prêtres du Soleil, ses Mages énigmatiques, son armée d'Orientaux et les familles romaines ayant épousé sa cause, il allait vivre d'une excessive vie avec Atillius que le nouvel empereur envoyait auprès du Sénat pour le préparer à son avènement. Combien il eût préféré le ciel d'Émesse, le palais de son maître, qui s'ouvrait sur une allée de salsolas et de cactus, en des jardins étagés de terres rouges qu'une colossale création emplissait de fleurs larges comme des lunes, de lotus, de roses, de lis et d'ilex! Passif de corps mais ductile de cerveau, il avait des penchants au rêve, comme les Orientaux. Aussi, l'activité de Rome l'effrayait et lui préferait-il instinctivement la vie de *là-bas*, doucement semée de voluptés et de calmes, et coupée de sacrifices au Soleil, le dieu syriaque sous figure de pierre noire; le dieu phénicien Hel, le dieu crétois Alelios, le dieu gaulois Belen, le dieu assyrien Bel, le dieu grec Helios et le dieu romain Sol, que l'Empire allait désormais adorer dans Élagabalus.

La ville, qu'ils abordèrent par un pont de barques sans parapet, avec ses voies étroites de maisons de briques rouges et jaunes, ressemblait à un filet percé par des carrés de forums et de jardins, de palais à colonnades, d'arcs dont les bas-reliefs de bronze luisaient au soleil blanc, de thermes à portiques, de temples, de deux casernes où des pilastres de stuc rouge et jaune portaient des trophées, d'hôtelleries et de boutiques de meubles, d'étoffes et de denrées que de loin on voyait extraordinairement animées. Elle fourmillait d'Italiques affairés, — quelques-uns soupesant des échantillons de blé dans le creux de leurs mains, — de marins qui s'échappaient en chantant des thermopoles, auberges où ils avaient bu des boissons chaudes fermentées; de patriciens qui se rendaient aux bains, dans un cortège tumultueux de parasites disputeurs. De riches matrones filaient en des litières dont les carreaux de talc faisaient des resplendissements clairs; des affranchis se poussaient entre des flots d'esclaves, pour qui ils étaient fiers, et de citoyens, lentement circulant, pour qui ils restaient humbles; des marchands causaient haut, et, **parmi** les toges blanches, les tuniques rayées, les vêtements flottants qui avaient des franges ou étaient bandés de pourpre, de tous, des prêtres balayaient de leur robe très longue, ou violette, ou jaune, ou rouge, les trottoirs élevés d'un pied ; des soldats plaçaient la note graisseuse de leur casaque de cuir serrée par le cingulum ; des prostituées frétillaient rythmiquement de leurs tétons qui bondissaient par-dessus une gorge plâtrée, par-dessous une face aux lèvres vermillonnées et aux sourcils rejoints par de l'antimoine ; et des enfants, nus des reins aux pieds, avec seulement une subucula déchirée sur les épaules, la poitrine et le ventre, couraient et donnaient des crocs-en-jambe à des étrangers chaussés de socques de bois très hauts qui paraissaient s'intéresser aux mouvements de leurs fesses à l'air.

Atillius et Madeh traversèrent un carrefour, pavé de pierres pointues et obstrué d'écorces de citrons et de pastèques, de tranches charnues de courges qu'enrubéfiaient des avoisinements de poivrons jetés là. Des magasins s'ouvraient autour, des boutiques décorées de mosaïques et de fresques avec, au-dessus de l'imposte, en grandes lettres rouges, les noms de leurs propriétaires. Une boulangerie fumait de son four qui encore brûlait ; deux ânes y tournaient deux meules, qu'on voyait passer circulairement, alternativement, leur obésité coupée par les formes mélancoliques des animaux aux oreilles droites sur une tête stupide. Une teinturerie montrait des ouvriers piétinant des étoffes au fond d'une cuve ou cardant des manteaux, pendant qu'un chef de cet atelier chargeait un homme, qui suait et ébrouait, d'un mannequin d'osier dégouttant de teinture. A côté, dans un demi-jour où saillaient des nudités immobilisées sur des étagères retenues à la muraille par des cordes, un statuaire disposait des idoles, des masques de terre cuite et des bustes qui avaient des rictus figés. Au coin même du carrefour, un maître d'école, méchamment couvert d'une tunique de laine rapiécée, écrivait avec une craie sur une courte ardoise, au milieu d'une bande d'élèves ânonnant une leçon de latin barbare. A ce moment, survenait une femme poussant un enfant qui pleurnichait ; elle le confiait au pédagogue, dont les yeux dignes s'arrêtaient un instant sur l'élève, et lui jetait quelques quinqunx qu'il glissait rapidement dans la ceinture de sa tunique, qui faisait à cet endroit un boursouflement par-dessus la maigreur de son ventre qu'on sentait devoir être sec.

II

Un notable citoyen de Brundusium attendait Madeh et Atillius dans sa maison, grande construction de style grec, près des murailles et légèrement élevée au-dessus de la ville, à laquelle ils accédèrent par quelques marches que gardaient deux informes lions de pierre, à la crinière frisée comme des lions babyloniens. Traînant la chaîne qui le retenait à sa loge, ouverte sur le vestibule, le portier appela un nomenclateur, et celui-ci prévint Tubero. Le notable embrassa fortement Atillius aux lèvres et aux mains et s'excusa de le recevoir en négligé de sieste, avec sa robe lâche, ses sandales plates, son chef chauve odorant mal. Il était plus de la moitié du jour et une chaleur de plomb régnait, comme ensevelissant la maison dans un torpide engourdissement.

— Tu ne partiras que demain pour Rome, fit Tubero, qui, à travers les pièces muettes de la maison, conduisit Atillius et Madeh aux bains situés au fond de son jardin, un éploiement vert et roux de végétations, d'arborescences et de massifs coupés de sentiers soleilleux, d'où un cri s'éleva. Suspendu à la branche d'un arbre, les pieds chargés de poids de fer, un esclave était flagellé avec des cordes à nœuds armés de crochets. Le dos marbré, les cuisses rouges de sang qui rigolait sur le sol, il fermait les yeux, il ne criait plus, car le premier cri lui avait valu trop de coups; se mordant la lèvre inférieure, horrible, il bavait, pendant que des esclaves riaient, bestialement accroupis autour.

Mais Tubero les entraînait plus loin, leur montrant tout

avec une satisfaction de parvenu poussah qu'il était, de parvenu poussah qui, mal réveillé de sa sieste, s'épongeait le front d'un pan de son vêtement écarlate, lui tombant du col aux pieds et touchant à peine aux replis adipeux de sa peau, dans un traînassement, sur le gravier des allées, de sa sandale de cuir jaune.

Le jardin, avec ses lauriers-roses et ses caroubiers, avait beaucoup de coins ombragés, rayés de feuilles pleurant pendant la chaleur de l'été ; d'introublés massifs de buis et de romarins taillés en urnes, en pyramides, en grandes lettres latines, en œdicules égyptiens, en mirifiques candélabres se suivant dans des sentiers coupés de ruisselets et de viviers bas. Il était tout extraordinaire, avec son accumulation de statues de marbre et de bronze, aux coudes se touchant tant il y en avait dans l'espace relativement étroit : des gladiateurs, des orateurs en toge, un empereur lauré, une Vénus qui tendait des seins rigides ; puis des bustes sur des socles, des kiosques quelconques bordant des jets d'eau que dégorgeaient des canards de terre cuite figés en des vases de stuc, puis des treillages et des charmilles désordonnées sous lesquels des bancs de pierre, dans un plein soleil qui faisait brasiller une herbe drue.

Par des trous de végétations perçaient des coins de la ville reposés sur le rivage approchant ; des villas d'opulents citoyens à terrasses blanches et roses ; des rubans de voies droites que coupaient des attelages de bœufs traînant des chars à roues pleines ; et, plus au loin, des bouts de mer cyanurée sur lesquels poussaient leur rostre, comme un soc, des navis à un seul mât, dont les rames courtes avaient des mouvements réguliers de bas en haut, de haut en bas.

Des esclaves dévêtirent Atillius et Madeh au caldaire, et répandirent sur eux l'eau du labrum, dégageant une buée bleutée, qui ablua la mosaïque confuse du parquet. Le frigidaire les sollicita par son bassin, où ils se plongèrent. Au lépidaire, ils furent frictionnés avec un strigile et essuyés avec des serviettes chaudes, pendant qu'on les oignait d'huiles et d'onguents, qu'on nettoyait leurs ongles, qu'on versait sur leurs mains et leurs pieds moites des fioles de parfums et que leur chevelure était frottée d'une essence de Syrie. Ils furent ensuite recouverts de la synthésis, molle et blanche tunique sans ceinture, réservée aux étrangers.

Le notable, qui les avait quittés durant ce bain, revint avec deux citoyens de Brundusium, pendant que le nomenclateur accourait :

— Elva et Mamer désirent saluer les étrangers, tes hôtes.

Il s'adressait à Tubero qui regarda Atillius, et, indifférent :

— Mes clients, fit-il, que j'ai fait appeler pour le repas de bientôt !

Elva était très grand, avec une face osseuse coupée d'une plaque de vin, une tête rasée, une lèvre abjecte retombante, des petits yeux aux paupières plissées d'un crapaud. Mamer était gros, barbu, bestialement roulant une obésité flasque sous une tête dodelinante et des épaules d'hippopotame baveux.

Ils suivaient lentement Tubero et les autres vers l'atrium, où les attendait la femme du notable avec ses esclaves, des Grecques et des Africaines. L'atrium était dallé de marbre rouge et son bassin, juste au-dessous de l'ouverture carrée du plafond, s'éclairait de la chute d'un rayon de soleil qui, en bas, courait sur la plinthe de granit vert de la muraille, séparée de pilastres joints par des entablements droits. Des tentures de laine aux dessins chimériques, aux couleurs barbares tramées de nuances violettes, voilaient les chambres voisines, — des cubiculas, — encadrées par des fresques décoratives, des paysages, des marines, des danseuses, qui s'envolaient en de faux entrecolonnements, sur des fonds de cartouches couronnés de portiques, et des amours nus bridant des chevaux emportés en de l'éther !

La femme du notable, Julia, se leva, découpant une ombre svelte sur l'eau trépidante du bassin, où deux lamproies apparurent, les yeux comme pleins d'un désir de chair humaine, attachés sur Madeh dont l'amulette luit au col, puis, saluant, elle s'en alla avec ses femmes en un bruit d'étoffes amples et de bijoux claquetants.

Les Brundusiniens causèrent, Tubero très haut, des évènements qui agitaient l'Empire, de la mort de Macrinus et de son fils, le Diadémé, ainsi nommé à cause de la couronne qu'un relief des nerfs frontaux lui faisait; et d'Antoninus Avitus, le fils de Sœmias, peut-être bâtard de Caracalla, disait-on, appelé Élagabalus parce qu'il était grand-prêtre du Soleil. Un des deux citoyens branlait la tête, d'effarement.

— Les dieux de l'Italie vont disparaître au profit de la Pierre-Noire qu'Antoninus adore et qu'il nous fera adorer en sa personne.

Gravement, ils attendaient qu'Atillius s'expliquât, lui que Tubero leur avait dit venir de l'Orient, et dont Élagabalus avait fait son envoyé. Atillius n'hésita pas et défendit la Pierre-Noire, signification de la Vie et de son Principe. Qu'était la Vie? La pérennité même du Soleil fécondant tout, faisant lever les germes et les épandant à travers l'atmosphère, caractérisée par l'organe de la génération, le phallus roidi, et ce ne pouvait être autrement. Pouvait-on comparer les autres dieux, grecs ou romains, égyptiens ou perses; Mithra ou Kronos, Sérapis ou Ahoura-Mazda; la Myrionyma Isis, le Zeus cornu, le Javeh juif et même le Kreistos blanc des chrétiens qu'il savait avoir été noir, lui; le Kreistos qui fut jadis une tête d'âne parce que sa personne avait hérité des vieux mythes de l'animalité déifiée par des humanités inférieures, des humanités longtemps vaincues?... Non pas qu'il répudiât ces dieux, mais combien ils valaient peu la Pierre-Noire, le Cône Noir à forme d'organe humain, qui était toute la Vie? Et, d'ailleurs, les dieux autres ne symbolisaient-ils pas déjà le Principe de la Vie sous leur substance humaine et animale; en les créant, l'homme ne voulait-il pas s'expliquer le grand mystère de la création par la fécondation? Maintenant que l'Empire avait trouvé la forme définitive du symbole de la Vie Une, en conquérant sa suprême divinité dans la Pierre-Noire d'Emesse, pourquoi ne pas abandonner les formes transitoires des autres dieux qui l'expliquaient moins?

Ce qu'il disait là paraissait si obscur aux Brundusiniens qu'ils secouaient la tête, devinant des blasphèmes et n'en saisissant pas la formule. — Qu'était la Vie Une? Atillius continua : — Au commencement de Tout, la Vie unisexuelle engendrait et enfantait d'elle-même ; le monde était en impuissance de Bonheur depuis la séparation des sexes; aussi, la Perfection consistait-elle à fondre la force génératrice dans l'Unité. C'était là la signification vraie du Symbole de la Pierre-Noire, dont Antoninus Élagabalus, empereur de quinze ans, voulait introniser le culte à Rome vers laquelle il se dirigeait à marches forcées, sous le soleil des jours et les étoiles des nuits !

Comme il appuyait, un des deux citoyens qui, éborgné, le regardait de son œil unique, presque rond, avec un mouvement de tête inclinée, fit :

— Ah ! je le sens; cet empereur nous tuera tous, avec son Orient et son dieu qui est une pierre; avec son culte qui veut nous faire retourner à l'Unité. Or, son Unité, qui est la tienne, jamais, non, jamais, Rome ne la subira volontiers. Il la tuera, Rome, ton empereur ! Il nous tuera tous, avec son culte qui va perdre la vie sous l'adoration de la Vie !

Il y avait dans les paroles d'Asprenas, ainsi s'appelait le Brundusinien, une haine si exaspérante contre l'Orient et les aberrations contre nature que l'Unité par la Pierre-Noire laissait entrevoir dans les mysticités d'Atillius, que l'autre citoyen, homme prudemment moyen, se mit à dire à celui-ci, en retenant sur son ventre les plis réguliers de sa toge :

— Crois-tu que Rome accepte l'avènement d'Antoninus et reçoive ses armées d'Orientaux qui veulent subjuguer l'Occident ? Certes, pas !

— Rome acceptera tout, répondit Atillius. L'Orient sera supérieur à l'Occident, la Pierre-Noire vaincra tout et de sa victoire naîtra l'Androgyne, enfin !.....

Il prononça cela rêveusement, à peine sorti de ses abstractions, une main ouverte, l'autre retenant un pli de sa synthésis, avec, pour Madeh silencieux, un regard profond en sa rapidité et d'une singulière douceur.

Déjà la nuit se faisait dans la maison de Tubero qui se retourna, méprisant, vers Elva et Mamer, ponctuant de leur suite le groupe des hôtes.

— Allons, toi, Elva, qui sais boire l'eau chaude comme du

vin ; et toi, Mamer, qui sautes comme un éléphant, approchez au triclinium. A qui des deux se gorgera le mieux ?

Mamer fit un saut sur un pied, retint l'autre en sa main grasse, tourna rapidement et fila, en poussant une sorte de gloussement, vers la salle à manger, pendant qu'Elva le suivait, riant dans sa face ignoble.

Des esclaves plaçaient des lanx et des mazonomums de métal relevé de bosses, sur une table dont les gueules de lions des pieds s'épataient au centre du triclinium, qui était un lit maçonné en fer-à-cheval, garni de coussins bondissants. D'autres éclairèrent la salle à manger par quatre lychnuchus portant plusieurs lampes, au haut de leur axe soudé à un trépied bas et par un lychnus en bronze, suspendu au plafond.

Julia s'était couchée sur le triclinium, à peine vêtue d'une cyclas, une fine draperie, ample et longue : gorge nue, la chevelure bien en bulbe, des turquoises au col, un spinther en or, sans cadenas, au bras gauche. Elle avait à peine trente ans ; très brune, ses cils peints, ses lèvres vermillonnées lui donnaient un grand air d'insolence. Tubero s'affala à sa droite, Atillius, à sa gauche, qui eut à ses côtés Madeh ; Potitus et Asprenas à l'autre extrémité du triclinium. Elva et Mamer sur des escabeaux.

Ils appuyaient leur coude gauche sur le coussin, le bras libre vers la table sur laquelle les esclaves calaient un discus d'argent reposé au milieu d'une scutra à rebords. Du vin leur était présenté en une amphore à deux anses ; ils le buvaient soit dans des calix à pied soit dans d'opulentes diatretas de cristal, où une broderie de pierres précieuses avait été percée au tour : une rareté à Brundusium ! Et, pour mieux signaler son importance dédaigneuse, Tubero fit remettre à Mamer un vaste bol d'eau chaude, qu'il avala d'un trait, avec une grande satisfaction.

Ils mangèrent des huîtres et des œufs cuits dans des apalares ; des olives, des fèves, des champignons, des boudins et des poissons dans des plats divers, alveus, pulterius, boletars, fabatoriums, pendant que les parasites, servis parcimonieusement, attendaient avec des yeux qui voulaient être ravis.

Au milieu du repas, Julia replia une de ses jambes, découvrit un pied chaussé d'une sandale blanche recourbée à l'extrémité, et, dans ce mouvement, sa fine cyclas laissa voir la tunique de dessous ouverte sur la hanche où transpara le haut de la cuisse, ombré d'une délinéation rose de sexe.

Des esclaves apportèrent dans un large catinum d'agate un paon rôti qui fit s'exclamer Tubero :

— Celui-ci, Rome me l'aurait envié. Nul n'a eu son pareil !

Armé d'un couteau emmanché d'ivoire, un structor s'approchait lentement en une sorte de danse qui faisait onduler sa croupe; retenant d'une main son amictus de laine, il se balançait et il découpait de l'autre main, rapidement poussant les tranches minces au bord du plat, ce qui fit applaudir discrètement Asprenas et Potitus.

Ils burent différents vins, du Cæcube, du Falerne, du Calène, du Formies, qu'on leur versa dans des craters. Parfois, Tubero laissait tomber quelques gouttes sur la table, ensuite lavée avec des éponges, en guise de libations aux dieux.

On ouït des heurtements de crotales et de cymbales, des pincements de tambourahs égyptiens et de lyres grecques, des frétillements de cistres et des cris de flûtes. Et des femmes dont la robe flottait, apparurent, attendant un signal. C'était le troisième service, le service des fruits, des pâtisseries et des vins étrangers qu'ils burent, cette fois-ci, dans des cyathos à deux anses plongés en de grands craters de bronze relevé d'émaux. Pour mieux digérer, les convives se tournèrent le dos, les jambes étendues ; Tubero éructa fort, Asprenas et Potitus gardaient une face abrutie, Julia découvrait mieux son haut de cuisse, avec des regards en dessous pour Atillius parlant doucement à Madeh. Les parasites empiffraient les victuailles laissées par tous, et la salle à manger se nimbait de la fumée des lampes, maintenant charbonneuses.

Après un prélude lent, les danseuses processionnèrent autour du triclinium, avec des contorsions de hanches, des tensions de jambes qui paraissaient les grandir. Puis elles voltèrent et, pendant que les unes jouaient, sur un simple mode répété, les autres avaient des rapprochements de pas et des tournoiements de leur robe d'une seule étoffe, qu'elles élevaient au-dessus de la tête, en se découvrant du col aux cuisses. Elles semblaient virer, à demi-nues, en un tourbillon de volupté que heurtaient le bruit des crotales et des cymbales, le cri des flûtes, le rire des cistres, le pincement des tambourahs et des lyres, qui se précipitaient. Et elles s'en allèrent, enchevêtrant leurs pas, en un finale où dominait la flûte, en strideur de plaisir aigu, suivies d'Elva et de Mamer, chassés à coups de pieds par Tubero devenu comme ivre; et qui roulèrent à travers les fauces des corridors obscurs, à travers le tablinum et l'atrium, jusqu'au vestibule, sous les grands éclats de rire de Julia et le contentement hébétueux de Potitus et d'Asprenas, celui-ci regardant la scène de son unique œil rond, à la fois triste et inquiet.

Tubero avait fait élever, pour Madeh et Atillius, un lit de bronze dans une chambre qu'il leur montra par un écartement de tapisserie. Il suivit Julia, qu'enveloppait un cortège de femmes apparues avec des vêtements de nuit sur les bras. Asprenas et Potitus s'en retournèrent, accompagnés par des esclaves porteurs de lanternes. La maison du notable entra en la paix de la nuit, à peine troublée par la lyre qu'une musicienne, une psaltria, accordait au fond des cubiculas, par les gémissements, au dehors, de l'esclave flagellé, et le bruit des grosses clefs fermant les lourdes portes roulant sous des impostes épais.

III

Une lourde matinée dans un ciel exquisement bleu s'étalait sur Brundusium qu'elle abluait d'une vapeur flottante à peine dissipée par le soleil montant. Au seuil de la maison de

Tubero attendait un cisium, voiture à deux roues et à deux places, dont les deux mules galopantes emportèrent Atillius et Madeh, à l'extrémité de la ville, puis sur la Voie Appia, qui, de Rome, aboutissait là. Vaporante, la campagne bruyait de bœufs, attelés à d'informes charrues, et de cris d'esclaves qui se dressaient par derrière des taillis pour les voir passer. Quelquefois le conducteur, un Apulien, sautait d'une mule et courait à côté, dans le tourbillonnement des roues, en harcelant ses bêtes de coups de fouet et en mêlant à la couleur de leur robe bise le ton érubescent de sa casaque, d'un rouge vigoureux.

En une auberge, au bord de la Voie où ils s'arrêtèrent, car on était au milieu du jour, des gens mangeaient, assis sur des escabeaux, pendant qu'un soldat se casquait et qu'en un coin, un barbier ambulant rasait une face de voyageur qui portait vivement la main à son menton, sans doute effleuré par le rasoir. Tous se retournèrent pour mieux dévisager Atillius et surtout Madeh dont la mitra, la robe flottante à manches amples et à raies de couleur, et l'amulette en cône firent chuchoter plusieurs, en rapides mouvements de lèvres découvrant des dents gâtées.

Les deux Grecs et l'Alexandrin, qu'ils avaient quittés la veille mangeaient ensemble, devant une table basse, les deux barbes noires des premiers faisant face à la figure ronde du second qui s'émerveillait à les écouter. Car Amon, ayant été deviné naïf et simple, — quoique prudent, — les Grecs le bernaient d'histoires imaginées au hasard de l'improvisation, avec la faconde de leur nation. Et leur belle barbe s'étalait avec satisfaction à leur bas de face quand ils lui affirmaient :

— A Rome, certaines femmes ont des cheveux tout de soie et d'or qui poussent naturellement, grâce à une pierre divine qu'elles avalent au temps de leur crise. On les coupe : ils repoussent plus fort. Les cheveux coupés sont plantés dans de la poudre d'or et d'onyx. Il en naît alors une fleur qui est la pierre divine. Ainsi tout se lie. Le grand Zeus l'a voulu!

Aristès avait clin d'un œil malicieux à Nicodœmès, qui renchérissait :

— Que dis-tu là ? j'ai vu, chose toute naturelle, le Tibre accoucher à la pleine lune des éléphants, verts comme des ifs !

Ni l'un et l'autre n'avaient été à Rome.

Un repas léger, et le départ avec Amon et les deux Grecs, l'un dans un carpentum quelconque, chargé d'un énorme coffre de bois, une arca ; les deux autres se faisant porter dans une basterne, litière trainée par deux mulets dont le harnachement sonnaillait. Ils traversèrent quelques cités blanches, aux vignes coiffant des maisons basses, puis des domaines, où, nus jusqu'à la ceinture, des esclaves enchaînés aux jambes ouvraient l'écluse des canaux, ou fouettaient des arbres à coups de gaule pour en faire choir la fruitée. Des chants d'hommes, et c'étaient, courant, des soldats, le pilum et l'hast au poing, le bouclier au bras, un centurion à cheval devant. Beaucoup de convois de gens pauvres, vanniers, cordonniers, forgerons ; des familles de danseurs éthiopiens et de charmeurs de serpents, leurs bagages en des chariots à roues sans rayons et à couverture de cuir, emportant femmes et enfants, tatoués au front. Quelquefois les mères suivaient à pied, courbées sous un poids d'enfants gardés sur leur dos en des capuces de grosse laine, et dont il ne paraissait que la tête rieuse et les petites mains s'agitant.

Après Capoue, ce furent des plaines rayées de filets d'eau arrosant des terrains parallèles, que traversaient des bergers campaniens, mal vêtus d'espèces de mastrucas de peau, gardant des troupeaux de moutons gris ; des pâturages que limitaient des haies de fenouils et des fermes riches d'Italiques, où c'étaient beaucoup de serviteurs et d'animaux bêlants. Des nomades, couchés aux deux côtés de la Voie, se levaient, parfois, avec la curiosité de sauvages, et se montraient du doigt les voyageurs.

La route, pavée de dalles de lave, était, dans toute sa longueur, sillonnée par une affluence de chars, — cisiums, basternes, rhedas, carpentums, essedas, sarracums, litières et chaises de tous genres. Pour s'abriter du soleil, des voyageurs campaient sous des aqueducs ou sur le revers des fossés tapissés d'une herbe aduste. Cette foule eut de grands mouvements quand des prêtres de la Bonne-Déesse, surgissant des bois voisins animés de temples, dansaient, en une vision blanche et rouge. Des bruits de cistres et des pincements de tambourahs, des acclamations de fureur sacrée s'élevaient, pour s'éteindre dans le silence environnant.

L'arrivée prochaine d'Antoninus Elagabalus faisait s'entretenir tous, surtout aux approches de Rome. Les Orientaux ne cachaient pas leur satisfaction. Ils étaient nombreux, de tous les points de l'Afrique et de l'Asie venus, depuis la Mauritanie, la Lybie, l'Égypte, l'Asie Mineure, la Perse, la Babylonie, la Médie, avec des bagages de toutes sortes empilés en des chariots de toutes formes. Les Occidentaux, des Keltes, des Angles, de vieux Italiques, des Ibères, des Ligures, des Daces, n'aimant que les dieux des idéalités, des éléments abstraits et des énergies vierges leur voyaient opposer avec peine des dieux de volupté, confondant les sexes et érigeant, non la femme, ce qu'en leur âme personnaliste ils eussent accepté, mais la déification, sous la matérialisation du phallus, du Principe de la Vie. Aberration qui leur était incompréhensible car, à leurs yeux, la femme était l'être ne se livrant qu'avec mystère et chasteté dans l'acte de la génération, trop sacré pour ne pas rester à toujours voilé.

Quand, aux heures de halte groupant en campements provisoires tous les voyageurs, de vives discussions s'élevaient, les deux Grecs riaient, étant sceptiques et moqueurs, et l'Égyptien donnait de l'aile à sa verbosité. Surtout il laissait découvrir des coins très tendres de lui-même; sa face ronde merveilleusement s'épanouissait à des souvenirs de son pays, légendes ataviquement persistantes qui protestaient contre les vices entrevus dans le Principe de la Vie, amours idylliques au bord du Nil, sous le regard de l'Ibis hiératique, au son des flûtes et des tambourahs recourbés, avec les jeunes Égyptiennes puisant, à peine vêtues, de l'eau en des amphores d'argile rouge.

Et ce n'était pas seulement la Pierre-Noire, le dieu d'Ela-

-gabus, si chaudement défendu, à Brundusium, par Atillius devant les amis de Tubero ; mais encore le dieu des chrétiens, le Kreistos, que l'on attaquait. Des juifs, et parmi eux un grand et momifié individu qui avait nom Jéphunné et se rendait à Rome avec les siens, s'acharnaient à le rendre responsable de la perte de leur nationalité. Pourquoi ce Kreistos admettait-il tous les peuples à sa communion, au lieu de s'adresser à eux seuls, les bons Juifs ? Sans doute, que s'il l'avait fait de son vivant, ils ne l'eussent pas estrapadé ! Amon, qui s'était lié avec Jephunné, hochait la tête, car, au contraire, le cosmopolitisme de Kreistos lui seyait.

Ce Jephunné, père, entre autres, d'une fille mince, pâle, aux yeux de gazelle cerclés de noir, Jephunna, fit bavarder l'Égyptien et sut pourquoi il allait à Rome. Orné d'une cinquantaine encore fleurie, Amon avait fait fortune dans le commerce des lentilles d'Égypte et son désir intense, maintenant, était, après avoir vu la capitale de l'univers, de s'en retourner à Alexandrie où il épouserait, tous ses goûts satisfaits, une jeune Égyptienne qui l'aimerait réellement. Et, comme sa rondeur de figure glabre reflétait tendrement le visionnement de l'épouse qu'une jeunesse difficile écoulée à acheter des lentilles et à en charger des barques pour tous les ports du monde ne sut lui donner, Jephunna eut pour Amon de longs regards, et même, un soir, elle lui prit la main pendante à l'ouverture de son carpentum, trottinant, pendant que Jephunné, qui semblait n'y prendre garde, porta ses yeux chercheurs sur l'arca, le coffre de bois, peut-être renfermant d'innombrables solidus d'or gagnés par le quinquagénaire voyageur.

Atillius et Madeh atteignirent Anxur, une splendeur de rochers blancs dominant un port animé de portefaix déballant des poteries et des métaux, et qui débordait, par des liburnes et des navis avec ou sans rostres, à rames ou seulement à une voile, d'étrangers venus du sud de l'Italie, de la Sardaigne ou de l'Espagne pour assister à Rome à l'entrée d'Élagabalus. Ils en causaient tous, et l'éclat des voix, un éclat barbare, arrivait jusqu'à Atillius qui se faisait un air grave, et jusqu'à Madeh qui le regardait, en un penchement de côté de sa figure brune et ambrée, de son profil ovale, de ses courts cheveux crépelés, de ses yeux en amande rejoints par un trait noir. Et un travail se faisait en Atillius, sous un coup de génie jusque-là latent et qui maintenant s'essorait dans l'animation de la Voie Appia où le monde romain courait. Un projet fou de culte, qui serait celui de la Pierre-Noire d'Elagabalus et dont, indécisément, le grand dessin le hantait, dressait des architectures de temples du Soleil plus hauts que ceux de Zeus et de Sérapis, plus hauts que les murailles de Babylone, où cette Pierre-Noire se dresserait dans l'immuabilité d'un revêtement de diamants, d'émeraudes et de topazes, et en des orchestres de flûtes, d'asors, de nebels, de harpes, de danses et de chants. Pour elle, oui, lui, Atillius, livrerait par toute la terre un combat aux dieux et, par la poursuite acharnée du sexe mâle par le sexe mâle, il utiliserait le sexe femelle, ou plutôt la bisexualité humaine, et ainsi aiderait à la création, au sein des choses, de l'ANDROGYNE, l'être qui se suffit à lui-même parce qu'il renferme les deux sexes, et établirait l'unité de la vie là où sa dualité s'étalait.

Mais, comme une morbide végétation, ce projet touchait à quelque chose de très intime de lui-même, en l'arrachant à l'habituelle paix qui, là-bas, le berça de torpeurs et l'enveloppa d'un rêve comme d'un néant. Il s'était fait à Émesse une philosophie de presque inconscience qui touchait à de la cruauté voluptueuse pour Madeh, en la personne duquel il recherchait mythiquement l'ANDROGYNE, et son puissant égoïsme le faisait comme flotter en une sorte d'équilibre léger, sûrement brisé par la lutte effroyable que, sur ses suggestions contre les autres cultes, entreprendrait Élagabalus. Maintenant, la folie irrésistible de son concept religieux, il le sentait, grandirait fort en plein foyer romain, sans que, tant il en restait imprégné, il pût y échapper, il pût s'en détacher. Alors que deviendrait la forte, solide et passionnelle trame de ses jours calmément écoulés avec Madeh, qu'il avait insexualisé, presque jusqu'à l'épuiser tout à fait, dans l'ignorance où il était de la fragilité de sa physiologie.

Le soir emplissait la Voie, la nuit approchante brouillait les érections, à distance, des priapes ; les maisons d'Anxur, qu'ils avaient quitté, derrière les remparts droits, fondaient comme des carrés de bitume ; le port gardait des reflets jaunes où la lune dansait. Tout s'abîmait et, dans l'abîmement de ce tout, à peine percevait-on les cris des âniers, les ruades des mules, les ébrouements des bœufs débusquant des marais Pontins, et les exclamations des voyageurs cherchant un gîte dans la petite cité.

Le lendemain se levait avec un ciel aux lourds nuages déchirés par les rayons rouges d'un épais soleil. La Voie Appia coupait droit les marais Pontins ; à sa gauche, des boisements verts de dunes ; à sa droite, le mur tout bleu des Apennins du Latium. Des eaux croupissaient en des forêts de joncs et d'asphodèles où des bœufs pataugeaient ; des enchevêtrements herbeux se soulevaient sous des brusqueries de vents. Et le soleil, qui ascendait, jetait des clartés obliques sur les moires des canaux coulant, planés ; des huttes de charbonniers s'ornaient de chapiteaux de fumées ; des temples de marbre travertin posaient leurs lignes roses sur des fonds de collines aux cîmes coiffées de pâtres volsques montrant des torses nus, pendant que des bouffées de clameurs, venues de la mer voisine, se mêlaient parfois aux cris des conducteurs de voitures encombrant la Voie.

L'affluence des voyageurs grandissait aux approches de Rome. Des lectiques de provinciaux et des basternes de femmes, aux claquantes plagules ; des tragas sans roues, semblables à des traîneaux, tirées par des bœufs ; des bennes, voitures gauloises au caisson d'osier, quelques-unes ornées de lames d'argent ; des chars à deux, trois ou quatre chevaux de front ; de simples véhicules, attelés de mules traînant des fardeaux, emportaient des hommes du levant et du ponant, des citoyens romains ou des propriétaires numides, des familles de bateleurs, des juifs, des fonctionnaires, qu'appelait la venue d'Antoninus Élagabalus. Des files d'esclaves, vaincus de quelque obscure guerre, trottaient, une fourche au col, sous le bâton de leurs conducteurs, pendant que des chiens aboyaient à des Mauritaniens à la peau noire, poussant un chameau tout flexueux sous un poids de femmes et d'enfants.

Un jour s'était écoulé, et ils cotoyaient les lacs de Nemi et d'Albe, sur lesquels pleuvaient des ombres de châtaigniers, poussant sur des pics de cendres et de pouzzolanes. Enfin, l'annonce, par l'horizon grisoyant, de Rome! La Voie alors se borda de tombeaux à l'architecture glorieuse, mangés de soleil et blancs dans le décor bleu des alentours, de tombeaux où on lut les noms de Septime-Sévère, Geta, Gallien, Sénèque, et de Cœcilia Metella, obèse et haut mausolée. La villa de Commode, mort depuis moins d'un quart de siècle, sollicita Amon, qui voulut se promener autour, et que suivit Jephunna, attachée inquiètement à l'allure de son diploïs. Mais Nicodœmès voulut s'amuser. Il lui cria alors du fond de sa basterne, où n'apparut que le chiffon noir de sa barbe de geai.

— N'y va pas, n'y va pas! L'ombre de Commode recherche les Égyptiens qu'il n'aimait pas de son vivant.

Amon revint vite, étant à la fois verbeux, naïf et poltron; ce qui amena Jephunna à rejoindre Jephunné, dont les yeux, un instant, pétillèrent sur le coffre laissé dans la voiture de l'Alexandrin, tout ahuri en son diploïs, aux coudes éployés de frayeur.

Au loin, vapora le Tibre qui disparut et reparut en des ennimbements flottants. Les montagnes bleuissaient, fondues, et des routes, des fermes et des villas, des ponts déliés, des groupes de pins et de cyprès s'accusaient. La même exclamation s'échappa de toutes les poitrines, anxieuses à l'approche de la capitale :

— Rome!

Une plaque blanche grandissait sous des fumées. C'était l'immense, la prodigieuse Ville, en effet!

Alors, on cria. Les étrangers surtout, dont le rêve était de voir Rome, se juchaient sur leurs véhicules, se hissaient sur leur monture ou couraient vers des bosses de terrains, pour mieux voir la Ville dont les toits, les maisons, les arcs, les portiques, les colonnes, les cirques, les horrées, les nymphées, les temples avaient des éclats roses et des éclairs jaunes. Les bateleurs africains se portaient tour à tour sur les épaules, et il n'était pas jusqu'à la petite caravane mauritanienne, qui n'admirât sur le flexueux chameau. Des instruments vibraient. Chaque pan de Rome, se découvrant, était salué dans toutes les langues, et les cœurs battaient aux aspects de la Ville qui allait bientôt engloutir cette foule venue de l'univers.

Atillius et Madeh ne parlaient pas, ne souriaient pas. Atillius, à travers Rome, revoyait Émesse, et Madeh, sous un coup d'intuition aiguë qui, sans cause, le glaça, posait une main sur son amulette noire, comme craignant qu'on ne la lui arrachât.

IV

C'étaient, dans la Région Transteverine, sur la rive droite du Tibre, des maisons aux murs lépreux crépis de jaune ou stuqués, quelques-unes hautes de plusieurs étages, qui surplombaient des étroites rues, ombreuses comme des rues orientales. Des encoignures de carrefours, humides, que bandait quelquefois, pareil à un baudrier d'or, un rayon de soleil tombant des toits de briques; puis des pans de voies ornés de niches enguirlandées où s'immobilisaient des statuettes de déesses et de dieux. Partout des boutiques basses, présentant leur étal; des boucheries aux crocs de fer où pendaient des quartiers de viande et d'énormes cœurs de bœufs; des boulangeries alignant des pains ronds ou bossués; des fabriques de chaussures de cuir, de bois et de cordelettes; aussi des fabriques de lampes de cuivre repoussé et de poteries vernissées luisant dans le demi-jour. Et, aux fenêtres étranglées, cachées par des treillis de bois, des étoffes flottantes, des cordes se dévidant aux murailles, un fouillis d'objets claquants.

Dans les terrains vagues bordant le Tibre, une petite maison avec un trou au sommet d'où flosculait une fumée noire, ouvrait un étroit jardinet qu'animaient des héliotropes et des passeroses. Une sorte de hangar s'étalait au bout, obstrué de blocs d'argile et de briques carrées, de vases d'un style étrusque, de lampes à dessin, de brodequins séchant sur des étagères supportées par des chevalets, offrant, plus au fond, en un coin de porte, un trou rond de four agonisant.

Un homme rougeaud, aux cheveux crêpelés, le sayon de laine déchiré, les bras nus jusqu'aux épaules, la poitrine nue, faisait virer un tour de potier. Sur l'étroite planche horizontale, l'argile s'évasait, s'arrondissait, et elle ressortait en vases oblongs, sveltes comme des lis découpés, en plats ronds, en amphores ovales, à base pointue.

Un autre, maigre et brun, sur un escabeau de palmier tressé, bigarrait les vases avec un pinceau trempé dans des pots de couleur. Il les entourait de lignes géométriques noires et rouges, de figures de dieux, d'attitudes de lutteurs à la croupe se tordant, de groupes de quadriges piaffant en des vides d'azur.

Plus loin, un autre adaptait des anses aux vases ou coupait de grands cubes d'argile qu'il jetait au tourneur.

Celui-ci sifflait une sorte de mélopée triste qui s'ourlait au grincement du tour, sans regarder autre chose que son argile s'évadant, vivante, de ses mains.

Rien n'arrêtait l'activité mélancolique des potiers, noyés dans la poussière dansante du soleil, qui faisait paraître comme en un mirage, en perspective jaune de forêts rameuses, les héliotropes et les passeroses aux larges fleurs, aux feuilles tombantes comme des vêtements.

Par la claie de roseaux brûlés séparant l'atelier de la maison, un homme regardait, un vieillard à peine vêtu d'un sayon de bougran serré à la taille, appuyé à un énorme bâton recourbé, et dont la coiffure, de feutre roux, couvrait des cheveux blancs, très longs, s'emmêlant à un flot de barbe rejeté sur les épaules. Il était maigre et haut, avec des yeux cernés de rouge, des lèvres minces, une peau jaune, couturée et plate, sous laquelle des veines faisaient des nodosités, et pieds nus.

Il restait là, muet, attendant.

L'homme rougeaud leva la tête.

— Maglo! s'écria-t-il. Est-ce pas Maglo que nous attendons tous?

Et il quitta prestement le tour qui eut un fort sifflement. Les deux autres s'arrêtèrent.

Le potier alla ouvrir au vieillard, qui étendit la main vers tous et marmonna quelques paroles. Ils s'étaient agenouillés, puis ils se relevèrent pendant que Maglo s'asseyait sur un escabeau, soucieux, fatigué.

— Père, tu as mangé? fit le potier, le regardant émotionnément et l'entourant avec la sollicitude d'un fils. Maglo répliqua :

— Oui! oui! J'ai mangé, je suis repu!...

Ils gardaient tous trois, sans l'interrompre, un respect attendri. Le menton appuyé à son bâton, le vieillard fixait ses yeux à terre :

— Avoir traversé les Gaules et l'Italie, couru sur des fleuves, franchi des monts, risqué ma vieillesse, souffert de la faim, du froid, de la chaleur, des coups, des injures, des railleries, pour voir Rome, et tomber dans son fumier. C'est dur, dur!

Il se redressait, la taille haute, le geste anguleux, le bâton pointant vers Rome :

— Je le prédis, je le prédis! Si nul ne la détruit, la prostituée qui se livre aux fils de l'Orient, c'en est fait. Sa pourriture s'étendra sur la terre, et malheur, malheur à tous!

Les autres tressaillaient. Mais Ghéel serrait doucement le poing du vieillard, le forçait à s'asseoir, et, volubile :

— Oui, nous la détruirons, père. Nos frères deviennent de plus en plus nombreux, mais il nous faut du temps, pour activer le feu qui la consommera tout à fait!

Et il riait tranquillement, et les autres faisaient chorus, comme s'ils eussent voulu tranquilliser le nouveau venu, qui reprenait :

— Qu'est ce quartier où des prostituées appellent les passants? J'ai vu un homme mettre en nudité une femme. J'ai vu des adolescents carresser des libertins et se polluer avec. J'ai vu de vieilles femmes partager leur couche avec des impubères. C'est la fin des fins, de quoi faire se voiler la face du soleil.

— Tu as traversé la Voie Suburane? dit timidement le potier.

— Cette Voie est la voie de perdition, reprit vivement Maglo. Mettez le feu à cet afflux de pourriture qui gangrènera les nations!

— La catéchisation se poursuit, Père, assura Ghéel après un silence, pour mettre un peu d'apaisement dans l'âme du vieillard, dont les colères commençaient à l'interloquer. Nous sommes nombreux, à Rome, qui voulons l'avènement de l'Agneau et augurons beaucoup du nouvel empire, né en Orient, qui va préparer les cœurs à Kreistos.

— L'Orient, l'Orient, s'exclama Maglo, est-ce pas Babylone?

— Et Babylone c'est Rome, répondit Ghéel en reprenant son sourire. Nous avons des pauvres et des prostituées qui sont misérables.

Le vieillard sursauta.

— On me l'avait bien dit, on me l'avait bien dit, gémit-il. Vous autres, de Rome, vous vous ouvrez aux fruits gâtés qui vous pourriront.

— Nous prenons la semence où elle se trouve, qu'importe, dit Ghéel. Vois mes ouvriers : Lixio est un Phrygien, condamné à la crucifixion pour meurtre de son maître; Gangus est un Campanien que le procurateur recherche pour vol. Ils se sont échappés des magistrats et je les ai gardés : ils n'ont rien à craindre ici. Ce sont des Frères.

Maglo regardait fixement Lixio et Gangus. Ghéel reprit, à la fois humble et assuré :

— Et moi-même, né en Syrie, n'ai-je pas été plus loin que l'Euphrate, séparé de mon frère Madeh, mort ou esclave, qui sait, et ne suis-je pas sous le pouvoir des lois de l'Empire pour avoir incendié une ville?...

— Hélas! hélas! fit alors Maglo qui se tût.

En lui revenaient des rêves de pureté qui le traversèrent clairement dans sa caverne des Alpes, devant le décor neigeux des montagnes, les horizons bleus, les froides eaux s'égouttant des ravins où l'arbouse saigne son fruit rugueux, où l'airelle recouvre des nichées de prestes lézards. Sa vieillesse l'avait gardé vierge, avec, sous les yeux, une image puissante de la Maya, figée en son cerveau par une transmission héréditaire d'Helvètes scandinaves, ses ancêtres, et, au-dessus, la face pâle de l'Homme Divin, du pied écrasant les sept têtes du Péché : la luxure, la fornication, le viol, la bestialité, la sodomie, l'adultère et le stupre. La renommée de sa sainteté avait descendu le Rhône par Lyon, traversé la mer et frappé aux portes de Rome, d'où les sectateurs de Kreistos l'appelaient. Et, recommandé à Ghéel par un fidèle de là-bas, il était venu, désireux de ne pas mourir sans voir Rome, pour que plus vive encore fût sa foi. Mais quelle désillusion depuis.

— Tu resteras ici, disait Ghéel, avec un sourire heureux. Je vais faire préparer ta couche, car tu es chez les tiens.

A ce moment, la porte de claie s'ouvrit. Maglo s'écria :

— Elle ! perdition. Elle que j'ai vue ce matin.

Roide et farouche, il voulut s'en aller, quand une petite main enveloppante s'empara de la sienne, la baisa tendrement.

— Oui, je sais, c'est toi qui passas devant ma porte et que j'appelai. Mais qu'importe ! Ghéel me dit que je suis pardonnée.

Maglo se troublait, dégelé ; il traça machinalement le signe du crucifiement sur la tête de celle qui se jetait à lui : une jeune femme, coiffée d'une courte mitra, les cheveux tirés vers les tempes, les sourcils rapprochés par un trait noir, des anneaux de bronze aux oreilles, les seins ballants sous une subucula de toile jaune clair, une ceinture haute, des sandales lacées au milieu du mollet découvert, et qui avait aux joues une couche de blanc crayeux. Une fibule d'argent — une tête de Méduse — fixait à son épaule une palla simplement ouverte sous l'aisselle gauche.

— Assez, assez, Cordula, cria sévèrement Ghéel qui s'aperçut de l'embarras de Maglo.

Et Cordula, confuse, se leva, non sans approcher du nez de Ghéel un sachet carré d'étoffe.

— Odore ! C'est un homme qui me l'a donné. On dirait du myrrhe et de la verveine.

Et elle s'enfuit, laissant comme la trace d'une apparition jaune d'or dans un subtil parfum de verveine et de lupanar.

Ghéel était devenu tout rouge et il balbutiait :

— Est-ce qu'on peut retenir les femmes ? Il leur faut être bon et indulgent, car elles vous aiment, et Krestos n'est pas ennemi de l'amour.

— Et tu les aimes, tu aimes leur chair, dit Maglo, n'osant éclater.

Des voix mêlées bruirent. Et une douzaine d'hommes et de femmes pénétrèrent dans la poterie, qui se prirent la main et se baisèrent cérémonialement sur une joue. Ils venaient pour Maglo, qu'ils savaient devoir arriver ce jour-là chez Ghéel, où ils se réunissaient souvent, étant tous des chrétiens qu'une même communion solidarisait dans une exquise fraternité, cependant parfois troublée par des discussions divergentes de dogmes.

Lixio et Gangus avaient arrêté leur labeur : Ghéel fit asseoir les religionnaires sur des escabeaux bas, tressés avec de l'osier du Tibre voisin, au milieu des blocs d'argile et des vases, où du soleil poudroyait en une descente d'or immatérialisée. Comme, après l'avoir baisé sur ses joues de parchemin sec, ils le suppliaient de parler, Maglo, lentement, les yeux rouges, la voix encore pleinement sonore, les entretint des églises chrétiennes de la Gaule, par lui visitées après son départ de l'Helvétie. Mais si, là-bas, la propagation était très épineuse, grâce à certaines populations hostiles à l'Agneau, combien Rome le scandalisait, avec ses lupanars ouverts à tous, les vices de ses habitants, qui se répandaient en ondes puantes, en ténèbres d'esprits sur le monde, hélas ! contaminé. Et il pleura, frappa le sol de son bâton, puis, le pétase à larges bords en arrière, un poing tendu, une main verticalement dressée, le ventre en cercle et ses gros pieds nus en avant, il se leva. Rome passa dans ses paroles violentes comme une image de bête mauvaise, à la croupe pleine de péchés, et terriblement il la voulait pourchasser, pour l'assommer de son bâton et l'ensevelir ensuite dans la fange visqueuse où, d'habitude, elle se vautrait, quand un des chrétiens l'interrompit : jeune, à attitude fière, col dégagé, tête nue et cheveux ras, face ovale, fine, intelligente, où deux yeux noirs mettaient des plaques mobiles de beauté transsudante de trente ans, de beauté d'âme qui vivait, au-dessous, d'extraordinaire animation, avec une barbe court-pointue complétant une physionomie d'apôtre toute exaltante d'humanité. Et pauvre, vêtu d'une tunique de laine simple, rapiécée proprement, chaussé de sandales de bois, les jambes nues. Il s'appelait Zal. Il fit :

— L'Agneau ne veut pas que le centre de l'univers, siège de sa gloire future soit pollué par les injures de notre Frère d'Helvétie. C'est du fumier de Rome que naîtra la divine fleur de Kreistos !

Les autres regardèrent Maglo, qui, un moment abasourdi, répliqua :

— Rome, Rome est une pourriture !

Il répétait cela sourdement, comme si la vision des lupanars de la Voie Suburane lui fût restée aux yeux, et encore sous un coup d'étonnement de l'interruption de Zal, qui, victorieux, défendit Rome, sans plus de souci de la sainteté de Maglo, se sentant déborder et même faiblir dans son ancienne foi en la pureté isolée de Kreistos. Alors une voix fit :

— La majesté de Kreistos plane sur tout, peut naître de tout !

Les chrétiens s'inclinèrent devant celle-là qui avait prononcé ces paroles, une femme de vingt-cinq ans, expressive et ardente en chacun de ses mouvements, au grand air de patricienne ascétique, sans joyaux, sans fard de minium ou de céruse, austèrement vêtue d'une stola blanche à plis droits et d'une palla recouvrant des épaules frémissantes sur lesquelles des torsades de cheveux noirs, échappés aux bandelettes de la tête légèrement inclinée, apparaissaient, vibrants, vivants. Un autre avança :

— Notre sœur Severa a raison. Mais cette majesté est incorporelle, un pur esprit, comme celui dont elle émane !

Celui-là, qui était grand, maigre et d'âge de maturité — quarante ans — avait une tunique noire, les cheveux mal coupés, la face rasée d'un homme travaillé de secrètes passions. La voix coupante, il dominait généralement un certain monde de chrétiens auxquels il parlait dogmatiquement, les yeux fermés, le menton haut sur un col roide, jusqu'à présent assez dédaigneux de ce que d'autres religionnaires pensaient et disaient de lui. Car, si ceux-là l'affirmaient savant dans l'Apologétique et homme de pensées larges, ils ne craignaient pas d'amener parfois au jour une tare de christianisation qui faisait d'Atta — ainsi le nommait-on — en dehors des assemblées et des réunions intimes des fidèles, une sorte de misérable et besogneux parasite flattant les grands, vendant la Foi pour quelques auréus et même quelques bouchées de pain et de sardines. Cependant, il se gardait de ces accusations, non encore formulées brutalement, et, pour mieux se défendre, se montrait partisan de l'église officielle des chrétiens politiques, riches, adroits, ne s'entremettant que de loin, sous le regard de l'évêque de Rome, Calliste, et, avant Calliste, Zéphirinus, avec les églises plus humbles, modestes, attendries, fraternisantes dans lesquelles se comptaient ceux qui étaient chez Ghéel et Ghéel lui-même.

Ces églises se mouvaient en une sorte d'indécision de la Doctrine, une très libre et élastique allure qui les faisait pratiquer certains rites du polythéisme ou du moins accepter certaines idées encore polythéistes en la force divine, résumée pour elles en Kreistos. Beaucoup s'agrégeaient par nations, et c'était justement ce qui les différenciait des communautés politiques au caractère plus prononcé d'internationalité. A part Severa, épouse romaine d'un patricien qui, depuis de longues années, s'était séparée de l'empire et des empereurs, et qu'un attrait, disait-on ingénument, poussait vers Zal par Kreistos ; à part Atta, de haute lutte s'imposant parmi eux dans un but peut-être d'intime domination, ceux que la présence de Maglo réunissait chez Ghéel étaient Orientaux, de la Perse et de la Phrygie, du Pont et de la Chaldée, et, tels, ressentaient des affinités encore inavouées, mais tangibles, pour le nouvel empire, dont le jeune et prestigieux chef allait, le lendemain, faire son entrée à Rome. Et c'est ce dont ils causèrent tous. Zal, surtout, prétendait préférer Elagabalus et ses corruptions, la Pierre-Noire dont l'ombre se levait sur l'horizon romain, et ses prêtres, aux empereurs polythéistes, qui, à son grand souci, ne dissolvaient pas assez le monde. Kreistos naîtrait de la pourriture d'Elagabalus et non de la saine et robuste vie des dieux des autres ! Il disait cela ardemment, hardiment, les yeux sur lui attachés de Severa, pendant que Maglo branlait du chef, assis, son gros bâton entre les jambes, et qu'Atta promenait un air inquiet, circulaire de Ghéel aux autres chrétiens, et par instant regardait sévèrement Zal maintenant noyé dans du soleil.

Venu de trop loin pour être rapidement au courant des théories de Zal, Maglo dévia la discussion par une affirmation de la substance du Fils de l'homme, idée qui lui paraissait très chère. Une controverse éclata. Les uns voulaient que le Kreistos fut un être incorporel comme l'homme; d'autres en faisaient un pur esprit : Ghéel avança timidement que le Kreistos et son Père étaient la synthèse irréductible de tous les dieux. Mais Maglo se boucha les oreilles et se leva, dominant encore les tuniques pauvres des chrétiens, tournées vers lui :

— Blasphème ! L'Agneau, séparé de son Père, est son égal en puissance. Je l'ai bien vu, moi, Maglo, avec ses sept plaies saignantes, le Père, maître du tonnerre et des biens à sa droite, et l'Esprit à sa gauche.

Atta lui répondit, de son air rogue, de sa voix supérieure qui semblait dédaigner d'obscurs auditeurs :

— Tout doit se résorber en la seule divinité de Kreistos. L'idée trinitaire, glorifiée par Maglo, est dangereuse en ce qu'elle rappelle le culte des faux dieux de l'Egypte.

Et comme Maglo, touché dans sa sainteté, prenait une apparence pitoyable, il avança que les questions de dogme devaient être laissées aux dignitaires des églises assemblées. Mais Zal se révolta, n'acceptant point que la direction des esprits fut livrée à des dignitaires dont la foi était peu sûre :

— L'Esprit souffle où il peut. L'homme est faillible; nous ne pouvons permettre d'abandonner ces discussions au gré de ses passions.

Il rejetait toute autorité, en une brutalité visant ostensiblement Atta, qui, méprisant et hypocrite, lui décocha une flèche vénéneuse.

— Prends garde, **Zal**, que cet esprit ne soit le Démon!

Zal bondit et lui montra le poing :

— Le Démon **est en toi,** en toi l'impur, qui caches ta bassesse sous une **fausse sainteté.**

Et il semblait vouloir le frapper, indigné, mâchonnant ce qui se disait d'Atta depuis longtemps, son parasitisme, ses vices secrets, ses fréquentations suspectes avec les Gentils. Mais on se leva tumultueusement; on les sépara. Atta était blême :

— Je te ferai retrancher des Fidèles!

— Je dénoncerai ton hypocrisie à tous!

Furieux, Atta sortit, non sans jeter ces mots à Zal, vers qui Severa s'était portée, en une émotion qui rosit tout à coup sa face aux lignes droites :

— Malheur, malheur, malheur à toi!

Chacun frémissait encore de la scène qui avait si brusquement mis fin à la controverse soulevée par Maglo. Zal ne disait plus rien. Maglo promenait ses mains maigres dans sa barbe fluctuante, et, inquiètement, regardait les Fidèles. Mais ceux-ci, Zal et Severa avec, s'en allèrent. Il ne resta que Ghéel, ses ouvriers et Maglo, muets.

V

Un grand bruit dans la région transtéverine, un bruit de foule hurlante, un galop d'hommes et de femmes courant vers le pont Sublicius! Des enfants grouillant en des immondices s'effaraient, pendant qu'à des ouvertures de fenêtres, des têtes se poussaient, curieuses, et que, de frayeur, des tavernes basses, à un seul auvent, se fermaient. On criait les divers noms d'Elagabalus, à la fois Antoninus, parce que sa mère, Sœmias, assurait l'avoir eu d'Antonin; Bassianus, Varius, Avitus, le Syrien.

Ghéel coupait des groupes pressés de citoyens et d'esclaves, d'où seulement émergeaient, posés sur des planchettes ou fichés à des hampes droites, des statuettes, des ferrailles et des quartiers de porc salé de marchands qui, en hurlant, évitaient par instants, avec des mouvements flexueux de reins, des coups de plat de glaive de soldats lamellés de fer et de bronze. Des Orientaux, dont les longs vêtements bariolés faisaient des taches remuantes dans le blanc sale des toges romaines, frappaient sur des tambours recouverts d'une seule peau; d'autres soufflaient dans des trompettes droites de cuivre luisant; des prostituées s'injuriaient tout haut, et des matrones couraient après leurs enfants deminus, cabriolant partout.

Dans la Voie Sacrée où il débusqua, une lectique portée par quatre esclaves fila devant lui, en un enlèvement nerveux de deux hommes couchés sur des coussins pourpres, l'un pâle à la courte barbe châtain; l'autre plus jeune, un grand enfant sorti de l'adolescence, la peau dorée, le regard mobile, les cheveux crêpelés comme les siens. Ghéel le regardait par l'entrebâillement des rideaux de cuir — les plagules — et le souvenir de son frère du pays, perdu à jamais, lui montait aux yeux; et plus il le regardait, plus ce souvenir grossissait. Oui! c'était bien ce Madeh dont il parla à Maglo. Et secoué, ravi, il cria :

— Madeh! moi, moi!

Il courait après la litière pour appeler l'attention de l'affranchi, avec Atillius. Mais Madeh n'entendait pas, dans la rumeur enveloppante; mais Atillius songeait...

Alors Ghéel ouvrit tout à fait les rideaux; la lectique s'arrêta sur un geste de Madeh qui avait vu Ghéel. Le reconnaître et descendre, après une rapide hésitation, et l'embrasser fut tout un!

— Oui, oui, c'est moi, venu de là-bas, tu sais, mon bon Ghéel!

Et il l'embrassait encore, avec des larmes aux yeux, pendant que Ghéel l'admirait, palpait son cou, ses bras, sa chevelure fleurant un parfum du lointain pays. Comme Atillius les regardait d'un air impassible, à demi-égaré, Madeh lui fit :

— C'est mon frère du pays, dont je t'ai souvent causé et qui me sauva pendant que les gens de ma race se faisaient tuer par la légion romaine. Sans lui, je serais mort, qui sait où, toujours loin de toi !

Il disait cela précipitamment, très heureux que Ghéel partageât son bonheur de le voir bien vêtu et coiffé de sa mitra, qui lui allait à ravir, et qu'Atillius connût son frère de Syrie. Celui-ci, indulgent, du fond de la lectique, fit alors au potier

— Cours avec nous et viens avec nous !

Et Madeh remonté, la litière s'avança entre le Viminal et l'Esquilin, étageant leurs édifices et leurs maisons qui avaient une belle couleur de safran. Elle obliqua : le quartier des Carènes se présenta, avec ses temples et ses portiques nombreux, ses thermes, ses jardins dont les feuillages gardaient une grande ténuité, une luisante immobilité. Et toujours du peuple, croulant des hauteurs voisines, débusquant des angles des maisons hautes, avec des fenêtres en saillies d'échafaudages; courant vers la Voie Sacrée laissée à gauche, comme sorti de trous lumineux, dans la pleine clarté du midi qu'il était, dans le bariolage des vêtements et des tentures claquant partout, dans les étoffes agitées du haut de chars plaqués d'ivoire et d'argent ! Et toujours les noms prestigieux d'Élagabalus, comme si le jeune empereur dût approcher plus vite, rien qu'à ouïr cette longue acclamation !

— C'est demain que le divin Antoninus entre, dit Madeh à haute voix pour que Ghéel l'entendit dans le tumulte. Le peuple veut le saluer à son approche de Rome.

La litière s'engagea dans une étroitesse d'île, aux maisons muettes fermées par des portes à battant de fer, et s'arrêta devant une ouverture d'ostium encadré de pilastres, qui s'ouvrit, laissa voir un vestibule où apparut une face sanguine de janitor, et, au fond, un carré chromé, une ligne droite de colonnes de travertin rouge, un vague éloignement de salles traversées par un rayon de soleil, lamé comme de l'argent dévidé en un large ruban.

Atillius et Madeh descendirent. Ce dernier prit Ghéel qui hésitait.

— Il permet que tu viennes, lui dit-il, car il aime l'Orient et notre race.

Il l'entraîna à la suite d'Atillius, pendant que des esclaves accouraient.

Dans l'atrium, paré d'une mosaïque et plafonné d'une fresque étouffée expirant à la corniche des colonnes de travertin, un cri rauque retentit. Un singe gris, attaché à un autel bâti au bord du bassin, roulait des yeux presque humains vers Atillius et une ombre évoluait à la muraille où des bigarrures d'oiseaux peints s'envolaient en des nues bleues et roses. Et Ghéel, qui ne savait que dire et marchait précautionneusement, aperçut un paon arrondissant le faste de sa queue aux yeux glorieux, en un harmoge calme d'irisements et de colorations. L'oiseau resta immobile, une patte en l'air, l'attitude énigmatique, le regard droit sur le bout de ciel bleu passant par l'ouverture du toit, le compluvium.

— Toi aussi allais au-devant d'Antoninus, demanda Madeh à Ghéel, pendant qu'Atillius s'enfonçait vers le péristyle, au fond d'un étroit couloir bordé de tentures, où la tunique, qu'il portait à l'orientale, blanche avec des rayures bichromées, fit un ton clair mouvant.

— Oui, frère Madeh, dit Ghéel. On dit que, répudiant tous les dieux romains et n'en acceptant qu'un, qui est un dieu de l'Orient, il sera bienveillant pour nous.

— Pour nous ? questionna Madeh qui eut un point d'interrogation. — Et il lui prit la main, le força à s'asseoir à ses côtés, sur un siège de bronze à deux places, un bisellium. Le paon toujours élargissait sa queue, et le singe, tranquillisé, buvait du soleil blondissant le bassin de l'atrium, dont l'eau, d'une profondeur suspecte, avait des remous lents.

Dans le mouvement qu'il fit, Madeh laissa découvrir

l'amulette noire, le cône attaché au col par une fine cordelette, et comme Ghéel, surpris, ouvrait la bouche :

— Hé ! oui, je suis prêtre du Soleil, consacré par Atillius au Dieu de la Lumière et de la Vie, au Dieu d'Élagabalus en qui se résorbent tous les Dieux.

— Ah ! fit Ghéel.

Il restait pensif, pris d'une espèce de superstition pour ce sacerdoce, avec des regards en dessous vers Madeh, dont les cheveux odoraient bon, dont les membres souples, polis à la pierre ponce, gardaient du bain l'onctuosité de l'huile aux essences multiples. Il avait l'air délicat et heureux d'un éphèbe qu'un rien ferait s'évanouir. Ses bagues étincelaient ; l'agrafe de sa tunique traînante jetait des coruscations subites ; ses chaussures, bordées d'argent, crépitaient d'éclairs de pierres fines serties juste au-dessus du pied, en un joyaux où l'ivoire, la turquoise et l'or entrelaçaient des floraisons contournées. Et il avait surtout une pose lascive, un morceau de croupe frémissante, comme d'une prostituée dont la chair aisée vibre au moindre contact ! Ghéel comprit et son regard rencontra celui de Madeh.

Ils causèrent, laissant réveiller en eux des années vécues sur les bords de l'Euphrate, où ils furent entraînés par des bandes révoltées en des régions de ruines immenses étendues à perte de vue, dévorant des avortements de forêts qui s'acharnent à pousser à travers les pierres, les briques et les marbres où courent des profusions d'écritures à assemblages de coins. Ils étaient surpris de s'être reconnus si vite, et comme instinctivement, après tant de jours écoulés, tous deux ayant grandi, étant devenus méconnaissables. Enfants alors, ils étaient hommes maintenant.

— As-tu compris pourquoi, en un éclair, notre esprit a sympathisé et nos visages se sont reconnus ?

— Qu'est-ce qui a éternisé notre amitié et l'a figée en nos cœurs malgré les années ?

Ils se parlaient, Ghéel se rapprochant de Madeh, Madeh ayant comme une petite crise de nerfs. Et l'aspect grossier du potier, ses mains grasses d'argile, sa chevelure épaisse risottée, sa peau rude tachée de rousseurs, n'étaient point désagréables à l'ami qui oubliait tout pour lui. Tout à coup, Madeh fit :

— Tu adores Kreistos : je l'ai compris. Elagabalus le vénère, et Atillius, qui conseille Elagabalus, fait de Kreistos, comme la Pierre-Noire, mais moins puissant qu'elle, car Kreistos, qu'est-il près d'elle ? — une signification du Principe de la Vie !

— Nous serons donc protégés par l'Empire, dit Ghéel qui ne comprit pas tout ce que lui assurait Madeh. Un des nôtres, qui s'appelle Zal et est un Oriental, croit même que la Pierre-Noire va acheminer le monde vers Kreistos.

Un glougloutement dans le bassin, d'où une gueule creva, un goître jaune, des yeux atones, un crâne plat, avec des squammes verdissants ! Elle restait immobile, pointant vers le singe qui lui grimaçait, pendant que la queue du paon rayonnait en une cascade de pierreries violacées, bleuissantes, rubéfiantes. Puis un bruit de pas, et s'entr'ouvrit une portière tramée de dessins jaunes, coupés d'angles grecs. Cuirassé par les lames d'or d'un chalcochiton, avec un casque à aigrette plucheuse, une armure moulée au mollet droit, un chlamys bleu fixé à la cuirasse par une grosse sardoine en fibule, Atillius parut. A l'aspect de Madeh et de Ghéel, il sourit, et ce sourire blanc, coupant sa face court-barbue, triste, grave et aux méplats bleuâtres, tant ils étaient délicats, était si extraordinaire que Madeh, tout embarrassé, se leva, couvrant Ghéel qui s'effarait.

— Nous causions de la terre qui nous a vus naître, et je ne me lassais d'écouter Ghéel, qui adore Kreistos.

— Ah ! tu adores Kreistos, dit Atillius plantant un regard fixe sur le potier et s'arrêtant net. L'Empire, qui veut l'Unité des Dieux dans la Pierre-Noire, sera bienveillant pour toi et les tiens, quoique Kreistos, votre dieu, ne soit pas l'image complète de la Vie Une et que vous ne recherchiez pas en lui l'Androgyne. Mais si votre Kreistos espère en Élagabalus cela suffit pour que vous soyez protégés par lui.

Il lui tourna le dos, après un signe disant que maintenant il n'avait qu'à s'en aller, et un singulier coup d'yeux pour

Madeh, qui accompagna Ghéel jusqu'au seuil de la porte, élevée de quelques marches au-dessus de la rue déserte et tout abluée de soleil.

— Viens me voir ici où je serai toujours, lui souffla Madeh, à moins qu'Atillius, qui est primicérius de la Garde prétorienne, ne m'emmène au Palais des Cæsars, que va habiter le divin Élagabalus.

— Il n'est que Kreistos dont la personne soit divine, répondit Ghéel en étreignant Madeh, qu'il quitta tout triste.

VI

S'essorant, un *carruche* emporta Atillius et Madeh en un piaffement de bêtes et un glissement de quatre roues à douze rayons palmés, qui firent trépider la petite et muette rue du quartier des Carènes. Les citoyens s'écartaient devant ce char sonore, monté haut sur un caisson carré, orné de bronze et d'ivoire, et ciselé d'argent et d'or, qu'un aurige, courant auprès de ses quatre chevaux blancs, menait vivement.

Autour du Romain et du Syrien, surexhaussés par le char courant en une rectitude qui soulevait un cumulus de poussière, des imprécations s'élevaient, des faces furieuses de vieux polythéistes, des yeux colères d'Occidentaux indignés de l'érection du culte nouveau que l'entrée prochaine d'Élagabalus rendait inévitable. Un plébéien montrait le poing à Madeh, dont la mitra accusait la race; d'autres ricanaient en se désignant Atillius, cuirassé de son chalcochiton d'or semé d'émaux. Il était évident que, déjà, le peuple romain répugnait aux mœurs orientales, qu'il n'acceptait ni la Pierre-Noire, ni ses sectateurs, ni ses prêtres, ni son thaumaturge, ni son Empereur; qu'il répudierait un jour ou l'autre les barbares dont le grossier intellect tendait à dépersonnaliser les riches, vivantes et émues mythologies du monde occidental, au profit d'une divinité à forme simple, bonne pour des esprits inférieurs, et qui, outre sa contrenaturelle signification, voulait absorber des dieux si bien humanisés.

Atillius, sa mission auprès du Sénat accomplie, était présentement le premier des officiers de la Garde prétorienne, et il se rendait au camp d'Élagabalus, le Camp des Prétoriens, sur les hauteurs de la Ville, prendre possession de son poste nouveau.

Des cohortes se poussaient, dans le soleil luisant, avec, à leur tête, des musiciens jouant de la tuba, trompette de bronze fort longue, ou soufflant dans des cors de cuivre ; une turme fila en galopant, enseignes éployées, en tonnerres d'acclamations. C'était sur le Quirinal, un quartier pauvre, à sa droite, mais riche, à sa gauche, de temples, de jardins et de palais, d'où les faubourgs de Rome s'entrevoyaient, gris et bleus, sous des floscules de fumées montant droit, comme des colonnes immenses, dans le ciel d'un opaque outre-mer qu'aucun nuage n'alanguissait. Partout, bordant des voies ou larges ou étroites, en un échiquier fortement brouillé, en avalement et dévalement de chars et de piétons, des édifices, des tombeaux blancs ou polychromés, des villas espacées, trouant de façades planes des végétations de jardins entourés de murailles où des fleurs souriaient, roses, violettes, rouges et bleues ; des aqueducs enjambant des toits de maisons, des terrasses nombreuses sur lesquelles pointaient des silhouettes de Romains et de Romaines, à toge, à chlamys, à tunique, à cyclas, à synthésis, dont les couleurs faisaient des gammes et des chatoiements. — Le carruche descendit ensuite la pente esquiline, pénétrant à même, avec des hurlements de l'aurige soufflant et suant, dans le fourmillement populaire de plus en plus épais, qui toujours jetait ses colères, ses indignations et ses imprécations à la face immobile d'Atillius et de Madèh. Au fond de la plaine s'aperçut alors le Camp des Prétoriens, qui était le camp d'Élagabalus, d'où s'évasaient des fumées, d'où s'échappaient des musiques réitérées d'instruments, pendant que de tous côtés accouraient, confondus, citoyens, esclaves et affranchis de la grande Ville subjuguée par l'Orient.

C'étaient des fonctionnaires courant au-devant d'Antoninus, avec des sénateurs désireux de reconnaître la nouvelle puissance ; les quatre courroies de leur chaussure noire montaient jusqu'au milieu de la jambe, avec, au sommet du pied, un croissant d'or ou d'argent. Des chevaliers dont la pagule de pourpre, cousue au milieu de la tunique, était plus étroite que celle des sénateurs; des tribuns à laticlave, dans leur char, assis sur des pliants ornés d'ivoire ; des citoyens suivis d'esclaves le front bondé de roses ; puis des marchands de beignets, de fritures et de boissons chaudes, des diseurs de bonne aventure, des avaleurs de glaives, des charmeurs lybiens, plusieurs serpents enroulés à leurs bras luisants ; des gladiateurs qui s'entouraient de curieux, des soldats isolés rejoignant leur cohorte en un éclat de piques et de casques de fer. Et ce monde avançait, le dos tourné vers la ville, cherchant à voir le camp qui apparaissait au fond en une solide symétrie, avec ses tentes, ses faisceaux, ses enseignes, sa muraille de gazon, haute ; ses rues, ses hommes, ses chevaux, ses balistes et ses catapultes aux échafaudages noirs, et, à la partie supérieure, une immense tente, toute de pourpre, couronnée d'oriflammes, celle du jeune Empereur.

C'était comme, de loin, un décalque violent où les regards surplombaient, de chevaux, aux robes luisantes, attachés à des pieux fichés en terre, de décurions faisant couvrir de peaux les tentes, et de soldats aiguisant à une pierre leurs javelots ou s'essayant une cotte de maille à imbrications de fer. Des passages de patrouilles traversaient les intervalles, avec des rayonnements de boucliers ronds ou rectangulaires, pendant qu'autour des fossés, hennissantes, remuantes, des turmes piaffaient. Puis, des éparpillements de rumeurs, des bruits de disputes s'éteignant aussitôt en des frénésies de trompettes, dont le chant était distinct.

Par une porte d'où, élargi, le camp apparaissait, Atillius

et Madeh allaient entrer en un glissement du char dont les roues crièrent, quand un bruit éclata, une violente dispute, probablement achevée par des coups de piques, car ils virent trois hommes se débattant sous une poussée de soldats. Ce fut une surprise qui, légèrement, creusa chez Atillius un rictus à demi bienveillant pour Amon, à demi narquois pour Aristès et Nicodœmès, tous trois se lamentant, tous trois ouvrant des yeux pleurards et élevant une face d'individus vraiment horrifiés.

L'Alexandrin et les deux Grecs, s'arrachant à la poigne des soldats, accoururent vers Atillius. Très volubile, Nicodœmès supplia, et, en un langage qui bredouillait, expliqua que lui, son excellent compagnon Aristès et le riche marchand de lentilles Amon — un Alexandrin plein de prudence ! — n'en voulaient pas à l'Empereur ! Non ! Si Amon était descendu dans les fossés du camp, c'était, c'était !..

Il n'acheva point, mais Amon, affalé au sol, son large diploïs sur le dos étalant ses raies brunes, continua. — Il avait voulu écouter le grouillement d'une branche du Tibre détournée de sa source et qui passait sous les fossés du camp, comme le lui avaient suggéré Aristès et Nicodœmès. Même, cette branche emportait des crocodiles capturés du Nil, gardés dans le Tibre par cette branche duquel ils s'échappaient. — Et il devenait candide ; sa face ronde se relevait, suppliante, vers Atillius qui les fit tous trois relaxer.

Ils disparurent alors, leurs vêtements amples serrés autour des reins, en évidents désirs de s'en aller au plus tôt, non sans remercier effusionnément Atillius, qui un moment sourit de la crédulité d'Amon et des fortes plaisanteries dont l'accablaient Aristès et Nicodœmès.

Dans le camp, des hastaires, assemblant leurs hautes lances en faisceaux radiants, virent passer Atillius et Madeh ; puis ce furent des principes, qui les saluèrent, roides, dans leur cotte de cuir plaquée de fer ou d'anneaux enlacés. La cavalerie séparait ces troupes ; des munifices gardaient les tentes ornées, à leur entrée, de l'étendard de la cohorte ou du manipule. Enfin, les triaires, vieux soldats à la rude peau, armés du pilum, s'alignèrent devant eux sur un signal, et ce furent encore, à une extrémité du camp, de jeunes et bouillants vélites, légèrement vêtus, ensuite des frondeurs et archers de la Crète et de l'Achaïe qui avaient suivi Élagabalus.

Une extraordinaire animation flottait dans le camp, où circulaient des décuries de fantassins et de cavaliers, à la marche rythmée, pendant que des soldats et des officiers de toutes armes emplissaient le forum qu'en chlamys rouge dominait le questeur. Campés sur un jarret, un coude en l'air, des auxiliaires soufflaient en des lituus d'airain recourbés à leur articulation en des buccins de fer ou de corne tordue; des cataphractaires, de la tête aux pieds vêtus d'une collante armure d'écailles, de bronze, d'or ou de vermeil, se hissaient sur leurs lourds chevaux, auxquels l'armure semblable, des naseaux aux quatre sabots, donnait un faux air de gigantesques crocodiles frétillants, pendant que des sagittaires arabes enlevaient les entraves aux leurs, de fins et nerveux animaux; des Lybiens frappaient des chameaux qui, se dressant avec des effets de cuisse, balançaient leur tête osseuse, énigmatique et presque méprisante; des esclaves jouaient des osselets à l'ombre des sambuques et des bascules. Prodigieuse était la quantité de ces esclaves, presque tous des Asiatiques, dont les robes aux longues et amples manches sans ceinture flottaient, laissant entrevoir des nudités de croupes provocantes que longuement regardaient des loricaires à l'armure bandée de cuir.

En plein avoisinement de la tente impériale, le camp était d'une richesse mais aussi d'un désordre inénarrables. Le buste encerclé d'une chaîne d'or, coulant en sautoir du col à la hanche, et assises devant des tentes d'officiers, des femmes pinçaient des chitares, élevant leurs bras nus et montrant leurs aisselles épilées; d'autres processionnaient, avec un psaltérion, qu'elles faisaient vibrer sur la tête au moyen du plectron; d'autres tourbillonnaient dans des carrefours étroits de baraquements peints de rouge et de jaune, devant lesquels rayonnaient des faisceaux de pilums et de haches de fer. Et c'étaient des envolements bruns et blancs de chairs par des ouvertures d'étoffes claires, de cyclas transparentes ; des éclairs de spinthers, de spathaliums qui tintaient et de periscelis à des poignets et à des jambes fuselées de danseuses ; des musiques traînantes de tambourahs à cordes. roidies et de cicutas, flûtes de Pan, jouées par des lèvres chaudes, gardant encore une forte odeur de baisers d'hommes de toutes parts venus. Beaucoup de ces femmes accroupies à terre, à l'ombre presque bleutée de jour des tentes, peignaient leurs longs cheveux, piqués de petites pièces de monnaies d'argent trouées au milieu. Elles eurent pour le primicérius, rapidement filant dans le carruche qui projectait des éclats, des sourires muets, rien qu'à le voir avec Madeh, très fin, très souple en sa tunique flottante, qui échangea de courts saluts avec quelques Syriens, prêtres du Soleil, comme lui coiffés de la haute mitra.

VII

Maintenant ils sont devant la tente d'Élagabalus, entourée d'autres tentes par elle dominées, que sépare un étroit intervalle, et toute de pourpre brochée d'or, avec de larges bordures jaunes, des étoilements de perles et de pierres, des flottements d'oriflammes écarlates tranchant haut le bleu du ciel qui, à l'approche du soir, prend vers le couchant des douceurs rousses. Des prétoriens casqués et serrés d'une lorique. bombant leur poitrail, vont et viennent ; vont et viennent, des femmes dont la cyclas élargie a des reflets d'eau et des chamarrures fleuries imprégnant d'ombre chromée le feutre blanc de leurs socques et les torques sonnants de leurs jambes, nues en dessous. Des prêtres du Soleil encadrent la tente, fermée par une tapisserie babylonienne à la trame serrée de dessins, où d'extraordinaires végétaux enlacent le lamellement de leurs feuilles et des zoologies vertigineuses mettant des paons d'or sur des têtes barbues de rois tiarés. Et des beuglements et des barissements s'élèvent de cette partie du camp : derrière une ligne de chevaux remuent des trompes grises d'éléphants; des cols velus de chameaux, des cornes recourbées de bœufs qui ont traversé tout l'Orient pour suivre le jeune dieu-homme Élagabalus, fils de Sœmias, le bel Antoninus, pontife de la Pierre-Noire et Empereur romain, — et des rugissements de lions, des miaulements de léopards, en des cages de fer, se traînent au loin.

Dans le demi-jour de la tente, où une cire à fumée planante brûle sur des trépieds bas; sur des coussins dont la couleur jaune se constèle de grosses améthystes; sous un dais plafonné d'une dense étoffe d'or soutenue par quatre hautes piques fichées en terre et inclinées, s'affale une humanité somptueusement immobile, une fastueuse figure de quinze ans, coiffée d'une tiaras droite, tissée de perles, de gemmes, de métaux, portée sur des échappées de cheveux longs, noirs, par-dessus une blancheur d'épaules féminines transparant sous une riche subucula de soie qui s'irise comme de la nacre. Et c'est là, en un écartement de jambes nues, Élagabalus couché sur des peaux de panthères et montrant sa virilité jeune qu'évente tranquillement, d'un flabellum fait d'une grande feuille de lotus ployé à la pointe, un eunuque noir à peau blète, aux dents blanches, aux yeux blancs roulant niaisement. A ses côtés, comme en amphithéâtre, Alexianus et la mère d'Alexianus, Mammœa, sœur de Sœmias, et Mœsa, l'aïeule à tous, dont la face parcheminée aux traits adoucis, se tourne par instants vers Élagabalus, puis se plisse d'un trait léger lui traversant le front coupé à son sommet d'un torulus de fil d'or.

Près de Sœmias, dont la stola de soie se recouvre d'une lourde palla réunie à l'épaule par une agrafe d'électrum, une palla aux plis roides de tapisserie chargée de dessins, rouges comme des couchers de soleil, verts tels que des profondeurs de forêts, bleus semblablement à des étalements de fleuves ; près de Sœmias, dont les gestes nerveux souvent font chatoyer le lemnicus diadémal d'un front bas de femme secouée de passions, une jeune fille, aux lèvres rouges, aux yeux inquiets dont l'ombre violâtre, a l'attitude suspectante de la vierge bientôt nubile, rit, comme enfoncée en son giron soulevé de rapides respirations. Au fond, des prêtres du Soleil processionnent devant le Cône Noir, haut comme un buste d'homme, posé sur un autel d'or et éclairé par des lychnuchus chargés de lampes, qui jettent des luminosités en des recoins occupés par des coffres de bois précieux plaqués de cuir ornementé, pendant que des Mages perses, à la grande barbe frisée, à la roide et royale robe — sarapis, — s'agenouillent devant l'image de l'antique fécondité.

Quand, au seuil de la tente, dont s'écarte en un trou blanc la tapisserie surplombante, Atillius et Madeh paraissent, c'est un petit cri de la jeune fille, une précipitation de regard de Sœmias qui semble légèrement émue. En cet intérieur où nagent dans l'étouffante atmosphère comme un relent de peau, comme une âcre respiration de poitrines humaines mêlée à de forts parfums, chacun a remué : Élagabalus se redresse à demi, Mœsa reprend le pli douteux de son front, Mammœa presse tendrement du plat de sa main moite un genou de l'enfant Alexianus dont l'attitude devient fière et roide, le buste frémissant. Se glissant des coussins en une torsion rapide du corps, la jeune fille se jette dans les bras Et d'Atillius, qui la serre sur les lamellements de sa poitrine d'or. c'est entre eux une longue caresse, un débordement de mots :

— Petite Atillia, fraîche sœur à la peau blanche d'un lis vasqué. Ma sœur, ma sœur !

— Frère ! Aîné, combien je suis frémissante à te revoir !

Elle ne cesse de baiser les joues et les mains du Frère, de s'enlacer à lui, de palper ses épaules et ses bras, sans plus voir, en un élan nerveux comme venu d'une crise subite. Impassible, Élagabalus s'affale à nouveau sur les coussins où l'eunuque noir l'évente du flabellum, mollement ; les cires brûlent, les prêtres du Soleil tourbillonnent autour du Cône-Noir ; les Mages inclinent leur face barbue sur le triangle renversé de leur sarapis pourpre ; Alexianus et sa mère se regardent, Mœsa se détend peu à peu, et Sœmias a comme un soulèvement des seins sous la *stola*, qui fait craquer la lourde *palla*, et un coup de ses grands yeux noirs pour Atillius qui, dans son chalcochiton, garde une grande allure de capitaine latin, pendant que Madeh s'immobilise à l'entrée, les bras collés au corps.

Au dehors roulent, en tonnerre lointain coupant les rumeurs du camp, le choc des armes et le hennissement des chevaux, le grand rugissement, l'énorme glapissement des bêtes en cage.

La frénésie fraternelle d'Atillia — toute de nerfs et d'explosion de sang jeune — expire en derniers baisers, en gais rires gagnant l'Empereur et sa mère, Mammœa et son fils, même l'aïeule Mœsa, dont les faces éclatantes, dans le demi-jour, ont des éclairs qu'on dirait presque de bonté, tant leurs traits prennent de communes ressemblances à l'heure des vives émotions. La sœur d'Atillius regagne alors les coussins, en un mouvement ondulent de ses reins souples, sous la stola tissée d'or et couleur de rose pâlie, qui fait tinter les torques d'or de son col et jeter des reflets aux perles de sa chaussure jaune, gauffrée à la pointe, et virer sa chevelure aux boucles étagées, lavée le matin et toute jaune aussi sous des améthystes constellantes. Madeh se dit qu'elle a grandi et minci, que son teint est plus blanc que jadis sous le léger rosis d'à présent. Et cette blancheur, née dans les gynécées ou à l'ombre opaque de la tente impériale dont les étapes, depuis une année, sillonnent la route d'Élagabalus d'autant de victoires sur le parti vaincu et d'enjambées glorieuses de son armée vers Rome, ressort plus nette du bord des paupières et des cils, noircis avec de l'antimoine, soigneusement.

Il revoit, en un éblouissement, Émesse où elle a vécu et où il l'a connue. Ses jardins, ses palais aux terrasses droites, ses horizons bleutés animés d'allées de sycomores et de palmiers, d'autels fleuris de fleurs larges comme des soleils naissants, de rivières traînassantes aux reflets roux, où plongent leur ombre des feuilles marbrées de végétations. Et de grands escaliers qu'enfant elle gravit avec les femmes de Sœmias, des temples aux colonnades torses, des théories de prêtres mîtrés portant la Pierre-Noire, des foules prosternées devant le jeune Empereur, des soldats et des esclaves courant en des tumultes de boucliers soulevés ! Et des embrassements d'hommes en des salles ouvertes sur des atriums coupés de bassins emplis de crocodiles vivants, béant parmi des sagittaires plats qui s'épointent vers le ciel en lames monstrueuses !... Vision suggestivement profonde !

— Ah ! Elle fait monter aux yeux de Madeh, pourquoi ? une larme crevant à peine en une douleur aiguë, qui est presque de la volupté pour sa physiologie déviée d'homme qu'Atillius veut dévirilisé, et qu'il essaie de cacher pendant qu'émerge lentement, comme une apaisante consolation, en le lointain des paysages asiatiques, la bonne figure de Ghéel.

Atillia ouvre sur lui ses yeux d'un violet noir velouté, qui semblent rêver des rêves inquiètement fébriles. Ses mains aux doigts chargés de bagues se rejoignent sur les genoux arrondis, dont la blancheur crève la finesse de l'étoffe plissée tumultueusement.

Au loin roulent le rugissement des lions, l'énorme miaulement des léopards.

L'Empereur dit lentement à Atillius, que toujours regarde Sœmias — cette fois-ci très fixement — qu'il l'a élevé au primicériat de sa Garde pour sans cesse l'avoir à ses côtés, et, avec lui, gravir le Capitole dans le Triomphe prodigieux de demain. Légèrement il met sa main sur sa bouche, pour étouffer une sorte de bâillement... Au dehors, dominant des commandements secs de centurions, des musiques de psaltérions et de chitares se trament à des mélodies barbares, aigûment pointillées d'airs de flûtes ; des heurts d'armes trépident, des hennissements fanfarent pendant que les prêtres du Soleil se jettent à plat devant le Cône-Noir, comme anéantis par la lourdeur fuligineuse de l'atmosphère, que les Mages psalmodient une mélopée inconnue et que rugissent et miaulent, en une furie sans fin, les lions et les léopards.

VIII

Rome s'éveillait de son pénible sommeil, avec la vision, brutale encore aux yeux, de l'entrée d'Élagabalus. Ç'avait été une fête colossale, roulant sur la Ville en furieuses folies, une abominable entrée de l'Asie lascive conquérant Rome par ses femmes nues, ses prêtres du Soleil aux mouvements suspects de croupe, et son jeune Empereur que la multitude désignait de noms infâmes, glorieusement acceptés.

Dans les bains et les tavernes, sous les portiques ou à l'ombre des rostres, on se remémorait à voix basse cette entrée, dont les derniers tronçons se tordaient encore le lendemain à travers les quartiers populaires, en des saouleries dignes des excès d'Élagabalus, qui étonnèrent les vieux Romains, cependant habitués à des excès d'empereurs.

Chacun le revoyait, la face vermillonnée, les sourcils peints comme ceux d'une idole, une haute *tiara* jaune incendiée d'opales, d'améthystes et de chrysolithes, une robe de soie traînante, tramée de dessins violents, la première qu'on eut vue, dont les manches lourdes pendaient, conduisant en l'attitude hiératique d'un dieu un char à seize chevaux blancs où sur un autel de pierreries reposait, tel qu'un phallus, le Cône de pierre-noire, rond à son sommet. Des Syriennes nues, aux attaches des mains et des pieds déliées, dansant au pincement de l'asor babylonnien et au frétillement du sistre isiaque, avec des ondoiements brusques de reins et de cuisses ; des files de prêtres du Soleil, simulant l'horreur de l'embrassement mâle ; des chars et des civières dorés, lamés d'argent ou d'ivoire torsionnés, d'où, en des cassolettes, brûlaient des parfums ; d'où, en des vases très hauts, fumaient des vins rares, et des milliers d'Orientaux qui n'avaient pas de ceinture à leur robe flottante, dont les sandales molles laissaient voir des bas de jambes nues et lascives, et les joues se bandaient de peaux pourpres attachées sous le menton. Un pêle-mêle de sénateurs et de consuls à pied, chantant des hymnes au Principe de la Vie, cette Pierre-Noire désormais substituée en son matérialiste symbolisme aux dieux anthropomorphisés de l'Occident; des cortèges d'éléphants, de léopards et de lions enchaînés; des litières, sur des épaules d'esclaves noirs aux cheveux dans des résilles d'or; des rhédas glissant sur leurs quatre roues historiées, des thensas dont le caisson était porté sur deux roues seulement, rapidement filant sous la traction d'animaux extraordinaires — onagres, hémiones, zèbres et zébus — des carruches décorés de choses éclatantes, où s'étalaient, sur des coussins couleur de safran, des femmes de grandes familles romaines dont les seins bondissaient sous des subuculas de lin, laissant voir des blancheurs de poitrines ou des cuisses pantelantes que, par instants, des hommes venaient baiser! Une tourbe de prêtres de Kybèle, battant des cymbales de bronze et des tambours heurtés avec les doigts, se meurtrissant le sein ou montrant, en des écarts de jambes, des mutilations de sexe toutes fraîches; de Pan, ceints d'une ceinture de peau, frappant à coups de sangles des femmes qui s'écartaient en criant; d'Égypte, portant Anubis, le dieu à tête de chien. Beaucoup de musiciennes et de musiciens, soufflant, heurtant, battant, piquant, des instruments, ou colossaux ou exigus; sambuques hautes comme des colonnes, psalterions posés sur la tête et joués ainsi, tibias à un ou plusieurs trous isolés ou doublés, à embouchure simple ou à bec recourbé; crotales, sistres, cymbales, tambourins; flûtes de Pan, flûtes de corne, flûtes de fer; magadis, tambourahs, épigonions, chelys, phormynx, chitares, variétés de lyres; des nébels de Palestine et des asors d'Assyrie; toutes les formes, toutes les mélodies, tous les enchantements s'envolant sur des rythmes qui paraissaient s'embrouiller mais qui, à la longue, s'harmoniaient délicieusement; enfin, des bateleurs et des danseurs de corde; de jeunes hommes d'allure équivoque, à la chair brune, aux larges anneaux de cuivre pendillant à l'oreille, qui menaient des ours par les narines enchaînés ; des Africains emmenant des chameaux ; une multitude innommable et bruyante, parlant tous les langages, coulant en fleuve vivant par les voies irradiées autour du Capitole, Angles et Germains, Ibères et Ligures, Italiques et Lybiens, Numides et Ethiopiens, Daces, Grecs, Phrygiens, Asiatiques qu'on voyait partout, qui débordaient de tout, ivres d'avoir pris Rome à la suite d'Élagabalus dont le char passait en des clameurs roulant en tonnerres lointains.

Ce Triomphe, d'ailleurs, avait conservé son aspect militaire d'entrée impériale, tant la discipline subsistait sous les commotions politiques. Ç'avait été d'abord, à l'imitation des Triomphes de jadis, une ouverture d'œneatores soufflant dans leur clairon à tube recourbé ; de joueurs de trompettes et de cors de bronze arrondis comme de grands croissants de lune ; de buccinatores sonnant dans des buccines tordues en spires ; puis, menés par des prêtres à la robe blanche, des bœufs dont les cornes étaient dorées et la tête enguirlandée ; des captifs qui, n'ayant pas voulu reconnaître le nouveau pouvoir, passaient, enchaînés, avec leurs femmes et leurs enfants ; et des licteurs portant des faisceaux entourés de lauriers, suivis de danseurs vêtus en satyres et couronnés d'or. Ensuite, l'armée entière.

Des turmes de cataphractaires et de sagittaires ; des manipules de hastaires, de triaires et de principes, au bord desquelles couraient les centurions, à la poitrine décorée de phalères de bronze, et leurs étendards jaunes ou pourpres à leur tête ; des auxiliaires allant un pas de charge, les glaives nus, les boucliers relevés ; puis la cavalerie légère et la cavalerie lourde coiffée de casques de fer ou de cuivre ; des archers parthes et des frondeurs crétois, dont une gueule de bête couvrait l'énergique tête brune ; enfin, les valets de l'armée et les esclaves frappant des mulets, des chameaux et des éléphants chargés. Les lions et les léopards, par les pattes attachés à des chaînes de fer, étaient poussés à coups de crocs, et ils rugissaient, ils miaulaient, en des bonds nerveux.

Et cela avait coulé dans le tumulte des instruments, les grandes et réitérées acclamations d'un peuple qui applaudissait à Elagabalus pendant que beaucoup le maudissaient, les fureurs d'individus qui, par instants, frappaient des citoyens assez hasardeux pour ne pas vouloir s'incliner devant la Pierre-Noire, oscillante au soleil baisant les pointes blanches des lances, les bords jaunes des boucliers, les mailles bleues des armures, les hampes d'or des étendards, dont les enchevêtrements tranchaient leurs couleurs brutales sur les fonds d'azur du ciel immuable et dur.

Cette gloire d'un empire nouveau visionna tout le jour, comme une mer furieuse, heurtée aux temples, brisée aux portiques et aux angles des voies ; elle monta en triomphe au Capitole, sans plus d'ordre à la fin, emplissant le Forum d'une multitude armée, casquée, aux tons de violentes chairs desquelles fluait un fort relent de débauches emportées. Indignés, des Romains ennemis de l'Orient s'étaient voilé la face ; des matrones coururent s'enfermer chez elles ; pour avoir essayé de chasser l'Empereur et d'arrêter la marche de la Pierre-Noire, le préfet du prétoire, Julianus, fut égorgé ; du sang coula, et maintenant chacun se disait que c'était la fin de Rome, la conquête des vainqueurs par ceux que l'on avait jusqu'à présent vaincus !

IX

Au Vélabre, sous des portiques, une boutique de barbier s'ouvrit, ployant ses auvents contre la muraille peinte à la cire rouge, et s'entrevit son intérieur, avec ses escabeaux et ses bancs, ses miroirs d'acier reposés sur des étagères, ses armoires enfermant des cosmétiques, des pots de pommades et des flacons d'essences venues de très loin. Dans les encoignures, des morceaux d'étoffe carrés ; au fond, une conque de brique vernissée, avec des amphores pansues remplies d'eau fraîche. Par une échappée, la voie découvrait le faîte du Grand Cirque, placé entre l'Aventin et le Palatin, élevé au-dessus des maisons dont les façades avaient des éclats, comme un casque énorme qu'aurait aplati le sabot d'un monstrueux cheval.

Des citoyens traînaient leurs sandales sur le pavé, regardés d'un air muet par des patriciens qui, fastueusement, portaient une tunique ornée du paragaudis, lame de soie de couleur brodée aux poignets, aux épaules et au bas des jambes, et des étrangers, s'ébahissant à chaque pas, étaient la risée d'écoliers faisant sauter un étui et des tablettes dans leurs mains.

La matinée couchait partout des délaiements roses-gris, flottant au-dessus de nimbus de poussière jaune qui était de l'atmosphère épaissie. Aussi, il arrivait que quelqu'un passait se secouant dans sa toge, reniflant et aspirant de l'air venant du côté du Tibre qui, par des trouées de rues étroites, apparaissait, traînant, lent, butyreux.

Le barbier, un maigre Grec, court et à plate face rasée, troussa les manches de sa tunique et lava à grande eau sa boutique. Un Romain, qui avait aux tempes les cheveux collés, dont le nez relevé crevait au-dessus d'une barbe pointue sans moustaches — chose originale — et qui gardait sous le bras un long rouleau d'où pendaient des cordelettes rouges, le regarda avec un rire déplaçant des dents usées. Il s'accota à une colonne du portique, en faisant des réflexions tout haut :

— Tu n'as pas assez bien nettoyé, Typochronos ; il y a là des plaques à déshonorer ta boutique. Les clients ne se feront plus raser par ta main de Grec. Rends les fresques effacées de ce plafond brillantes comme des miroirs, crois-moi !

Alors le barbier, qui répondait au nom formidable de Typochronos, hocha la tête, grommela :

— Viens t'y mettre, toi ; use tes poignets à faire luire ce qui n'a que trop brillé !

L'autre reprit, avec une aigre inflexion de voix qui fit trépider sa langue comme une feuille de métal :

— C'est aujourd'hui, sais-tu, que je veux lire à tes clients mon poème *Vénus*, et, quoique composé, je puis t'y placer encore, peignant l'Amour, son fils ailé, si ta boutique est claire comme l'eau de tes amphores.

— Mais oui! fit Typochronos. Il n'est rien que je ne veuille pour t'être agréable, Poète!

Et il frotta, dans un claquement de ses sandales de bois sur le plancher inondé, qui éclaboussèrent d'eau sale les murailles de la boutique.

Il cessa enfin, plaça en bel ordre les bancs, dressa les miroirs sur les planchettes, aligna les amphores, et le magasin prit un joyeux aspect. Le poète Zopiscus s'affala sur un siège, une cathèdre grecque à dossier semi-circulaire bourrée de coussins moëlleux, admiration des clients de Typochronos. Un peu de soleil poudroya au plafond, rebondit sur les faces des miroirs, en paillettes brisées. Dans la rue, des gens passaient, les uns majestueusement enveloppés d'une toge blanche, suivis d'autres, tristes et dépenaillés : ceux-là de riches particuliers, ceux-ci leurs clients ; les autres, deux à deux ou groupés par trois ou quatre, vêtus simplement en citoyens romains qu'ils étaient, et causant tout bas, avec des regards furtifs autour d'eux, pendant que des cavaliers, les hommes et les chevaux couverts d'écailles, galopaient éperdument, des chiens lâchés après eux.

— Atta !

— Zopiscus ! Salut. Salut à Typochronos qui va me raser adroitement, n'est-ce pas?

C'était Atta, le chrétien Atta, qui s'assit, aimable pour Zopiscus et Typochronos. Celui-ci délaya du savon gaulois en pâte, lui redressa le menton et frotta énergiquement sa peau rugueuse. Atta parlait. Zopiscus, nonchalamment renversé au dossier de la cathèdre, relevait sa barbe pointue sans moustaches, et vaguement regardait le plafond de la boutique de Typochronos qui entremêlait des coups de rasoir à la conversation.

— Vois-tu, Rome a lieu d'être satisfaite de l'arrivée d'Elagabalus qui est Antoninus. Quoique grand-prêtre de sa Pierre-Noire, il admettra tous les dieux au Capitole, à côté de sa divinité, dont j'entrevois la signification. Cette Pierre-

Noire, après tout, quoiqu'elle n'ait pas de visage humain comme Zeus, comme Dyoniseus, comme tous nos dieux, représente fort bien le grand Tout qui est le Cosmos où chaque créature vit. N'est-elle pas le Principe de la Vie sous forme de la virilité active ? Du moins, c'est ce qu'a cru comprendre mon faible entendement. Il est vrai que le Principe de la Vie, ainsi déifié, peut pousser à des excès, à des fautes qui toujours rabaissent le misérable humain que nous sommes tous, toi Zopiscus ; toi, Typochronos ; moi, Atta, et bien d'autres ! C'est même ce que disaient hier des Romains aimant leurs dieux et fort peu la Pierre-Noire, ce qui ne veut pas dire n'aimant pas l'Empereur ! Je vous prie de ne pas mal interpréter mes paroles, de ne pas les porter aux pieds d'Elagabalus avec une pensée de malice. J'ai applaudi à l'entrée de l'Empereur et son triomphe m'a fait, de joie, verser des pleurs !

C'était lentement qu'il parlait, prudemment et très sérieux, sous la pâte blanche du savon noir que le rasoir de Typochronos balayait là où il passait avec un crissement de poils coupés. Il n'avouait pas sa qualité de chrétien, il ne la niait pas non plus, et même, la passant sous silence, c'était chez lui comme un désir de l'accorder avec ce qu'il disait des dieux en général. Mais Zopiscus, narquois, étira sa barbe sans moustaches d'une main qui tenait le volume et fit claquer deux doigts de son autre main levée en l'air.

— Oui, tu pleurais, chrétien, fit-il, et un de tes frères se faisait massacrer sous le char d'Elagabalus !

Atta fit un mouvement. Typochronos lui taillada la joue maigre, où un filet de sang stria le menton.

— Moi, chrétien ! Tu t'abuses, poète ; je ne suis qu'un pauvre ami des doctrines de Kreistos, ou plutôt de l'Orient, d'où Kreistos est issu. Surtout n'avoue pas cela à tous. J'aime les dieux, Kreistos est un dieu, comme tu es un poète fort agréable et comme je suis un humble citoyen.

Il bavardait, bafouillait, au fond très vexé que Zopiscus sût qu'il était chrétien, et n'osant ni affirmer ni renier Kreistos. Il venait chez Typochronos pour s'entremettre au mieux avec ses clients, dont quelques-uns étaient fort riches, surtout un Égyptien, depuis peu venu à Rome, qui semblait l'avoir écouté avec intérêt. Et s'il était parasite, Zopiscus l'était également. Qu'avait-il à gagner à affirmer la Foi devant lui, qui pouvait le desservir auprès d'eux ? Mais Zopiscus devint féroce, et, profitant de ce que Typochronos attendait, le rasoir en l'air, il dit :

— Tu as peur et tu mens, vieil hypocrite. Chacun sait que tu assistes aux assemblées de chrétiens. Pourquoi ne pas l'avouer, à moi qui n'ignore rien !

Atta prit un air mystérieux, pinça ses lèvres, et un pli inquiet autour des yeux, regarda autour de lui, penché vers Zopiscus, ignoblement, avec le sourd espoir que ses paroles allassent plus loin :

— Le nouvel Empereur m'en saura gré, crois-moi ! il a besoin d'oreilles pour tout entendre et d'yeux pour bien voir ce qui se fait dans son empire !

Typochronos hasarda :

— Oui ! on parlait d'un vieux chrétien que les soldats, après l'avoir d'abord arrêté, ont relaxé sur l'ordre de l'Empereur. Très dangereusement il lui lançait des injures. Son nom m'est inconnu.

— Il s'appelle Maglo, assura Zopiscus. C'est un Helvète et comme Atta un chrétien.

Il s'acharnait à Atta dont il voulait détruire la réputation, afin d'être seul auprès des clients riches du barbier qui allaient bientôt arriver. Le très fier avec les chrétiens pauvres et l'humble et insinuant avec les citoyens opulents, Atta tressauta alors ; une large balafre, au coin des narines, lui fit une belle marque rouge :

— Maglo ! Maglo !

Il répétait ce nom, avec l'évidente peur d'une persécution qui, de Maglo, serait allée jusqu'à sa maigre et rogue personne, ce à quoi sa qualité de chrétien le prédestinait fort. Et comme il cherchait à savoir pourquoi Maglo avait été à demi assommé et relaxé, Zopiscus le lui dit, ayant lui-même assisté à l'évènement. — Comme, poète universellement répandu ! il accourait vers Élagabalus dont le char tournait le Capitole, avec son rouleau en main, le poème

Vénus qu'il voulait adresser à sa Divinité; un vieillard monté sur une borne, vouait Rome à la malédiction divine et priait le Kreistos des chrétiens d'effacer de la surface terrestre les traces des abominations du Cône Noir. Le rassemblement qu'il attira arrêta Zopiscus et l'empêcha d'atteindre Élagabalus qui, volontiers, eut lu son poème. Mais des soldats dispersèrent les citoyens à coups de piques, de glaives et de courroies de leur ceinturon, et saisirent Maglo qu'ils amenèrent à Élagabalus. — Il fut mis en liberté, s'écria Zopiscus, parce qu'il était chrétien. Le nouveau primicérius de la garde prétorienne, dit-on, a, en cette circonstance, inspiré l'Empereur!

— Ce primicérius est un patricien venu de l'Orient; il s'appelle Atillius, demanda Typochronos?

— Atillius, oui; le peuple l'appelle ainsi, continua Zopiscus. Et voilà comment je sais que tu es chrétien, dit-il à Atta qui faisait une grimace pincée en écoutant le poète. Maglo passa à mes côtés, s'exclamant : « Si je suis chrétien, d'autres le sont avec moi, mais non comme moi. J'abomine Élagabalus quoiqu'il ne m'ait fait aucun mal, mais Zal l'aime et Ghéel l'aime. Atta le combat, il est vrai, mais Atta veut une seule personne au Kreistos tandis que j'en veux trois. Or, je ne serai jamais avec Atta pas plus qu'avec Ghéel et Zal! Mon Kreistos est mon Kreistos et non le leur! »

Trois nouveaux venus interceptèrent l'entrée de la boutique. Typochronos lâcha Atta qui alla se laver dans le bassin du fond. Même Zopiscus, qui décidément prenait une voix métalliquement triomphante, se leva, toujours le manuscrit serré au bras, et baisa le bas du manteau, — un diploïs — des assistants :

— Salut à toi, étranger, qui viens des rives du Nil! Et aussi à vous deux que la Grèce, mère des Muses, a vu naître!

Flatteur, il s'effaçait des épaules devant Amon et les deux Grecs, qui, voisins de la boutique, venaient tous les matins chez Typochronos pour connaître les évènements de la veille. Les Grecs, très avares et seulement payant d'apparence, se contentaient de faire parfumer l'opulence fluviale de leur barbe noire; mais la face ronde d'Amon étant riche d'une glabréité luisante ombrée seulement de petits cheveux frisottés comme ceux d'un métis d'Égyptienne et d'Éthiopien qu'il devait être, n'avait pas cette ressource. Aussi était-il livré sans miséricorde à l'avidité du barbier, qui le parfumait ferme, l'oignait et le frictionnait de toutes les pommades, de tous les onguents connus, et cela avec un grand air cérémonieux qui plaisait à Amon, et lui faisait payer fort cher ces attentions.

Il se fit nettoyer les ongles et frotter la tête d'une essence égyptienne, très heureux de voir Zopiscus empressé autour de lui. Car le parasite Zopiscus, qui avait prestement lâché Atta, à ce moment rasé et assis à un banc de la boutique et un de ses genoux sur l'autre, montrant un bout de jambe noueuse et mal épilée; Zopiscus s'essayait à Amon, qu'il devinait moins sceptique qu'Aristès et Nicodœmès. Ce qu'instinctivement il poursuivait était un bon repas qu'Amon pouvait lui offrir, une cœna quelconque, d'oseille cuite, de champignons, de sardines et d'œufs, qu'il lui fallait conquérir avant que l'Égyptien ne sortit des mains du barbier, nettoyé, parfumé et flatté.

Il ne songeait plus à Atta; même dédaigneusement il lui tournait le dos, un dos mal articulé de poète qui a faim souvent. Il disait à Amon :

— Vois-tu, étranger, je voudrais être ton esclave, tant je vois de la bonté sur ta face et de l'esprit dans tes yeux. Que n'ai-je un maître comme toi, qui m'enseigne le chemin des Muses sans me heurter à ses ronces ?

Amon souriait, la tête pivotant sous les frictions de Typochronos, et montrant ainsi, en leur largeur et leur éclat lunaires, cette bonté de la face et cet esprit des yeux par de rapides tournoiements. Mais Nicodœmès, qui s'était saisi de la cathèdre grecque, fit :

— Hé ! poète, il peut t'acheter comme esclave ; il est seul. Tu le serviras, tu le frotteras d'essences et Typochronos ne l'aura plus parmi ses clients.

Le barbier frotta plus vigoureusement Amon, dont la tête rentra dans les épaules, sous un renflement de son diploïs rayé, et l'Égyptien eut le large rictus d'une sphère de fer aplatie qui se crèverait. Typochronos montrait ainsi son ennui à ne plus avoir Amon pour client.

— Je laisserai ce soin à Typochronos, fit Zopiscus d'une voix léchante, mais je lui lirai des poèmes sur Vénus.

— Amon préférerait des hymnes à Sérapis, suggéra Aristès, allongeant sa langue devant un miroir.

Alors Atta se leva, fort ennuyé de cet accaparement du marchand de lentilles, et légèrement inquiet de se voir oublié. Il avait faim, la matinée s'écoulait et il lui fallait mettre la main sur quelque généreux citoyen qui l'invitât à la cœna du jour, une cœna semblable à celle que rêvait Zopiscus. Si avec les chrétiens il paraissait à l'abri des besoins matériels, lui plongé dans l'Apologétique! il n'en était pas de même avec les polythéistes qu'il poursuivait de ses obsessions. Tirant doucement Amon par son diploïs :

— Ta langue est bonne, lui dit-il, je suis un peu médecin, crois-moi! J'ai étudié jadis pour guérir les hommes.

Il n'y avait rien de moins vrai, Atta n'était pas médecin, mais que n'eût-il fait pour entrer dans les bonnes grâces d'un étranger comme Amon? Tout à son désir d'une cœna, il n'avait présentement souci de Kreistos, du terrible Zal et des chrétiens qui se réunissaient chez Ghéel. Mais Zopiscus s'exclama, tortillant d'une main sa barbe pointue sans moustache, et de l'autre brandissant son rouleau.

— Sérapis, Isis, Typhon, Athotis, Apis, Sud-Anu, Phtah, Kneph, Horus, Ma, Ra, Num, Zom, Nephthys, Apepi! Je connais toutes tes divinités, Amon ; je puis les chanter sur des modes nouveaux ou en vers asclépiades, glyconides ou phaleuques. Je puis les faire alterner au son des tambourahs comme leurs prêtres que j'ai toujours honorés!

Subitement, Atta, craignant que Zopiscus allait le conquérir, baisa la sandale de l'Égyptien, une sandale de cuir jaune nouée d'un cordon vert. Il lutta de concurrence :

— Amon, tu possèdes le nom du dieu unique, absorbant tous les dieux! Amon, ce nom te porte bonheur, je le vois à ta face florissante. Tu es sectateur de Sérapis, mais adorateur de la seule puissance universelle. C'est ma Foi! Je ne suis pas seulement chrétien, comme va te le dire ce poète, mais un croyant d'Ammon aux cornes de bélier, qui est Zeus, qui est Mithra, qui est Baal, qui est Javeh, qui est Kreistos. Nous nous rapprochons de toi.

Il espérait plaire au marchand de lentilles en avouant sa foi chrétienne sous le masque de l'Unité divine, car s'il eut dit autrement, Zopiscus, qu'il enveloppait maintenant d'un air de dédaigneux philosophe, de pédagogue supérieur, n'eut point manqué de le démasquer, et Atta risquait la cœna dont le poète aurait profité. Typochronos nettoyait les ongles d'Amon et le chatouillait doucement dans les jointures des doigts et la paume des mains, comme l'eut fait une courtisane. L'Égyptien se pâmait.

Un rassemblement se forma devant la boutique. De jeunes garçons et de jeunes filles, presque nus, dont les hanches obscènement remuaient, et des individus glabres qui chancelaient sur leurs jambes et gardaient, autour des yeux, un cercle noir de débauches tourmentantes, se pressèrent à l'entrée, regardant effrontément les étrangers, avec des appels de leurs mains, comme s'ils les invitaient à quelque prostitution. Typochronos leur cria; ils s'envolèrent en une traînée d'injures basses, non sans qu'Atta, homme si vertueux aux yeux des chrétiens, hors Zal, n'eut effroyablement pincé la cuisse de l'un d'eux.

Pendant qu'à leur tour les Grecs passaient par les mains du barbier, Zopiscus déroulait son manuscrit devant Amon qui s'émerveillait. Mais des clients survinrent, encombrant la boutique trop étroite de toges blanches, dont un pan retombait sur des têtes indignées et un autre pan serrait des reins qui suaient par dessous; de tuniques dont le cingulum remontait sur des ventres gros et qui gardaient, en des creux bouffants, de petits objets d'usage personnel ; des as et des quincunx, des cornets et leurs dés, même de tout petits miroirs d'étain allongés d'un manche court. Il y avait là deux propriétaires du Palatin ; un banquier très riche, possesseur de mille esclaves, disait-on; quelques marchands du quartier et un fabricant de lampes, clients de longue date de Typochronos, venant non seulement se faire raser, peigner, parfumer, nettoyer les ongles, mais encore demander les

4.

nouvelles ; car cette boutique servait de lieu de réunion aux oisifs du voisinage, aimant à bavarder.

Ils gesticulaient fortement et parlaient haut, très animés dans leurs tuniques et leurs toges qui avaient de grands plis lâches :

— C'est la fin de Rome, la mort de nos dieux. Le peuple romain ne souffrira pas ce sacrilège. Emporter nos Boucliers anciles, le Palladium et le Feu de Vesta au temple du dieu syrien ! Rome n'y survivra pas !

Ils criaient, se voilant la face, allongeant les poings, se cognant aux murailles ou bien s'affrontant comme des béliers, les yeux furieux, le corps roidi sur la pointe de leurs sandales plates, les bras abattus. Zopiscus et Atta allaient de l'un à l'autre, les sollicitant par le coude ou inquiètement les tirant par leur bas de vêtement. Amon, bouche bée, cherchait à comprendre et les Grecs ricanaient. Ils s'amusaient, ils se ravissaient de ces mouvements et de ces bruits, dans leur barbe noire traînant sur leur poitrine en ondes de jais.

Comme pour confirmer l'indignation des clients, la rue s'emplit de gens, des coups sourds de tambours et de tympanons s'ouïrent, avec des hurlements de bêtes, des cris aigus, un piétinement d'hommes et de chevaux, dominés de déchirements de clairons de fer auxquels s'ourlait un hymne barbare, au rythme tumultueux. Puis, des reflets d'armes pétillèrent, des étendards flottèrent, rouges, bleus, verts, jaunes, tachant de chrômes mal mariés le ciel latin. Une procession émergea lentement dans le soleil blanc, sous Élagabalus, assis sur un thronus d'or, les pieds reposés sur un escabeau d'or ; doré, fardé, vermillonné, somptueusement coiffé de la tiaras et imposant pontificalement, au-dessus de tous, le Cône Noir.

X

Le cortège passa lentement sous les yeux atterés des clients de Typochronos. Des prêtres mitrés du Soleil précédaient des Saliens à tunique brodée et à robe prétexte, ceints d'un ceinturon de cuivre et couverts d'un bonnet pointu, qui, une épée à la main droite et au cou un bouclier ancile suspendu, dansaient un pas pyrrique. Des pontifes, dont la robe était bordée de pourpre et le bonnet était de feutre, agitaient une légère baguette terminée par l'apex, touffe de laine, et entouraient le char, plaqué d'ivoire et d'argent portant le Feu sacré, gardé dans un plateau de bronze, et le Palladium, belle et grande statue de Minerve casquée, des turquoises dans le trou des yeux, le sein bardé de la peau de la chèvre Amalthée, et armée d'une lance et d'un bouclier. Et ce bouclier avait au milieu une tête de Gorgone, chevelue de serpents.

Il y avait également des mystes de Pan, des galles de Kybèle confondus avec les prêtres d'Isis, laquelle menaçait d'absorber les divinités femelles, car, plus qu'elles, elle représentait, avec ses mamelles multiples pendant sur son ventre noir, la Nature et ses forces ; des augures à la trabée rayée d'écarlate, qui étudiaient le destin dans le vol des piverts ; des aruspices qui interrogeaient les entrailles des bêtes égorgées ; des septemvirs qui préparaient les fêtes publiques suivant les rites sacrés; des sodales adorant les empereurs morts, enfin les sectateurs des innombrables religions qui se partageaient Rome. Ce cortège poussait des bœufs, des moutons et des brebis enguirlandés de feuillages, qui, meuglant et bêlant, couraient allègrement à leur égorgement.

Derrière Élagabalus c'était, en un balancement lent, un balancement voluptueux, une large litière portée par seize esclaves, où deux femmes étaient couchées, et dont les étoffes polychromes, les draperies à striures violentes se nimbaient de la fumée de parfums brûlant en de grands vases fichés à ses quatre coins. Puis, fermant la procession, des soldats, des prétoriens sanglés d'or et heurtant une pique d'or à un bouclier d'or, des cavaliers, beaucoup de cavaliers de toutes armes ; des sagittaires élevant des arcs très hauts, des cataphractaires dont le dos se bombait en écaillements mouvants, des scutaires qui brandissaient des boucliers oblongs, des Barbares africains qui chevauchaient sans éphippias et sans étriers sous des verticalités roides d'enseignes, de hampes terminées par une Poignée-de-Foin, une Main ou une Bête quelconque, Coq, Sanglier, Aigle, Louve. Et enfin, accourant de toutes parts, de la foule tumultueuse, immense, épaissie de plus en plus.

— Les reconnais-tu, dit tout à coup l'Égyptien à Nicodœmès ; reconnais-tu Atillius et son affranchi ?

Et, désireux de tout voir, nullement indigné du sacrilège d'Élagabalus, il lâcha les Grecs, le barbier et ses clients, harcelé par Atta et Zopiscus qui, après avoir un instant hésité, le saisirent par son diploïs, l'arrêtèrent par une aile de sa calantica.

— Tu ne connais pas Rome ; je t'accompagnerai !

— Je serai ton défenseur, ton guide et ton appui !

Ils criaient dans le tonnerre des chants et des instruments, où à des clameurs de voix humaines se cadençaient des musiques éclatantes de trompettes de fer et d'harmonies précipitées de lyres, de sistres, de tympanons et de syrinx. La foule énorme — une mer submergeante — les entraîna vers le Temple du Soleil, au Palatin, où Élagabalus allait déposer les Objets Sacrés, enlevés à la vénération romaine, et auxquels, depuis des siècles, nul n'avait oser toucher ! Ils roulèrent, avec des dos devant, des dos d'esclaves et de plébéiens ; des poitrines derrière, poussant, aiguës, leurs épaules pressées ; traversèrent sans rien voir, par instants, que des extrémités de lances, des casques de cavaliers et des fuites de têtes de chevaux, s'arrêtèrent au milieu de forums, bordés de maisons hautes, aux fenêtres et aux toits desquelles des gens s'exclamaient, pendant qu'imperturbablement Élagabalus, sur son thronus oscillant, présentait à tous, comme un ostensoir, le Cône de Vie.

Amon voulant voir de près Madeh et Atillius, Atta et Zopiscus le prirent chacun à un bras et, en quelques minutes, par des trouées féroces faites à même dans la foule, qui leur répondait par des coups, ils gagnèrent le cortège. Maintenant leur apparurent mieux Atillius, à la tête d'une **turme** de cataphractaires écaillés du col aux pieds, bondissant sur des chevaux, comme eux revêtus du poitrail aux quatre sabots, et Madeh, en arrière, hissé sur un cheval noir. De la distance d'Amon et de ses compagnons, l'armure de l'un, son casque et son manteau bleu flottant en chlamys ; la mitra jaune et blanche de l'autre, les torques d'or de son col, les éclats de sa robe qui pendait comme une tapisserie, avec des trames de couleurs voyantes et des dessins de choses extraordinaires, faisaient des allumements à aveugler.

A côté de l'Égyptien courait un homme du peuple, dont la face rougeaude, les cheveux crépelés allaient, venaient, en une évidente inquiétude. Parfois il le dépassait, s'enfonçait en des groupes, la tête baissée, les poings fermés en arrière, puis il revenait, se hissait sur ses pieds mal chaussés de grosses sandales et, mettant une de ses mains sur les yeux, criait des mots inconnus. Ensuite il s'immobilisait, comme découragé, suant et trépidant, pour recommencer encore, foncer à nouveau dans la foule qui l'enveloppait et l'enserrait. Il était évident que celui-là aussi voulait approcher d'un personnage de la cérémonie, qu'il désirait voir et parler à quelqu'un paradant dans le cortège d'Élagabalus. Cet homme rougeaud donna un fort coup de coude à Atta qui, le reconnaissant, voulut entraîner Amon plus loin ; mais il fut immédiatement hélé.

— Frère Atta, pourquoi m'éviter ainsi ?

C'était Ghéel, contrit, fatigué, qui le tirait à lui, au risque de l'arracher à Amon que de son côté tirait à lui Zopiscus.

— Je ne t'évitais pas, Ghéel, au contraire, au contraire !

Et Atta balbutiait, craignant que cette rencontre ne lui enlevât Amon, c'est-à-dire la cœna à laquelle Zopiscus songeait aussi, il le voyait bien ! Habilement, il se défit de l'étreinte de Ghéel, qui fit ingénûment :

— Il y a près de l'Empereur un homme de ma race, un ami de mon enfance, qui sera notre protecteur quand les Gentils voudront nous persécuter. Nous nous reposerons sur lui. L'Empereur nous laissera en paix, et même il placera Kreistos à côté de sa Pierre-Noire, qui est pour lui le signe de la Vie, comme l'Agneau l'est pour nous.

— Malédiction ! cria Atta élevant les bras puis dominant, de son menton en rostre, de son rictus sévèrement creusant la glabréité de ses maxillaires, Ghéel qui s'interdit fort. Ami de Zal, oriental comme Zal, rien ne lui était plus naturel aussi que de rendre Kreistos égal à la Pierre-Noire, vénérée par Madeh, et déifiée par Élagabalus. Mais encore Atta protesta, cependant sans grand danger pour la cœna; car ses protestations, nullement entendues d'Amon et de Zopiscus, furent couvertes par les rumeurs de la foule. S'affermissant de plus en plus, il prit un air douloureux et, comminatoire :

— Pourquoi suis-tu cette procession d'iniquités ?

Toujours fort de son habitude de traiter de haut les chrétiens humbles comme Ghéel, les simples travailleurs ignorant sa vie au dehors et ne le voyant que dans leurs assemblées où il discutait des difficiles dogmes de Kreistos, en sectateur rigide et pieux, en homme de bonnes œuvres et d'une implacable austérité ! Aussi les chrétiens, gelés par sa vertu d'apparat, frayaient peu avec lui, surtout les pauvres comme Ghéel, et osaient-ils à peine lui parler. Cependant, cette question jurait trop avec sa propre présence, car Ghéel répondit fermement :

— Mais toi aussi tu la suis. Moi, je veux parler à Madeh, à mon jeune frère Madeh, que je n'ai vu qu'une seule fois depuis son arrivée à Rome avec Élagabalus.

Atta eut un geste indigné qui lui fit maladroitement lâcher le bras d'Amon que Zopiscus entraîna alors. Un flot de poitrines, un flot d'épaules les séparèrent. Les deux chrétiens, seuls, se dévisagèrent; la tunique noire d'Atta faisant face au sayon grossier de Ghéel dont le crâne, crépelé et bas, s'offrait nu au soleil, pendant qu'un rouleau d'où pendaient de rouges cordelettes, celui du poète Zopiscus, un instant émergea dans un éloignement de foule, brandi au-dessus des têtes en signe de triomphe qui ne se respectait plus.

Combien il eut voulu, Ghéel, prier Madeh de s'arrêter et de l'emmener avec lui ! Mais toujours le chant des prêtres, le piétinement des chevaux, les acclamations de la foule, les éclats en multiplications de rythmes des instruments à vent, à cordes, à percussion : flûtes aiguës, harpes bondissantes, tambourins frappés avec une baguette recourbée, sistres frétilleurs, crotales claqueteurs joués en mouvements de bras nus et de poitrines nues ! Toujours l'imperturbable marche d'Élagabalus, sa face aux teintes plates, d'or, de vermillon et de céruse, fardée comme une face d'idole ; son profil de médaille, et son imposition du Cône Noir semblable à un membre viril, élevé, abaissé en adoration colossale ! Et, ce Cône, on ne voyait que lui, on n'apercevait que l'Orgueilleuse Domination de sa verticalité coupant circulairement l'air bleu, avec des appels à la foule pour son culte, le culte de la Vie en activité.

Il eut même crié, Ghéel, que Madeh n'eut point entendu, et pas seulement à cause du bruit ! C'est que l'affranchi était tout heureux de parader auprès d'Atillia, dans la lectique avec Sœmias, et de s'arrêter aux légères haltes, quand les seize esclaves se faisaient relayer de cent en cent pas. Ses regards, à lui, croisaient alors les siens qui étaient tout songeurs sous la pâte tendre du fard et le trait noir des sourcils : ils allaient, bizarrement émus, de ses yeux à sa gorge qu'une cyclas aux reflets d'or, aux transparements clairs comme une eau irisante, rendait adorablement animée ; même ils s'arrêtaient à un bout de cuisse blanche encerclée d'anneaux gemmés, passant, impudique, par un bout de cette cyclas. Aussi, une heure délicieuse, toute bizarrement écoulée, repassait en lui, et, en en ressaisissant les formes flottantes, il n'était charmé que par elle ; d'elle il n'était qu'occupé !

XI

Le rêve fou d'Atillius, le concept religieux de la Pierre-Noire substituée aux dieux peuplant le ciel des races, avait pris corps depuis qu'Élagabalus fit primicérius ce maître de

Madeh, ce frère d'Atillia ! Le culte de la Vie par l'adoration du Cône Noir, le mélange des sexes et, qui pis est, la promiscuité unisexuelle, eut son formulaire à la suite d'entretiens mystérieux d'Atilius et d'Élagabalus, en une pièce du Palais des Cæsars, où maintenant le primicérius habitait avec son affranchi, afin d'être à même au service de l'Empereur. Et, de ces entretiens, on parlait avec une sorte de terreur, car on entrevoyait par eux une refonte générale des religions de l'Empire, une déification définitive de la Pierre-Noire, dont on s'épeurait tant ; enfin le triomphe honteux de l'Orient sur l'Occident par des pratiques contraires à l'immutabilité des lois de la Vie, maintenant détournée de sa destination. Aussi, Atillius stupéfiait-il Rome, et non seulement Rome, mais encore ceux-là grouillant dans le Palais que hantaient leurs toges et leurs palliums blancs ou pourpres, leurs vêtements amples dominés de coiffures en cône, de mitras torsionnées de perles, et d'où des apparitions d'hommes, glissant en des remuements de croupes significatifs, se suivaient à certaines heures. Il se supériorisait à tous ; il les étonnait tous par l'immobilité de ses lèvres et l'indifférence de ses yeux, alors que quelque chose disait qu'une âme intense brûlait en lui. Surtout par sa pâle figure de trente années, à peine toisonnée d'une barbe court-pointue aux reflets d'or fauve, où se plaquait l'égoïsme d'un grand amour qu'on ne savait être ou tout pour Madeh, dont l'ombre gracile toujours pointait derrière lui, ou en partie pour l'humanité qu'il voulait refaire en sa sexualité.

Celle-là dont également l'on s'entretenait était Sœmias, la mère d'Elagabalus, la grande, belle, blanche mais fébrile maîtresse d'Empire, tranchant haut avec les eunuques et les cochers du fils, avec ses consuls, ses tribuns, ses patriciens, ses préfets et ses généraux. Quand elle traversait les salles impériales, les beaux vestibules entourés de colonnades, les cubiculas recevant des jours venus de loin, les atriums successifs, les jardins reposant des lignes d'arbres immobilisés sous le ciel latin pur, introublé, bleu et profond ; quand, en un entourage de femmes tapissant les fonds d'appartements de stolas lâches, violettes et bleuâtres, elle faisait se lever des théories de gladiateurs et de prétoriens, c'était comme le passage d'une terreur planant : on se reculait et s'agenouillait. Et l'ancestralité violemment amoureuse de cette mère, cette ancestralité qui de crimes avait accablé le monde, maintenant perçait, rouge fleur aux pétales de sang, en aventures frénétiques, en débordements névrotiques, comme si le Rite de la Vie par l'adoration de la Pierre-Noire, et le principe même de la Religion nouvelle par la liberté des sexes, eussent eu pour prêtresse Sœmias, insatiable de plaisirs et ivre de domination. On parlait de ses disparitions subites avec ses femmes et, même, de lugubres trouvailles de certains, ramassés à des coins de rues ignorées, et assommés par elle après à elle s'être livrés.

Un jour — Atillius enfermé avec l'Empereur que Madeh attendait en un pérystile, aux candélabres monstrueux fichés sur des pieds d'atlantes en argent massif, où un jeune affranchi, beau, certes ! Hiéroklès, jouait aux osselets avec Protogenès et Gordius, des cochers, une vieille femme noire, une Éthiopienne lui prit la main et l'emmena, à travers des pièces bleutées de jour, jusqu'à une cubicula du Gynécée, inaccessible aux hommes dont le sexe n'était pas voué à la passion mâle, comme le sien ! Sur une sella d'écaille, assise, une jeune fille se faisait peigner et farder.

Atillia !

Madeh eut un petit tremblement, venu du plus profond de sa physiologie. Une esclave, — ornatrix — trempait ses cheveux épais en une essence jaune comme en un bain de safran ; une autre promenait sur sa face une pâte rosée qui l'animait telle qu'une aube naissante. Une troisième lui présentait un miroir d'acier, à manche de Vénus nue dont les jambes s'allongeaient en des acanthes palmées. Sur un meuble bas, supporté par un trapezophorum à cous d'animaux, des fioles bleues de pommades, des boîtes de poudres d'or et d'argent répandues sur la chevelure, des rubans pourpres et violets, un arsenal d'armes de femmes, fers, ciseaux, peignes, pyxis, alabasters, s'initiant à la Volupté.

Une portière entr'ouverte laissait voir, en un fond d'appartement traversé d'un demi-jour, une baignoire de marbre, où nageait une eau laiteuse, en buée.

Il ne savait que dire, attendant qu'elle lui parlât. Atillia le regardait d'un grand air effronté, et l'éclair violet de ses yeux avait une inconscience muette de jeune bête montrant son sexe au mâle flairant. Depuis l'entrevue dans la tente d'Elagabalus, elle lui paraissait mieux faite, plus grande et mince avec un cercle noirâtre au coin des yeux, là où le nez, fin, vibrant, aux ailes roses, prenait racine. Sous le fard, très onctueusement plaqué, il lui devinait la même pâleur qu'à Atillius, et déjà des méplats se creusaient dans la fosse des joues, marquant ainsi l'émergence d'une mobilité travaillant en-dessous.

— Je t'ai fait venir pour que tu me voies, assura-t-elle, en lui plantant droit son regard. — Elle lui trouvait un air agréable, un peu féminisé, une belle nonchalance orientale qui allait à ravir avec sa mitra jaune et blanche, dont la lueur des améthystes se mourait, avec ses torques, les bordures en filigranes ajourés de sa robe aux manches amples et surtout la souplesse ophidienne, si singulière, de sa marche, presque dansante, le mouvement de sa croupe moins accusé que celui des autres prêtres du Soleil, mais assez distinct pour éveiller d'étranges attentions. Elle lui rit doucement, découvrant des dents bien rangées, une ouverture de bouche rose, en fleur à peine éclosante. Elle agissait ainsi comme avec un enfant, duquel on n'a pas à se cacher.

La coiffeuse relevait en casque les cheveux qui prenaient des tons de cuivre jaune, des reflets d'or mat, et en couronnait le sommet, strobilé, d'une torsade de perles. La fardeuse promenait sur ses bras, nus jusqu'aux épaules, une pierre ponce, bonne pour blanchir la peau et en détruire les villosités tendres. Puis, la troisième esclave accrochait à ses oreilles des ornements d'or, très lourds, où des sardoines entouraient de gros diamants éclairants. Atillia se leva, et, pendant que les femmes lui apportaient une *cyclas* violette bordée de bandes pourpres, elle laissa couler ses vêtements de dessous; il vit sa nudité, de la gorge aux pieds. Elle n'en parut pas honteuse. Les femmes la chaussèrent ensuite. Elle se complaisait dans certains mouvements des seins naissants que la ceinture fit bouffer ; dans certaines lenteurs à se tourner, qui faisaient remuer doucement son ventre, en une ardeur peu dissimulée de chairs.

Elle le renvoya ensuite, avec un grand éclat de rire qui ne l'offensa nullement. Ce rire chantait en lui depuis comme le frétillement très clair d'un sistre d'or. C'était tout ce qu'il avait conservé du souvenir de l'invite d'Atillia.

XII

Il caracolait à côté de la litière, Madeh, essayant de saisir le timbre de la voix d'Atillia, quand ses yeux rencontraient les siens. Elle et Sœmias se vautraient sur les coussins, les seins nus hors de la cyclas, les cuisses nues, laissaient voir un commencement de sexe épilé et étalant des chevelures audacieusement coniques, piquées de perles et de pierres. Parfois, dans le balancement des épaules des porteurs, elles disparaissaient, s'enfonçaient puis rebondissaient, et, à travers la fumée des parfums brûlant aux quatre coins de la litière, à travers le flottement des draperies, on les revoyait, en une vision de chair offerte à tous les regards.

Madeh aimait fort ainsi Atillia, et quoique un sentiment, encore informulé en son obscure organisme d'éphèbe à peu près désexualisé, le portât vers elle, nulle pensée jalouse ou concupiscente en lui ne naissait, sacrifié qu'il était depuis sa jeunesse au Soleil, consacré à la Pierre-Noire et donné à l'amour mâle. Il était presque du sexe d'Atillia, car, comme une femme, il appartenait à l'homme par Atillius.

Tout à la joie d'être auprès d'elle, il n'entendait rien, il ne prêtait attention à rien. Un moment, Ghéel appela :

— Madeh, frère Madeh !

Mais cette voix se perdit dans la rumeur de la cérémonie.

La procession gravit les voies du Palatin, d'où du Forum Romanum, s'apercevaient, blanches et jaunes, les façades, surtout les verticalités planes de l'Arx, la forteresse du Capitole, vers laquelle on accédait par un large escalier. C'étaient beaucoup de temples et d'édifices, des arcs qui aux deux extrémités s'enfaciaient; des portiques sous lesquels des individus s'animaient, des basiliques et la Grécostasis où l'on donnait audience aux envoyés des nations étrangères, principalement aux ambassadeurs grecs. Le Forum fourmillait de gens à toges, à tuniques, à palliums, à diploïs, tête nue ou coiffés de bonnets strobilés, de pétases tombants par les bords, de calantias égyptiennes, de torulus d'étoffe voyante, semblables à des turbans, de tœnias serrant des branches de chêne ou des rubans autour des fronts. Ces gens regardaient d'en bas le cortège, nez à l'air, yeux grands ouverts, ventre en avant et jambes écartées soutenant leurs bustes roidis, pour mieux le voir se déployer et disparaître derrière des amas de maisons de la région, où son déroulement, piqué de la tiaras d'Elagabalus dominant tout au haut de son thronus fit une tâche de choses disparates qui éblouirent un instant, mêlées à un peu de fond du ciel bleu!

Au milieu d'une place rapidement envahie, le Temple du Soleil, blanc, rond, cerclé de colonnes, élevait son faîte aux frises régulières. Ghéel et Atta virent l'Empereur, Sœmias et Atillia, les prêtres du Soleil et des divinités universelles, les porteurs des objets sacrés, Atillius et Madeh, puis les victimes poussées par des soldats, gravir ses marches, pendant que sur la place piétinaient les chevaux, les esclaves et le peuple immense, débordant.

— Je ne le verrai pas; je ne lui parlerai pas, dit Ghéel à Atta qui insinua :

— Prends patience; la patience est une vertu de Kreistos!

Et lui même jetait ses regards fréquents autour de lui, espérant revoir Amon et Zopiscus, car le soleil roulait au centre du ciel, et la faim le torturait et la cœna était perdue!

Du Temple s'élevaient une voix juvénile, et des chants de

prêtres, au rythme lent, et comme une éclatante invocation à la Pierre-Noire. En une langue inconnue, des hommes modulaient des prières de furieuses amours, qui firent reculer d'horreur de vieux Romains, sectateurs des dieux occidentaux. Puis des cris; des meuglements de bœufs égorgés, des plaintes de brebis et de moutons sous le couteau des sacrificateurs... Et un tumulte de boucheries innommables, un roulement féroce de coups, toujours dominés de la voix, et fraîche, et nette, et limpide, d'un timbre exquis, d'Elagabalus adoré comme le dieu vivant du Soleil!

Les portes de bronze aux clous d'or s'ouvrirent; du sang coula des marches en filets serpentants, baignant le sol, pendant que chacun s'effaçait en des mouvements de recul. A l'intérieur, des lumières de torches et des étincèlements de mîtras, et, sous un dais avançant ses tentures supportées par des lances inclinées, Elagabalus bénissant avec le Cône-Noir, les grandes manches de sa robe rouge alourdies sous les rubis, les chrysolites, les améthystes, les topazes, les émeraudes et les perles qui la tramaient, les plis tombants de l'étoffe épaisse lui baisant les pieds blancs hissés sur l'escabeau qu'on ne voyait pas.

Derrière, Sœmias et Atillia, assises sur des okladias grecs ployés; autour, dans l'ampleur conquée des fonds, des prêtres dansant au son d'une courte flûte et d'un tambour bas; au milieu, sur un échafaud, des cadavres d'animaux, qui pantelaient.

Un grand silence! Puis, une émersion lumineuse d'Elagabalus qui vira dans l'éblouissement de son thronus et donna le signal du retour. Et il se fit, au soleil brutal noyant tout au dehors d'une lumière crayeuse, un grand écoulement d'hommes et de chevaux, un désenlacement des prêtres, des prétoriens et des musiciens, suants et glorieux dans leur robe et leur armure, en une suite somptueuse au-dessus de laquelle se balançait, telle qu'un large radeau, la litière de Sœmias et d'Atillia bordée de Madeh, caracolant, qu'à la tête des cataphractaires précédait Atillius, un glaive au poing.

Madeh repassa devant Ghéel; même son cheval noir

ébroua fortement sur la tête crèpelée du potier qui appela l'affranchi, mais en vain. Pourquoi Madeh l'avait-il oublié ? Et Ghéei, se tournant vers Atta, s'exclama, tout confus :

— Que lui ai-je donc fait, à mon frère Madeh, pour qu'il ne m'entende pas ?

Atta ne lui répondit pas. Atta avait disparu, entrevoyant, dans un éloignement de curieux, un effacement d'épaules qu'à leur flexuosité il prit pour celles de Zopiscus. Et effectivement ! Zopiscus était à quelques pas, ne lâchant plus Amon, se cramponnant à lui, et déjà lui parlant d'une taverne sur l'Esquilin, où l'Égyptien trouverait, pour la cœna désormais conquise, en sus de l'oseille cuite, des champignons, des sardines et des œufs ordinaires, d'excellentes fritures, de succulents beignets, du gras-double bien assaisonné, des vins de choix, et même de jeunes prostitués mâles que des poètes de sa connaissance avaient chantés. Amon avait faim, et se sentant perdu dans Rome, qu'il avait à peine parcourue depuis son arrivée, il acquiesçait du chef quand, fendant la foule avec une extrême sveltesse, Atta le prit par un pan de son diploïs :

— Allons, à la cœna ! Je t'emmène près du Capitole ; nous mangerons de l'oseille, des choux, des champignons, des sardines et des œufs !

Mais furieux, Zopiscus, le tirant par un coude, hurlait :

— Viens avec moi sur l'Esquilin ! Des fritures, des beignets, du gras-double et du vin adouci dans du miel !

— La prostituée Antistia, viens !

— Des jeunes garçons, à moi !

Ils renchérissaient, se pourléchant les lèvres, gourmands par avance d'Antistia et des jeunes garçons dont ils comptaient bien user autant qu'Amon. Mais celui-ci se contentait de les regarder tour à tour, écartelé et comique sous la calantica, dont les ailes pleuvaient sur ses oreilles abasourdies. Il ne les comprenait pas bien. Enfin, il fut bonhomme ; il les accorda tous deux !

— Je vous suis ; je suis avec vous. Emmenez-moi à la taverne qui est voisine de ma maison !

Alors, Atta et Zopiscus se radoucirent. Dans la foule qui

s'épuisait, ils le prirent chacun par un bras, en bons amis, pendant que Ghéel, tout seul, se répétait, en un navrement :

— Que lui ai-je fait, à mon frère Madeh, pour qu'il ne m'entende pas ? Je lui aurais demandé que l'Empereur adorât Kreistos au lieu de sa Pierre-Noire, et parlé des bords de l'Euphrate où nous avons vécu !

XIII

Enveloppé dans son diploïs dont les raies, brunes, se modelaient à son gros individu, la calantica retombant sur ses oreilles comme deux larges feuilles, Amon descendait paisiblement la Voie Suburane, que fréquentaient des esclaves et des coureurs de prostituées dont les lits de nattes s'entrevoyaient par des ouvertures d'auvents mal joints. En un grand dévalement qui plongeait vers la rue Neuve, la Voie se dérobait derrière le Vicus Tuscus, enfaciant le Forum, et laissait à droite et à gauche des palais, des thermes, des jardins, des arcs, en sa course de rue populeuse où se coudoyaient, gesticulant et criant, le Numide, le Juif, l'Indien, le Kelte, l'Ibère, l'être humain des trois continens.

Amon venait de très loin, de la Région Esquiline où l'avait emmené Zopiscus, au mieux avec lui depuis la cérémonie du Temple du Soleil, plus d'un mois s'étant écoulé. Et, ce jour-là, il avait fait une petite débauche avec le poète, un fin repas dans une taverne bien achalandée qui leur avait servi de l'esturgeon et de la lamproie, des pommes de pin et des gâteaux d'amandes, un délicat francolin d'Ionie, véritable rareté; des vins d'Albe clarifiés avec des œufs de pigeons, et de Lesbos, dans la mer Égée. Zopiscus y avait gagné une saoulerie, qui le fit porter à demi-mort à son domicile; Amon s'était seul retiré, gardant encore au cerveau la fumée des vins et sur l'estomac la lourdeur des mets.

Il ne songeait à rien, Amon, sinon à aller devant lui, sans savoir, avec le secret désir d'être appelé par quelque prostituée, quoiqu'il eût honte de cette faiblesse. Car, en sa jeunesse maigre, il avait appris à se contenter de peu, et maintenant que l'âge mûr l'engrisoyait, que l'embonpoint l'arrondissait, il se sentait peu d'humeur à se livrer aux premières venues. Et quelles femmes ! Des Romaines chlorotiques, des Italiques aux yeux cernés, des étrangères aux seins plats, puantes de peau et de bouche, avec des croupes ignobles ; des négresses à face torve, promettant des voluptés sales auxquelles il se refusait d'avance. Elles l'avaient appelé sans qu'il les écoutât. Malgré tout, en son inconscience présente, surnageait son ancien désir de la jeune Égyptienne dont il serait l'époux, et qui ferait autour de lui une envolée d'enfants bruns, à lui tout ressemblants. Et ce désir, quoique confus, était assez tenace pour le faire hésiter.

Il se disait, en raccordant difficilement ses pensées, qu'il avait assez de Rome ; que maintenant besoin lui était de retourner à Alexandrie. Certes, Zopiscus lui paraissait homme agréable, mais il ne valait pas le plus simple des porteurs d'eau d'Alexandrie ; et puis, il aimait trop bien manger, dans les bonnes tavernes romaines, au dépens de lui, Amon ! car, très généreux, Amon payait constamment l'écot de Zopiscus, qui, décidément, pouvait être un parasite, malgré que visité des Muses ; parasite comme Atta, qui, tous les matins à son réveil, lui parlait de l'excellence des dieux égyptiens sur les dieux romains, et de l'irrésistible puissance d'une force occulte, le Kreistos, par laquelle il expliquait toutes les divinités. Il se disait aussi n'avoir jamais compris les profondes pensées d'Atta pas plus que les poèmes de Zopiscus, exaltant Zom, Num ou Apepi ! mais par contre soupesé le sac de solidus d'or apportés à Rome dans le fameux arca que, si bien, sur la voie Appia, guigna le momifié Jephunné, et qui baissait sensiblement.

A cent pas derrière, un homme suivait qui, par instants, poussait des éclats de voix, ameutant tout autour de lui. Amon se retournait, et il voyait, dans la hauteur de la Voie, un vaste pétase de feutre roux, au-dessous une flottante barbe blanche, un sayon brun, un bas de jambes nu, surmonté d'un brandissement de bâton menaçant. Quand le cri était exhalé, il y avait de subits attroupements, des êtres apparaissaient au seuil confus de boutiques, des têtes pointaient à des fenêtres où séchaient des toges et des tuniques rapiécées, un tumulte se faisait, brisé d'aboiements de chiens furieux et de piaillements d'enfants. Puis les groupes se dispersaient, et il ne restait que le vaste pétase fendant la Voie Suburane comme un navire rond, la barbe flottante, le sayon brun, le bas de jambes nu et l'énorme brandissement du bâton, écartant des soulignements de peuple qui débusquait des rues voisines.

Cette obstination à crier il ne savait quoi, à des gens qui ne comprenaient pas davantage, rendait Amon un peu inquiet. Ce bizarre individu le suivait depuis l'Esquilin, troublant sa quiétude et son soliloque, quiétude et soliloque d'un homme qui a bien bu, bien mangé et écouté la lecture d'un poème de Zopiscus, et il se disait maintenant que ce pouvait bien venir d'une incantation du mystérieux Krèistos d'Atta, ainsi que, la veille encore, l'en avaient menacé Aristès et Nicodœmès.

— Dans certaines rues de Rome, le Kreistos d'Atta fait apparaître des êtres à allures bizarres, qui s'acharnent après les étrangers pour leur dévorer un morceau d'épaule crue.

Et, machinalement, il avait un mouvement d'épaules, qu'il regardait à la dérobée, toujours sous le coup de cette menace. Surtout, le bâton l'effrayait. Le soir approchant, ce bâton avait une ombre gigantesque qui, l'atteignant de loin, sabrait les façades des maisons, faisait un léchement noir au-dessus des boutiques. Elle le touchait parfois, tantôt lui poussant les pieds, tantôt s'aplatissant sur sa tête, et, formidable, semblait vouloir l'arrêter sur place, le temps d'accourir à l'homme pour lui dévorer le morceau d'épaule menacée.

Une chambre étroite de prostituée s'ouvrit devant Amon, qui vit le lit de nattes usées et polies, l'amphore, remplie d'eau pour les visiteurs, reposée à un coin, un miroir à main, quelques fioles de parfums sur une sorte de crédence, et, aux murailles, en fresques mangées d'humidité, des amours nus et des poursuites de faunesses par des faunes qui ne cachaient rien de leur sexe furieux. Il hésita, eut un tremblement à la fois d'émotion et de volupté ! Mais sur la porte, une jeune femme qui avait des anneaux aux oreilles, des colliers ballant sur un pan de gorge nerveuse et brune, le héla doucement, pour l'engager mieux descendit la chaussée, lui prit une main, l'emmena à elle, pendant que l'ombre du bâton, semblable à un grand mât, s'abattit juste sur son effarement.

Rapidement, la courtisane ferma les volets de la cubicula qui ne reçut plus qu'un jour douteux de cour intérieur. Comme en cette obscurité grise, il ne savait que dire, Amon lui demanda son nom :

— Cordula, pour te servir !

Et, à lui s'enlaçant, elle l'attira vers le lit de nattes, couche commune de ses amants, en une ardeur de chair qui fit se pâmer l'inquiet Amon. Mais un grand bruit s'éleva au dehors, comme si une foule s'apprêtait à assiéger la chambre de Cordula ; un coup sourd comme un coup de de bélier qui briserait les portes d'une citadelle, fit éclater les volets. Ils se relevèrent abasourdis.

— Abomination de la désolation ! J'avais l'œil sur toi, pécheresse, et j'arrive à temps pour empêcher la fornication.

Sous le brandissement du bâton, l'énorme pétase, la barbe flottante, le sayon brun ceint d'une corde, et le bas de jambes nues de l'être fantastique crevèrent par l'ouverture des volets, pendant qu'une foule gouailleuse grossissait derrière, dans la rue baisée par un commencement d'occlusion du jour et d'approche du soir, rouge, cuivreux, ténébreux.

— Maglo, Maglo !

C'était le vieil Helvète que la décontenancée Cordula désigna à Amon, qui le voyait pour la première fois. L'Égyptien trembla ! Subitement, se rappelant les menaces d'incantations par le Kreistos d'Atta ; épeuré des choses effrayantes dont longuement l'avaient entretenu à ce sujet Aristès et

Nicodœmès, l'hôte momentané de Cordula se carra dans son diploïs, ouvrit une porte du fond de la chambre et parut sur le corridor. Mais celui-ci fut envahi par la foule qui le retint, ne sachant rien, ayant même comme une vague idée qu'Amon était un esclave fugitif, un voleur de l'autre côté du Tibre — où vivaient tant de criminels hors de la puissance des lois, — peut-être un misérable juif capteur de jeunes enfants qu'il faisait cuire, quelque chose enfin d'effroyable et de monstrueux. Et des mains s'aplatirent justement sur ses épaules menacées ; le poing d'un boucher s'appliqua à sa face ; dans la confusion des jambes nues, qui s'épaississaient autour de lui, un chien le tira par une extrémité de son diploïs, et des enfants, seulement vêtus d'une *subucula*, s'accrochèrent à la ceinture de cuir serrant sa tunique de dessous. On cria :

— A l'édile.

— Non ! au Tibre !

Une pression se fit, ondulant de l'extrémité de la Voie Suburane en un accord furieux des assaillants, presque tous des habitants du quartier, marchands de viandes et de denrées, fabricants de chaussures, forgerons dont les enclumes basses supportaient journellement des coups de marteaux, boulangers et pâtissiers fort achalandés pour satisfaire la population toujours gourmande de Rome, tisseurs, drapiers et tailleurs de toges et de tuniques, reconnaissables à de longues aiguilles piquées à leur vêtement extérieur. Ils n'étaient pas indisposés contre Cordula, exerçant sa profession, avec bien d'autres femmes, au milieu d'eux, qu'ils connaissaient fort bien et plusieurs d'entre eux comptaient parmi ses amants d'une heure, mais contre Amon qu'ils n'avaient jamais vu et soupçonnaient d'un méfait. Mais une voix s'éleva, l'énorme bâton de Maglo décrivit ses évolutions, l'ombre interrogative s'allongea démesurément, serpenta et se désenlaça aux maisons, maintenant toutes rouges sous les reflets du soleil couchant.

— Frères, écoutez ! Frères, en Kreistos, apaisez-vous !

Et toujours le bâton, à l'ombre coupant la rue, se raccourcissant et se développant, se glissant, hypocrite, ou échelant, brutale, aux chêneaux des toits, embrassant de quarts de cercle tout le quartier, et par instant le dévorant comme d'un coup de gueule ouverte. A une extrémité de la Voie, en un trou de feu, le soleil crevait, pourpre, comme un fond de chaudron rougi et battu à la forge, sans un nuage autour, en un délaiement cinabre qui fusait par ses bords et se liquéfiait lentement, avec des teintes verdâtres, des teintes glauques de mer tranquillisée, absorbant tout. Maglo se découvrit, debout sur une borne plantée devant la chambre de Cordula, sa longue face maigre mangée jusqu'aux yeux par sa barbe blanche, pendant que Cordula, assise sur le lit de nattes, gardait sa tête fine et presque exiguë dans l'une de ses mains où, au poignet, s'étoilait un bracelet expirant doucement dans de l'ombre.

— Frères, quand les apôtres, quand Pierre, Paul et Jacques, traversant les mers, vinrent à Rome, ils virent le Vice s'étaler, la luxure et la concupiscence voiler la divinité de Kreistos, et ils voulurent alors que les peuples entrassent dans la bonne voie.

La foule avait écouté avec beaucoup d'attention les paroles de Maglo ; des nez sérieux de marchands se dressaient vers lui, des mentons raisonnables de fabricants se renfonçaient dans des plis de toges, comme si chacun se pénétrait de contrition au tableau du vice, de la luxure et de la concupiscence que l'Helvète allait dérouler. Mais, impitoyable, quelqu'un cria, en une agitation de son bras, qui était nu, en l'air :

— Tu es Chrétien, vieillard, nous n'avons pas à t'écouter. Laisse-nous l'homme et va-t-en !

Maglo, comme s'il n'eût pas entendu, reprit :

— Et les apôtres exterminaient le vice partout où ils le rencontraient. Ainsi j'ai fait. J'ai crié toute la journée à l'abomination de la désolation ; je vous invitais tous, hommes et femmes, habitants de Rome, à rentrer en vous-même, à renoncer au Démon, à vous incliner devant l'Agneau. J'ai voulu arrêter le péché. Pourquoi cette femme fornique-t-elle ? Pourquoi cet homme allait-il se souiller avec ?

Et quoiqu'il ne sût ce qu'Amon, toujours vigoureusement

gardé, était devenu, il le désignait au hasard de son formidable bâton dont l'ombre, par un écartement de maisons, s'enfonça toute droite dans la nuit commençante.

— Pourquoi cette femme donne-t-elle sa chair au péché, alors qu'elle devrait appartenir à Kreistos, qui l'attend dans les sphères du ciel éternel?

Mais le premier interlocuteur cria encore, troublant fort les nez sérieux et les mentons raisonnables, assistance attentive de Maglo :

— Cela ne nous regarde pas. Ton Kreistos n'a rien à faire avec la chair de Cordula !

Un autre fit, en un tumulte d'épaules et de poitrines qui semblaient vouloir l'arrêter sur le seuil de la chambre, où Cordula continuait à s'épeurer, la tête dans les mains :

— Je m'appelle Scebahous, je vends du porc salé et je donne du porc salé à Cordula, pour sa chair dont j'use sans faire mal à personne, ce qui la contente et moi avec !

Quelqu'un se révolta :

— Elle te recevrait, toi aussi, si tu voulais d'elle, quoique tu sois vieux. Elle nous reçoit tous, Cordula !

— Moi, exclama Maglo !

Et cette pensée d'être reçu par Cordula l'indigna tellement qu'il resta, le bâton droit, bouche béante, ne sachant qu'ajouter. Un grand ricanement courut. Des grognements éclatèrent. La foule, étant polythéiste, renvoya Maglo à Kreistos; les nez sérieux et les mentons raisonnables l'abandonnèrent, n'ayant fort probablement rien compris à ce qu'il avait dit.

Il voulut parler, mais d'un ensemble de poings qui s'ouvrirent irradièrent des fruits gâtés, des côtes de pastèques et des morceaux de courges; quelque chose de sale s'accrocha à sa barbe, un projectile s'aplatit aux pieds de Cordula, qui se leva épouvantée. Les gens tranquilles s'en allaient, laissant Maglo en butte à de mauvais plaisants, quand accoururent de toutes parts des Chrétiens, esclaves et libres, des métiers du quartier, qui avaient ouï des clameurs s'adressant à Kreistos. Des femmes intrépides arrêtèrent le bras des assaillants. Sautant jusqu'à elle, un homme prit Cordula par la main, la fit se sauver par la cour intérieure aux dalles rompues, encombrée de meubles pauvres, sur lequel s'ouvraient des portiques de pierre, peints à la chaux jaune.

— Ah! Ghéel, le méchant Chrétien que ce vieillard. Toi, au moins, tu ne tourmentes pas les pauvres femmes.

Et Cordula baisait les mains de Ghéel, qui la laissa à quelqu'un, probablement le Scebahous interrupteur de Maglo, aussi ardent que lui à la protéger, car il disait au chrétien :

— Sois tranquille! Quoiqu'elle te reçoive pour rien et que je sois reçu par elle contre du porc salé, je ne l'en aime pas moins, Cordula!

Ghéel débusqua sur le corridor où Amon, oublié dans la bagarre, attendait une accalmie pour s'enfuir. Ghéel reconnut l'Egyptien qu'il avait vu avec Atta le jour de la cérémonie du Temple du Soleil.

— Je te connais; tu peux te fier à moi. Les Chrétiens ne veulent la mort de personne. Je t'accompagnerai tout à l'heure au bout de la Voie, si tu le veux.

Et Ghéel dit ces paroles sur un ton attendri, car Amon lui rappelle le jour qui vit Madeh passer devant lui dans le triomphe du culte nouveau ; qui vit Madeh passer devant lui sans entendre sa voix qui l'appelait. Il se dit instinctivement que cet étranger lui parlera peut-être de l'ami oublieux, dont la destinée a fait un affranchi vêtu de soie et d'or, malgré que voué au Soleil, pendant que lui peine obscurément dans sa poterie. Ses yeux s'émeuvent; le bon Amon le regarde, et leurs deux cœurs, discrètement, ont des effusions qu'ils ne s'expliquent pas, des effusions d'affinités lointaines, racines de deux tempéraments peut-être semblables.

La foule s'éclaircissait : un manipule de soldats, courant la pique en avant, derrière un centurion le glaive au poing, acheva de la disperser. Les Chrétiens entraînèrent Maglo qui se désespérait. Ce qui amassait en ce dernier un flot de bile mal contenue, était leur parfaite indifférence des prostituées, l'espèce d'acceptation qu'ils faisaient du Vice, montant dans Rome comme une mer de lèpre. Depuis son arrivée, il ne cessait de s'élever contre les lupanars et les tavernes emplies de gens de mauvaise vie ; il s'était rebellé contre l'Empereur adorant la Pierre-Noire, signé du Péché, il se refusait à mêler Kreistos aux abominations du Soleil, ouvrant son temple à tous les dieux ; il appelait de nouvelles persécutions pour que la Foi se ranimât et que la pureté des premiers temps renaquît, et c'était le contraire qui se produisait. Les Chrétiens, du moins ceux qu'il connaissait, voulaient bien se défendre mutuellement, s'unir et s'entr'aider, mais ils restaient étrangers à ce que l'empire faisait ; même, en cela, ne répugnant pas aux étranges idées du frère Zal, les ouvertures d'Elagabalus ne leur déplaisaient pas. Alors que les polythéistes s'indignaient de la disparition de leurs cultes au profit de la Pierre-Noire, les Chrétiens étaient d'une déplorable indulgence pour les vices de la chair, amnistiant les prostitués mâles et femelles parmi lesquels ils comptaient des frères et des sœurs, très malheureux, qu'ils ne rendaient pas responsables. Ils les disaient souvent poussés par la faim, préparés d'enfance à toutes les fornications par leurs maîtres, s'ils étaient esclaves, par leur milieu de corruption et de dégradation, s'ils étaient libres.

XIV

Ghéel et Amon, engagés dans la rue Neuve, se dirigeaient vers le Tibre dont ils voyaient se soulever de loin les plaques d'eau, jaunes comme des ventres de lézards. Ghéel ne voulait plus quitter Amon et l'accompagnait jusqu'à sa maison avoisinant la boutique de Typochronos. Et ils causaient ; le potier, tout effusionné, parlait de Madeh, son jeune frère de Syrie, maintenant prêtre du Soleil à Rome, affranchi du primi-cérius Atillius à l'influence duquel, disait-on, le monde devait l'intronisation du culte oriental. Mais qu'importait à Ghéel ! Ce qu'il poursuivait, c'était le souvenir aigu de Madeh, qu'à plusieurs reprises il était allé demander, mais vainement, à la petite maison des Carènes dont l'atrium, blanc de soleil, toujours gardait le singe glapissant, le crocodile pâmé et le paon rayonnant. Madeh refusait-il de le recevoir parce que lui, Ghéel, était chrétien, ce qu'il avouait à Amon ? Et il demandait à celui-ci s'il ne l'avait pas connu, lui qui venait de loin, qui était un étranger, presque de race syrienne, né Égyptien. Amon fit :

— Madeh ! Atillius ! Ils ont traversé la mer avec moi, débarqué à Brundusium, et nous avons fait route jusqu'à Rome, par la Voie Appia.

— Alors, tu lui as parlé, à mon frère Madeh ! Est-ce qu'il t'a causé de moi, de Ghéel, le potier ; de moi Syrien comme lui, qui le reconnus la veille du Triomphe d'Elagabalus ? Madeh me laissa espérer de le revoir chez lui, aux Carènes. Est-ce qu'il t'a dit cela, à toi ? Est-ce qu'il t'a assuré que je pourrais le revoir ?

Et c'était une échappée de paroles attendries. Mais Amon secouait la tête mélancoliquement :

— Je ne lui ai plus reparlé depuis !

Il se souvint, cependant, qu'Atillius l'avait arraché aux soldats qui le surprirent dans le fossé du camp, au bas duquel il écoutait les clapotements des crocodiles échappés du Tibre. Et il raconta son aventure à Ghéel, incrédule.

— Il est impossible que le Tibre ait renfermé des crocodiles, et qu'ils se soient enfuis par une branche coulant sous le camp. Qui donc t'affirma cela !

Amon s'expliqua, parla d'Aristès et de Nicodœmès. Mais Ghéel revenait à Madeh, et, obstiné, questionnait l'Égyptien sur les vêtements, le son de la voix, les façons de marcher et de rire du frère de Syrie. Tous deux ne s'embarrassaient point à s'avouer que Madeh, prêtre du Soleil, appartenait à Atillius et pratiquait l'abominable culte de la Pierre-Noire.

D'étroites ruelles béaient, aux maisons basses, dont les portes se dérobaient dans des trous oblongs de murailles moisies. Sur les rebords de fenêtres, pas plus grandes que des cuirasses, éclairant des carreaux crevés de papier huilé, des lampes atones fumaient. Ils passaient devant des tavernes aux plafonds gras, bruyantes de graillonnements, où des prostituées vieillies jouaient avec des esclaves et des voleurs. Parfois, un soldat ivre roulait à leurs côtés, et ils l'évitaient en enjambant un ruisseau épais charriant des ordures, des piments gâtés ou des pelottes de cheveux embrouillés, Ghéel, très libre de mouvements dans son sayon ; Amon se serrant le ventre dans son diploïs rayé et rentrant sa tête, coiffée de la calantica. Puis ils abordèrent une grève, qui semblait illimitée, au bord de laquelle pleurait le Tibre, tout noir, avec des traînées de lueurs venues de la ville qui s'illuminait.

Cachée à demi par la rondeur du Vatican, une clarté s'irradiait ; puis, rousse, ronde comme un bouclier, la lune apparut, faisant saillir le serpentement du fleuve aux eaux coupées d'ombres coulantes, et de l'horizon, à droite et à gauche, émergèrent des édifices, des arcs, des colonnes déliées, pareilles à des mâts de galères, des ponts, des voies bordées de temples aux pronaos brillants, des étagements de maisons piquées de lumières, et, au bas du Capitolin, hargneusement couronné de l'Arx, un coin du Champ de Mars, infini.

Tournant le dos au pont Palatin, ils se dirigèrent vers le Vélabre qui, très animé, fumait sous l'éclairement de milliers de lanternes en feuilles de corne, ou faites de toile de lin trempée dans de l'huile.

C'était l'expiration de la première veille, et les rues s'emplissaient de gens, échappés aux repas du soir, qui se promenaient de long en large, les Romains de vieille roche très graves, les Occidentaux gesticulant, les Orientaux reconnaissables à leurs costumes voyants, mystérieux au milieu des groupes. Des esclaves se disputaient. Parfois, une lectique emportant un fonctionnaire impérial, abruti par la digestion, survenait, précédée de coureurs frappant ceux qui ne se rangeaient pas assez vite, et c'étaient des imprécations violentes, surtout quand la foule reconnaissait en lui quelque affranchi d'Elagabalus, hier encore ignominieux bateleur ou bien échappé de quelque infâme industrie. Alors des rixes éclataient entre Occidentaux et Orientaux, auxquelles s'ourlaient des paroles de tous les dialectes connus, qui finissaient par l'apparition de patrouilles donnant des coups de plat de glaive à tous.

Les plus paisibles s'arrêtaient devant les tavernes, trouant le quartier comme les alvéoles d'une ruche. C'étaient, s'ouvrant sur les rues ou couverts de portiques, en des magasins de douze à quinze pieds carrés, des marchands d'étoffes de soie ou de laine empilées sur des étagères ; des confiseurs, des incrusteurs d'ivoire ou de nacre, des parfumeurs et barbiers, des débitants de drogues dont on racontait qu'ils faisaient avorter les femmes, et, aux environs des bains à cette heure fermés, des débitants de vin renfermé dans de grandes amphores de terre cuite ; des vendeurs de porc salé et des fabricants de boudins fixés aux plafonds en lignes verticalement immobiles.

Sur le seuil de sa maison, qui était petite, avec une porte en saillie très haute qu'on atteignait par des escaliers, Ghéel quitta Amon non sans s'être promis de le revoir pour causer avec lui de Madeh. L'Égyptien mettait la main au marteau, et déjà le portier, enchaîné juste assez pour ouvrir la porte, entendant du bruit se levait, quand la foule grossit, puis, comme chassée par un coup de vent, s'enfuit vers le Forum. Amon, éperdu, submergé, roulait avec elle, pendant que, débusquant d'une rue trouble, apparaissaient des lanternes vacillantes, des éclairs de casques et de cuirasses et une confusion de gens à pied et en litière. On criait de tous côtés :

— Elagabalus ! Elagabalus !

Une turme galopa dans la déclivité des voies, frétillante sous les écailles des hommes et des chevaux, pendant que les tavernes fermaient furieusement. Amon se trouvait au milieu du Forum, blanc dans l'éclairement lunaire, avec ses arcs de Septime-Sévère et de Titus arrondis dans l'atmosphère bleuâtre, les temples de la Concorde et de Jupiter, de Mars et de Saturne, du côté du Tibre ; en face, ceux de Castor et de Pollux, bordés de basiliques et de galeries sous lesquelles s'immobilisaient des statues d'empereurs et de dieux. Il y avait là des palais : le palais du Sénat et celui du Grand-Pontife ; aussi l'autel de Vesta, encerclé de colonnes, et la statue de Marsyas, près de la tribune publique. A leur gauche, le Capitolin se hérissait dans la roideur de sa montée et sa forteresse muette.

Sur les marches des temples, gravissant le Capitolin, se pressant sous les portiques ou envahissant la Rostra, la foule hurlait, et la turme la chargeait précipitamment. Dans le tumulte de cent mille poitrines exclamantes, Amon stupéfait apprit que le jeune Empereur s'égayait ainsi la nuit à courir les mauvais lieux, après avoir fait précautionneusement le vide autour de ses vices prodigieux.

Il voulut retourner, mais la foule refluait vers la voie Lata, dont la région se mourait au Forum, à droite de la colonne Antonine, et à gauche de la colonne Trajane. Sur les hauteurs Capitolines, des groupes disparaissaient ; d'autres, qui injuriaient l'Empereur, s'éparpillaient par la région d'Isis et Sérapis, serrant le mont Cœlius au sud et les monts Esquilin au nord.

Le Forum, vide à son tour, Amon put voir très distinctement de la voie Lata, Elagabalus dans une lectique découverte, entourée d'autres lectiques éclairées de torches et de lanternes, et précédée de la turme dont les chevaux faisaient un piétinement saccadé sur le sol. A la tête des cavaliers, des cataphractaires, il crut reconnaître Atillius, le glaive au poing, dans sa fonction de primicérius de la Garde impériale.

Quand celui-ci, toujours poussant la foule, donna ordre aux cavaliers de gravir la voie Lata, ce fut une longue exclamation de colère. Des milliers de poings se levaient, maudissant Atillius :

— Malheur à toi, patricien, qui nous fais charger par Elagabalus !

— Va-t'en ! Va-t'en ! Que celle qui t'a nourri te renie à jamais !

— Que viens-tu faire ici, Romain qui as vendu Rome à Avitus ?

— C'est toi la honte de l'empire.

Mais Atillius restait muet sous la grêle d'injures, se contentant de lancer ses hommes qui frappaient autour d'eux du bois de leur lance. Mais Elagabalus restait vautré sur les coussins de sa litière, oscillant à la clarté de la lune roulant dans le ciel sur les épaules luisantes des porteurs.

Amon ne pouvait croire que ce voyageur silencieux, son compagnon du navigium, qui si mélancoliquement silla en les emportant dans la mer Intérieure, cet officier, son sauveur des fossés du Camp des Prétoriens, fût le chef de cette turme sauvage aux chevaux voltant en charges brutales. Alors, lui revint en mémoire ce qui se disait tout bas depuis l'intronisation de la Pierre-Noire. La colossale débauche des deux sexes, l'amour mâle déifié par Elagabalus se donnant à ses affranchis et faisant rechercher les hommes les mieux conformés ; le mélange des dieux dans le même temple ; la disparition projetée, dont on s'épeurait, d'enfants des grandes familles devant être sacrifiés au Soleil, la protection du Kreistos et des Chrétiens laissés tranquilles par le pouvoir qu'ils soutenaient sourdement, grâce à de secrètes affinités ; enfin, la conquête de jour en jour envahissante de l'Occident par l'Orient, tout était attribué à Atillius. On faisait de lui une espèce de thaumaturge initié à des mystères terribles, maître de l'esprit du jeune Empereur par des incantations innommées, oublieux de sa race — étant de naissance romaine — ayant juré d'anéantir les dieux de Rome, ses institutions, son peuple, au profit de la Pierre-Noire. Quelques-uns disaient que l'Orient prenait ainsi sa revanche de vaincu par la femme et l'homme prostitués, le rut universel qui dissoudrait bientôt l'empire, si une main énergique ne se montrait pas.

Aux côtés d'Amon deux hommes se récriaient ; l'un :

— J'en atteste les grands dieux ! Supporteront-ils longtemps les profanations d'Elagabalus, et n'armeront-ils pas les légions pour le renverser ?

Mais l'autre, avec une intonation de sauvage enthousiasme :

— Laisse agir la pourriture, citoyen, pour qu'elle emporte à jamais le corps. A quoi bon les légions quand la mort est là !

— Zal, reprenait le premier, tes paroles sont dangereuses. Je dis, moi, vieux Romain de race, à toi qui n'es qu'un Perse, fils d'esclave, que l'Empire finira misérablement, s'il se laisse dominer par les barbares vaincus.

Zal éclata :

— Sache que les barbares vaincus applaudiront à la chute de Rome si elle doit périr. Quant à moi, citoyen qui sais mon nom, je me soucie peu de l'Empire, et n'ai rien à faire avec toi que je ne connais pas. Adieu !

Zal tourna le dos à son interlocuteur qui se coléra :

— Je dis que tu es chrétien !

— Après !

Et Zal, le bravant de sa tête fine d'exalté, se croisa les bras. Une voix fit dans la foule qui les entourait :

— Frappe donc, Carbo !

— Oui.

Un poing énorme s'abattit sur Zal : du sang lui jaillit à la face. Sans se défendre, il joignait les mains, remuant faiblement les lèvres, attendant une autre violence, quand la foule, chassée à nouveau, se dispersa rapidement par le Viminal, laissant Zal comme en extase, et Amon, d'horreur pétrifié.

Un cavalier galopa vers eux. Zal, la face en sang, très digne, se reculait quand, apercevant Amon menacé, il se retourna, lui prit le bras. Mais d'autres cavaliers accouraient, Atillius à leur tête. Amon se nomma tout haut :

— Moi, Amon, ton compagnon de voyage que tu connais bien !

— Va-t'en paisible chez toi, fit Atillius. Et, remarquant à la clarté de la lune le sang qui coulait sur la face de Zal :

— Et toi, qu'avais-tu besoin de rester là ? Retire-toi !

— C'est que je suis chrétien, dit Zal d'une voix extraordinaire de martyrisé. Les Romains tiennent à leurs dieux, mais je confesse Kreistos et accepte Elagabalus qui l'aidera à vaincre !

Et il s'en alla, tout frémissant, suivi d'Amon, pendant qu'Atillius le suivait aigument du regard. Le Forum était désert ; les rues avoisinantes se découvraient, silencieuses, et, des Régions de la Ville, des rumeurs montaient, décelant la sourde colère de Rome contre le pouvoir impérial.

Zal marchait toujours, sans plus s'occuper d'Amon, dont le pas se régularisait sur le sien. L'Égyptien aurait voulu aller avec lui, tant il se sentait triste dans ces rues fuyantes sous le poudroiement lunaire et montrant de muettes ombres de maisons et d'édifices. Plus Zal se rapprochait des hauteurs Esquilines, plus la solitude s'épaississait, à peine troublée par quelque passant ou quelque soldat qui butait de son glaive les bornes des voies. Mais du côté de la Subura, vers le temple de la Paix, voisine de la Meta-Sudans dont les deux gerbes d'eau droites et amincies comme deux barres de cristal, pleuraient longuement dans la nuit, les clameurs grossissaient et des jaillissements de lueurs s'échappaient comme d'un foyer d'étincelles. Amon ne comprenait plus. Perdu dans ces quartiers inconnus, il se disait qu'à retourner sur ses pas, vers le Vélabre, il risquait de rencontrer le cortège, interceptant cette partie de la ville.

Un bassin bas miroitait, comme de l'étain en fusion, avec, à une extrémité, une tête de dieu dans une niche en triangle. Zal s'y lava la face. Amon le rejoignit, et, hésitant :

— Il t'a fortement blessé, n'est-ce pas ?

Zal se releva, s'épongeant avec le coin de sa tunique.

— Ce n'est rien, fit-il, un peu d'eau fraîche étanchera le sang, et demain il n'y paraîtra rien !

Et il s'en alla, mû par le désir farouche d'être seul. Mais Amon lui courut après.

— Je ne sais où passer pour aller au Vélabre que j'habite. Veux-tu m'y conduire ? Je connais des Chrétiens comme toi, et je te parlerai d'eux. Regarde-moi. As-tu confiance en moi ?

Il parlait précipitamment, ne permettant pas à Zal d'hésiter. Celui-ci fixa l'Égyptien.

— Tu me parais citoyen paisible, répondit-il, et tu n'étais pas parmi ceux qui invitaient ce Carbo à me frapper. Mais n'espère pas retourner chez toi cette nuit. Écoute !

Et les clameurs, d'une effroyable puissance, roulaient en

coups de tonnerre du côté de la Subura, à deux pas du Forum. Il s'y mêlait un bruit d'instruments sauvages qui effraya Amon.

— Vois-tu, fit Zal calmement, l'Empereur entre en ce moment dans les lupanars qui le fêtent, et c'est pour n'être pas troublé dans ses plaisirs qu'il a chassé les citoyens autour de lui. Si tu veux retourner au Vélabre, il te faudra parcourir un grand circuit et revenir par le Tibre. C'est toute une nuit de marche. Il te vaut mieux la passer dehors.

Il disait cela indifféremment, et Amon remarqua que ce n'était plus l'ardent Chrétien de tout à l'heure qui parlait. Alors il crut bon de lui parler d'Atta et de Ghéel.

— Deux Chrétiens que j'estime, surtout ce Ghéel que j'ai connu il y a à peine quelques heures. Quant à Atta, il est fort savant. Tous les matins, à mon réveil, il est là, me parlant de l'excellence de mes dieux et de la puissance de Kreistos, qui est votre dieu à vous tous.

Maintenant, incompréhensible, Zal s'agitait. Il avait ri amicalement au nom de Ghéel ; à celui d'Atta, il éleva les deux mains en un témoignage évident :

— Je jure que c'est là un faux Chrétien, au cœur puant de vices, à l'âme noire de péchés. J'enlèverai son masque, un jour qui n'est pas éloigné.

— Eh ! quoi, tu doutes de sa vertu ?

— Il ferait monter le sang de la honte à la face de Kreistos, si Kreistos pouvait rougir. Il a des fréquentations avec toi, Gentil, il vit de ton aveuglement et te flatte et se laisse nourrir par toi, comme un chien et un pourceau qu'il est.

Un silence. La lune au zénith. De l'Esquilin où ils se trouvaient ils apercevaient toute une partie de Rome sous une lumière blanche troublée de lignes grises. Le Tibre, au loin, faisait un serpentement énorme, dont les nœuds avaient des lueurs d'argent. Autour d'eux, les vastes jardins de Mécène aux végétations cendrées, s'immobilisant ; de l'autre côté, la masse, à plat du sol, du Camp des Prétoriens, le Vivarium, des remparts s'alignant jusqu'à la porte Capène, la campagne partagée par les voies Nomentana et Salaria, et l'horizon des collines diffuses bosselant le ciel.

Du Vivarium, renfermant les bêtes emmenées de l'Orient par Elagabalus, soubresautaient de rauques gémissements. Zal étendit la main :

— C'est là-bas qu'ils dorment, les confesseurs de Kreistos. C'est là-bas que leurs cadavres sont couchés sous les arénaires. Si nous avons quelques années de paix encore, combien seront-elles punies par des années de persécution. Mais l'Agneau sait ce qu'il veut. Le monde lui appartiendra et Rome orgueilleuse ploiera sous le pied de Kreistos !

Il tourna à droite, sans rien ajouter. Un lacet de ruelles aux maisons hautes desquelles s'échappaient d'épouvantables odeurs, se cassait de clartés hacheuses. A des encoignures, des temples fermés et des fontaines s'égouttant finement ; puis des carrefours, charbonneux de lampes placées devant des autels abandonnés ; des ombres de femmes en des trous de portes basses. La lune mettait ci et là des inondations blanches, d'où jaillissaient des portiques brisés, des places grandes comme la main, mordues d'escaliers de quelques marches menant à des maisons barricadées soigneusement. Une rue resserrée, qu'ils pouvaient à peine traverser de front, s'enveloppait de cette lumière lunaire, et Zal s'y engagea. Amon entendit un vague chant de femmes et d'hommes, comme sorti du sol même. Il s'arrêta. Mais le Chrétien lui prit la main.

— Que vas-tu faire, maintenant? lui dit-il. Je ne désirais pas t'emmener ici, mais tu as voulu me suivre, et je ne puis manquer l'assemblée des miens. Nul ne te connaît, sinon Atta, s'il y est. Oh! alors, je mettrai son âme de pourceau au dehors et cracherai dessus. Viens!

Et comme Amon ne savait que dire, tant ce chant qui ne cessait pas l'inquiétait :

— A moins que tu ne veuilles t'en retourner seul au Vélabre! Alors, adieu! fit Zal.

Amon le suivit. Ils se rapprochaient du chant, dont le rythme grossissait en tendresses inénarrables. Zal s'arrêta devant une porte lamée de fer fortement cloué, derrière laquelle quelqu'un devait être, car elle s'ouvrit doucement : un couloir se profila jusqu'à une muraille humide ; la rampe d'un escalier se présenta, à la lueur d'une lampe de terre cuite; Zal descendit, suivi d'Amon qui, entendant souffler dans son dos, n'osa se retourner.

XV

Une petite salle, très basse, à la voûte en cintre supportée par des piliers carrés. Au fond, en une surface lumineuse ornée à fresque, une tête d'homme à barbe pointue, retombant sur une poitrine nue, d'où dégouttent des larmes de sang; les bras en croix, le corps amaigri, affaissé dans l'inertie de la mort, avec, autour, deux figures ailées dans une teinte de vagues; deux longs T palmés de feuillages symboliques s'élargissant au sommet, en pluie de lis adorables... Au plafond, mangé d'une demi-ombre, un grand agneau blanc, une baguette à la patte, frappant un rocher effusionnant d'eaux bleues qui embrassent la voûte, et dans lesquelles se baigne un autre agneau blanc baptisé par un troisième..... Puis, au long des murailles éclairées de lampes ignorées, des ornements simples à couleur fondante; des rinceaux d'une pureté vierge, sans contours violents ni enchevêtrements, séparés par des écussons rectangulaires que surmontent des urnes coiffées de fruits peints; une floraison triomphale de portraits de Kreistos en buste, auréolés d'or jusqu'aux épaules, chevelus, blancs de peau, les yeux langoureux sur le vide, la barbe pointue, une main sur le cœur, l'autre tenant un livre ouvert, le tout comme nageant sur un fond d'étoiles immuables.....

Sur des bancs symétriquement placés, des hommes et des femmes séparés par sexes, pauvres et riches reconnaissables à leurs vêtements, qui ne retournent même pas la tête à l'arrivée de Zal et d'Amon, s'asseyant lentement.

Une mélopée triste, brisée par endroits d'élans de mysticités, à laquelle se trame un thème qui, éternellement, revient comme le flot d'une mer grisâtre, s'adresse aux Kreistos dont les faces pâles se figent dans les voûtes, et semblent jouir des Fidèles qui sont là !

Des pleurs de femmes et des sanglots d'hommes, des battements de poings à des poitrines vouées aux macérations, des clins de tête multipliés, et des prosternements, et des prières basses qui font un chuchottement continu, et des silences qui sont pleins d'anxiété !

Le Kreistos du fond semble s'animer : ses chairs rosissent, son corps se gonfle comme sous un souffle de vie, et ses yeux, ses beaux yeux mourants, brillent en topazes allumées, et sa tête se relève, et ce ne sont pas des larmes de sang qui dégouttent de sa poitrine, mais des pleurs clairs, semblables à des perles roulant sur le sol !... Et les figures ailées se transforment en archanges cuirassés d'écailles d'or et brandissant éperdûment une lance au bout de laquelle flotte une étoffe bleue, et les T s'envolent lumineusement en un détachement de feuillages, de palmes et de lis, comme des voiles blanches sur un océan illimité !

Éclair d'un instant ! Et pendant que tout s'immobilise à nouveau, reprend la mélopée triste, brisée par endroits d'élans de mysticités, à laquelle se trame un thème qui, éternellement, revient comme le flot d'une mer grisâtre. Et ce sont des pleurs de femmes et des sanglots d'hommes, des battements de poings sur des poitrines vouées aux macérations, des clins de tête multipliés, et des prosternements, et des prières basses qui font un chuchottement continu, et des silences qui sont pleins d'anxiétés !

Un remuement de gens se rasseyant ; une méditation alourdie. Puis, sous le grand Kreistos en croix, une forme se détache, dominant la salle, jaune à la lueur des lampes.

— Frères et Sœurs, qui exprimera le tressaillement de nos âmes, lorsque nous acquîmes la certitude que l'Agneau usait, dans sa grâce infinie, de l'abominable corruption des temps pour la manifestation de son Verbe. Oui ! De ce vase d'iniquités qui s'appelle le Palais des Cœsars, de ce sépulcre de faux dieux s'élève la fleur divine, l'éclairante fleur de la Grâce qui va embraser le monde comme un feu d'amour purifiant. Bénissons-Le, Lui! Les persécutions expirent au seuil de l'Empire nouveau qui favorise Kreistos ; nos martyrs, couchés dans la plaine, pourront bientôt dormir paisiblement du sommeil de la Sainteté, dans nos Églises, baptisées par l'Agneau !

Et la femme dont la voix ardente a des tendresses débordantes, regarde avec extase ce supplicié, Kreistos. Un silence ; mais Zal se lève :

— Frères et sœurs, les temps n'ont pas cessé de nous être inexorables. J'ai confessé Kreistos, ce soir !

Et Zal s'avance, montrant subitement, toute blême, sa face tuméfiée qui jaillit en pleine clarté. Un cri d'effroi ! La femme s'élance sur Zal :

— Oh ! vivant, vivant ! Bien vivant ! Loué soit l'Agneau qui a vaincu le Péché, Zal !

— Si l'Agneau a vaincu le Péché, l'Amour impie de la Chair vaincra l'Amour ! fait une voix âpre, la voix d'Atta, n'ayant vu de cette scène que Zal et Severa.

Et comme ni Zal ni Severa ne l'entendent, dans le tumulte de cette scène qui a fait momentanément oublier Kreistos, Atta ajoute, terriblement, en apercevant dans les Chrétiens présents des Occidentaux qui se refuseront volontiers à l'analogie entre Élagabalus et Kreistos, analogie qu'acceptent seuls les Orientaux comme Ghéel et ceux qu'il vit chez lui le jour de l'arrivée de Maglo. Et, sourdement, il agrandit la fêlure déjà sinuant entre eux, par une hardie accusation des deux Principes du Mal et du Bien. — Zal inspiré par le Mal sous le couvert du Bien, — dirigée contre celui-ci, et ainsi réveillant des malveillances qui ne demandent qu'à accabler son ennemi.

— Toujours la lutte des deux Principes, Zal, à laquelle tu te laisses aller comme un Perse que tu es. Tu diminues la bonté et la puissance de Kreistos, au profit du Démon.

Mais Zal, mais Severa ne l'écoutent davantage, cependant, que des Chrétiens branlent la tête et les laissent, délicieusement l'une tâtant la face de l'autre, de ses mains fines de femme qu'on dirait patricienne. Les Chrétiens regagnent leurs bancs. Zal se rassied auprès d'Amon, blotti au plus profond des coins de la salle, où maintenant des ombres descendent sur les Kreistos.

Un Fidèle se dresse. En paroles entortillées, il rend grâce au Fils de l'Homme pour le commencement d'un martyre dans la personne de son Frère Zal. Mais il ne voudrait pas que les Chrétiens eussent espoir en l'Empereur Élagabalus qui n'est qu'un vase plein de vices, duquel ne sortira pas la Fleur de la Grâce, mais la Vipère effroyable du Mal.

— Il y a un commencement d'hérésie dans ce qu'a dit Severa, ajoute-t-il, et il le lui avoue avec la certitude, purifiée de tout orgueil, que, rentrant en elle-même, elle reconnaîtra l'éternelle Vérité.

Un autre : — A ses yeux, Zal a manqué d'humilité en interrompant l'homélie de Severa pour avouer avoir confessé Kreistos. Il a connu, lui, Dativus, des martyrs ayant souffert du feu, de la flagellation, des mines, et qui, privés de bains et de lits, avaient caché leurs témoignages avec soin. La main gauche doit ignorer ce que fait la main droite : les Chrétiens, quelque joie qu'ils en ressentent, n'ont pas à savoir si Zal a subi la persécution du Gentil, qui est affaire entre l'Agneau et lui.

Un autre : — La Foi vaut sans les œuvres. Pourquoi Zal, qui vient à l'assemblée de ses Frères et Sœurs, la trouble-t-il par une manifestation inopportune de sa confession à Kreistos? Mieux ne valait-il arriver au commencement des prières et se fondre avec tous dans le sein divin de l'Agneau sans tache, que distraire son âme par les choses du dehors, la salir au toucher des Gentils et commettre ainsi le double péché de Curiosité et d'Orgueil. Mais tel a toujours été Zal : un serpent est en lui, qui rongera son cœur et en fera un prédestiné de Satan !

D'autres : — Il y a entre Zal et Severa des attraits que l'esprit ne peut expliquer sans la chair. Ainsi, lorsque Zal a montré sa face toute martyrisée, pourquoi Severa s'est-elle précipitée sur lui, au lieu de poursuivre son homélie écoutée avec recueillement? Un sentiment pareil ne passe certainement pas inaperçu. Puis, comme le veut faire accroire Zal depuis longtemps, pourquoi étaler avec complaisance les abominations d'Élagabalus et des siens, et dire que Kreistos a intérêt à laisser agir cet insensé ? Profanation ! Blasphème ! Assimiler ainsi la créature au Créateur ! C'est, comme l'a dit le très pieux Atta, reconnaître la lutte — condamnée et condamnable — de deux Principes, rapetisser la Puissance divine et agrandir celle du Mal.

Un grand cri, comme arraché d'une poitrine que l'on ouvrirait, et voilà Severa prosternée à plat devant Kreistos, et pleurant, la face cachée au sol. Les Fidèles, debout, étendant la main vers elle, comme pour la maudire, pendant que Zal, tout pâle, reste hésitant. Mais Atta s'écrie, arrogant, le col très haut, dure l'arcade des yeux qui brillent au-dessous en charbons d'homme de vice.

— Et toi, Zal, inclineras-tu enfin ton orgueil devant Celui qui racheta les hommes ; imiteras-tu notre Sœur, en perdition pour toi, ou resteras-tu inflexible dans le Péché ?

Ah ! à ce son de voix, Zal bondit, et écartant les Fidèles, prend le poing d'Atta et l'entraîne de force au pied du Kreistos, qu'éclaire maintenant une faible lumière, d'un jaune obscur.

— J'en prends à témoin Celui-là qui nous jugera tous, que cet homme vit du Péché; que ce faux Frère a l'âme noire comme le Serpent. A genoux, à genoux, Atta ! Voici Amon qui va témoigner !

Et, lui serrant la gorge, il le force à s'agenouiller, pendant qu'Amon, que n'avait pas encore aperçu Atta, se fait petit, petit, et voudrait bien se dérober plus encore. Mais des fidèles le poussent vers Zal. Alors Atta, en un violent effort, s'arrache à ce dernier, et, renversant quelques Fidèles, s'échappe de la salle. Un bruit violent de portes refermées s'entend en haut, puis, dans le silence, les pas précipités d'un homme traversant la rue.

Et Severa, relevée, essuie ses pleurs du bord de sa palla, en souriant à Zal qui joint les mains, les yeux à la voûte où se fondent les trois agneaux, où les ondes du rocher se brouillent en du noir fuligineux.

Mais l'Assemblée se dissout. Un à un les Fidèles se donnent le final baiser de paix. Des serrements de mains

6.

expressifs, des tendresses longuement celées, des larmes furtives, des effusions muettes d'homme à femme dans les ombres de la salle, et comme un large embrassement d'âmes sur lesquelles plane l'Agneau et que protège Kreistos! Seuls, restent Severa et Zal, et Amon, apoltronni.

— Adieu, Sœur, dit Zal à Severa, qu'il baise chastement au front! Adieu! J'ai anéanti l'imposture et confessé Kreistos. Quelles belles heures pour moi, Sœur! Elles me rapprochent de Lui.

— Assez, assez, Zal, répond Severa. Ta fierté me ferait douter de ta bonté. Séparons-nous! — Et doucement quittant Zal :

— Tu m'es témoin, Fils de Dieu, que j'aime cependant cet homme par l'esprit et non par la chair!

XVI

Severa s'éloignait rapidement. La rue était toujours déserte, avec des changements d'ombre et de clarté. Mangée à un bord, la lune déclinante roulait dans le ciel, au bas duquel une bande jaune flottait.

Zal ne disait rien et Amon songeait. Les bruits courant sur les sectateurs de Kreistos qui, à Alexandrie comme à Rome, occupaient depuis longtemps les curiosités polythéistes, allait-il y croire? Ces confessions à voix haute; ces baisers et ces larmes, et cette espèce d'amour ébauché entre l'extraordinaire Zal et Severa, si éloigné de ceux qu'en sa vie d'homme calme qu'il avait vus jusqu'à présent!... Il n'osait y penser droitement. La fuite d'Atta, dès ouï son nom, l'étonnait. Il devait être bien coupable, Atta, car l'innocence ne se dérobe pas ainsi devant l'accusation! Et il se promettait de le sonder à la première occasion.

L'Égyptien marchait avec d'énormes lourdeurs aux jambes et des ensommeillements aux yeux. Il supputait mentalement les heures non dormies dans son appartement du Vélabre, grâce à cette aventure de la Voie Suburane, qui lui attira Maglo, qui lui fit connaître Ghéel, l'empêcha de se retirer à temps chez lui et, chassé vers l'Esquilin par Élagabalus, le fit assister au témoignage de Zal devenu son compagnon de nuit.

Obscurément, il se disait que c'étaient des Chrétiens qu'il voyait partout. Ils avaient une colossale puissance d'expansion, et tout concours de peuple n'était pas sans eux. On avait pu jadis les jeter aux bêtes, maintenant on pouvait les molester ; grandissant sur le sol de l'Empire, ils pullulaient au point que chaque rue, chaque maison comptait son Chrétien. Ils étaient faits aux injures et aux coups, comme Zal et Maglo. Ils acceptaient facilement ce qui colérait les adorateurs des autres dieux : l'intronisation d'une religion répugnant à l'Occident et la dissolution de l'Empire dont chacun s'effrayait vaguement. On les soupçonnait même d'appeler cette dissolution et d'y travailler sourdement. Pour lui, Égyptien, dont la patrie souffrit de Rome, que lui importait ? Même des mouvements de sympathie secrète le faisaient acquiescer à cette mort d'un Empire, mais il constatait ; il se laissait aller à reconnaître cet état de choses qui lui sautait aux yeux.

Une clarté violette transsudait du ciel plein de douceur. A l'autre extrémité de l'horizon, la lune redevenait jaune, faisait prendre corps à des apparences de rues, des profondeurs de places, d'ombres grisâtres d'édifices qui surgissaient peu à peu du sol. Amon et Zal passaient devant des temples, de Jupiter Viminal, de la Vénus Erynne, de l'Hercule. Ils traversaient des quartiers qui se troublaient de gens matineux : les quartiers Succusanus, de l'Orus, des Capulateurs. Ces parties de Rome avaient, quoique à l'aube, de funèbres allures, rien qu'à voir leurs maisons allongées aux fenêtres étroites, aux portes basses, à sentir certaines odeurs de terre de cimetière récemment levée. C'était la région des porteurs, laveurs et embaumeurs de morts, qui l'habitaient en familles pullulantes.

— Tu n'as qu'à suivre encore cette Voie avec moi, dit Zal,

et descendre le Viminal jusqu'au Temple de la Paix, qui te conduira au Forum, et, de là, au Vélabre. Je vais rentrer chez moi.

Et il prit une rue qu'Amon reconnut pour celle du poète Zopiscus, avec qui il avait fait un si bon et si lourd repas la veille. Cela lui fit dire à part lui qu'il n'avait rien mangé depuis, car la faim le tenaillait.

Il allait quitter Zal, redevenu silencieux, qui s'arrêta dedevant une maison au corridor ouvert, pavé de pierres pointues espacées d'ornières, menant droit à une cour au bassin empli d'une eau coiffée de moisissures verdâtres. Cette cour était une sorte de puits aux parois duquel s'ouvraient de petites fenêtres aux volets délabrés, dont les creux cachaient des familles de lézards gris, plaquant leur ventre flasque à la muraille fongueuse et avalant placidement l'air empuanti.

— Je connais cette maison ; c'est celle qu'habite Zopiscus, fit Amon.

Et comme Zal pénétrait dans le corridor, il le suivit, gravissant avec lui un escalier aux marches de bois. Ils ascendèrent ainsi cinq étages à peine éclairés de trous ouverts sur le matin. A la dérobée, Amon vit tout un coin de la Campagne, le Camp des Prétoriens et le Vivarium. Au loin, des formes humaines, réduites à exiguité, faisaient des criblures noires qu'un van aurait secouées et qui erraient dans des plaques de soleil naissant.

Encore ils montèrent. Le huitième étage était sur le toit plat, en forme de belvédère branlant, et l'on y atteignait par une échelle toute embrouillée de toiles d'araignées. Il y avait une dizaine de logettes dont les portes grinçaient, à demi-brisées, sur une terrasse surplombant les étages inférieurs, et les dépassant sur la largeur de la rue. Amon voulut regarder sous lui. En un éclair, lui rayèrent le regard des rues qui s'animaient, des boutiques qui s'ouvraient, des embaumeurs de morts, sous le bras des urnes pleines de parfums, et, courant, des bouchers, la tunique rouge de sang, se dirigeant vers le Marché-aux-Viandes, le Macellum ; des matrones allant au Marché-aux-Fruits, situé au sommet de la Voie

Sacrée ; des restaurateurs qui faisaient courir des ânes bâtés de coufins vides ballant de chaque côté du ventre. D'en bas montait, mais plus intense, comme grillée à la chaleur du matin, cette odeur de cadavres qui semblait flotter sur le quartier ainsi qu'un nuage violet.

Zal désigna la porte de Zopiscus à Amon, et lui-même, le quittant, s'enferma dans une des logettes qui formaient tout l'étage.

Il n'y avait plus à hésiter pour Amon qui avait faim et était brisé, et dont la face, à courir ainsi la nuit, prenait des teintes verdâtres, des teintes de peau des embaumeurs et des laveurs de morts. Il frappa à la porte de Zopiscus : nul ne répondit d'abord ; il frappa plus fort. Une voix s'éleva, celle du poète, qui n'entendit pas Amon, car il déclamait en ce moment une ode de sa composition, en vers falisques peut-être ! et tout entier à sa propre audition il ne remuait pas.

Alors Amon, qui s'aguerrissait, pesa sur la porte. Un coup d'air le poussa violemment dans l'intérieur : il manqua choir contre un pot de chambre de terre grossière, juste placé devant. Des feuilles de papyrus voletèrent. Zopiscus, juché sur un mauvais escabeau, bouchait de son corps très maigre l'ouverture d'une fenêtre éclairant un lit de bois. A l'aspect de l'Égyptien, il resta bouche ouverte, un pied en l'air, une main brandissant le poème, ne sachant que dire et fermant un œil, de terreur.

Balbutiant :

— Tu n'es pas une apparition ; oh ! non, tu n'es pas une apparition venue me troubler ?

Et comme Amon, abruti par cette réception, restait tout gelé, le poète lui fit, de son escabeau :

— Je t'ai connu vivant, Amon : j'ai composé pour toi des poèmes sur Anubis, Sérapis, Zom et Num, sans oublier Isis et Osiris. Mais j'ai à me confesser. Ces poèmes n'avaient pas été dédiés aux dieux de ton pays. Tu me pardonneras. Veux-tu savoir quelle divinité avait déjà reçu l'hommage de ma Muse ?

— Oui ! dit sourdement Amon, sans plus se mouvoir et horrifié.

— Vénus ! fit Zopiscus, contrit et triomphal à la fois.

Amon fit un pas vers lui, puis deux, puis trois. Il touchait à l'escabeau. Zopiscus était en subligaculum court et en subucula, de telle sorte que ses bras nus, retombant sur ses jambes nues, osseuses, frôlèrent la face de l'Égyptien. A ce contact, il ferma les yeux, croyant être dévoré d'un coup, et se laissa aller sur Amon. Tous deux tombèrent alors, et la tête de Zopiscus renversa le pot de chambre dont le liquide s'écoula par la terrasse avec un petit bruit de cascade.

— Amon !

— Zopiscus !

Il se relevèrent. Ils se palpèrent. Ils étaient intacts. Zopiscus vit qu'Amon n'avait pas cessé de vivre. Au contraire ! Après un repos, l'Égyptien dit que n'ayant rien mangé depuis leur petite débauche, besoin lui était de se réconforter, et Zopiscus se fit expliquer pourquoi Amon était chez lui de si grand matin. Et pendant qu'il se vêtait, Amon lui raconta, légèrement confus, sa rencontre avec Cordula, l'arrivée de l'intempestif Maglo, le bon vouloir de Ghéel, la soirée écoulée à reculer devant l'Empereur, la connaissance de Zal et l'assemblée des chrétiens. Il n'oublia pas Atta. Cela agréa fort à Zopiscus, surtout la déconfiture d'Atta, son concurrent, car il dit :

— Vois-tu, ce parasite méritait bien cela. Avec toi, il déguisait seulement sa qualité de Chrétien, qu'il eût reniée si je n'avais été là. Tu le chasseras de ta présence, n'est-ce pas ?

— C'est un homme fort savant, fit Amon, et je ne comprends pas pourquoi ton voisin Zal lui en veut si fort !

Le voisin Zal ! Zopiscus ne le connaissait point. Zopiscus devenait fier, maintenant qu'Amon lui offrait le *ientaculum*, repas du matin fait de pain trempé dans du vin, avec un accommodement de dattes et d'olives. A ce mot : Chrétien : il eut des sourires méprisants, et les haut-le-corps, et les ironies d'épaules d'un être supérieurement vivant hors de la basse humanité, ce qui rendit perplexe Amon, surtout pour Zal dont, vaguement, il devinait l'énorme vitalité mentale, sous l'extrême pression des doctrines de Kreistos.

— Cependant, il te connaît, Zal, dit-il au poète, car c'est lui qui m'a montré ta porte !

— Ces gens-là connaissent tout et se glissent partout. Moi, je ne savais si ce Zal habitait ici. S'il me connaît, quoi d'étonnant ! Je suis plus répandu que le Capitole. Ma renommée, qui fait pâlir celle de tous les poètes, a jailli comme une lumière devant ses yeux !

Ils descendirent les huit étages de la maison, toute en rumeur de gens réveillés, et furent bientôt attablés en une taverne de la porte Salaria, vers la Campagne où elle mettait les chromes violettes de ces alcées et de ses volubilis dont les clochettes grimpaient à la tonnelle frangée d'une vigne. Zopiscus buvait beaucoup et Amon mangeait beaucoup. La taverne s'offrait à une clientèle de voyageurs arrivant à Rome, et de soldats échappés du Camp des Prétoriens, qui faisaient un tapage de jurons et de cris. Zopiscus avait un rire sec, surtout lorsque de nouveaux venus, à allure modeste, se faisaient servir silencieusement.

— Qu'est-ce que tu as donc, lui demanda Amon ; pourquoi ces rires ?

— Bah ! je ris, car avant peu on pleurera là-bas.

Et, troussant sa barbe pointue sans moustaches, il désignait Rome, étalée devant eux, grisoyante de la hauteur de la taverne.

— Qu'est-ce que cela veut dire ?

— Je veux dire que ces Chrétiens et ces soldats ne s'accommoderont pas longtemps ensemble. Le temps à Élagabalus de s'amuser et nous en verrons de belles !

— Crois-tu donc qu'Élagabalus, qui fait fuir les paisibles citoyens la nuit, puisse jouir longtemps dans son palais des Cæsars ?

— Peuh ! Seuls, les soldats le peuvent dire.

— Ils ne sont donc pas contents de l'Empereur ? On ne le dirait pas, à les voir.

— Ils sont contents, sans doute, mais il ne faut pas qu'ils s'ennuient à voir Rome des murailles de leur camp. Et puis, Rome est comme un fruit qui renferme un ver. Le fruit se pourrira. Le ver, c'est le Chrétien qui accepte aisément les changements d'Élagabalus, alors que l'adorateur des dieux n'en veut point. Ma vaste pensée est allée jusque-là ! Les bons citoyens disent que ce sera pour l'Empire le coup de la mort si l'Empereur ne revient pas aux dieux de Rome. Mais bah ! Buvons et mangeons. J'ai bien vu et n'ai été incommodé de rien !

Comme s'il eût entrevu, par des échappées informes, une catastrophe d'Empire qui ne pouvait longtemps durer, Zopiscus philosophait mangeant et buvant à petits coups, ajoutant les dattes aux olives, et y mêlant, pour sa plus grande gloire, des Vers à lui ! Amon commençait à dormir. Un invincible sommeil cousait ses paupières; ses jambes se détendaient, et maintenant, dans le plein jour pénétrant par la porte verdoyante de la taverne qu'encadrait échappée à la tonnelle, la vigne aux enramèlements épais, il rêvait : — Une jeune prostituée l'appelait, et un vieillard lui mordait un morceau d'épaule ; Ghéel se promenait avec lui sur l'eau du Tibre, comme Kreistos sur le lac de Tibériade, et Élagabalus l'enveloppait d'un filet de rétiaire. Puis, avec Zal, il apparaissait dans l'Assemblée des Chrétiens, qui le fuyaient en un vol de beaux ibis se mirant dans le Nil, un Nil bleu bordé de temples de briques rouges et de sphinx immuablement ricanants. Êtres et choses se fondaient ensuite en une mer brouillassante, dont les profondeurs gélatineuses roulaient des têtes menaçantes, aux bouches atroces criant des mots inconnus. Amon les voulut fixer au passage, et il reconnut les têtes des Chrétiens entrevus à l'assemblée de Zal.

Cette mer finalement était bue par des crocodiles apparus de tous côtés.

Le voyant complètement endormi, Zopiscus, qui ne philosophait plus, le laissa là et partit.

XVII

Sur le mont Palatin, devant le Palais des Cæsars bordé de portiques de cipolin et agrémenté de jardins aux végétations retombant par-dessus des murailles crevées de fenêtres à demi-cintre croisées de lames de bronze, une populace se resserrait autour d'une troupe de baladins. C'étaient des nègres à peau luisante, des serpents vivants s'immobilisant en anneaux aux poignets et à la cheville; un nain à la grosse face barbue, aux oreilles flasques pareilles à des goîtres de crapauds; des danseurs de corde bâtis tels que des échafaudages; des montreurs de singes et de chiens savants agitant des fouets au manche en patte de gazelle, et un dompteur de crocodile qui sautillait, les mâchoires claquantes sur le pavé soleilleux, le cou engoncé en un large collier de cuivre, et dont miroitaient les écailles du dos, larges comme des patères. L'amphibie était l'épouvantail de la troupe, car celui qui le tenait par une chaîne n'avait qu'à le diriger là où la foule affluait pour qu'il la fît s'évanouir, hurlante, dans un mouvement précipité de recul.

Typochronos était assis sur un des piliers du pont, bâti par Caligula, qui du Palatin allait au Capitolin. Depuis le Vélabre, il avait suivi l'étrange cortège, et, fatigué, il béait devant l'Arx rayant le ciel bleu de lignes sombres, la colonne de Trajan et la prison Mamertime, les temples dont les dômes apparaissaient par derrière, et le fourmillement du peuple passant dans les rues de dessous. Il s'avouait que c'était du temps perdu à quitter sa boutique pour suivre des troupes de baladins, comme celles-ci, ou des couples de léopards et de lions jugulés, comme ceux auxquels, la veille, Élagabalus avait ouvert son palais pour des jeux terribles dont le mystère planait. Et il allait s'en retourner, quand cinq hommes se dressèrent devant lui, bouchant son horizon.

L'un lui parla : gros, poussif, suant, avec des bagues à tous les doigts :

— Tu nous fais l'effet d'un excellent citoyen, et c'est pourquoi nous avons recours à toi. Nous arrivons de Brundusium !

— Oui, fit le second, qui, éborgné, avait un air triste ; ce matin à peine avons-nous passé sous la porte Capène.

— Nous nous sommes égarés à Rome et nous cherchons quelqu'un de grand !

— D'illustre, fit l'autre, soupirant.

Le troisième ajouta, dans un étranglement de voix :

— Et qui est personne influente auprès de sa Divinité l'Empereur.

— Atillius, primicérius des gardes prétoriennes ! reprit le premier.

Le quatrième et le cinquième portèrent leur tête sur les épaules des premiers, et fixèrent avec de gros yeux ronds Typochronos.

Le barbier eut un mouvement de terreur, et, balbutiant :

— Atillius, primicérius des gardes prétoriennes ! Eheu ! Eheu !

Et il restait bouche bée, un doigt en l'air, avec le geste vague d'un barbier rasant un invisible client. Atillius ! Ce nom, depuis des semaines, les Romains le prononçaient en le mêlant aux orgies d'Élagabalus, à ses folies, à ses tentatives d'immerger l'Occident dans le pompeux Orient pour l'en ressortir, plus éclatant, comme d'un bain de voluptés, de crimes et d'or. Maintenant encore ils disaient qu'Atillius appelait auprès de l'Empereur, comme des prêtres de divinités auxquelles il fallait sacrifier, les danseurs de corde et les baladins, les montreurs de singes et de chiens savants et le dompteur du crocodile ! Et c'était ce Silencieux, passant en un méprisant rictus, ce Romain dégénéré toujours en compagnie de son affranchi, son vice vivant, dont la mitra rappelait trop bien l'intrusion de la Pierre-Noire, qu'on lui demandait ! S'imaginant être le jouet de quelques plaisants il voulut se retirer quand le premier interpellateur fit à ses compagnons :

— C'est à étonner, citoyens Asprenas et Potitus ; on dirait que le noble Atillius est la terreur de Rome ! Qu'a donc fait ce doux et tranquille patricien, absorbé en lui-même comme un grammairien transi ?

Et Tubero — le Brundusinien Tubero — se mit à rire, non sans un peu d'inquiétude, car lui et les autres ne savaient que devenir à Rome, puisque, n'y connaissant qu'Atillius, Atillius leur était introuvable. Mais le quatrième fit au cinquième, férocement :

— Ce Romain ne veut rien dire, Elva ; tordons-lui le cou pour voir sa langue !

— Bien dit, Mamer, répondit l'autre !

Et Mamer et Elva brandirent leurs mains velues, des mains formidables qui se rapprochèrent de la face de Typochronos, où la barbe vieille d'un jour faisait des points bleus. Le barbier cria. D'un élan, il colla le ventre de Tubero sur la maigreur voltante d'Asprenas, poussa de son nez la nuque de Potitus et disparut en un remous. Les mains des deux parasites retombèrent. Ce fut très rapide. Un bout de la tunique bordée de jaune de Typochronos flamba dans la foule, pendant que Tubero faisait très dignement à Elva et à Mamer :

— Pourquoi ne l'avez-vous étranglé d'un coup ? Il aurait sans doute parlé.

Dans le lacis des voies que le pont de Caligula enjambait, une autre populace débordait, avec des cris bizarres et des rires éclatants. Puis, irrupta un désordre de gens : des plébéiens en haillons, des esclaves pieds-nus, des marchands d'allumettes soufrées, de gras-double et de pois bouillis ; des oisifs de diverses nations, des ouvriers cordonniers et des ouvriers briquetiers des régions du Tibre et de la région transteverine. Des galles à trogne vicieuse roulaient avec, donnant du plat de la main sur des épaules nues de matrones, et des enfants battaient très vite dans leurs doigts des tessons de vases cassés.

Les Brundunisiens regardaient, surpris. Sous eux, les

maisons exposaient des toits rouges ou bleus, quelques-uns recouverts de tuiles vernissées rayonnant en queues gigantesques de paons, des terrasses se graduaient sous des vêtements séchant au soleil. Tout au fond, le Panthéon d'Agrippa hissait sa coupole de bronze, et des pans du Tibre, jaunes, s'élargissaient en une illumination. A l'extrémité du pont, la masse humaine poussa des prostituées des quartiers plébéiens, aux chevelures teintes, rousses d'or ou jaunes safran, et aux robes flottantes sans ceinture d'une ténuité de fil, laissant voir des chairs animées et des sexes à peine dissimulés. Les lanières de leurs sandales plates s'entrecroisaient jusqu'aux genoux et des anneaux de métal entouraient leurs poignets, et leurs cols. De tous côtés, des exclamations :

— Antistia, la Sabine !
— Matua ; Gallila, Amma !
— Cordula ! Eheu, tu as maigri, Cordula !
— Mange donc du gras-double, Bœbia !

Elles passaient sous l'orage des plaisanteries, le coude dressé ; quelques-unes relevaient leurs robes à la hauteur des reins, élargissaient leurs jambes, ou prenaient, à poignées, un de leurs tétons qu'au hasard des amoureux essayaient de mordre. La poussée porta loin les Brundusiniens mêlés aux prostituées, au point qu'Asprenas eut son œil unique noyé dans le fard épais d'une joue, que Politus s'écrasa la face au dos transsudant d'une matrone, que Tubero colla sa main à la cuisse de Matua, pendant que Mamer et Elva, qui espéraient s'amuser à Rome, reçurent une volée de coups qui fit d'eux, un instant, des naufragés agitant au-dessus des flots des mains désespérées.

Ils se retrouvèrent, Asprenas, une plaque ronde de fard rouge juste sur l'œil, Tubero reniflant sur sa main l'odeur de Matua ; Mamer avait une oreille en sang ; Elva se frottait la tête ; Politus, hébété, aspirait longuement, la face renversée, avec un glougloutement d'asphyxie revenant à la vie. Déjà Asprenas ouvrait tristement la bouche quand des gladiateurs, glaive au poing, cuirasse lacée, casqués et chaussés de fer, firent vider la place du Palais, où les prostituées entrèrent.

Ils ne comprenaient plus, et tout leur paraissait extraordinaire. Ils étaient venus pour assister, sur l'ordre d'Elagabalus adressé aux notables des villes, au mariage annoncé, ce jour même, de la Lune et du Soleil, l'une, sous une forme de statue d'Astaroth, déesse phénicienne, l'autre sous celle de la Pierre-Noire, dieu de l'Empereur. Brundusium, obéissante, les avait envoyés malgré eux à Rome, qu'ils voyaient pour la première fois. Ignorant se trouver devant le palais des Cæsars, ils espéraient voir Atillius pour qu'il leur en ouvrît les portes, afin d'assister en leur qualité d'envoyés à la cérémonie du mariage, que sans doute l'Empereur devait présider.

Potitus et Asprenas allaient se lamenter, surtout Asprenas, qui en voulait à la Pierre-Noire et à Elagabalus, le Prêtre-Empereur, lorsqu'un homme vêtu de noir et la face rasée les aborda :

— Étrangers, vous désirez voir le Palais des Cæsars ? Il est devant vous.

Et, comme ils s'étonnaient d'être restés devant cet édifice sans le deviner, l'homme ajouta :

— Vous venez des provinces et vous désirez pénétrer auprès de l'Empereur ? Je puis vous emmener.

Il s'expliqua encore, faisant comprendre que cela exigeait quelque solidus d'or, que Tubero lui donna. L'homme se fit connaître :

— Mon nom est Atta, étrangers ; et je me flatte que Rome n'a pas de savants pareils à moi.

Et, voyant qu'Asprenas le regardait de son œil plaqué de fard, il lui fit :

— Oui! je suis très savant, et puis facilement t'apprendre ta destinée!

Guidés par lui, ils avancèrent : Tubero, Asprenas et Potitus de front ; Elva et Mamer, que Tubero, aimant ses aises en voyage, avait emmenés, derrière. Sous les portiques gardés par des gladiateurs, des nomenclateurs aux robes de soie bariolée se précipitèrent vers eux. Tubero leur montra une tablette d'ivoire et les sceaux de Brundusium.

Un nomenclateur repoussa Atta :

— Va-t'en, chien! On te voit chaque jour ici à l'affût des étrangers. Tu n'es qu'un chien ; pars!

Il le frappa du poing. Atta s'excusa, et lorsqu'il fut loin :

— Prends garde, esclave! Le peuple romain se souviendra de ton maître, et de toi, avec!

Et il partit, après un salut pour les Brundusiniens, seuls, sous les portiques, au milieu de provinciaux, d'esclaves et de gladiateurs.

Des gens affluaient dans le vestibule, pavé de mosaïques éclatantes, qui se terminait par un trou de lumière légèrement voilée d'une végétation lointaine, et de grandes colonnes décoratives s'y élevaient, séparées de candélabres énormes évasés en lotus, avec des pieds palmés soutenus par des atlantes d'argent.

Des femmes s'enfoncèrent dans une vaste salle qui s'ouvrit tout à coup, qui avait des draperies pourpres, des vases sur des piédouches d'onyx et d'agate, des lits et des sièges lamés d'ivoire, et, circulant à son plafond, une galerie à pilastres d'albâtre. Elles portaient, dans des corbeilles d'osier, des fleurs en quantité considérable : lis blancs et rouges, jacinthes, violettes, lilas, œillets, roses, lauriers-roses, campanules bleues et claires, toute la floraison de Rome et de l'Italie qui s'engloutit là, en un fort parfum traînant dans de l'air clair.

Les notables de Brundusium s'immobilisaient à regarder les porteuses quand ils crurent voir passer Madeh. Tubero courut. Ce n'était pas l'affranchi, mais un autre prêtre du Soleil mitré comme lui, et qui disparut, dans un glissement singulier.

Ils errèrent, poussés et repoussés, n'osant plus demander Atillius, tant la magnificence de ce vestibule les étonnait. Aux murailles, les carreaux de Perse émaillés, dont les peintures figuratives flottaient, doucement exquises, dans un fond de colonnettes frêles reliées en haut par des entablements légers, émerveillaient leur architecture élancée dans de la clarté. Au plafond, les peintures se suivaient, encadrées de feuillages fantaisistes à travers lesquels passaient des oiseaux, des amours et des singes. Des pierres précieuses scintillaient autour des colonnades ; la mosaïque présentait des femmes nues portées sur des dos de cavales à queue de poissons, des bacchantes au sexe béant baisant des thyrses monstrueux, des nymphes aux cuisses blanches agitant des branches d'arbre, et ils foulaient ainsi des poitrines et des seins, des bouches ouvertes de femmes qui les appelaient et des ailes étendues d'oiseaux.

Ils étaient en un atrium bordé de galeries. Des étrangers, des magistrats romains, des sénateurs, des chevaliers, des officiers de l'armée, des envoyés des villes venus de partout, s'y coudoyaient avec des affranchis et des esclaves, pendant que, lentement, passaient des prêtres du Soleil dont la mitra jaune resplendissait. Ces derniers faisaient se retourner les étrangers et les provinciaux, qui ne pouvaient s'expliquer leur marche glissante, l'ondoiement de leur croupe, le rythme lascif de tout leur corps prêtant à des échappées de voluptés mystérieuses d'homme à homme, seulement connues de l'Orient.

Dans le bassin très vaste qui s'accalmait, sous un rayon de soleil oblique, un crocodile se pâmait, les yeux atones, crevant son museau au-dessus de l'eau jaune, et dans la profondeur liquide son corps vert-noir s'allongeait, pareil à une poutre. La bête tourna vers Asprenas son regard énigmatique, comme s'étonnant de l'empreinte rouge du fard inexorablement plaqué sur son œil.

Inquiets de ne savoir où ils se trouvaient, ils demandèrent qu'on les conduisît auprès de l'empereur. Quelques-uns de ceux à qui ils s'adressaient riaient alors, surtout de la grande tache rouge de l'œil d'Asprenas; d'autres passaient dédaigneusement. Parfois, des portières s'entr'ouvraient sur des salles qui apparaissaient tout à coup, avec des ameublements d'or et d'argent, ou bien sur des jardins aux verdures infinies et des cours intérieures pleines de gens aux costumes éclatants.

D'une partie du Palais s'élevaient une rumeur claire de sistres et de chitares, des chants barbares et même des rugissements de bêtes féroces; des bruits de glaives, des heurts d'armures, une immense clameur d'individus s'étouffant à voir un spectacle et que contiennent des soldats.

Ils traversèrent un atrium plus étroit. Ils devaient s'éloigner du centre, car maintenant moins de gens les coudoyaient, comme eux mélancoliquement à la recherche de quelque familier. C'étaient des étrangers, qui répondirent aux Brundusiniens en des langues inconnues.

Cependant, les rugissements grandissaient; ils crurent voir, par une portière entr'ouverte, le profil vague d'un lion dont la crinière frisée faisait, sur un pan de mur s'ensoleillant, une ombre fantastique. Ils s'en retournèrent pour se trouver dans une cour déserte que traversait précipitamment un esclave noir, et où s'enlevait un jet d'eau du milieu d'une vasque basse, aux moisissures de végétation. Alors, ils eurent réellement peur. Des cris confus leur parvenaient, comme poussés par des individus égorgés. Se croyant poursuivis par une invisible troupe d'hommes armés, ils se précipitèrent dans un couloir obscur bordé de statues toutes blanches touchant le plafond de leur tête casquée de gladiateurs ou d'empereurs.

Une lourde porte bardée de bronze aux clous d'argent, puis une pièce étroite, close, en face, par une portière aux ramages d'or tombant épaissement d'un centre émaillé. Au fond, un lit plaqué d'ivoire, un hépica d'or au milieu; des vases de porphyre aux dessins de guerriers grecs nus, lançant le palestre, des vases rouges de terre aux dessins noirs, des vases de terre bleue semés de pierreries. Sur un meuble de bronze, des coupes très larges, à fond d'émail vert-d'eau, des fioles de mixtures secrètes, des objets de voluptés impénétrées qui firent lever vers le plafond, par le velum duquel un jour gris coulait, l'effroyable œil rouge d'Asprenas!

XVIII

Tubero écarta la portière. Une fissure de jour s'allongea par l'ouverture, un chuchottement leur parvint. Alors, ils prêtèrent l'oreille, écarquillèrent les yeux dans le silence à peine rompu pesant autour d'eux.

Sur un lit très bas, aux étoffes de soie brochée d'or, le coude sur des coussins de poil de lièvre, l'enfant Alexianus regardait tristement sa mère Mammæa, assise sur un escabeau d'ivoire, les mains jointes aux genoux serrés l'un à l'autre, en une attitude de frénésie. A côté, la vieille Mœsa, enfoncée en une cathèdre à dossier haut et la tête penchée sur le piédestal carré d'un grand vase, rêvait anxieusement.

Mammæa parlait. Elle suppliait Mœsa, aïeule d'Elagabalus et d'Alexianus, de s'échapper du Palais avec l'enfant, avec elle, la mère; de dénoncer au peuple romain l'ignominie de l'Empereur, qui voulait maintenant enlever à son fils son titre de Cæsar et le faire périr. Et elle lui désignait les personnages acceptant cette besogne d'empereur en délire : un Antiochanus et un Aristomaches, officiers ; Zoticus et Hiéroklès avec lesquels il se prostituait, Murissimus, Gordius et Protogenès, ses très intimes familiers, plusieurs autres encore, avides à la curée que devait offrir la mort de l'enfant. Oh ! non, ce cher Alexianus, ce doux adolescent au calme visage, cette jeune âme vertueuse ne périrait pas ? Le monde ne serait pas frappé dans cette mort qui faisait se révolter par avance la terre et le ciel.

Et elle ajoutait sourdement que sa sœur Sœmias, mère d'Elagabalus, se prêtait au complot, elle qui des nuits entières courait, jamais satisfaite, les lupanars de Rome ; elle qui avait prostitué toutes les femmes et aidé à se prostituer les vierges, qui avait poussé Elagabalus à introduire le culte du Soleil, non dans sa nécessité de purification et de sainteté, mais dans celui de volupté des natures inférieures ! Et, bel esprit cependant, elle raisonnait sur cela, donnant une mysticité fort chaste à sa pensée, pendant qu'Alexianus la regardait toujours de plus en plus tristement.

Alors Mœsa essayait de disculper Sœmias, sa fille comme Mammæa, et Elagabalus par elle aimé autant qu'Alexianus. Et, branlant la tête, elle disait :

— Je verrai Atillius ; je charmerai ce cœur de bronze qui n'a pas le sentiment de la femme, qui n'aime pas, qui ne sourit pas, mais que Sœmias écoutera, si je le persuade, lui !

Mammæa sourit faiblement :

— Tu t'useras à émouvoir Atillius, qui ne s'émeut jamais. Que pourras-tu sur lui ? Quoique devinant Sœmias, il ne voudra rien obtenir d'elle, rien ! Cet homme est aberré par son amour pour Madeh l'affranchi. Le monde lui est indifférent. Vois-tu, je vais, emmenant Alexianus au camp, soulever l'armée et revenir sur Rome, avec lui, l'Empereur futur, le successeur de l'indigne Elagabalus !

Et se levant, frémissante, elle prit ce très triste Alexianus sur son cœur qui battait fort. Cette crise passée, elle pleura.

— Seule, seule ici à le protéger, à redouter Antiochanus, Zoticus, Hiéroklès, Aristomaches, Murissimus, Gordius, Protogenès, l'esclave passant dans l'ombre d'une porte, le gladiateur se promenant sous les portiques, à veiller sur les mets et les vins, à passer ses nuits noires au chevet de l'enfant, pendant que glaives et poisons s'acharnent à sa vie. Quelle existence, dieux ! dieux ! dieux !

Mœsa fit :

— Tu es ma fille, comme l'est Sœmias, et Alexianus est mon petit-fils comme l'est Elagabalus. Je vous protègerai ensemble contre vous tous. Aïeule, mon devoir est de tous vous aimer !

Mais Mammæa trépignait, et caressant les longs cheveux d'Alexianus, dont les yeux intelligents brillaient d'une raideur d'enfant sauvage, elle assurait Mœsa qu'Elagabalus, perdu d'esprit, souillé de corps, n'était plus digne de cette affection d'aïeule ; que la concorde avec lui et Sœmias ne pouvait durer, et que besoin lui serait, à elle-même, de sauver contre la gangrène d'une branche, qui atteignait au cœur, le tronc vertueux de sa famille auguste. Elle ajoutait, farouchement :

— Non ! non ! je ne le laisserai pas mourir, moi vivante, vois-tu !

A ce moment, Mamer se heurta au meuble de bronze, qui se renversa avec un grand bruit. Mammæa se redressa, frémissante :

— Là ! là ! La chambre de Sœmias ! Ils sont là, les victimaires de l'enfant !

Et elle désigna tragiquement l'appartement des Brundusiniens, dans la chambre de Sœmias, de Sœmias, l'impératrice-mère, la maîtresse de l'Empire avec Atillius, disait-on. Ils crurent voir fondre esclaves et bourreaux, et déjà Asprenas prenait un grand air résigné, quand Mammæa, couvrant Alexianus que Mœsa emmenait, écarta résolument la portière et les aperçut.

A l'aspect de ces hommes qu'elle ne connaissait point et qui n'étaient pas armés, elle se recula lentement, sans dire mot, toujours sur elle l'œil sanglant d'Asprenas, dont elle ne pouvait deviner l'extraordinaire fixité. Il était rond comme une lune élargie, rouge sous la plaque de fard restée entière, et il la regardait, terrible et muet.

Épouvanté de ce mystère, elle disparut par une porte basse à la suite de Mœsa et d'Alexianus, pendant que les Brundusiniens voulaient s'en retourner. Mais des pas se rapprochaient, pareils à ceux d'une femme, peut-être de Sœmias ? Alors, perdant la tête, ils sortirent par l'appartement de Mammæa. Une autre porte se présenta, ouverte dans un coup de vent qui les aspirait, comme venant de loin, d'une pièce pleine d'air et de lumière. Ils débusquèrent, enfin, sur un vestibule plus vaste que le premier, menant à une salle au plafond haut, une salle sablée d'or où un millier de gens s'exclamaient.

XIX

— Antoninus, le saint, le vénéré, le divin Empereur !...
— Antoninus, qui a su faire triompher le culte du Soleil !...
— Qui est le purificateur du monde !...
— Qui, dieu lui-même, représente dans la perfection de son corps la perfection des autres dieux et l'excellence du Principe de la Vie !...
— Du Principe de la Vie, duquel tout émane et sans lequel rien ne serait ?...
— Antoninus, de l'auguste famille des Antonins, heureusement appelé Elagabalus, Dieu-Montagne, Dieu de la Pierre-Noire, Dieu du Soleil, Dieu de la Vie éternelle et indestructible !
— Notre jeune Empereur, dont un regard est l'éclair d'un ciel orageux, dont un geste est un commandement, dont un désir veut son accomplissement, qui sanctifie qui l'approche, qui purifie qui est souillé !...
— Antoninus, heureusement inspiré en mariant Astaroth à la Pierre-Noire, la Lune au Soleil, c'est-à-dire l'Occident à l'Orient, le Principe Mâle au Principe Femelle, le Solaire au Lunaire !...

C'étaient un bourdonnement brutal, une adoration colossale, en encens étourdissant, d'un millier d'Étrangers attendant depuis le matin une audience de l'Empereur. Des Germains au poil blondasse, des Keltes à la moustache retombante, des Pannoniens, et des Phrygiens, et des Grecs, et des Asiatiques ; des Africains de l'Égypte, de la Mauritanie et de l'Éthiopie ; des faces blanches et des faces noires ; des yeux d'un bleu-gris, d'une froide férocité, comme ceux des Angles, et des yeux d'un vert d'algue, comme ceux des Scythes ; des tumultes d'hommes aux costumes bariolés s'excédaient à revêtir Elagabalus de toutes les vertus, lui donnant la puissance terrestre et la clairvoyance de la Divinité, afin de pénétrer auprès de lui par une large ouverture à cintre de rayonnantes mosaïques, gardée par des prétoriens le glaive droit, opposant leur poitrine bardée, et par instant, ce glaive, qui avait des éclairs, aux plus audacieux.

Les Brundusiniens, fonçant dans cette foule, se trouvèrent nez à nez des prétoriens, au seuil de l'appartement d'Elagabalus, vautré sur un lit porté par des colonnes d'or, des coussins jaunes aux pieds, des étoffes jaunes sous les reins, la face comme vermeille du reflet d'une couleur jaune partout épandue, du sol poudré d'or au plafond noyé d'or. Une forte odeur de safran les saisit. Des Mages immobiles se dressaient dans les pénombres ; s'agitaient des officiers qu'à leur vulgarité on aurait dit s'échapper des lieux mal famés de Rome, sans leur robe de soie traînante et leurs joyaux. L'Empereur était presque nu, les jambes ballantes, sa virilité exposée, et quelquefois un des familiers la baisait comme dévotieusement, pendant que les autres graillonnaient d'un gros rire. Par-dessus les épaules, les Brundusiniens virent Elagabalus se placer obscènement et le couvrir un jeune homme qu'il appelait son divin époux.

— Horreur ! Horreur ! cria Asprenas. Et son œil se dilata, plus rouge encore.

Mais, débordés, les prétoriens devinrent furieux. De leur glaive à plat, ils firent reculer les Étrangers, qui répondirent aux coups par des exclamations de plus grande adoration.

— Joie et paix au divin Antoninus, dont le corps est la perfection même !

— Elagabalus a pris Hiéroklès pour époux. L'Empereur est androgyne comme le destin !

— Il est riche des deux sexes, honneur à lui !

Et ils s'épongeaient le front, criant à tue-tête ces abominations, demandant même à en être à nouveau témoins, à lécher la place où l'acte contre nature avait été commis. Ils paraissaient ravis. Nul ne se plaignait d'avoir fait un long voyage, ni d'attendre encore à la porte de l'Empereur, qui ne se souciait d'eux, ni de savoir quand ils assisteraient au mariage d'Astaroth et de la Pierre-Noire. C'étaient des envoyés des villes et des provinces, rois tributaires de l'Empire ou notables des cités conquises, riches propriétaires ou généraux vendus qui avaient de tout mésusé pour, en se rendant à Rome, faire acte de servilisme à Elagabalus.

Asprenas voulut s'en retourner, ne comprenant pas mieux que jadis l'excellence du Principe de la Vie ! Et, dominant les étrangers de son immense œil rouge méprisant, où le fard ne s'effaçait plus, il entraîna Tubero, qui tira à lui Potitus, pendant que Mamer et Elva, voulant rester là, résistaient.

Une trouée se fit dans la foule de plus en plus bruyante. Un officier casqué et cuirassé traînait de force un enfant d'une dizaine d'années, aux cheveux noirs tressés, esclave soigné comme une plante sensible au froid, et qui hurlait désespérément, accrochant ses ongles aux dalles du parquet et ses jambes frêles à celles des Étrangers se rangeant vivement.

Ils reconnurent Atillius.

Effrayés, ne voulant même pas qu'il les reconnût, ils tournèrent la tête : l'œil cramoisi d'Asprenas se plaqua sur la face d'un noir, à son tour marquée du fard rouge de la prostituée !... Cependant Atillius souleva l'enfant, le poussa, roulant, dans l'appartement d'Elagabalus ; et il s'en retourna, par chacun salué, un peu pâle, et le casque droit comme un consul de retour d'un combat.

Un grand silence ! Des cris vibrants ! Un appel déchirant à briser ! Une horrible lutte entre l'enfant, que les étrangers voient nu, et Elagabalus devenu furieux, commandant à ses familiers de ne point toucher à la victime avant lui !... Puis, la défaite finale sur le même lit jaune, aux coussins jaunes, aux étoffes jaunes de safran pulvérisé, et l'enfant pantelant baigné dans cette poussière d'or le teignant d'or vivant.

Enfin, Elagabalus se montra aux Étrangers, que les prétoriens laissèrent pénétrer. Et, défilant sous le regard des familiers, ils le virent étalé sur son lit, avec, sur sa robe de soie pourpre, des traces humides du viol ; la tête tiarée, les yeux cerclés de noir, terribles, ennuyés ; les traits fins, tirés. Sa peau était polie à la pierre ponce, un phallus pendait sur sa poitrine, ses doigts portaient des bagues d'or, sa chaussure pourpre était, au cou-de-pied, sertie de gros diamants, et ses cheveux aux mèches fines restaient poudrés d'électrum. Des esclaves nègres l'éventaient avec des flabellums faits de plumes géantes de paon, pendant que dans un coin, sous le regard glacé des Mages, l'enfant pleurait sinistrement.

Ils ne disaient plus rien, les Étrangers ! Effarés, ils disparurent, le glaive des prétoriens aux reins, pendant qu'Elagabalus ordonnait qu'on enlevât la victime, d'un geste d'insouciance et d'inconscience.

Les Brundusiniens virent ainsi l'Empereur, sur qui l'œil d'Asprenas, sans cesse agrandi, se fixa, énorme et rouge, tel qu'au soir le soleil en braise.

XX

Les Étrangers s'écoulèrent par une suite de pièces aux murailles peintes d'obscénités, d'animaux s'entrebaisant, de priapes roidis juchés sur des piédestaux auxquels s'offraient des vierges sous l'œil torve de matrones ; de femmes nues en des fonds rouges hantés de singes frénétiques ; de lutteurs vaincus violés par des lutteurs vainqueurs, et, en des entrecolonnements liés de guirlandes, de phallus d'argent poussant à des arbustes découpés en varech. Quelquefois des cours soleilleuses s'ouvraient à l'extrémité des salles ; des portiques s'ascendaient, blancs ; des jardins dorés apparaissaient tout à coup, mais quand ils voulaient y pénétrer, d'autres prétoriens se dressaient, montrant la pointe de leur glaive. Ils s'effrayaient, maintenant, des rugissements grandissants de lions, qu'on aurait dit lâchés dans le Palais, dont ils balayaient le sol de leur queue puissante, et vers lesquels ils allaient, comme si Élagabalus les eût voués à être dévorés par eux. Et des histoires passaient par leur tête obtuse, des histoires de gens jetés aux lions au milieu des festins de l'Empereur. Ils tremblaient tous : les amis s'appuyant l'un à l'autre, ceux qui ne s'étaient jamais parlé se communiquant en langues inconnues ; l'Angle enlaçant le Scythe, l'Ibère donnant une suprême poignée de main au Kelte, l'Égyptien embrassant le Nubien, et déjà ils imploraient leurs dieux nationaux, dans la profondeur des pièces semblables à des vomitoriums. Les rugissements se rapprochaient. Une grande lueur creva devant eux. Et les premiers, débouchant dans une salle déserte, virent distinctement une douzaine de lions en liberté qui, se présentant comme des chevaux dressés, se mirent à rugir.

Alors ce fut un grand cri. Derrière eux, des prétoriens les frappaient du plat de leur glaive, piquant même de la pointe les plus récalcitrants ; les portes latérales se fermaient en un éclat gémissant de bronze. Les derniers poussaient les premiers, qui, tombant en plein dans la salle, pâles et implorants, s'agenouillèrent et baisèrent le sol, submergés sous ceux qui suivaient, pendant que les lions se battaient les flancs de leur queue et se secouaient tels que des chiens énormes.

Cependant la salle s'emplissait, et les lions ne s'élançaient pas, épouvantés, eux aussi, de ce millier de gens qui s'exclamaient ; se contentant de rugir, ouvrant des gueules effroyables et grattant le parquet de leurs pattes de derrière soigneusement peignées. Ils furent enfin repoussés par le flot vivant des Étrangers. Potitus et Tubero, aux premiers rangs, eurent la sensation d'un mufle frais, puis d'une crinière qui les effleura. Quelques-uns sentirent des pattes peser sur leur nuque gelée.

Subitement, sur une puissante poussée, la ligne des lions se rompit. Alors, chose curieuse, les animaux se sauvèrent par une porte sans bruit, sur le commandement d'esclaves noirs qui apparurent, armés de crocs.

Rien, plus rien dans la salle, sinon les Étrangers stupéfaits, se relevant, s'étirant, s'épongeant et se félicitant !

XXI

Dans la chambre qui avait vu les Brundusiniens écouter Mammæa et Mœsa, Sœmias était entrée. Aveulie, la stola lâche, les seins ballottant dans la subucula brodée d'or à peine retenue par le strophium aux agrafes de chrysoprase, les sandales de feutre blanc défaites sur la jambe entourée de periscelides, elle s'assit sur son lit, regardant incertainement les flacons et les coupes jonchant le sol, le meuble de bronze renversé, le désordre de sa chambre, qui témoignait d'un passage d'inconnus. Elle se dit que sa sœur Mammæa avait peut-être voulu la faire assassiner avec son fils Antoninus, et elle resta hébétée de cette chose inouïe. Gardant pour son fils le plus fauve des amours, elle était prête à tout, et l'énormité même de sa frénésie maternelle lui dérobait ce qui se tramait pour y échapper. Elle croyait, très naïvement, à l'agenouillement résigné de la terre devant elle et lui, et, toute-puissante, de son vertige elle n'apercevait point les haines, les espoirs, les larmes de sang, les douleurs, les conjurations, l'abîme plongeant, mer fuyante, sous ses pieds qui tenaient l'empire aplati.

La réception des Étrangers se poursuivait, les rumeurs qui lui parvenaient n'indiquaient cependant nul danger. Rien ne lui ayant paru insolite, comment expliquer ce désordre ? Elle passa dans l'appartement vide de Mœsa et de Mammæa; d'autres pièces, d'autres cubiculas étaient vides aussi. La fête avait bouleversé tout le Gynécée. Les esclaves erraient dans des couloirs voisins; tant était disloquée la discipline antique que des femmes, après un festoiement, s'étaient sauvées; des patriciennes s'ébattaient avec des familiers; en des coins du palais des vierges se livraient entre elles Un rut sans fin se déchaînait partout.

C'était une aile du Palais qui se bordait de jardins dont

les eaux bleutées des bassins étalaient des nymphéas très larges sous des regards de statues. Elle y s'enfonçait, et les rumeurs s'éloignaient. Des eunuques noirs, à mitra de peau de panthère, aux paupières vermillonnées, se promehaient seuls dans ce Gynécée, la face prosternée au sol quand elle passait. Elle songea à Atillia, la préférée des vierges qui l'entouraient, à Atillia, la sœur d'Atillius, le primicérius, le silencieux, le mystérieux, l'effréné apôtre de la Pierre-Noire, que nulle n'avait su attendrir, qui inspirait son Antoninus et avait juré haine à la femme, puisqu'il ne s'était donné à aucune femme encore, ne gardant que cet affranchi fardé, parfumé et vibrant, Madeh ! toujours l'accompagnant comme une ombre svelte, fine et gracieuse. Et alors, le sentiment de la femme qui a la jalousie d'un autre amour s'éveilla, répondant à des sentiments très anciens qu'avait tout à l'heure devinés Mœsa. C'est que, depuis des années, elle avait connu Atillius, l'admirant à Emesse dans ses vêtements pourpres, s'intriguant de sa vie écoulée avec l'affranchi, de la floraison de rêves faisant s'épanouir en son cerveau l'architecture du culte de la Vie dont le dieu, de chair et d'os, serait son bel Antoninus Elagabalus qui, androgyne comme la Force Première, devait donner son corps à tous, mâles et femelles, pour le ténébreux et inexpliqué mystère de la création. Et de ce dieu, réellement, qui avait été ce fils sacré empereur à quinze ans le culte, vertigineusement répandu sur la terre, dévorait tous les autres cultes, parce qu'il était humain et social, parce qu'il soulevait les passions et les libérait, parce qu'il expliquait largement les philosophies et les religions. C'est ainsi qu'Atillius avait conquis une puissance énorme sur elle : elle s'accroissait, cette puissance, de sa réserve gardée avec toutes les femmes, car il les avait toutes refusées, celles qui voulurent l'arracher à Madeh ! Qu'était donc cet homme qui, dans les voluptés de l'Empire, ne jouissait que d'une seule avec son affranchi, un esclave ! et conservait la froide imagination d'un chef de religion étayant le Rite et bâtissant le Culte au milieu de la pensée générale, pour en paraître surhumain ?

Certes, sa pensée, si nuageuse aux yeux de tous, lui était très claire, car chaque acte d'Elagabalus pour le triomphe de la Pierre-Noire s'inspirait d'Atillius, qu'elle voyait dans les conseils intimes auxquels elle assistait en approbatrice. C'est à lui que Rome devait l'enlèvement des Boucliers Anciles, du Feu de Vesta et du Palladium ! C'est à lui que Rome devait d'être le lupanar du monde, où la femme se prostituait à l'homme devenu l'androgyne, sans que la femme et l'homme, qui pouvaient s'en écœurer irrémédiablement, eussent conscience de cette universelle révolution ! C'est à lui que Rome devait d'assister au mariage de la Lune et du Soleil, c'est-à-dire de la Vie sous ses deux formes désormais confondues, comme il voulait que fussent confondus les sexes ! Ah ! combien l'Orient, cet Orient de soleil et d'or, de fleurs monstrueuses, de religions touffues, de plaisirs colossaux, était grand pour se refléter ainsi en Atillius, qui, plus triomphal que les Cæsars, faisait communier la terre en un même dieu, non pas impondérablement idéal, mais vivant, qui était son fils Elagabalus Antoninus, le chef de l'éclatante, future et dernière celle-là, qu'aurait l'humanité, dynastie des Empereurs de la Pierre-Noire.

Et, femme à moitié déséquilibrée par une excessive dépense d'énergies, rassurée par le calme environnant, elle se jurait de donner ce que la mère d'un Empereur pouvait donner à qui amènerait Atillius dans ses bras oints de parfums phéniciens, sur ses seins se dressant par avance au plaisir. Combien rapidement, dans cette chambre où des hommes avaient passé, nue, loin d'elle les colliers de turquoises et de perles de son col, les bracelets de ses poignets, après bues des coupes d'or, sur ce lit sentant bon à la fois le safran et la verveine, se donnerait-elle à lui, qui oublierait Madeh, en des spasmes jamais satisfaits, quoique cette nuit encore, érotique effrénée, elle eût couru à la recherche des mâles, elle à qui l'empire appartenait, telle que Messaline, cette autre impératrice, son modèle !

De loin, de très loin, elle perçut un bruit de baisers, puis une voix jeune, une voix de vierge peut-être, donnant sa virginité à quelque homme. Elle venait du cœur du Gynécée même, et c'était comme son cri de passion, la fleur irradiée de l'amour toujours en activité qu'il recélait. Sœmias, alanguie, se traîna à travers une succession de pièces décorées de mosaïques et d'ors, qui béaient devant des portiques éloignés sous lesquels des paons fastueux rayonnaient. Elle vit, découpée sur un fond de cour, la tour sertie de pierres précieuses, plaquée de métaux précieux, qu'Elagabalus avait érigée pour s'y précipiter le jour où il plairait au peuple romain de lui arracher l'empire. Elle montait, cette tour, infinie et solitaire, telle qu'un phallus vertical, sous un barbare constellement d'onyx, de sardoines, d'agathes, d'améthystes, de chrysolithes, de nacres, de coraux, avec ses draperies hyacinthes, écarlates et cramoisies qui, à son sommet, claquetaient comme des oriflammes saignantes. Et une souffrance la poignit. C'est que surgissaient en elle les fins d'Empereurs jetés aux égouts, poignardés et étranglés, les tumultes des prétoriens, le sang coulant à flots plus rouges que les draperies de cette tour triomphale et muette, et les carnages humains, les boucheries d'hommes et de femmes de ces chutes-là. Ah non ! ah non ! Et, sacrant les vices d'Elagabalus au profit d'un grandiose sacerdoce, elle disait, comme tout à l'heure sa sœur Mammæa pour Alexianus, que ce cher Antoninus, ce doux adolescent au calme visage, cette jeune âme vertueuse, ne périrait pas, n'est-ce pas ? Le monde ne serait pas frappé dans cette mort qui faisait se révolter par avance la terre et le ciel.

Mais les baisers bruirent encore, clairs et répétés. Et la voix s'y brodait, mais seule, d'une vierge qu'elle crut reconnaître. Elle descendait d'un étage supérieur, par un escalier étroit caché sous une tapisserie, et que Sœmias gravit, intriguée.

Dans une chambre en rotonde comme un temple, dont la muraille avait des pilastres cannelés, blanche du jour blanc du ciel plombant par une ouverture du plafond, Atillia, nue entièrement, exposait son corps gracile, la minceur de ses cuisses, le rebondissement d'une gorge légèrement déprimée sur laquelle coulait de sa chevelure teinte en cramoisi. Elle se regardait dans un grand miroir d'acier, levant tour à tour les bras, et les baisers entendus de Sœmias, les paroles entendues de Sœmias étaient d'elle-même. Ses grands yeux violets au bord desquels l'ineffaçable bleu de la passion s'agrandissait s'arrêtèrent sur Sœmias, qui rentrait lentement, souriante, triste !

Et la vierge et la femme se regardèrent, celle-ci comme enviant l'ensoleillement d'illusions dont se dorait le cœur d'Atillia, qui, pour s'affoler ainsi de sa propre chair, devait s'entourer de gloire et d'énormité : l'extériorité s'exagérait sans doute pour elle, déformant colossalement ses lignes, ses couleurs et ses sensations, à la griser. Sœmias se vit, à ce moment d'éveil ancien de sa nubilité, ses flancs attendant encore Élagabalus, ce futur maître du monde, dans le pompeux décor syrien, et subissant l'influence de la Vie qui la poussait vers l'Homme, si beau, si olympien, si adorable que jamais, depuis, elle ne le vit ainsi ; et l'irrémédiable terre-à-terre de ses actuelles amours, la désolante recherche du Mâle dans les mauvais lieux de Rome, lui furent une déchéance. Atillia, qui restait nue, lui évoqua Atillius par la douceur du profil, le regard de ses yeux violets, et l'extraordinaire animation de la face, qui leur étaient communs. Alors, frénétiquement, elle la prit sur elle, la baisa sur la nuque, la caressa le long du corps pendant qu'Atillia se laissait faire, rieuse, dans ses bras énervés.

XXII

Les Étrangers s'écoulaient tumultueusement, poussés à nouveau par les prétoriens. Quelques-uns, résistant, avaient été égorgés, et leur sang coulait partout, et ils y piétinaient, effarés. Une porte de bronze découvrit un couloir qui n'avait plus de fin, où ils entrèrent. Ils n'exultaient plus pour l'Empereur ; ils ne lui accordaient plus des qualités surhumaines ; ils ne le louaient plus de se donner à Hiéroklès, de vouloir le mariage de la Lune et du Soleil, de faire de la Pierre-Noire le signe de la Vie et de s'être érigé dieu, lui, homme ! Leur souci était de s'en aller au plus vite de ce Palais où on les égorgeait, de ce palais qui renfermait des lions et dont le maître violait de jeunes garçons. Mais — et ce fut inattendu — les premiers qui atteignirent l'extrémité de ce couloir crièrent de soulagement, tant ce qu'ils virent les émerveilla.

Une immense salle pareille à l'intérieur d'un temple, avec des colonnes cannelées aux acanthes charnus mordant le plafond partagé de poutrelles dorées, avec une galerie en bordure qui y surplombait, séparée d'autres salles par des portiques de marbre rougeâtre ! Partout, des lits jaunes, des draperies pourpres, des vases sur des piédouches d'onyx, des tapisseries de laine hétéenne, des candélabres et des bassins d'eau miroitant dans des jardins extérieurs. Au parquet, des mosaïques exaltant des triomphes barbares d'Empereurs, des esclavages de peuples et des tumultes de batailles qui resplendissaient de cuirasses et de casques d'or, des ascensions de Capitoles et des quadriges de chevaux blancs lancés en des cirques phénoménaux. Au plafond, en des peintures chimériques, des mers toutes bleues portant des navigiums gaufrés suivis de bandes de dauphins cinglant vers des rivages roses ; des villes fantastiques en des airs tout blancs, avec des murailles s'épaulant l'une à l'autre, et des portes gardées par des amours nus, des femmes baisées en des bosquets légers enguirlandés de fleurs, et, sous des porches, des symétries de plaques d'or et d'argent, qui étincelaient.

Un chant de triomphe ! Les Étrangers voient Elagabalus, comme en une apothéose, sur un trône d'or par les Mages porté, et subitement irruptent les baladins et les prostituées du matin, et une musique de flûtes, de sistres, de crotales, de tympanons, de tambours, de trompettes de fer, de chithares et de harpes entremêle ses sons aux extraordinaires acuités. L'Empereur se couche sur un sigma très élevé ; à sa droite Hiéroklès, à sa gauche Zoticus, favori puissant, et, vêtu d'une robe lâche, les sandales nouées comme celles d'une femme, fardé et lascif, il les baise tour à tour aux yeux.

Devant le sigma des esclaves placent une table à trépied; des prêtres du Soleil processionnent; des bestiaires mènent en laisse des lions et des léopards dont l'ombre se découpe, terrible, sur les fonds ensoleillés. L'Empereur, élevant un crater d'or sous le haut regard des Mages gelés, il y a une débandade des prostituées poursuivies dans les salles voisines, un brutal rapprochement des sexes que ne cessent de regarder les Étrangers oublieux des dangers de tout à l'heure, pendant que les instruments s'ouïssent, tour à tour triomphants et plaintifs.

Des encens montent en spires fumeuses, drapant ce décor excessif jusqu'à en déformer les contours. Maintenant, les Étrangers sont témoins de choses qu'ils n'eussent rêvées, et comme si l'enivrement d'Elagabalus les eût également grisés, ils causent tout haut à chaque geste de l'Empereur, à chaque plat qu'on lui présente, à chaque apparition de personnages se dressant dans le triomphe du repas impérial. A ses côtés, d'autres tables se dressent, d'autres tables encore, et sur des sigmas aux coussins pourpres, la goinfrerie s'épand, puissante, buvant à même dans des vases obscènement sculptés, des diatretas et des acratophorums, le vin au pouliot, le vin au mastic que Rome ne connaissait point encore. Les Étrangers se désignent les mets : des talons de chameaux et des crêtes coupées à des coqs vivants, des langues de paons et de rossignols ; des entrailles de mulets dans des plats d'argent posés sur des dos d'impudents silènes, dont les jambes s'allongent en des feuillages d'or; des cervelles de phénicoptères, des œufs de perdrix, des têtes de perroquets et de faisans, qu'apportent sur des réchauds ciselés des esclaves des deux sexes aux robes de soie pourpre, aux cheveux finement tressés, qui ondulent sur le parquet jonché de lis, de roses, de narcisses et de jacinthes, qui ont les contorsions de croupe et les balancements de buste des danses orientales, pendant que les instruments clament et que les prêtres du Soleil entonnent un hymne à la Pierre-Noire !

Elagabalus est repu sans doute, car il se refuse aux prodigieux plats qui font se pâmer d'admiration les Étrangers. Mais, autour, la ripaille continue, emplissant le Palais d'un bruit colossal, pendant que la promiscuité déborde par les salles, sur des tapis et des peaux d'animaux, sur des marches, sous les portiques, à travers les jardins, partout! partout! partout! De son sigma, on dirait que l'Empereur juge des énergies voluptueuses, car il frappe des mains par instants pour qui ira plusieurs fois au combat de la vie où lui-même voudrait bien courir, sans Hiéroklès et Zoticus, qui, l'enlaçant, le font nerveusement reposer sur leur sein.

C'est au tour des baladins. L'un danse sur une corde, une amphore pleine d'eau à la main; un autre fait se dresser sur la queue des serpents qui sautillent au son d'une courte flûte; un autre combattre des singes vêtus en gladiateurs; un autre gravir des échelles et traverser des cerceaux à des chiens. Le succès est pour le crocodile, qui, docile, se roule en boule, happe des glaives, danse un pas égyptien, court une charge de vélites, ouvre trois fois la mâchoire au nom divin d'Elagabalus, ou se renverse sur sa rugueuse échine à ce même nom prestigieux, enfin, se traîne, gémissant, à ses pieds pour les lécher. — Supérieurement joué, crocodile! L'Empereur est satisfait, car, craignant sans doute qu'un tel artiste ne serve à un autre, d'un geste il le fait emmener avec son maître par des gladiateurs, qui les assomment à coups de crocs rougis au feu!

Ah!

Ah! Eheu! — Les transes reviennent aux Étrangers qui se disent que ce massacre d'un homme et d'une bête agonisant sous leurs yeux va se terminer par le leur, dans ce Palais plein de lions, de léopards, de gladiateurs et de prétoriens. N'ayant rien mangé depuis le matin, ils ont cependant bien faim, ce à quoi a songé Elagabalus; car un nomenclateur leur dit que, reconnaissant de leur Attitude, de leur Soumission, de leur Obéissance et de leur Amour, il leur va abandonner le Palais des Cæsars, avec ses celliers pleins de bons vins, ses cuisines monstres où des cyrrhes de mulets sont entassés en quantités telles qu'on les sert en guise de céleri, de fenugrec et de cresson; avec des tétines de laies et des vulves de laies, des lentilles, des fèves, des pois et du riz mêlés à des aérolithes; des ambres, des perles et de l'or, et du raisin d'Apamée dont il nourrit ses chevaux. Ils se rassérènent. Des esclaves placent des tables devant les lits et des escabeaux pliants pour le grand nombre, pendant que, chose étonnante, la nuit se fait tout à coup et que s'allument les candélabres espacés.

Les Brundusiniens, à moitié hébétés, remarquent que cette salle, avec sa galerie intérieure, ils l'ont entrevue, ce matin, ouverte aux porteuses de fleurs. Une forte odeur de floraisons leur monte même au nez, faisant virer, sinistre, l'œil d'Asprenas dont la plaque de fard s'est étendue à la chaleur comme un rouge morceau d'étoffe. Dans un bruit de plats, des ministris, une serviette à la ceinture, présentent au millier d'Étrangers les mets sur lesquels ils se précipitent goulûment.

Quoi?

Quoi? Eheu! — Ils sont là, abrutis, les Étrangers, la main en l'air, bouche bée, laissant tomber les mets impériaux coulés en cire qui imitent merveilleusement ceux qu'Elagabalus a tout à l'heure dévorés. D'autres leur sont présentés qu'ils repoussent, sournois et furieux. Les vins sont des eaux teintes, les pains sont en marbre peint, les fruits en terre vernissée, tous apportés en d'adorables plateaux d'or, d'argent et de bronze.

Cependant, ils vont manger; car c'est fini de leur servir des mets de cire, de marbre et de terre cuite. Circulent maintenant des saucisses de poissons mêlées de coquilles d'huîtres brisées; des gâteaux de piment arrosés d'urine de lion; des carapaces de langoustes, de homards et de tortues; des pattes d'aigles, des squammes de crocodile, des sabots d'ânes sauvages, des sauces de poils de léopards, et, en du miel, des araignées immobilisées dans leurs toiles comme en de la soie. Ah! oui, ce festin leur est agréable, aux Étrangers affamés, même à Asprenas, qui, regardant la

8

galerie de son œil unique, pareil à un disque de chair saigneuse, pousse un cri d'effroi.

De là-haut, où ils apparaissent subitement, des esclaves jettent des poignées de fleurs — les fleurs du matin — aux Étrangers qui s'ébahissent. Une pluie bleue, rouge, blanche, violette! Des œillets et des roses dans les plats; des jacinthes et des lis s'abattent sur les têtes, roulent sur les épaules, débordent sur les lits. La pluie s'épaissit, comme une tourbillonnante poussière versicolore d'où se dégagent des senteurs à asphyxier. Et ce qui est terrible, c'est que les portes se referment sur eux, qui ont des fleurs jusqu'aux genoux !

Ah! mourir ainsi, après avoir déjà échappé aux lions ! — Et ils se précipitent au centre, où les impitoyables fleurs les atteignent en une avalanche de sépales effeuillés. Ils essaient d'escalader la galerie en se hissant aux candélabres; mais les fleurs tombent, les étouffant.

Des fleurs jusqu'au nombril !

Alors, désespérés, ils se laissent recouvrir, priant leurs dieux, pleurant et se frappant la poitrine dans la tourmente des fleurs, tels que des matelots en une tempête. Imperturbables, les esclaves ne cessent de leur en jeter, et l'on dirait même qu'ils mettent à cette besogne une rage étrange, un sentiment de vengeance contre des maîtres qui ont des esclaves pareils à eux.

Des fleurs jusqu'au col !

Maintenant, c'est une mer orageuse de fleurs, sur laquelle flottent des têtes confuses et des mains implorantes attestant la cruauté d'Élagabalus. Et elle monte, cette mer, à la clarté des candélabres, en un énorme flux, jusqu'à noyer peu à peu l'Angle et le Kelte, l'Ibère et le Scythe, l'Égyptien et le Nubien, venus pour assister au mariage de la Lune et du Soleil, pour adhérer au nouveau culte, applaudir à ses orgies, et renier ainsi leur patrie, leur peuple et leurs dieux.

Les fleurs ne pleuvent plus : avec des corbeilles vides les esclaves s'en sont allés !

Puis les portes s'ouvrent. Du jour s'élargit. Les fleurs

croulent par les issues. Des corps remuent faiblement. Et se dégagent l'Angle et le Kelte, l'Ibère et le Scythe, l'Égyptien et le Nubien, oppressés, brisés, pâles, croyant sortir d'un rêve, s'embrassant dans l'écoulement final de la submersion, se disant que jamais les dieux ne les verront dans ce Palais, où ils ont failli être dévorés par des lions, où ils ont mangé des araignées et des carapaces de crocodile, et où, traîtreusement, on les noyait de fleurs. Alors ils s'en vont, non sans jeter un regard attendri sur les cadavres de ceux qui ont péri d'asphyxie, parmi lesquels Tubero, Potitus, Mamer et Elva voient Asprenas, l'œil rouge et rond comme un bouclier, ouvert, fatal, hébétueux !

XXIII

C'était dans la petite maison des Carènes, où, grâce au paisible isolement de l'île, rien ne se percevait du dehors, ni les bruits de Rome, ni les rumeurs du mariage de la Lune et du Soleil, dont la cérémonie se continuait depuis des jours, ni le délire d'une populace accourant aux portes pour voir s'en aller les Étrangers, décisivement.

Le portier dormait dans sa loge; les esclaves, muets et lents, erraient; le singe regardait le crocodile du bassin; le paon magique faisait rayonner sa queue en demi-disque, et les arbres du jardin oscillaient doucement avec des murmures attendris coulant dans la maison, du vestibule au péristyle.

Des mois s'étaient écoulés depuis que Ghéel avait pénétré là.

On frappa. Le portier s'éveilla. Un homme attendait dans la rue, qui n'osait se présenter à la maison d'Atillius. A son aspect, le portier se recula. Il ne connaissait pas le quidam, qui, rougeaud, les cheveux crépelés, le sayon simple de l'artisan, lui faisait résolûment :

— Janitor, je viens te demander Madeh, affranchi du puissant Atillius, et mon frère du pays de Syrie qui nous a vus enfants tous deux!

Le portier ne répondait pas, n'osant même ouvrir la bouche, et moins encore fermer la porte à Ghéel, duquel, maintenant, il se souvenait. Ce qui lui répugnait, c'était sa mise humble de travailleur, jurant avec les magnificences de la maison qu'il gardait, avec les costumes éclatants d'Atillius et de Madeh. Et il restait perplexe, se disant que renvoyer cet homme, si bien avec Madeh, pouvait lui coûter, et le recevoir s'attirer des ennuis.

Il se décida, cependant.

— L'affranchi Madeh est avec mon maître Atillius, — et il salua! — qui est le tien, qui est celui de Rome, après sa Divinité l'Empereur. Quant à le voir, c'est affaire épineuse. Sais-tu que l'affranchi Madeh habite depuis longtemps le Palatin, et qu'il ne vient jamais ici, jamais?

— Tu mens, tu mens, Janitor, cria Ghéel, ne pouvant croire à cette absence du frère de Syrie. Il habite ici, et si je ne suis pas venu plus tôt, c'est que je craignais l'incommoder. Mais je veux le voir. Il ne m'a pas oublié, et, s'il est vrai qu'il ne veuille plus de moi, eh bien! je le saurai, il me le dira!

Et il rentra d'un bond, pendant que le portier hésitait à le faire jeter dehors. Le singe glapit, le paon rayonna, le crocodile souleva sa tête hors du bassin et regarda longuement le Syrien, comme s'il lui reconnaissait un visage ami!

Ghéel attendit patiemment Madeh. — Le portier avait menti, se disait-il, en voulant lui faire accroire qu'il ne revenait plus. — Et, revoyant cet atrium, témoin de ces effusions d'âmes avec son frère de Syrie, ces murailles peintes, ce bout de jardin qui trépidait doucement, et ces ouvertures de cubiculas discrètes, par lesquelles passaient des têtes d'esclaves curieux qui le fixaient, il était pris d'une grande émotion : Madeh lui revenait, fin et gracile, la voix vibrante, le corps aux ondulations suspectes, ne lui déplaisant pas, cependant. Pourquoi Ghéel ressentait-il ainsi pour lui cet entraînement inexplicable? C'est que le pays ensoleillé chantait en son souvenir, et aussi chantaient les jeunes années écoulées là-bas, brusquement arrêtées dans la tourmente d'une révolution de cité syrienne, qui le jeta dans un camp de révoltés, pendant que Madeh était rendu esclave à Atillius. Cette persistance du jeune âge avait figé en lui l'image de l'ami au point que, malgré les jours écoulés, la seule vue de Madeh suffit pour le reconnaître.

Chose douloureuse, quoique aucune jalousie ne l'atteignît en voyant les opulences calmes de cet intérieur de maison, les années de leur séparation lui mordaient le cœur en apparitions noires de pauvretés et de souffrances, d'heures vécues à se défendre en des paysages troués de soldats romains, féroces pour les révoltés; d'heures de combats d'un contre dix, d'incendies de villes et de temples, de subites victoires en des régions soulevées contre les maîtres du monde et de défaites achevées en exterminations. Et, lui, avait souffert tout cela, pendant que Madeh, plus jeune, choyé et bien vêtu, mangeant et dormant à son aise, voué au Soleil, donné à Atillius, vécut d'heureuses années à Émesse, dans un palais de marbre et d'or. Certes, si Kreistos n'eût prêché la grâce et le renoncement aux joies, combien il se serait exclamé, Ghéel, contre l'injuste destinée!

Cependant Madeh n'arrivait plus. Énervé, il revint vers le portier, qui lui fit :

— Je te l'ai dit. Tu as voulu me servir de l'entêtement, je te sers de la patience. Attends l'affranchi; tu attendras longtemps!

Il ne le croyait pas. Il ne pouvait s'imaginer que Madeh ne revenait plus dans cette maison si paisible, pour résider il ne savait où, à moins que ce fût au Palais des Cæsars. Et il le demanda au portier.

— Justement, tu l'as dit. C'est au Palais des Cæsars qu'il habite.

Mais il ne voulait se laisser persuader; quelque chose lui criait que Madeh allait revenir. Alors, le portier le laissant libre, les esclaves ne le jetant pas à la porte, il pénétra au péristyle, où des appartements avaient des portes de chêne sculpté de phallus. Autour de lui, des pas erraient, des pas d'esclaves effarés qui le suivaient, ne voulant ni l'empêcher d'aller de l'avant, ni le laisser courir trop à l'aise.

Somptueuse et triste à la fois, cette maison ! De grands vases languissant en des encoignures ; des trépieds anglés de poitrines de Chimères brûlant de parfums ; dans une chambre isolée, un sigma aux coussins pourpres et des placards de bronze renfermant des rouleaux écrits ; d'autres chambres aux murailles desquelles des plats de terre cuite délicieusement ornés. Des tapis aux dessins de bêtes fantastiques : des crocodiles avalant des sauterelles gigantesques et des végétations mordant des ciels verts-bleus... Et des étoffes de soie argentée tombant des plafonds, remuant avec peine au souffle du dehors, donnant des sensations de morbidesses et d'intime vie mystique aux troubles secrets ; et des faisceaux d'armes asiatiques, toutes d'or, et des idoles grimaçantes venues de plus loin que la Syrie, de plus loin que les pays jadis conquis par Alexander-le-Grand, où les hommes, jaunes, ont les yeux bridés et la parole tintinnabulante comme les clochettes des troupeaux !

Ghéel se trouvait devant une porte circulaire sur laquelle un horarium espaçait ses chiffres et il se rappelait avoir vu cela jadis, dans quelque ville dont le nom ne lui revenait pas. Elle s'ouvrit sur une pression de sa main. Il était dans un temple étroit, au plafond en coupole, terminé au sommet par une ouverture ronde d'où le ciel bleu, immuable, crevait, avec des colonnettes en autel supportant sur un piédouche de pierreries un cône noir luisant. Sur des entablements, des statuettes de dieux égyptiens et phéniciens, des peintures du T symbolique, des brasiers d'encens fumants ; un feu qui ne s'éteignait jamais en un trépied gardé par une Vesta hiératique, et une grande image de Kreistos, mais de Kreistos dissemblable de celui qu'adorait Ghéel, avec des cheveux noirs, une peau noire, des yeux noirs comme un Indien du Gange, les bras noirs étendus à la branche noire d'un T saignant sur un fond de ciel noir étoilé.

Ghéel se troubla, lui qui n'avait conçu le Kreistos, personnification de la race blanche victorieuse, que blanc et pâle. Et il allait s'en retourner quand un grand bruit éclata au dehors. Une voix, la voix d'Atillius, s'écriait :

— Saisissez-le ! Jetez-le au crocodile ! Il a tout souillé ; il a pollué ma maison !

Ces menaces le visaient sans doute, car aussitôt Atillius, implacable, faisait signe à des esclaves, qui accouraient, de se saisir de lui. Mais survenait Madeh, qui, voyant le danger, sans rien comprendre à la présence de Ghéel se jetait dans ses bras, suppliant :

— C'est mon ami, mon frère du pays syrien, sais-tu, celui-là même que tu m'as permis de revoir. C'est Ghéel ! Ghéel !

Alors Atillius s'apaisa, non sans jeter un regard aigu sur les deux amis. Et ce regard, comme à regret, se posa sur Madeh, en une jalousie inexprimable poignant ce cœur extraordinaire, en une mortelle hésitation à peiner l'affranchi ou à le laisser à cette amitié qui le sollicitait. Mais les beaux yeux de Madeh avaient une telle expression de soumission et d'amour qu'il n'en put, et lui prenant doucement une main, la portant à ses lèvres, en baisant le dessus poli et, en fleurant, il lui fit :

— Va ! si j'avais su que ce fût cet homme, ton frère du pays syrien, je l'eusse laissé tranquille. Cause en paix avec lui.

Il les laissa s'évader pendant que lui-même rentrait dans ses appartements, non sans, se retournant à plusieurs reprises, les voir amicalement s'enfoncer vers l'atrium.

Assis sur le bisellium de bronze, ils causaient au bruit du glapissement du singe, regardant tour à tour le paon rayonnant et le crocodile pâmé. Ghéel se plaignait de ce que Madeh n'avait pas tenté le revoir, comme il le lui avait promis.

— Voilà huit longs mois, dit-il, et la lune a apparu huit fois depuis. Je t'ai attendu, n'osant venir ici. Une fois, je t'ai vu et appelé, et tu ne m'as ni aperçu ni entendu. Il est vrai que dans le tumulte il était impossible de songer à moi.

Il lui parla de la cérémonie du Temple du Soleil, où, caracolant aux côtés de la famille impériale, il souriait à une jeune fille, et, certes, oubliant qu'à deux pas de lui le frère Ghéel se fatiguait à l'appeler. Madeh se troubla :

— Oui, j'étais beau et joyeux, et elle était belle, bien belle, Atillia.

Il s'arrêta, pris du malaise d'avoir trop dit. Ghéel resta stupéfait :

— Est-ce que cela t'a navré ? Je ne t'en parlerai plus. Mais j'ai bien le droit de demander ce que tu as fait durant ces huit mois qui m'ont privé de toi. Vois-tu, chaque jour, je songeais à mon frère Madeh, qui ne pensait pas à son frère Ghéel, lui. Pourquoi ?

Inexplicablement Madeh se faisait muet. Enfin, lentement, une secrète douleur en ses paroles :

— Est-ce que j'y pouvais songer, moi qui les ai vécus, ces mois, avec Atillius, qui m'aime trop pour me laisser libre, et Atillia, qui m'exaspère, et dans ce Palais, où l'esprit ne peut rechercher à l'aise l'esprit ?

Ghéel eut le cœur serré. Madeh lui paraissait comme frappé d'un mal caché, qui, quoique discrètement, rongeait ses chairs, agrandissait ses yeux, mettait des méplats à sa face tiraillée de plis légers, rendait sa voix plus aiguë, alourdissait ses mouvements si rythmiques jadis. Une lumière terrible monta en Ghéel.

— Il te tue, Atillius, il te tue ! Ah ! malheur, abomination.

Et ses chastetés de chrétien se révoltaient pour Madeh assujetti à Atillius. Kreistos lui émergea comme l'unique remède à son mal, car, Kreistos, c'était la réaction de la nature violentée, revenue à la perfection par la répudiation de la Bête et du Péché. Et il allait le lui dire, quand Madeh s'exalta :

— Oh ! vois-tu, je m'ennuie à Rome dans le bruit, les triomphes, les festins ; et il s'ennuie aussi, lui ; et nous nous énervons à vivre ainsi, et mon cœur se fond loin de la liberté et de la quiétude ; et je sens bien que je ne suis plus le même ; et je me dis que cette existence ne peut durer longtemps dans le vide épars, car j'ai besoin de quelque chose qui ne vienne pas de lui et corresponde à des ardeurs dont je cherche le fil inconnu ! Je te dirai cela, un jour qu'une clarté sera en mon esprit qui est dans de l'ombre, comme si je n'étais pas un prêtre du Soleil, de la Lumière et de la Vie.

Ghéel le laissa dire longtemps, cherchant la plaie et ne la découvrant pas, tant Madeh s'enfonçait désespérément en une mysticité d'âme endolorie. Il comprit cependant que, lassé, il souffrait obscurément par Atillius et Atillia, que se levait en lui, inattendue et sans qu'il en eût la vision nette — comme en un état de somnambulisme — un sentiment d'homme, une virilité se révoltant peu à peu de la sujétion du corps, un grand besoin de redresser la nature poussant, à un plant atrophié, des pleurs monstrueuses. Et comme Ghéel, consolateur, lui montrait sa vie, à lui, de privations et de douleurs, qui, pour n'être pas d'âme, n'en étaient pas moins dures, il répondit, avec des étreintes coupées de sanglots, dans une sorte de prophétisation :

— Ah ! frère, vivre loin de Rome, loin des cités, libre, libre comme toi ! Qu'importent tes privations ? J'ai tout et je m'ennuie, et me désespère, et voudrais mourir, ne pouvant respirer aisément. Vois-tu, le monde souffre, tout me le dit, de trop de joies, de plaisirs, de parfums, de musiques, de voluptés ! Le dieu primordial se venge, lui qui plane immuable dans le néant d'où nous n'aurions jamais dû sortir. Mon mal est le mal du monde, sais-tu !

LIVRE II

I

Galopantes, dans de l'air très bleu, les turmes voltaient vers le camp des Prétoriens; leurs décurions en tête, lance et arcs au poing sous un flottement d'enseignes, et c'était un tonnerre de cris, un bruit de chevaux, à étourdir. Elles étaient nombreuses, plus de cent, chacune de trente-deux cavaliers rangés par huit, commandées par Atillius, leur primicerius, casqué, cuirassé, au vent les plis de son chlamys écarlate et le glaive au clair. Elles débordaient de la région du Haut-Sentier, pour s'éployer au loin des thermes de Dioclétien, dont l'immense carré s'accotait au vieux mur des Tarquins, encore debout. Chacune appartenait à une nation tributaire de Rome, ou son alliée, ou bien encore latine, et les curieux les dénombraient aisément. Il y avait des Italiques, des Épirotes, des Doriens, des Phrygiens, des Cappadociens, des Germains, des Keltes, des Bretons, des Ibères, des Mauritaniens, des Numides, des Lybiens, des Égyptiens, des Éthiopiens, des Lybiens, des Indiens, des Perses, des Scythes, des Macédoniens, des Esclavons, des Saces, des Sarmates; toutes les variétés des peuples conquis étaient là, représentées par de hardis cavaliers, qui, musculature vivante de l'Empire, suspendaient de la pointe de leurs armes sa désagrégation.

Le brûlant été couvrait d'éclats luisants les pins et les cyprès de la Campagne romaine, et les villas espacées, aux portiques chromés. Les cavaliers étincelaient, bardés d'or et casqués d'or, les uns agitant des piques ou des haches courtes, les autres brandissant de larges poignards de bronze ciselé. Les chevaux mâchaient des mors d'argent liés à des gourmettes de corne plaquées d'ivoire. Les cataphractaires surtout resplendissaient, vêtus de la tête aux pieds d'une armure d'écailles d'or collante comme un maillot, qui les faisait ressembler à des reptiles ondoyants. Des colliers de pierreries ressortaient sur leur poitrine, et ils avaient des bagues aux doigts et des anneaux aux oreilles.

A la tête de chaque turme, des œneators soufflaient dans le lituus, long clairon de cuivre au bout recourbé, et c'était un grand déchirement de l'air, une véritable furie guerrière qui faisait trépider les alentours.

Après la cavalerie apparut l'infanterie, trois légions de six mille hommes, espacées en cohorte de six cents, elles-mêmes divisées en manipules de deux cents. Les soldats marchaient rapidement; leurs jambes faisant d'énormes ciseaux s'ouvrant et se refermant par en bas. Les éclaireurs couraient en avant; les centurions, un cep de vigne à la main, sur les côtés; les enseignes flottaient, particulières à chaque cohorte, portées par les signifères, et les trente tribuns des trois légions se transmettaient les ordres d'évolution donnés par les consuls. Ceux-là avaient une grotesque allure; subitement portés par Élagabalus à leur haut grade, malgré que sortis à peine de lieux abjects, ils suaient, obèses, inquiets, sur leurs chevaux à l'envol effréné, pendant que les tribuns riaient en dessous.

Et la musique s'ourlait, formidable, au piétinement de ces milliers d'hommes battant le sol; les tubas, les cors et les buccins unis aux clairons faisaient rage. Les turmes s'engouffrèrent dans le Camp des Prétoriens, suivies des fantassins, et bientôt il ne resta plus rien, sinon, dans la campagne, les pins et les cyprès couverts d'éclats luisants, et les villas espacées, aux portiques chromés.

Atillius avait mis pied à terre; autour de lui, les turmes

rentraient dans leurs cantonnements. Des valets d'armée emmenaient les chevaux hennissants vers des aires couvertes de bottes de foin; d'autres aidaient les officiers à se revêtir de leur armure. Les hastaires dressaient leurs piques en faisceaux et des principes couraient aux piscines; des boucliers couchés sur le sol miroitaient sur des pieux et, devant les tentes, les casques de fer miroitaient pareils à des plats de métal.

Aristomaches et Antiochanus rejoignirent Atillius. Lentement, ils firent le tour du Camp, entouré d'un large fossé et d'un retranchement de terre armé de pieux. Ils ne se parlaient pas, comme s'ils eussent à se garder un secret. Ils étaient dans la partie supérieure d'où se voyait la Garde prétorienne, avec ses chevaux sans selle, le licol à des piquets espacés, et ses tentes, pour dix hommes chacune, alignées régulièrement. Des préfets inspectaient cette partie, un glaive sous les bras croisés, et ils allaient, de long en large, jusqu'à un forum libre où un tribunal de pierre renfermait les étendards, les autels des dieux et l'image du divin Élagabalus, devant laquelle brûlaient des lampes d'argent.

A l'extrémité des tentes, des statues du jeune Cæsar Alexianus s'élevaient sur des socles de marbre. Le fils de Mammœa, en robe virile, était debout, le bras étendu, la tête nue, dans l'attitude suprême de l'impérialât à venir. Des soldats entouraient ces statues : ils s'enfuirent à l'apparition d'Atillius et de ses compagnons.

A des gestes imperceptibles, à des mots évasifs d'officiers et de soldats, Atillius avait la prescience d'une conspiration latente contre l'Empereur. Et ce qui le rendait soucieux, c'était justement le calme de l'armée, l'absence même des preuves recherchées avidement. Il sentait, depuis peu, un grand détachement du monde pour Élagabalus, un lent affaissement de la croyance en la Pierre-Noire, et, sollicité par l'éducation héréditaire première, il se demandait si les dieux n'allaient pas se venger d'avoir été un moment évincés par le Cône de Syrie.

Et il regrettait encore les accalmés décors d'Émesse; les

jours passés avec Madeh, en un palais où n'arrivaient pas les bruits du dehors. S'il s'était jeté à corps perdu dans la Révolution sexuelle du monde Romain, atteindrait-il jamais l'universalisation de l'Amour Androgyne, symbole de la Force Première, du Dieu inconnu et supérieur même au Chaos et au Temps, dont il était l'Apôtre ? Malgré l'exemple d'Élagabalus sacrifiant son corps aux deux sexes, malgré celui de ses familiers, malgré le sien même qui ne souffrit de la moindre lassitude, le monde retournait à la distinction sexuelle ; la femme était aimée comme femme, l'homme comme homme, et l'expérience saisissante de la volupté, devenue signe du culte de la Vie, se mourait peu à peu. L'amour naturel réapparaissait partout, criant qu'on le délaissât et menaçant quiconque s'opposait à son débordement, un moment arrêté par l'Amour artificiel.

Mais celui-ci était-il vraiment de l'artifice des sens, de la fantaisie du cœur? Atillius se sondait et se disait que, s'il en restait l'apôtre, c'est qu'il le sentait réellement en lui, c'est qu'il le gardait, sauvagement saignant, en ses sens et en son cœur torturés d'une passion masculine par rien encore arrachée. Cet amour pour Madeh, cet attachement solitaire et furieux, et attendri aussi, qui faisait du bel et languissant Syrien la plus opulente des femmes parfumées et baignées en du lait et de l'huile claire, n'était-ce pas de l'amour vrai que la Nature ne répudierait jamais ? Et il s'obstinait à agrandir alors sa vision du rapprochement mâle, qui, séculairement répété, aboutirait à la création d'une humanité réunissant les deux sexes en l'individu, devenu l'Androgyne des mythes orientaux.

Certes, ce n'était pas la fleur bleue et rose des primes amours pour la Femme, qui levait avec ; mais une fleur noire, au calice noir, aux sépales noirs, dont l'ombre, en phallus découpé, enfumait son cerveau. Mais cette couleur noire était celle du Dieu supérieur, incessamment jetant dans le Temps et l'Espace des formes de Vie qui s'animaient d'autres couleurs, se désassimilaient, prenaient des sexes et des distinctions, tandis que Lui restait immuable comme la Nuit, l'Ombre et le Néant. La sensation du Noir, le monde l'avait dans la race noire, jadis maîtresse de l'Asie et de l'Europe, et le Kreistos noir, les bras sur le Téthiopien, en était la vivante concrétion corrompue par le Kreistos blanc, représentation toute nouvelle d'une humanité repoussant le dieu Androgyne, duquel elle était sortie, pour le dieu blanc la personnifiant mieux dans l'éternisation de la bi-sexualité à laquelle elle restait attachée!

Antiochanus et Aristomaches lançaient de longs regards à droite et à gauche, pour surprendre l'invisible conspiration. L'armée s'affalait, comme une énorme bête, au sol; les soldats les saluaient, les centurions et les tribuns se rangeaient prestement devant eux; les cavaliers poussaient leurs chevaux. Seulement, ils remarquèrent que les statues d'Élagabalus, aux carrefours des voies du camp, restaient isolées, et, sinistrement, attestaient dans ce vide le commencement de la dissolution de l'impérialat.

Ils s'étaient arrêtés devant la porte Décumane qui faisait face à la porte Prétorienne, et déjà Antiochanus, gros homme musclé aux gestes rapides, assurait qu'il n'y avait pas danger à l'heure présente, quand le Camp fut envahi par des soldats du dehors, gesticulant et criant. Ils étaient de toutes les armes, les hastaires mêlés aux vélites, la cavalerie légère à la cavalerie lourde, et il s'en écoula plus d'un millier. Atillius, Aristomaches et Antiochanus allaient appeler les tribuns quand d'autres soldats amenèrent deux prisonniers, qui élevaient les bras au ciel. C'étaient un vieillard barbu et blanc, coiffé d'un pétase, et un homme jeune, tête nue, tous deux l'air intrépide.

Les soldats ne les maltraitaient point; au contraire, ils gardaient pour eux une sorte de déférence. Et ils criaient:

— Au prétoire! Au prétoire!

En voyant le primicérius et ses compagnons, ils s'enfuirent: quelques-uns furent saisis par des prétoriens qui accouraient, la pique haute.

Atillius ne connaissait pas les deux hommes, mais il avait ouï quelque part la voix du plus jeune. Ne sachant rien de ce tumulte, il les interrogea:

— Je suis Maglo, serviteur de Kreistos, et son confesseur, fit le plus vieux. Tue-moi, lacère mes chairs, verse du plomb fondu dans mes veines, jette-moi aux bêtes, mets mon corps en lambeaux, je ne cesserai de Le glorifier et de crier à l'abomination de la désolation !

— Et toi, demanda Atillius au second, qui s'accalmait, les bras croisés sur sa tunique.

— Mon nom est Zal ! J'étais avec mon frère Maglo pour confesser Kreistos.

— Allez-vous-en ! Allez-vous-en ! cria Atillius. Vous êtes des chrétiens ! Que vous fait l'Empire ? Il vous laisse libres et l'Empereur a admis votre dieu dans ses temples. N'est-ce pas assez ?

Et il les repoussa ; mais se ravisant, il les fit revenir. Sévère :

— Pourquoi troublez-vous l'armée, et qui vous guide ? Dites, ou je fais fondre sur vous l'énergie des lois de l'Empire.

Cependant, ses paroles gardaient une certaine indulgence, car l'attendrissement de Kreistos, davantage s'adressant à de secrètes choses d'âme que la Pierre-Noire, le gagnait depuis longtemps, sans qu'il se l'avouât. Et quoique les chrétiens fussent des ennemis, il s'inquiétait d'eux, il se sentait presque à eux apparenté par leur commune horreur des Dieux et leur poursuite de l'unité divine, pour eux le Kreistos, pour lui la Pierre-Noire. Les mystères de leurs assemblées où, disait-on, régnaient des promiscuités sexuelles, comme s'ils eussent également voulu célébrer le Principe de la Vie, le désarmaient aussi. Et il se disait, ayant ouï certains bruits d'assimilation de Kreistos à Élagabalus, que peut-être il trouverait chez eux des adeptes de la Pierre-Noire, que lui refusaient les adorateurs des autres dieux, quand Maglo s'exaspéra :

— C'est Atillius, le prophète du Péché ; c'est toi qui as enseigné l'abomination de Sodome. Malheur, malheur à toi, à ta famille, à ta race, à ton empire ! Sodome te brûle les reins. Tu as été conçu dans le Mal et tu périras par le Mal !

Il vaticinait, furieux, les bras et les pieds nus, reconnaissant Atillius, qu'il avait vu au Triomphe d'Élagabalus. Et depuis, la terreur de ce nom n'avait cessé de planer sur Rome, en enveloppée d'infamie, de colère et de mépris.

Zal essaya d'apaiser Maglo, car les chrétiens se divisaient toujours pour le nouveau culte ; les uns, apocalyptiques comme l'Helvète, l'entourant d'horreur ; les autres, comme le Perse, qui avait suggéré cette idée à tous les Orientaux, le faisant un acheminement vers Kreistos. Cependant, Antiochanus avait pris le bras de Maglo, et rudement le secouait :

— Vieux chien, tais-toi ! Dis-nous ce que tu espérais des soldats.

Alors Maglo tomba à genoux ; ses yeux aux paupières rougies eurent de gros pleurs, et, pris de la fureur du martyre, d'attendrissement, d'extase, d'efféminement, il exalta la gloire de Kreistos. Antiochanus le fit rouler d'un coup de pied. Zal releva pieusement le vieillard. Atillius, comprenant qu'il n'en tirerait rien, les laissa, et ils s'en allèrent fièrement, Maglo soutenu par Zal, qu'il morigénait sans motifs :

— Mon frère, des colombes m'apportaient les palmes du martyre, mais le Péché s'emparait de toi. Atillius l'écoutait justifier son abomination, car, comme les autres fidèles, tu espères de Sodome pour Kreistos. Mais Sodome brûle tout, et toi-même avec, si tu y touchais !...

II

Antiochanus et Aristomaches faisaient conduire les soldats arrêtés au tribunal, et comme, de toutes parts, on s'alarmait, il fit entourer le forum par des extraordinaires, pendant que des prétoriens à cheval parcouraient les voies du camp dans un tumulte grandissant. Les tribuns de chaque légion accouraient, suivis des préfets de la cavalerie et des centurions des premiers manipules ; et, la discipline exigeant qu'on procédât sans retard, les prisonniers furent interrogés. Ils répondirent qu'ils avaient emmené ces deux chrétiens parce qu'aux abords du camp ils discouraient contre les lois, devant un grand nombre de soldats. Mais cela parut singulier aux officiers, qui se dirent que pour de simples chrétiens, l'armée ne se fût point émue, et d'ailleurs, jusqu'à présent leur ennemie, pourquoi cette déférence pour eux, tout à l'heure si remarquée ? Un soldat fit :

— Le vieillard, qui est le frère du jeune, vouait sa Divinité l'Empereur à la vengeance de son Dieu, et prédisait sa chute. Nous avons suspendu le blasphème sur sa bouche, mais d'autres ont voulu qu'il continuât, parce que, disaient-ils, l'Empire passera bientôt en d'autres mains.

Antiochanus, toujours brutal, frappa alors ce soldat, pendant qu'Aristomaches se bouchait les oreilles. Mais les tribuns, mais les préfets, mais le tribunal entier criait :

— Dis-nous, dis-nous qui succéderait, d'après ces séditieux, au divin Antoninus ?

— Alexianus, Cæsar, l'enfant Alexianus, fils de Mammæa, répondit le soldat.

Ils pâlirent tous, n'osant pousser leurs investigations, sentant confusément que cet Empire de la Pierre-Noire se désagrégeait, et qu'à vouloir arrêter son mouvement de chute, ils risquaient leurs grades, leur fortune et leur vie. Ils se levèrent, malgré Atillius.

— Laissez-les ! firent-ils. Il y a danger, aujourd'hui, à être sévères ; plus tard nous sévirons.

Atillius, tout triste, se retira, et avec Antiochanus et Aristomaches sortit du camp au petit pas de leurs chevaux.

Des villas aux murailles bordées de lauriers-roses s'offraient ; autour d'eux, des portiques s'évasaient dans les fonds bleus ; çà et là des cyprès et des pins crevaient en lignes noirâtres. Puis c'étaient de légers monuments funèbres, couronnés d'urnes, marqués d'inscriptions, attestant la Mort au milieu de l'extraordinaire Vie romaine, et que voilaient des bosquets. Par derrière les collines, les sommets des édifices de Rome pointaient, comme des piques, dorés par le soleil très chaud.

De leur monture, ils apercevaient des bouts de la Voie Salaria, de la Voie Ardeatina et de la Voie Appia courant droit, des chemins qui y bifurquaient, et toute une plaine arénacée s'élargissant par là. Suivant son habitude, Atillius demeurait silencieux, pendant qu'Antiochanus, de fureur, bourrait de coups de poing son cheval, et qu'Aristomaches s'exclamait :

— Les traîtres, les impies, les ennemis du serment, les menteurs, les lâches !

Et il ne savait que dire cela, comme Antiochanus que frapper. L'un étant un Cappadocien et l'autre un Numide latinisés, la barbarie du sang les étouffait encore sans qu'une lueur d'intelligence leur jaillît aux yeux.

Ils foulaient un sol herbu à peine, quand Atillius, poussant un cri, piqua son cheval. Ils le suivirent, galopant dans une étroite vallée soigneusement cultivée, évités par des esclaves qui reconnaissaient en eux des dignitaires. Puis, ils se trouvèrent au milieu d'un champ abandonné que traversait la Voie Salaria. Alors, Atillius resta stupéfait :

— Je l'ai bien vu. Pourquoi cette disparition ?

Il expliqua à ses compagnons que deux ombres d'hommes s'étaient subitement enfoncées en terre, comme englouties. Ils ne découvrirent aucune trace de cette singulière disparition. Et, comme il voulait explorer ce champ, ils le dissuadèrent, craignant que ce ne fussent les mânes de morts inconnus. Ils tremblaient sous le coup de terreurs enfantines.

Mais, dans les profondeurs que rayaient des amas d'herbes luisantes, à travers des chardons aux bras décharnés, d'autres formes humaines coulaient verticalement dans le sol. Elles s'enfonçaient tout à coup, venues ils ne savaient d'où et allant ils n'osaient deviner où. Seulement, ils remarquèrent que ces disparitions avaient lieu dans les arénaires de cette partie de la campagne, et ce qui se disait depuis des générations sur les sépultures de chrétiens cachées en des cavités du sol leur revint en mémoire. Atillius, curieux des choses de Kreistos, voulait voir si ces ombres étaient de chair et d'os, mais Aristomaches et Antiochanus l'arrêtèrent, la main à la bride de son cheval.

— Pourquoi sonder ce mystère? allégua Antiochanus. Qu'elles viennent, et nous les percerons du glaive; mais elles sont loin et nous ne pourrons jamais les captiver.

— Mânes puants, chrétiens pleins d'infection, fourbes et larrons, fit Aristomachès! Qu'ils approchent; je les tue une seconde fois!

Ils renaclaient, et, quoique menaçants, ils ne regardaient plus l'horizon, craignant d'y voir les ombres suspectes.

Ils approchaient de la porte Salaria, dans laquelle s'engouffraient des gens du dehors, surtout des petites gens faisant courir de pauvres véhicules à caisson d'osier, portant des meubles disloqués et des hardes salies. Sur une borne, une femme était assise, la tête dans les mains, et sa chevelure retombait, la couvrant à demi. En entendant un bruit de chevaux, elle se leva, et, se plaçant au milieu de la voie :

— Vous ne l'avez pas tué, ni martyrisé, ni emprisonné, s'exclama-t-elle?

Frémissante, très belle, elle avait rejeté un bout de palla et ses cheveux ondoyaient sur ses épaules, et ses vêtements blancs se moulaient à son corps, d'une perfection svelte, et ses yeux, noirs et humides, se fixaient, implorants, sur Atillius. Et en même temps elle le gagna. Il se dit que ce n'était pas là une femme du peuple, mais l'épouse ou la veuve de quelque puissant romain qui s'écartait volontairement de l'Empire.

— De qui veux-tu parler? demanda-t-il, contenant d'un geste ses compagnons, qui voulaient passer outre.

— De Zal, le Perse, qui s'en est allé au camp avec un vieillard et que je n'ai plus revu.

Elle répondait au hasard; mais se doutant, grâce à la selle de peau de panthère de leurs chevaux, à leur cuirasse bosselée d'ornements, à leur casque guilloché d'or et de pierreries, aux ocres d'airain recouvrant leurs jambes et les armes y ballant, que c'étaient des officiers supérieurs, qui la renseigneraient sur le sort de Maglo et de Zal. Une grande anxiété mêlée d'une grande douceur émergeait de son regard.

— Je les ai fait relaxer tous deux, femme, fit Atillius, et si tu ne les as pas vus, c'est qu'ils sont rentrés par une autre porte.

— A moins que les soldats ne les aient tués en route, dit Antiochanus brutalement, pour effrayer la femme, qui pâlit.

— Ton nom ? cria Aristomaches. Tu es chrétienne comme Zal et ce Maglo, est-ce pas ?

— Je suis chrétienne et je m'appelle Severa, répondit Severa, qui s'en alla très vite, des pleurs aux yeux.

— Il était inutile de l'effrayer, affirma Atillius doucement. Sans doute, cette femme aime ce Zal, qui est jeune et intrépide ; mais que nous importait ? L'amour est de l'amour.

Il était pris de commisération, songeant à part que lui aussi aimait, et de quelle fureur ? l'affranchi qui résidait entièrement en son cœur. Cet amour le rendait très malheureux, puisque le monde, se rebellant contre sa symbolisation par la Pierre-Noire, n'acceptait que l'amour entre les deux sexes distincts.

Ils allaient rentrer par la voie Salaria quand des cris éclatèrent. A quelques pas, une auberge ouvrait des auvents au-dessus desquels se balançait une pomme de pin, et, pleine de soldats assis sur des bancs, devant de petites tables rondes, elle s'embuait toute dans le soleil. A leur aspect, ils s'en allèrent avec de grands saluts, malgré qu'Atillius leur criât de rester.

Confiant leurs bêtes au maître de la taverne, qui apparut, tout effaré, ils pénétrèrent dans l'intérieur, qui leur sembla vide d'abord, avec des tables rondes, des escabeaux et des bancs épars. Mais, debout sur une auge en maçonnerie servant à rincer les bols de terre cuite, effacé en une des encoignures, un homme maigre, la tête nue, une toge sale coulant inertement sur un corps tremblant, agitait faiblement un rouleau de papyrus et criait, se voyant découvert :

— Non, ce n'est pas pour eux, mais pour vous trois, Illustres, que moi, Zopiscus, connu de tout l'Empire, j'ai écrit ces poèmes !

Et Zopiscus descendit, troublé par l'apparition de ces trois officiers dont la cuirasse et le casque avaient des reflets d'or. Fébrilement, il fit une rafle de morceaux de papyrus semés sur les tables. Antiochanus put en saisir un.

— Pardonne-moi, je les amusais, je les flattais, je faisais des vers pour leurs amantes et pour leur assurer la Fortune, mais mon poème est pour vous trois, Illustres! Je vais le lire, si vous daignez.

Il déroulait son manuscrit, celui qu'Amon savait être dédié à Zom, Num et Apépi! et qui était le poème *Vénus*. Il allait le lire, très habilement, en intervertissant les noms; mais ceux-ci l'arrêtèrent.

Soupçonneux, sa grosse barbe reposée sur les épaules d'Antiochanus, Aristomaches, épelait avec difficulté les lettres latines. Zopiscus, bien vite, l'aida.

C'était une strophe très courte sur les mérites d'une Bœbia, que lui avait commandée un soldat. Zopiscus possédait ainsi une clientèle d'amoureux pour des vers à des femmes; malgré Aristomaches, qui voulait les lire tous, il renferma dans un pli de sa toge ceux-là sur lesquels il avait fait main-basse.

— Je puis vous en écrire de semblables, Illustres, assurait le poète. Commandez! Me faut-il chanter les vertus de l'armée, l'épée invincible de Rome, la sublime volonté de l'Empereur? Ce sera pour quelques as seulement.

Ils le laissèrent là, et pendant qu'ils remontaient, Zopiscus, nullement découragé, courait après eux, le manuscrit aux dédicaces étonnantes en mains :

— Illustres, je suis connu de tout l'Empire et nul ne me vaut pour écrire un poème sur vos mérites et votre valeur. Celui-là vous est dédié, et je le lirai en votre honneur, sous les Portiques, quand il vous plaira!

Ils rentrèrent à Rome par l'Esquilin, dont les rues populeuses s'emplissaient de rumeurs. La Région abondait de citoyens, d'affranchis et d'esclaves encore abrutis de la Fête de la Pierre-Noire, qu'Antoninus avait célébrée. Durant trois jours, ç'avait été une colossale manifestation du Principe de la Vie adoré dans la Pierre-Noire et dans l'image d'Elagabalus peint en pied, vêtu en sacrificateur du Soleil; avec une robe traînante aux manches amples, et tiaré, en une indescriptible apothéose d'ors, de parfums, de danses et de chants. Trois jours durant, le peuple avait vu cette extraordinaire image traînée, sur un char plaqué de métaux et de gemmes, par trente-six chevaux blancs soigneusement peignés, richement caparaçonnés et aux sabots d'or. Et ce char, vierge d'un contact humain, n'avait porté que cette prestigieuse figure : l'Élagabalus de chair et d'os, à reculons, guida respectueusement les chevaux, des gardes à ses côtés pour qu'il ne tombât, et des esclaves jetant sous lui de la poudre d'or qui soulignait son passage. Trois jours durant, de grosses joies s'épanouirent en cortèges brutaux, à la lumière des torches et sous des flottements de fleurs en guirlandes jetées partout, aux barbares orchestres de la Pierre-Noire, qui mariaient les flûtes syrinx, les flûtes simples, les flûtes à doubles tuyaux, les flûtes d'or et les flûtes de roseaux aux tympanons tendus de peaux de brebis, aux cymbales de bronze, aux harpes évasées en aplustres de barques, aux lyres orgueilleuses de Phrygie, aux trompettes recourbées, aux sistres de fer et d'ivoire, aux tambours faits d'un tronc d'arbre brûlé à l'intérieur et frappés d'une seule baguette en croc, pendant qu'un colossal festin s'épandait dans Rome, avec un débordement de vin en cascades, que des jeux se déployaient dans les cirques, en coulées de sang de gladiateurs et de prisonniers, que des promiscuités d'hommes et de femmes, d'hommes et d'hommes, surtout de prêtres du Soleil, montaient, purulentes marés du Vice, aux pleins ciels des midis, aux pleins flambeaux des nuits, sur les parvis et les marches des temples, sous les portiques, dans les carrefours, au milieu des places, dans les thermes et les jardins, quels qu'en fussent les témoins. Et, le Dieu placé dans le Temple du Soleil, avec les autres Dieux, les offrandes patriciennes, les insignes impériaux et des meubles vermeils, guillochés, gondolés, émaillés, fondus en des moules glorieux de poitrines nues de sirènes ou de calmes faces de lions, Élagabalus avait jeté, du haut d'une tour, des vases d'or et d'argent, des habits et des étoffes, en même temps que, dans la ville, des bêtes furent lâchées. Des gens avaient péri, mais qu'importait? Antoninus Élagabalus avait fêté la Pierre-Noire; le symbole de la Vie, une fois de plus, avait eu sa consécration, et quelle consécration! Il était ensuite retourné aux Jardins de la Vieille-Espérance, qu'il habitait depuis peu, accompagné par l'armée, qu'Atillius, qui la commandait, reconduisit ensuite avec sa cavalerie au Camp des Prétoriens.

Des ivrognes roulaient devant le primicérius et ses compagnons; des femmes, mi vêtues, leur montraient des bouts de cuisse abjecte; des esclaves se découvrant en des encoignures de maisons, des enfants aux ignobles gestes, les suivaient, attirés par la gloire de leur costume, la gloire de leur casque et de leur cuirasse. Dans une Voie étroite, où tombait un rond de soleil rouge, un homme et une femme, qui se livraient sous l'œil paternel d'un prêtre de Kibèle, s'arrêtèrent, nullement confus; au contraire, ils montrèrent leur nudité comme pour les inviter à prendre part eux-mêmes à la Fête de la Vie. Des joueurs de flûtes et de tympanons viraient dans une poussière d'or, dans une harmonie cuivrée, avec des cérémonies de prêtres du Soleil s'essayant à un immonde rapprochement. Aussi, des individus apparaissaient, les yeux baissés, un pan de la toge à un coin de face, ne voulant ni voir ni entendre, et d'autres couraient après eux, le poing levé, et alors un déluge de coups secs laissait du sang aux murailles ou sur les pavés. C'étaient des chrétiens ou des juifs, ceux-là généralement vêtus de noir, qui, pour ne pas participer à la Fête, se sauvaient éperdûment, des gens enragés à leurs trousses, et leurs balbutiements d'horreur invoquaient les uns Kreistos, les autres Javeh.

Ils obliquaient vers le Cœlius, où, quoique le quartier s'aristocratisât, la Fête se mourait en une recrudescence plus grande, en un colossal épuisement de soûleries, de goinfreries et de prostitutions. Pour aller plus vite, ils donnèrent de l'éperon, et ce furent des gens écrasés, un refoulement de peuple inconscient qui s'acharnait à rester sur place. Des Galles, émergeant d'une rue, poursuivirent une femme en qui Atillius crut reconnaître Severa. Il accourut; son épée au clair éventra un agresseur, qui s'affala dans un éclaboussement de sang. Les autres s'envolèrent, les bras en l'air, poursuivis par Antiochanus et Aristomaches, à qui cette ivresse du vin commençait à donner l'ivresse de la tuerie.

— Merci, merci, fit Severa.

Elle marcha rapidement, terrifiée et se voilant la face, sur elle les yeux d'Atillius, dont le cheval relevait du mufle le corps du Galle expirant. Elle se retourna un instant, eut encore un mouvement de gratitude et disparut dans une maison.

— Ce doit être là le logis de ce Zal, articula Antiochanus glorieux de sa poursuite, car il avait assommé un autre Galle, qui se tordait plus loin, en du soleil. — Et il avait raison. La maison dans laquelle était entrée Severa était celle de Zal; celle de Zopiscus aussi, qui creva, à l'extrémité de la rue, son éternel rouleau au bras.

III

Sur un lit à colonnettes de bronze, Madeh restait étendu avec seulement une robe aux manches retombantes, les pieds nus, la chevelure frisottée gardant un fort parfum de verveine. L'amulette pendait sur son creux de poitrine bombée comme celle d'une vierge, et, machinalement, il la faisait osciller d'une main dont les doigts se chargeaient d'anneaux d'or.

Dans une langueur mortelle, il était allé de son appartement à l'atrium, puis au péristyle, puis au jardin; un jardin grand comme une toge, mais mystérieux et profond, qui avait des arbres et des fleurs lui rappelant le pays aimé. Là, sur un trône de marbre, des heures entières ses yeux s'emplissaient d'un mirage de verdure où des éclairs de soleil jouaient comme des remuements de glaives, savourant un commencement d'anéantissement vite rompu par l'impatience de ce dehors à lui interdit.

Pourquoi donc Atillius ainsi ? Il ne l'avait jamais connu tel ; maintenant, il le gardait jalousement, comme s'il eût souffert de le savoir à l'âge où la nubilité débordante se réveille en une nouvelle vie.

Certes, Madeh regrettait toujours son Orient, ses palmiers, ses salsolas, ses cactus, ses escaliers de temples et de palais, gravis par des prêtres comme lui et des Empereurs comme Élagabalus, entourés de personnages portant des parfums et des étoffes dans des plateaux de vermeil. Et cette vie de là-bas, touchant le seuil d'un impersonnalisme qui est presque de l'éternité, combien il la rêvait revivre avec Atillius, arraché à son vertige du culte nouveau ; combien il la rêvait revivre avec Atillia, entrevue souvent au Palais des Cæsars ! Et avec ces désirs ne se dressaient plus, maintenant qu'un endormement semblait se faire en lui par l'accoutumance, mille ombres d'indépendance sauvagement meurtrie ; mais, au contraire, une soumission d'être qui n'a d'autre horizon que des regards et des sourires aimés.

Car Madeh, malgré l'éclair de conscience et de divination — unique depuis, — dont Ghéel avait été le témoin attendri ne voyait plus au delà de son sacrifice à Atillius, de cette affection lui paraissant éternelle, parce qu'elle lui était charnelle. Se croyant procréé pour l'avènement de l'Androgyne, il se voyait désormais l'intermédiaire de la femme et de l'homme, mixte pour les deux sexes, une sorte d'essai du Principe de la Vie pour la forme définitive de l'Être futur qui aurait les deux sexes et s'engendrerait de lui-même, comme Atillius le lui avait appris.

Prostré sur son lit, il l'attendait, peu soucieux de s'entremettre avec la familia, le tas d'esclaves qui, régulièrement, vaquaient au bon ordre de la maison. Il leur était supérieur par l'instruction et l'entregent, par la peau plus fine et les yeux plus beaux. Il était plus qu'eux, en sa qualité d'affranchi. Il ne les commandait même point, ne connaissant ni leurs noms, ni leur patrie, ni leur religion, et ne s'en souciant.

Un bruit de pas le secoua. Entr'ouvrant précipitamment la portière, en un tumulte de couleur pourpre et or, en une sonnerie de joyaux et de pierreries ballant au col, aux poignets et aux chevilles, en un vêtement de soie rayonnante qui laissait apparaître des morceaux de seins et de croupe blancs, des pans de cuisses sveltes et de ventre légèrement bombé, se montra Atillia, derrière elle l'apparition de la vieille Éthiopienne, coiffée d'une étoffe rouge, qui les laissa seuls.

Elle ne parut pas interdite ; elle ne fut pas hésitante. Avec un grand rire qui remua ses parures, elle s'assit dans une cathèdre, une jambe en avant, provocante, et son regard violet se fixa sur Madeh, debout devant le lit et confus. Ce qui lui était extraordinaire, quoique dût l'habituer à tout l'Empire de la Pierre-Noire, était la grande liberté d'Atillia, qui, échappée au Gynécée, malgré que vierge encore, prenait des allures de femme, les allures de Sœmias, sur qui elle se modelait. Car Sœmias non seulement se satisfaisait à se livrer à tous, mais présidait depuis longtemps un Sénat de Femmes, le Senaculum, dans la Région Alta Semita, où elles discutaient sur l'amour, sur les joyaux, sur les vêtements et les coiffures, sur les couleurs, sur les chevaux, sur les litières et la façon de les orner et de les conduire. Atillia avait retiré de cette éducation un effrontement et une impudité de prostituée. En elle papillotaient des lascivetés, retentissaient, multipliés, des baisers qu'elle croyait d'amour ; des virilités s'érigeaient sous ses yeux aberrés. Comme elle, à Rome, c'étaient des milliers de vierges déjà savantes, et libres, et dégagées du Gynécée, qui armaient leur sexe contre l'homme, même jusqu'à s'isoler de lui, comme le faisait l'homme à l'égard de la femme, pour reconstruire aussi, au fond des Temps, l'Androgyne mâle et femelle à la fois.

Très gracile, Atillia ! Très nerveuse et électrisante avec, dans le regard, une lueur d'égarement qui rappelait Atillius, comme si le surmènement de sa vie flottant en de l'artificialité l'eût déséquilibrée. Son frère, l'ayant laissée dans l'ignorance de sa maison des Carènes, où elle brûlait de voir Madeh que sa Volupté intime humanisait en un être d'elle rapproché par de mystérieuses affinités, fin, parfumé, nullement l'homme grossier qu'une excessive imagination lui créait, elle avait ordonné à l'Éthiopienne de suivre Atillius. Habarr'ah, aux trousses du primicérius, découvrit bien vite la maison d'où Atillia sut que, depuis quelques mois, Madeh ne sortait pas. Alors, dans une litière se précipiter avec Habarr'ah, traverser le Palatin, gravir les voies du Cœlius, en une furie de deux mules galopantes harnachées d'or, frapper à la porte de la maison fraternelle, fut tout un. Sur le parcours, par les tentures, elle regarda des rapprochements et des bestialités : des hommes violer des chèvres effrayées, et, se retournant, brandir en menace leur virilité saignante; des femmes, couchées sur des femmes au travers d'escaliers de temples, appeler d'autres femmes, et déborder la promiscuité mâle, aux chairs ignobles et aux mouvements avilissants. Et cela la fit rire fort, Atillia, surtout à voir bien devant elle des femmes renverser des hommes qui entièrement restaient nus sous elles, vaincus dans la lutte de passion et le sexe interverti !

C'est les yeux pleins de ces délires qu'elle se présenta à Madeh, entrevoyant un amusement à deux, des agaceries de vierge qui s'essaie à la sexualité, des reniflements de plaisirs seulement effleurant la peau.

— Hé! Madeh, tu me regardes avec les yeux de ton crocodile. Anime-toi, anime-toi, adolescent! Vois-moi. Je me suis échappée du Palatin, avec Habarr'ah, pour te causer, pour rire avec toi, te distraire, adolescent, et me distraire avec toi. Viens! Conduis-moi dans les appartements de mon frère Atillius, que je les connaisse enfin. J'ai vu un paon qui faisait un éventail de sa queue, et un singe qui m'envoya une grimace, et des esclaves qui se sauvaient, et un janitor qui s'ébahissait à me considérer. Qu'est-ce qu'il me voulait donc, ce janitor? Je lui conseillerai de baiser les lèvres d'Habarr'ah, pour se contenter, celui-là!

Elle se leva, s'accola à Madeh, lui prit une main, qu'elle porta à sa bouche, et en un éclat de rire :

— Oh ! tu sens bon, comme moi.

Et elle lui mit sous le nez son poignet, le forçant à en renifler la peau, et lui remontant même le nez, d'un mouvement brusque. Puis elle se rassit, mais sur le lit de Madeh, et, lui reprenant la main, elle le voulut à ses côtés. Une de ses jambes se découvrit à moitié, blanche avec des anneaux d'or à la cheville, par-dessus les cordelettes des sandales de feutre doux :

— C'est à étonner comme cette jambe est jolie. Les bains et la pierre ponce ne l'abandonnent pas, s'exclama-t-elle.

Il ne pouvait placer un mot, le regard rivé à cette jambe qui se balançait, nerveuse et vivante, dans un rejet de la robe aux trames versicolores. Subitement, elle la posa sur ses genoux, la découvrant davantage, l'étalant glorieusement jusqu'au haut, avec une trépidation du pied.

— Elle est mieux que la tienne, fit-elle. Toi, tu ne la montres pas. Qu'est-ce que tu as donc ?

Elle posa sa jambe à terre et obligea Madeh, dont elle souleva la robe de soie, à la montrer. Il se laissait faire, ennuyé et passif, comme avec un enfant. Elle voulut aller plus haut. Alors, il eut un rire contraint, fit retomber sa robe, se leva, avec un commencement de trouble :

— Non ! non !

Il répétait : *Non ! non !* secouant la tête, quittant le lit, pendant qu'Atillia lui courait après. Elle se jeta sur des peaux de panthères empilées dans un coin, croisant les genoux à la mode orientale, ne laissant paraître des deux côtés des cuisses que les bouts recourbés de ses sandales.

— Ici, viens, nous allons nous amuser aux osselets !

Mais il n'y avait pas d'osselets dans la maison, et Madeh le lui dit. Il s'offrit à en demander au janitor, ou à envoyer Habarr'ah chez un marchand du quartier. Atillia lui répondit :

— Je ne veux pas rester seule ici. J'ai peur de ton crocodile qui me viendrait manger.

Elle enleva ses colliers, ses bracelets et ses anneaux, les

lança en l'air, imaginant des jeux. Elle lui en lança un en riant, qui tomba juste au milieu de ses jambes croisées, et qu'elle lui reprit, avec une caresse de la main, une caresse qui fit venir du sang à tout son sexe. Et comme il la regardait dans les yeux, presque idiot, d'une poussée elle le fit choir sur elle, la tête dans ses seins. Elle se renversait, toujours riant, les reins craquant sur les peaux. Il se dégagea, la laissant sur son dos, la tête pendante, la poitrine maigre rompant le strophium, le large ruban qui retenait les seins. Il voulait partir, peu fait à ces agaceries de jeune fille en chaleur, respirer l'air de l'atrium, respirer l'air du jardin, mettre entre eux le témoignage des esclaves qui circulaient dans la maison. Et déjà il entr'ouvrait la draperie de l'appartement, quand elle se releva et le rattrapa, impitoyable, rieuse, infatiguée :

— Hé ! Qu'est-ce que tu as contre moi, adolescent ? Que t'ai-je fait ? Nous nous amuserions si bien, si tu voulais.

Elle se rechaussait d'une sandale détachée, le genou très haut sur la cathèdre, avec un écart de jambes inconscient Et elle riait toujours, les yeux en dessous :

— Viens ! Attache-la-moi, avec les ganses que j'aime, sur le côté. Surtout, ne brise point les rubans !

Docilement, il entoura de bandes le mollet et noua au milieu. Quand ce fut fini, Atillia se pencha toute sur lui, e lui cria éperdument :

— Porte-moi ! Enlève-moi ! Je veux savoir si tu es homme à enlever une femme.

Elle pesait sur lui de tout son corps, au risque de rouler. Il la porta sur les épaules, comme une enfant, terriblement énervé. Il ne parlait plus, toujours harcelé par Atillia, qui se complaisait décidément à se faire porter ainsi, car, une extrémité de l'appartement atteinte, elle lui demanda de la porter à l'autre, et, là encore, elle se fit porter en face.

Elle sauta enfin sur le parquet, bien amusée, et, son bras à la taille de l'affranchi, elle lui proposa de se reposer sur elle, et même de le porter à son tour. Mais la portière s'entr'ouvrit : Habarr'ah parut, avec un rictus crevant ses dents blanches sur sa large face noire d'Éthiopienne rusée :

— C'est l'heure du départ, rester davantage serait tout compromettre. Tu es attendue ailleurs.

— Au Sénat-des-Femmes, dit Atillia ennuyée. J'aurais cependant voulu voir mon Frère.

— Ton Frère te verrait avec peine ici !

Elle résistait, mais Madeh, plus sage, l'invitait à s'en aller. Ce départ lui fut d'un grand soulagement et d'un grand saisissement. Elle venait d'emplir son horizon de bruits, de rires et de gaîtés; elle éveillait en lui des troubles qui à la fois le torturaient et le charmaient; elle versait en son corps une chaleur énorme de vie et de mouvement. Même, ces offres de chair jeune lui sentaient bon; c'étaient des échappées vers une soleilleuse nature d'arbres et de ruisseaux, dont il aspira longuement les senteurs.

— Je reviendrai, nous nous amuserons encore, et tu me porteras, et je te porterai, et nous jouerons aux osselets, et tu riras comme moi, lui cria Atillia, qui, en un saut de danse, disparut dans le cliquetis de ses joyaux, le froissement de sa stola et le glissement de ses sandales.

— Ne dis pas à ton maître que sa sœur Atillia est venue, conseilla Habarr'ah au portier qui saluait, ravi, alors qu'Atillia, au contraire, lui faisait :

— Dis à mon frère Atillius que sa petite Atillia l'a attendu et reviendra le voir.

IV

C'étaient, entre la Voie Ardéatina et la Voie Appia, des villas se graduant très diversement, avec leurs divisions urbaines, rustiques et fructuaires, les premières renfermant des salles à manger et à coucher, des bancs, des promenades et des terrasses, les autres des logements d'esclaves, des étables, des celliers et des basses-cours. Vastes, ces villas avaient des jardins victorieux, d'où la vue se baignait d'air bleu, de verdures reposées, d'eaux fusant en des ravinets bordés d'oseraies et de cressonnières épaissies.

Spacieuse, celle de Glicia, des M. Claudius Glicia, qui comptèrent un dictateur dans les fastes romains! C'était maintenant, Glicia, un très riche patricien, qui, depuis vingt-cinq ans, bougonnant et quinteux, s'isolait de tout, seulement pour soigner ses laitues et surveiller ses cochléaires. Il possédait des esclaves juste pour son service, un jardinier qui régulièrement taillait ses arbres, et une terre complantée de vignes s'enramêlant à un côteau qui s'érigeait d'un belvédère léger d'où Rome vaporait dans l'éloignement, avec un émerveillement de routes piquées de voyageurs, de soldats et de fonctionnaires, de villas s'étendant jusqu'à la Sabine, d'aqueducs, de temples, de tombeaux épars, et un bout jaune de Tibre se fondant, du côté d'Ostie, en un bout bleu de mer.

Glicia se traînait sous le portique de son jardin miroitant d'un vivier à son milieu, que troublait une grande ombre de passeroses dressées en roseaux. Il toussotait, quoiqu'on fût en plein été, ramenant vivement un morceau de sa toge autour du cou, et les mains croisées sur la tête, en un mouvement de désespoir. Devant lui s'étendaient des celliers et des greniers à toiture de tuiles roses, des bouquets de cyprès, des pavillons en lattes minces à l'ombre chère à ses siestes, puis s'échelonnaient des vignes crevant de têtes nues d'esclaves, droites dans le ciel. Il regardait tout cela, toujours toussotant de long en large, frileux et inquiet. Il appela, dans un bégaiement terrible qui fit ses yeux tout ronds :

— Rusca! Rusca!

Un vieil esclave accourut, avec une peau rose de face plissée, un crâne tout blanc, une tunique brune et des sandales de bois.

— Est-ce qu'il a achevé son repas, ce vieillard? Est-ce que nous allons subir encore un envahissement de ces gens-là?

— Le vieillard a mangé, répondit Rusca. Il ne veut pas s'en aller. Ghéel n'est pas revenu. Zal n'a pas été vu depuis quelques jours. Les chrétiens sont bien à Rome, car ils n'approchent plus d'ici.

— Ils sont bien à Rome, fit dans un toussotement Glicia, qu'ils y restent. Moi, j'ai juré de n'y mettre les pieds que lorsque l'Empire appartiendra aux Romains et non aux Étrangers. J'ai repoussé les offres de Septimus, de Caracallus et de Macrinus ; j'étais avec Pertinax. Pertinax est mort, je ne veux rien. Qu'ils me laissent en paix ! Ce que tu me dis des chrétiens ne m'étonne pas ; ils s'entendent avec les empereurs syriens qui favorisent leur culte, et Rome leur appartient maintenant : ils le savent bien.

— Ce n'est pas ce que Maglo assure, hasarda Rusca, car il morigène Severa, qui, comme Zal, Ghéel et certains chrétiens qu'elle reçoit ici, croient qu'Élagabalus est envoyé par leur Kreistos pour les aider à renverser les dieux.

— Ah ! il n'assure pas cela, et Severa applaudit cependant à Élagabalus, cria aigument Glicia. Je le sentais bien, je devinais bien que Severa applaudirait à ce que les chrétiens qui l'influencent l'inciteraient à applaudir !

— Severa est bonne et faible, dit Rusca. Cela n'a pas de conséquence. Et puis, ce que femme veut, Jupiter le veut !

Glicia branlait la tête et toussotait, les épaules rentrantes, le cou toujours pris dans sa toge. Mais un bruit de pas eut lieu. Derrière eux une ombre de bâton s'érigea, énorme, sur une ombre de pétase très large, aux bords tombant en ailes de corbeau. Et Maglo, qui avait mangé dans la maison de Severa, — celle de Glicia, son époux — émergea, le bâton en l'air, sa main libre élargie devant lui, comme pour les bénir.

— Vous êtes des adorateurs des faux dieux, leur fit-il. Alors, je n'ai plus qu'à m'en aller, qu'à secouer mes sandales de votre poussière, et à prier Kreistos pour vous.

Il fit un demi-tour. Mais, se ravisant, avant qu'ils lui eussent répondu :

— Je puis vous catéchiser, vous éclairer et vous consoler dans le sein de l'Agneau que je vois à la droite, et l'Esprit planant sur Lui !

Et, prenant Rusca pour Glicia, sans distinguer nettement

la tunique grossière du premier de la toge fine du second, il ajouta :

— Severa, ton épouse, a les yeux ouverts sur la Lumière, mais il est malheureux qu'elle se laisse aller aux idées de Zal sur Élagabalus et ses abominations. Moi, Maglo, j'affirme que le Péché est le Péché, et que cet Empire, qui a des pieds d'argile, s'enfoncera bientôt, comme la Bête, dans la Mort.

Glicia arrêta net un toussotement lui montant à la gorge pour crier :

— Alors, tu es de cet avis, toi, qu'Élagabalus n'a pas longtemps à dominer ? Cela m'agrée, oui, cela m'agrée !

Il répéta ces derniers mots, appuyé à l'épaule de Rusca ; c'était la première fois qu'on affirmait devant lui la disparition prochaine de l'Empereur. Maglo éleva son bâton, et, prophétique :

— Ce n'est pas seulement Élagabalus Antoninus, mais l'Empire, mais la Bête aux pieds d'argile qu'engloutira la gueule de la Mort. Je le prédis. La gloire de Kreistos s'assiéra sur la Bête, et son Église vivra éternellement, malgré le Péché !

— Tu veux dire, demanda Glicia, que l'Empire existera, mais sans l'Empereur ?

— Oui ! s'exclama Maglo, sous le coup d'une illumination, avec Kreistos à sa tête.

Il éleva ses deux bras, comme un crucifié, la face renversée, le regard perdu dans le bleu du ciel à peine traversé de fuites d'oiseaux, puis, en aparté :

— Je les défie tous, ces Romains, Calliste leur évêque avec, de prédire comme moi le Triomphe de Kreistos dans l'Empire sans l'Empereur !

Et il s'en alla, sans seulement saluer Glicia. A ce moment survint Severa, qui s'agenouilla devant Maglo, humble et attendrie.

— Je puis te bénir, sœur, dit le vieillard, mais non ton époux, adorateur des faux dieux et contempteur de Kreistos.

Il disparut, après une imposition des mains, pendant que

Glicia toussotait affreusement, avec un coup d'œil irrité pour Severa, qui, s'approchant de lui, le soutint, attentive, inquiète, une main à son coude levé.

— Je sais bien que tu n'écouteras jamais les serviteurs de Kreistos et que tu n'ouvriras pas les yeux sur la Vérité, fit-elle doucement, mais il n'importe, tu es mon époux, et je te dois aide et amour.

Dans ce mot : *amour*, il y avait une amertume voilée d'hésitation, une sorte de regret à le prononcer, qui fit dire à Glicia, toujours toussotant et repoussant la main de Severa :

— Aide et amour ! Oui, pour ton Kreistos, ton Maglo, ton Calliste, ton Zal et ton Ghéel ! La loi romaine me donne droit de vie et de mort sur toi, et je t'en ai libérée en te laissant aller à leurs assemblées, en acceptant même ces gens-là chez moi. Tu ne songes pas à ton époux, parce qu'il est vieux, et qu'il ne veut pas de l'Empire, alors qu'avec ce Ghéel et ce Zal tu applaudis à ce qu'il fait. Mais cela m'agrée, cela m'agrée que ton Maglo ait prédit la mort d'Élagabalus et des empereurs qui ne sont pas Romains. Il a raison, ton Maglo, si c'est ce que j'ai compris de lui.

La laissant là, suivi de Rusca, il s'enfonça dans le rond de soleil d'un sentier, non sans lui crier de très loin, en brouillant tout, dans une habituelle absence de mémoire :

— Oui ! il a raison ce Maglo ; il périra, Élagabalus, avec ce Ghéel, ce Zal et ce Kreistos, et tu regretteras les services que tu leur rends.

Elle rentra, traversa des appartements aux peintures simples. Dans une pièce carrée, une vieille servante rangeait des étoffes : des toges à peine asséchées, des subuculas reprisées, un tas de loques que Severa faisait rapetasser pour des chrétiens pauvres. Car, l'épouse de Glicia ayant mis sa fortune au service des Frères en Kreistos, ils furent nombreux, ceux-là qui approchèrent leurs lèvres de la bonne coupe patricienne. Depuis que, dix ans auparavant, un confesseur bythinien l'avait immergée dans le Baptême, Severa se dévoua à Kreistos au point de laisser le quinteux époux se confondre avec le vieux Rusca, d'oublier la villa et de ne plus avoir pour cette maison, une gloire romaine, le coup d'œil de la maîtresse surveillant tout. Aussi, c'était pitié de la voir, la villa, s'effacer devant la splendeur des villas voisines, dont les possesseurs prêtaient à la matrone si jeune encore, si belle, si attrayante malgré un air austère de veuve anticipée, des passions extraordinaires. Tous ignoraient la grandeur en même temps que la simplesse d'âme de Severa, sublime par l'illumination qu'elle donnait aux choses; tous ne se disaient pas qu'aimante et ardente elle se privait chaque jour d'un peu d'elle, car, encore quelques années de ses générosités, et c'était la pauvreté pour elle et son époux !

Elle s'était mariée à cet inquiet de Glicia, parce que sa famille, aussi de souche patricienne, mise hors service depuis un siècle par les Empereurs, l'avait voulu. Il y avait dix ans de cela, elle en avait quinze alors. A peine si Glicia l'effleura et la déflora. D'une nature portée aux mysticités, elle eût été une effrénée combattante de la Chair, mais, cette Chair apaisée dans les délices de Kreistos, endormie dans la charité, le renoncement, les bonnes sympathies pour les Frères, les larmes versées, les effusions tendres entre esprits qui se répondaient facilement dans l'atmosphère des assemblées, elle resta chaste, froide et comme insexualisée.

Depuis que Zal l'avait gagnée à l'idée d'une catholicité poussée vigoureusement du fumier d'Élagabalus, il s'était formé un parti nombreux de mystiques, surtout orientaux, comme lui soutenant Élagabalus, qui ne persécutait pas les chrétiens, les laissait s'assembler, et, même, crier contre les Dieux. L'unité créatrice en Kreistos lui allait, comme corollaire de l'unité créatrice en la Pierre-Noire; les deux cultes, après avoir délivré les nombreux polythéismes, les philosophies plus ou moins panthéistiques se raccorderaient ensuite en un seul que, sectateurs de Kreistos et sectateurs de la Pierre-Noire, érigeaient en commun.

Et ces idées occupaient maintenant Severa, se demandant pourquoi Maglo maudissait cet Empire et cet Empereur si favorables à Kreistos. Severa, et Zal, et Ghéel, et des milliers de chrétiens, pauvres de l'Aventin, de la Transtéverine et de l'Esquilin, riches du Cœlius, de la Région des Jardins et de la Campagne, voyaient dans les abominations de la Pierre-Noire non des obscénités, mais la pulvérisation des vieux dogmes, la dissolution des vieux cultes, la disparition du Péché, jetant son dernier souffle dans les horreurs de Sodome et de Babylone. L'avenir leur apparaissait au delà, bleu et clair comme un ciel de cristal, et une nouvelle Humanité rayonnait, à sa tête Kreistos, les trous de ses mains et de ses pieds laissant échapper le sang fécondant les Prospérités et les Quiétudes, les Amours éternelles et les Fraternités, levées en Fleurs touffues, dans le tabernacle de ses Églises évasées comme des lys blancs aux coupes inaltérées !

Tout cela tourbillonnait confusément en Severa en qui Zal revenait, tel que dans les réunions chrétiennes, surtout celle où sa face tuméfiée se dressa, blanche. Elle songeait à sa détresse quand, avec Maglo, dont il ne partageait pas les idées et, pour ne point l'abandonner aux soldats, il alla au Camp ; à son empressement à se porter chez lui, à l'Esquilin, dans cette pauvre chambre de chrétien vivant de peu, ce jour inoublié où, sans l'assistance d'Atillius, des Galles l'allaient violenter. Elle l'avait revu depuis, toujours ardent, toujours mystique, avec le grand air royal de ses trente véhémentes années, car Zal comptait un roi de Perse parmi ses ancêtres, un roi glorieux qui fit jadis trembler la terre, et ce sang l'avait fait ce qu'il était : généreux, ténébreux, énorme de vie intellectuelle, audacieux et vaste de pensée.

Elle cousait un vêtement de pauvre, avec, sous les yeux, cette ascension d'idées au travers desquelles flottaient la face de Kreistos et de Zal, tour à tour s'effaçant. Et elle n'eût pu dire laquelle des deux émergeait plus vivante et resplendissante, tant leur translation mutuelle était rapide. Elle ne parlait pas, pendant que l'ancilla comptait à voix basse d'autres vêtements : des toges de laine brune, des tuniques sans manches, des ceintures de cuir, des stolas et des pallas, des subuculas de lin et des lacernas avec leur cucullus, et qu'au fredonnement de sa bouche se joignaient de loin des paroles de Glicia, qui, revenu avec Rusca, disait, dans un toussotement sans fin :

— Oui, cela m'agrée, cela m'agrée, Rusca, que ce chrétien m'ait prédit la fin d'Élagabalus. Il périra, crois-moi, cet Empire de Severa, avec son Ghéel, son Kreistos et son Zal !

V

Atta errait fébrilement autour des Thermes d'Antonin et de Caracalla, animés d'un engouffrement de gens se poussant en des rires et des exclamations. Des individus glabres, une amulette noire au cou, entraient dans des salles et en ressortaient avec des baigneurs frais, généralement de beaux hommes, qu'on se désignait du doigt. Atta, qui n'avait plus Amon pour ressource — l'Égyptien ayant disparu depuis six mois — et était à jeun depuis deux jours, cherchait des yeux quelque personnage dont il eût pu tirer parti, quand de grands cris s'élevèrent autour de lui. Des gens couraient vers un attroupement, devant les portiques.

Il alla vers le rassemblement, qui grossissait, pendant qu'à ses côtés, des bandes d'hommes poursuivaient de noms infâmes les individus glabres et les baigneurs qu'ils emmenaient, les accusant de se prêter à Élagabalus, qui faisait rechercher dans les thermes de Rome, les plus beaux hommes pour ses goûts abjects. Il approchait, et une grosse voix lui parvenait ; un bâton virait au-dessus des têtes, dans le soleil. La voix anathématisait l'Empereur, le bâton menaçait les curieux qui écoutaient.

— C'est certainement Maglo, se dit Atta parvenant jusqu'à Maglo, qui s'exclamait :

— Hommes, citoyens, je vous le prédis ! Les pieds de la Bête sont dans la Mort, et la gloire de Kreistos survivra éternellement au Péché.

Atta lui prit le bras. En le reconnaissant, — car Atta continuait à frayer les assemblées de chrétiens où Zal n'allait pas — en le reconnaissant, Maglo laissa retomber son bâton :

— N'est-ce pas, frère Atta, que la Bête s'enfoncera dans la Mort?

Il se tut, son bâton fiché en terre, ses yeux rouges sur Atta. Comme il s'immobilisait ainsi, quelques-uns s'éclipsèrent, avides d'autres émotions. Puis Maglo et Atta furent seuls.

L'Helvète posa sa main sur l'épaule de son Frère en Kreistos :

— C'est une prédiction, et je doute fort que l'Évêque Calliste et ses Romains en aient une semblablement inspirée.

— J'en doute fort moi-même, assura Atta sans trop savoir, et au hasard.

Ils avaient quitté les Thermes, et devant eux couraient les rues populeuses de la Région Capène, que bordait la Voie Latine, à gauche de l'Aventin. Ils passèrent devant les nombreux réservoirs qui donnaient une grande fraîcheur à cette Région, traversèrent le Jardin de Prométhée, miroitant d'un lac tranquille, sans regarder les temples, surtout ceux, très somptueux, de la Tempête et de Sérapis. Ils erraient sans but : Maglo pour parler de sa prédiction, Atta pour tromper sa faim.

Au Palatin, sous des portiques, plusieurs individus, debout sur des bornes et tête nue, lisaient des manuscrits devant un public clairsemé, qui les écoutait en battant de la sandale sur le pavé.

— Ils lisent là des abominations, dit Maglo, qui, le bâton levé, se dirigea vers eux. Mais Atta, apercevant la barbe pointue sans moustaches de Zopiscus, qu'il n'avait pas vu depuis longtemps, retint le vieillard.

— C'est vrai, et surtout ce Zopiscus a écrit des blasphèmes contre Kreistos. Mais à quoi bon ? Kreistos les vaincra tous. Laissons-les.

Il l'entraîna, avec un sourd désir de ne le lâcher que pour un bon repas, problématique à cette heure, où de l'accompagner chez le chrétien auprès duquel il pouvait se rendre, et qui, sûrement, les retiendrait à la cœna du soir. Maglo, comme s'il l'eût deviné, lui demanda alors, tout à coup :

— As-tu mangé ? As-tu bu ? T'es-tu réconforté comme les Fidèles de l'Agneau doivent se réconforter pour apaiser cette misérable chair ?

— Eheu ! non, répondit en soupirant Atta ; et j'attends depuis hier ce contentement de ma chair.

— Ce n'est pas comme moi, qui sors de chez Severa, laquelle m'a dressé une table. J'ai catéchisé son époux, qui s'appelle, je crois, Glosia.

— Non ! Glicia, affirma Atta, qui ajouta :

— Je n'ai rien mangé, te disais-je !

— C'est que Kreistos ne l'a pas voulu, fit Maglo.

Et, revenant à sa prophétie :

— Vois-tu, ce Glosia ou ce Glicia a eu l'air tout joyeux de ma prédiction. Ce qui est à étonner est de voir Severa soutenant Élagabalus Antoninus, et Glosia ou Glicia — comme il te plaira — demander sa mort. Ils ne s'entendent pas, Glosia ou Glicia et Severa.

— Ah ! Glicia applaudissait à ta prédiction, exclama Atta, devenu tout singulier.

Et un projet extraordinaire, qui sourdait en lui depuis longtemps, le tint muet quelques minutes. Ah ! s'il le pouvait mettre à exécution, c'en serait fait des jours sans manger, et des injures des riches qu'il sollicitait, et des piétinements dans la boue des rues, et des humiliations du parasite qu'il était, parce qu'il n'avait ni fortune ni situation, quoiqu'un savant émérite, un grammairien, un philosophe, un écrivain très fort dans l'Apologétique ce que nul ne déniait, malgré les ignominies de sa vie de misère. C'en serait fait de cette fièvre à rechercher constamment le gîte et le repas du jour, et aussi à éviter, dans les assemblées de chrétiens, qu'il dominerait tout à fait, la vue de Zal. Car, malgré tout, Atta, homme de l'avenir, était chrétien, mais d'une largeur spéculative et calculatrice, prête à céder très facilement la lettre pour l'esprit et frisant de très près l'Hérésie. Il l'était, sentant que Kreistos avait besoin, en son siècle, de hardis éxégésistes et de directeurs des consciences, et exégésiste, et directeur, il le pouvait être, pour peu que les évènements le favorisassent. Ne pourrait-il atteindre un jour à la Chaire de Pierre, dont la puissance occulte devenait maintenant énorme, parce qu'elle dominait des milliers de chrétiens dociles, de chrétiens riches et de chrétiens pauvres, ceux-là soutenant ceux-ci, et cette situation prestigieuse ne l'arracherait-elle pas enfin de la poursuite journalière du repas et du gîte en le jetant dans un milieu d'offrandes abondantes, d'adorations et de soumissions concrétées en un bon lit, sous un toit solide, et des plats plantureux qu'il viderait jusqu'à son saoûl? Et pour cela, que fallait-il? Rendre à l'Église un service tel, qu'en retour elle le mettrait en pleine lumière des Fidèles, en servant la faction de Mammæa — car elle avait un parti, la mère d'Alexianus ! — contre Élagabalus. Ah ! il était des chrétiens, parmi eux ce misérable Zal, assez insensés de s'imaginer que la Pierre-Noire, sans crainte, fraierait avec Kreistos et disputerait avec lui la puissance temporelle et spirituelle ! Non, cela ne serait ; il prouverait que ces suggestions venaient de la Bête et du Péché sous toutes les formes, même les plus séduisantes, que l'Église dissiperait.

Et, comme son enivrement crevait en paroles au milieu desquelles surnageaient les mots de BÊTE et de PÉCHÉ, Maglo, tout encore à sa prédiction, penché sur lui, lui cria à l'oreille, dans le tumulte du peuple roulant autour d'eux :

— Oui, oui, tu as raison, la Bête a les pieds enfoncés dans la Mort, et Kreistos dominera le Péché. Je l'ai prédit à Glosia ou Glicia.

— A Glosia ou Glicia, répéta machinalement Atta, dont la pensée suivait son cours.

Et il se dit, pour donner une apparence pratique à son rêve : que Glicia, époux de Severa, était patricien ; qu'avec lui, d'autres patriciens attendaient que l'Empire fût secoué d'Antoninus comme une toge de sa poussière ; qu'avec ces patriciens, c'était un peuple entier à la suite de Mammæa, si Mammæa le voulait. Maintenant, ils marchaient le long des murailles du Palais des Cæsars ; des végétations de jardins couvraient des blancheurs de colonnades éloignées, et des fenêtres cintrées s'ouvraient, avec des têtes de prétoriens casqués à leur bords, regardant mélancoliquement la Ville ensoleillée, vautrée sous eux. Des portes basses tournaient par instants, avec un léger bruit de bronze : il entrait, il sortait des gens mystérieux, surveillés par d'autres gens apostés à des coins de rues voisines. Atta reconnut des sénateurs et des officiers déguisés, sans doute conspirant avec Mammæa.

Qu'importait un échec ? La vie, si misérable pour lui, lui pesait ; il la risquait volontiers cette fois-ci, quoique jusque-là il fût terriblement peureux. Alors, bravement, après avoir quitté Maglo, qui poursuivit son chemin sans comprendre pourquoi il voulait pénétrer là, il s'insinua par une des portes, la tête à demi couverte d'un morceau de sa toge. Quelqu'un l'arrêta, qui était vieux et qui sortait.

— Où vas-tu ?

— Voici, fit Atta, et il bredouilla un symbolum de fantaisie, un mot de passe que le vieux ne comprit pas, heureusement à demi sourd. Il fit signe à un autre qui se promenait comme un nomenclateur ennuyé, lequel fit un geste du bras à un troisième placé derrière lui, devançant un quatrième, en des profondeurs de jardins soigneusement entretenus, peuplés de statues et semés de bassins d'où s'époinçaient des sagittaires et des roseaux.

Ils le laissèrent passer, vaguement étonnés de cette longue figure mal rasée de parasite, dont la tunique noire perçait sous la toge trouée, souvent entrevue aux abords du Palais les jours de réceptions, supposant que cet homme avait des choses importantes à dire, et, après l'avoir fouillé, pour lui découvrir une arme qu'il ne possédait point, ils le firent entrer dans une salle menant à un couloir, débusquant sur un atrium, et d'autres salles, d'autres atriums, qui émerveillèrent les Brundusiniens une année auparavant, maintenant muets dans leur grandeur et leur solitude s'entrevirent pour Atta. Il n'en était pas ébloui, droit et fier comme s'il les eût habités depuis sa naissance, se répétant, dans une grande espérance de réussite, les paroles qu'il prononcerait devant Mammæa, au cas où il serait reçu par elle.

10.

Il était dans le Gynécée, deviné à des éloignements de femmes dont les voix lui parvenaient, claires et sonnantes. Toujours de grandes salles, et des portiques, et des péristyles, et des atriums, et des statues, et des vases sur des socles, et de hautes tapisseries aux dessins gigantesques, et des revêtements de carreaux émaillés étalant des mythologies noyées d'or. Un esclave, grand et gros, le prit par la main et le fit descendre, puis monter des marches étouffées et parcourir un labyrinthe d'appartements obscurs, où il se serait égaré tout seul. Il lui disait :

— C'est pour sa Magnificence et sa Sérénité, la mère du Cæsar, que tu viens ?

Il clignait des yeux et serrait les dents, comme prêt, — s'il avait dit non — à le broyer dans ses bras ou à l'égorger de son poignard passé à la ceinture dans une gaine de bronze ! Mais Atta répondit fermement :

— Oui ! esclave ! C'est pour sa Magnificence et sa Sérénité. J'ai des secrets à lui confier.

Alors, l'esclave l'emmena plus vite, sans rien ajouter, jusqu'à une pièce étroite qu'il referma dans un grand bruit d'airain, le laissant seul ; devant lui, un thronus aux bras en ailes d'un sphinx d'or dont le dos formait le siège, sculpté symboliquement.

VI

Un glissement de pas, puis une porte s'ouvrant ; et, resplendissante et blanche, avec un bandeau élargi de pierreries à la chevelure noire ramassée en volute, Mammæa !

Elle s'assit, les bras appuyés aux ailes du sphinx, fixant clairement d'yeux de femelle fauve, que l'austérité de ses gestes rendait terribles, Atta, qui, se jetant à plat, baisa le bout de ses sandales brochées d'or et guillochées d'améthystes violacées. Au contraire de Sœmias, qu'il avait souvent vue en public, la mère du Cœsar n'était point fardée, ni vêtue impudiquement ; mais, grande et simple, elle paraissait plus redoutable, surtout avec son regard fixe, plein de pensées.

— Tu avais à me parler en secret ; qui es-tu ? que fais-tu ? Parle et j'écoute, dit-elle lentement. Et sa voix était calme et mâle, et de sa main, par derrière, elle entr'ouvrit une tapisserie qui laissa voir, en une pénombre, l'esclave géant, immobile, les deux mains retenant à la nuque son poignard, dont le fil faisait une coupure de cristal.

— Oui, j'avais des choses importantes à te dire, dit Atta qui se relevait. Qui je suis ? Je suis chrétien ! Qu'est-ce que je fais ? Je veille sur toi ! Je viens t'offrir l'aide des chrétiens pour sauver ton fils et te débarrasser d'Élagabalus.

Il se disait que, n'ayant rien à ménager, la meilleure diplomatie consistait à ne pas avoir de diplomatie. Mammæa accepterait ou refuserait, sans circonlocution aucune, et ce serait plus vite fait ainsi. Et la faim, qui entièrement le dévorait, lui coulait une espèce de fièvre au sang, l'amenant à ne pas regretter, afin d'en finir au plus tôt, — si telle devait être sa fin, — le coup de poignard de l'esclave. Elle lui donnait une grande acuité de vision, une espèce de supériorité d'imagination touchant au coup d'œil du génie. Et, comme Mammæa, les lèvres immobiles, restait là sans parler, avec une sorte de défiance, il éleva la voix :

— Oui, nous sommes des milliers, du peuple, des esclaves et du patriciat, qui appelons la fin de cet Empire avili, dont ton fils est la victime sainte ! Nous sommes des milliers qui voulons la Vertu et la Bonté, là où règnent le Mal et la Fourberie. Le monde souffre, Magnificence, des violences du fils de ta sœur, et il désire celui que des présages désignèrent comme Auguste et Empereur. Te rappelles-tu le jour où, dans le Temple d'Alexander le Macédonien, ton ventre accoucha de l'enfant ? Une étoile de première grandeur brilla sur Cæsarea, et le Soleil s'entoura d'une auréole ; une vieille femme vint t'apporter un œuf pourpre, pondu par un pigeon ; la nourrice s'appela Olympius et le nourricier Philippus. Celui-là qui a de pareils présages sur la tête est Prédestiné! L'aide que je viens t'apporter a la puissance du levier. Sache qu'il nous est loisible, par la parole discrète à l'oreille des hommes et des femmes, de créer pour toi et ton fils un courant de sympathie irrésistible, s'épandant à travers Rome et les provinces, et mystérieusement ébranler celui qu'Élagabalus peut encore éblouir et leurrer. Il nous est familier d'ameuter les nôtres aux jours de spectacles, durant les fêtes publiques dans le camp des soldats, et de paralyser les résistances de l'Impur qui veut la mort de ton fils. Vois-tu, je t'apporte tout cela, et ne te demanderai rien, rien sinon la paix pour Kreistos, la sécurité pour mes Frères, et la confiance en l'esclave qui ose te parler!

Il s'arrêta, les mains jointes, et comme Mammæa restait muette, il reprit. Maintenant, il parlait de Kreistos, qui surajouterait son Église à l'Empire, et l'absorberait; des siècles à venir qui verraient, non l'Empereur, mais le Prêtre de Kreistos, à Rome, en robe blanche, porté sur un trône d'or, et vénéré plus que tous les pontifes réunis; des peuples venant baiser ses sandales et se sanctifiant dans le sang de l'Agneau. La convoitise des honneurs ne l'avait point poussé vers elle, puisque, par avance, il ne voyait que le Règne et la Loi de Kreistos, mais il était las, et le monde avec, des ignominies d'Antoninus Avitus, et mieux valait, certes! réunir la Vertu de son nom à celle des chrétiens pour renverser l'Empire immonde que la Nature répudiait de toutes ses voix. Le monde, alors déblayé, verrait à qui se donner, à l'Empereur que son fils devait être, avec ses dieux et ses pontifes, ou à Kreistos, des Ames définitivement vainqueur!

Elle ne le comprenait pas trop, tant cette mysticité lui était étrangère, quoique, par les conseillers de son fils, Ulpianus et Sabinus, Venuleius et Modestinus, personnages graves creusant fort avant la conspiration, elle fût au courant des doctrines de Kreistos. Une chose la touchait, les présages désignant Alexianus à l'Empire que lui rappelait Atta. Elle vit l'Enfant, qui — ayant quitté la robe prétexte — n'était plus l'adolescent Alexianus, mais le viril Alexander, battant la terre du sabot de son cheval, avec des hordes armées chassant le Perse et poursuivant le Germain, montant au Capitole sur un char trainé par des éléphants, magnifiant les Jeux du Cirque devant plus de cent mille spectateurs, et dominant les Sénateurs et apothéosé dans l'Impérialat et l'Augustat, et elle-même dirigeant occultement le monde par lui, non avec la fébrilité de Sœmias, mais avec la sagesse de la matrone soigneuse de son foyer!... Elle eut des battements au cœur et sa face remua :

— J'accepte ton aide. N'oublie point le bel Alexianus, devenu viril, qui est présentement Alexander. Édifie de tes mains l'Empire futur. Avec toi, ce sont des milliers de Vertueux et de Forts que les horreurs de la Pierre-Noire n'émasculeront jamais. Vois-tu, c'est la mère de l'Enfant qui t'applaudira !

Elle se leva et lui sourit grandement, et, comme Atta se jetait la face au sol pour la laisser passer, elle lui fit :

— Lève-toi. Je me souviendrai.

Il était seul, déjà l'esclave entr'ouvrait la portière pour l'emmener, quand elle reparut. Ayant vu Atta mal vêtu et maigre, elle s'était dit qu'il avait besoin d'être secouru, et elle revenait avec des auréus, qu'il refusa vivement :

— Je ne suis pas venu pour cela ! Non ! non !

Il les refusait, et il les désirait, se disant que cet or lui permettrait de vivre quelques mois encore, jusqu'à la décisivité des évènements. Mais Mammæa, oubliant son impassibilité, lui prenait le bras et glissait, dans un pli de sa tunique noire, les auréus, qui y tintèrent, nombreux.

— Reviens quand Élagabalus chancellera, quand son Empire commencera à crouler. Ton Kreistos et mon Alexander attendent d'être enfin les seuls maîtres du monde !

VII

Des gens couraient vers les Portiques de Livie, où une vigne s'enroulait, puissante, grasse et dans une pluie de feuilles larges, jusqu'aux toits gigantesques dominant, avec les quatre Tours du Choragium et l'obésité du Colosseum, la Région d'Isis et Sérapis, fourmillante, aux dix horreas ou greniers publics, aux vingt-trois pistrines ou boulangeries, aux quartiers de la Fortune Voisine, de la Ruelle, des Constructeurs et de la Laine. On y parvenait par la rue de la Tabernole, entre le Cœlius et l'Esquilin. Des thermes et des bassins, dans cette Région ; le Nymphéum, qui avait été le Grand-Bain de Claude, et les thermes de Titus et de Trajan, s'ornant d'un temple d'Esculape ; puis l'École des Gaulois, le Camp doublement étagé en amphithéâtre des soldats de Misène, la Tête de la Subura, les œdicules de la Bonne-Espérance, de Sérapis, de Minerve, d'Isis, entre des maisons monumentales de marbre et de granit.

Ceux-là qu'on voyait étaient de jeunes praticiens, sur la pointe des pieds marchant, en des mouvements de ventre qui ondulait, aux cheveux roulés ou crêpés au fer, ruisselants d'huile parfumée. Comme on était aux ides de novembre, au lendemain du grand festin du Capitole, où Élagabalus parut dans un char traîné par des cerfs, — ce qui ébaubit les Romains — ces jeunes patriciens, contre un problématique froid, s'entouraient le cou de mentonnières en laine et se lamellaient les cuisses de bandes d'étoffes. Quelques-uns portaient des pænules retenues sur la poitrine par des fibules d'argent, avec un capuce pluché de diverses couleurs ; d'autres, des toges aux plis savants sur des tuniques à manches brodées ; d'autres n'avaient point de ceinture à leur robe très longue, rayée de haut en bas ; d'autres étaient chaussés de souliers écarlates sertis de pierres, à l'extrémité en pointe.

D'autres apparaissaient, salués par des applaudissements espacés, qui avaient l'air austère, la face rasée, les yeux roulants d'inquiétude, et qui agitaient dans leurs mains maigres des feuilles de peau amincie, enroulées autour d'un bâton au bout duquel pendait une bossette de bois, de corne ou d'os.

D'autres approchaient, avec également un air austère, une face rasée et les yeux roulants d'inquiétude, mais qui, n'agitant rien du tout, se contentaient de passer silencieusement sous les regards des jeunes patriciens, lesquels ne les applaudissaient pas.

D'autres, qui n'avaient ni l'air austère, ni la face rasée, ni les yeux roulants d'inquiétude, se poussaient, avec des remuements d'épaules, des regards pâmés, des bouches en cul-de-poule, des façons discrètes de marcher et de parler, des enthousiasmes et des exclamations, surtout en écoutant ceux qui n'agitaient rien du tout, dont certains propos semblaient les faire s'évanouir de ravissement.

Quand les Portiques furent encombrés au point que les passants durent se détourner de la voie, il se fit une sorte de tassement de gens qui se veulent placer à l'amiable, et alors parurent, juchés sur des escabeaux alignés sur un seul rang, les individus aux feuilles de peau dont les bossettes pendaient mélancoliquement.

Ils dominaient les autres, qui levaient le nez, renflaient les épaules, époignaient leur capuce ou se capitonnaient le cou de leur toge, et ces derrières, et ces dos de gens faisaient un gros ballonnement d'étoffes blanches embrassant les Portiques de Livie sur une grande étendue.

Enfin, la voix d'un de ces hommes austères, rasés et inquiets s'éleva, menaçante, ironique et froide. Installés au premier rang, ils avaient, pour les possesseurs de rouleaux, une attitude de sévères pédagogues prêts à retenir le Vers dans la morale, la vertu et la tradition des mètres saphiques, asclépiades, glyconiques, alcaïques, falisques, archiloquiens, iambiques, à l'emmitoufler comme s'emmitouflaient les porteurs de capuces et de mentonnières, à le geler comme ils étaient eux-mêmes gelés, à verser dans l'Ode, l'Épode, le Dithyrambe, la Satire, l'Élégie et l'Épître, la juste chaleur pour qu'ils se tinssent faiblement sur leurs pieds.

Car, ceux-là qui, de leur escabeau, se dressaient comme des stilytes avec des rouleaux dans leurs mains maigres, étaient des Poètes, et les autres, à l'attitude de pédagogues, étaient des Critiques ; et ceux qui s'étaient pâmés à écouter ceux-ci étaient des admirateurs de Critiques et des contempteurs de Poètes ; et les autres étaient à la fois des partisans de Poètes et de Critiques, et tous étaient là pour prêter une oreille attentive à la lecture des œuvres des premiers, et aux observations sages, mesurées, discrètes, sagaces, fines, intelligentes — surtout intelligentes! — des derniers.

Donc, la voix d'un homme austère, rasé, inquiet et nullement applaudi, fit :

— Commence à lire posément, Offellus, que nous t'écoutions, nous, les gens de Goût aimés des dieux!

La voix d'un autre homme austère, rasé, de plus loin, — impérieuse :

— Mouche-toi avant tout; crache bien, Scœva, que ta voix soit claire pour bien saisir les inflexions de tes Vers!

Une autre voix, très grosse dans le silence de tous :

— Ne remue pas, tiens la main gauche à ton cœur, penche le front modestement, n'aie aucun orgueil, et surtout reste vertueux, Coranus! Nous consentons à t'écouter!

Une autre, irritée :

— Pourquoi ta barbe pointue sans moustaches, Zopiscus, pourquoi te distinguer? Vois-nous, rasés quoique austères et inquiets comme notre vertu l'exige. Cela est blâmable. Une barbe sans moustaches repousse la Muse qui approche si facilement de la face rasée.

Alors, plusieurs contempteurs de Poètes et admirateurs de Critiques :

— Calvisius a raison. Nous ne pouvons souffrir la barbe pointue sans moustaches de Zopiscus dont le Poème est exécrable à le juger ainsi. Va-t'en! Va-t'en, Poète, qui ne sauras jamais raser ta face comme les autres!

Mais les jeunes patriciens répondirent aux contempteurs :

— Qu'est-ce que cela vous fait, que Zopiscus ait une barbe pointue dont la moustache reste absente de ses lèvres? Si cela lui plaît, à lui! La Muse n'a rien à voir là, et il nous est d'avis que mieux vaut un bon Poète avec une barbe sans moustaches qu'un mauvais avec une face rasée!

— Blasphème! blasphème, exclama celui que des admirateurs de Critiques avaient appelé Calvisius. La Muse est souillée, Apollon est nié, Pégase est couché sur le flanc, la

Poésie est morte, grâce à la barbe sans moustaches de Zopiscus.

Alors s'élevèrent des colloques très vifs. Les uns voulaient que Zopiscus allât se faire raser immédiatement, les autres qu'il restât, pendant que les Poètes et Zopiscus lui-même attendaient patiemment la fin de l'orage, debout sur leur escabeau, une main serrant dignement le rouleau, l'autre au cœur, les yeux dressés vers les frises, et tout le corps roidi.

Il y eut une accalmie; Zopiscus resta. Un Critique cria dans l'apaisement :

— Nous vous écoutons, Poètes, lisez !

Subitement, un bourdonnement simultané de Poètes lisant dans leur rouleau ! C'étaient des hymnes à Jupiter et à Bacchus, des odes à des maîtresses ou à des particuliers. Obellus larmoyait une Élégie sur les charmes de Tibur ; Scœva scandait très vite une Épode sur l'Amitié; Coranus luttait avec un Poème sur la Navigation. Quant à Zopiscus, il plongeait le nez dans son Poème *Vénus*, et nul ne comprenait à ce qu'il lisait, quoiqu'il eût un grand air de Poète supérieur à tous.

Les auditeurs avaient ouvert la bouche et levé le nez ; puis, tournés à demi, essayé de saisir les Vers qui s'enchevêtraient, voltaient, tourbillonnaient, roulaient, coulaient de la bouche des Poètes en cascades claires de mètres corrects. Ils replaçaient les pages de leurs rouleaux, et quelques impatients s'en allaient ; les rangs se clairsemaient; mais les Critiques ne remuaient pas, férocement décidés à écouter jusqu'au bout, pour ramener les Poètes aux saines limites de leur Goût, d'après eux le Goût universel !

Quelques auditeurs se plaignant de ne pas comprendre, les Poètes relurent plus haut, en un bourdonnement colossal, semblable à une eau glougloutante. Et, s'animant peu à peu, ils gesticulaient, ils remuaient la tête et avaient des poses inspirées, des yeux qui ne roulaient plus d'inquiétude, mais d'enthousiasme, et un air allumé par le génie du Vers. Mais cela ne les faisait pas comprendre davantage, car ils lisaient tous ensemble, au point que d'autres auditeurs s'en allèrent, les laissant seuls avec les Critiques.

Des curieux s'étaient rapprochés ; parmi eux, un cavalier casqué et cuirassé, qui, sans plus de gêne, poussa là son cheval. Et, plus les Poètes lisaient, plus il les regardait, d'abord avec attention, ensuite avec stupéfaction, enfin avec la plus grande indignation. Les Poètes continuaient à lire très vite, toujours le nez dans leur rouleau, ou bien les mains en l'air, d'Inspiration ! mais sans voir les auditeurs autres que les Critiques desquels ils espéraient des encouragements, des *bene*, des *euge*, des *pulchre*, des *belle* qui ne coulaient pas de leur bouche pleine de Goût, ou des couronnes qu'ils ne leur envoyaient pas. Les Critiques gardaient les lèvres serrées, les poings fermés sous leur menton méditatif, avec des coups d'yeux terribles vers les Poètes, dont quelques-uns, par instants, avaient des tremblements subits.

Cela dura une heure près, et la lecture interminable ne s'achevait point. Le cavalier avait une peine inouïe à retenir son cheval, qui ruait à droite et à gauche jusqu'à faire un grand vide autour.

Il éleva enfin la voix, coupa la lecture :

— Par la Divinité d'Antoninus, comment se fait-il, Poètes, que vous n'ayez rien écrit en l'honneur de l'Empire ?

Cela était vrai ! Autant qu'on en pouvait juger, les Œuvres des Poètes n'exaltaient nullement l'Empereur. Elles chantaient tout : les dieux et les déesses, les prostituées et les matrones, le Crime et la Vertu, les Oignons des jardins romains, les Lentilles d'Égypte, les Chevreaux, les Bergers, Cæsar Julius, les Navires, la Peinture, la Sculpture, le Vent, les Sources, la Mer, les Pois Chiches, les Jeux du Cirque et les Jeux des Osselets, à l'exception d'Élagabalus et de sa Divinité ! Et c'est ce qui avait indigné le cavalier, qui, de fureur, tira un glaive de son fourreau battant sa cuisse aux ocres d'airain. Les Poètes levèrent les yeux ; les Critiques remuèrent. Quelqu'un poussa un cri. Et, précitamment, les Poètes dévalèrent de leur escabeau ; les Critiques filèrent austèrement. Ce fut comme un évanouissement de toges et de tuniques, de faces rasées et d'yeux inquiets ; une espèce d'envol miraculeux de blancs oiseaux qui se dispersaient sur un étang aux eaux troubles, sur lequel auraient flotté mélancoliquement des rouleaux de peau en feuilles amincies !

— Et toi, que fais-tu là ? cria l'officier, qui rentra son glaive, à Zopiscus toujours lisant.

Et, comme il lisait encore, il empoigna rudement sa barbe pointue sans moustaches. Zopiscus hurla :

— Grâce, grâce ! Je lisais, j'allais vaincre les autres Poètes, qui ne savent pas comme moi écrire le Vers.

Mais, reconnaissant un des officiers entrevu jadis à la porte Salaria, il descendit de son escabeau, toujours tiré par sa barbe, le mufle du cheval d'Antiochanus — c'était Antiochanus — sur le crâne.

— Ce Poème, Illustre, t'était dédié ! Je me souviens parfaitement de toi. Je chantais tes vertus, ton courage et tes services rendus à la cause publique. Veux-tu que je le lise ?

Mais Antiochanus le secoua plus vigoureusement, tordant sa barbe pointue comme un linge mouillé.

— Tu me dédiais cela ? Mensonge ! Et d'ailleurs, c'est pour sa Divinité Antoninus que tu devais l'écrire.

Zopiscus eut un mouvement désespéré.

— Oui ! oui ! c'est à sa Divinité que je le dédiais ; je me trompais. Cependant, tu méritais bien cette dédicace. Laisse-moi, Illustre, je vais, te satisfaisant immédiatement, élever Antoninus au-dessus de tous les dieux !

— Il l'est déjà, au-dessus de tous les dieux, cria Antiochanus, qui s'accalmait peu à peu. Et puisque tu veux chanter l'Empereur, viens avec moi !

Et il l'emmena, le tenant toujours par sa barbe pointue, du haut de son cheval dont le pas s'activa, ce qui obligea le Poète à courir, la face renversée, les mains toujours serrant le rouleau précieux. Des passants se détournaient ; beaucoup riaient, et des écoliers lui décochaient des railleries.

— Où me mènes-tu, Illustre ? gémissait-il.

— Auprès de l'Empereur, qui te jettera aux Bêtes, si ton poème est mauvais.

Ils se rapprochaient du Cœlius aux maisons s'érigeant

dans une apothéose de granit blanc et rouge, de marbre et de stuc, suivis par des curieux, qui, le connaissant, se disaient qu'Élagabalus faisait enlever le poète pour quelque innommable boucherie. Devant eux, les Jardins de la Vieille-Espérance, à travers des voies qui s'ouvraient de toutes parts, faisaient des horizons de forêts, et les frises d'un palais s'apercevaient de loin, dans une trouée blanche, piquée d'ors.

Une porte monumentale, précédée d'un portique, s'ouvrit. Antiochanus lâcha Zopiscus, incertain, pendant que des Prétoriens accouraient d'un œdicule tapi en des végétations hautes comme des maisons.

VIII

Antiochanus ayant mis pied à terre abandonnait sa monture à un Prétorien et disait à Zopiscus, en le gratifiant d'un coup de poing dans le dos :

— Va, va ! L'Empereur sera aise de te voir.

Une allée d'arbres énormes bordait un circuit, qui paraissait sans fin, de murailles coiffées d'herbes folles, et, dans la criblure des feuillages à la rousse tonalité, par où coulaient des rayons d'un or très chaud, s'espaçaient de lointains viviers miroitant sous des regards de flamands, une patte en l'air, l'autre retombant verticalement. Les Jardins avaient des plates-bandes d'un vert calme, des bosquets de pins d'un vert sombre, des cactus syriens d'un vert clair, et des roseaux oscillaient, en une atmosphère jaune dévorant leurs têtes plucheuses. C'étaient des vasques isolées, portées prodigieusement sur une colonne dégorgeant de l'eau blanche en des creux de maçonnerie à la surface de nénufars élargis, et aussi d'autres vasques peuplées de monstrueuses grenouilles de pierre, au goître gonflé rejetant cette même eau en irisements. C'étaient des grottes forant tout à coup des perspectives de cristallisations bitumineuses, aux corniches nervées de plantes à feuilles, aiguës comme des pointes de sagittaires ; des apparitions d'œdicules de briques bleues ou roses vernissées, aux toits pointus, dont les entablements se coulaient en colonnes, comme des vêtements blancs, et des statues de marbre et de bronze, aux attitudes de gens nus se poursuivant et se violant.

Ils croisaient des prêtres du Soleil, dont le glissement fit se retourner plusieurs fois Zopiscus, qui en reçut assez d'immondes injures pour le faire marcher sans plus s'occuper d'eux. A un moment leur parvint une musique claire de flûtes et de tympanons. Dans une échappée de végétation, en un lointain flottant dans la rousseur du soleil, un étrange attelage passa : douze femmes nues traînaient un char monté par Élagabalus nu, et d'autres femmes nues dansaient autour ; d'autres, nues également, jouaient des instruments dont le son leur arrivait, et des gardes qui suivaient, les gardes de l'Empereur, — des chrysaspides somptueux — frappaient un bouclier d'or d'un pilum d'or.

— Tu vas voir passer sa Divinité, fit Antiochanus.

Il le poussa vers l'attelage, qui fila en un visionnement de chair et d'or, pendant qu'Élagabalus, riant fort, leur lançait de son char un rapide regard.

— Et surtout, lis clairement ton poème, reprit Antiochanus une fois seuls ; car sa Divinité est bon juge, et tu seras jeté aux Bêtes, s'il est mauvais.

Le jardin se resserrait en un dédale de sentiers étroits peuplés de statues, de pavillons et d'autels surmontés d'une pierre noire en cône, couverte d'inscriptions. Puis une place sablée se noya de soleil roux, et, dans le déroulement des végétations, s'érigea un palais : deux étages de portiques évidés, un prostyle atteint par des marches rouges, des terrasses blanches coupées de balustres blancs, et des fenêtres cintrées sur les côtés pilastrés, aux linteaux feuillagés de phallus. Et ce palais était en dépit de l'architecture connue, car il surajoutait des dômes à des toits plats, des belvédères à des portiques. Par des ouvertures inattendues passaient des branches d'arbres, qui tombaient sur le sol, de haut ; des colonnes se suivaient jusqu'à des arcs bouchant des ailes de portes percées. Des cris de Bêtes roulaient dans ses profondeurs, stridents et vivants ; des cris de lions, de léopards et de tigres, même d'un rhinocéros et d'un hippopotame pataugeant en un vaste bassin, au fond d'une cour.

Sur la place, huit individus se promenaient : chauves, ils se regardaient et ne se parlaient pas, très dignes dans leur toge, d'où passait un bras.

— Attends là, commanda Antiochanus à Zopiscus. J'ai accompli ma mission. Sa Divinité m'a envoyé quérir un Poète ; je t'ai pris. Antiochanus te récompensera si ton poème est bon, et te jettera aux Bêtes, le cas contraire. Surtout ne t'en va pas, sinon je te fais tuer par les Prétoriens !

Zopiscus resta coi, serrant nerveusement son manuscrit. Un individu qui louchait terriblement fila à ses côtés ; un second, qui louchait aussi, parut dans le soleil roux de la place sablée, et ce furent bientôt huit louches qui fixèrent le prostyle, avec des ports de tête contorsionnée. Ils battaient le sol, ne se connaissant pas.

Huit goutteux s'appuyant sur des bâtons émergèrent ensuite, suivis de huit noirs, magnifiquement vêtus de rouge, de huit individus très maigres et de huit individus très gras.

Enfin, un individu absolument grave demanda à Zopiscus s'il arrivait à l'heure, et, comme le poète lui fit une réponse quelconque, il lui parla de telle sorte qu'il se crut en présence d'un sourd.

Effectivement, c'était là un sourd, puis sept autres sourds survenant de divers points, qui, sans se comprendre, se tinrent des discours que les hommes chauves essayèrent de saisir de loin avec intérêt.

Quelquefois les Bêtes criaient ; le palais était troublé de cliquetis d'armes et de heurts de meubles transportés ; dans les fonds des Jardins, des éclats d'ors frétillaient, une musique de flûtes et de tympanons grandissait pour mourir en rythmes bercés, et des formes nues s'entrevoyaient vivement, exquises, en bras agités, en croupes et en seins soulevés, en dos où flottaient des chevelures ; ces formes traînaient un char d'or sur lequel dominait un homme nu : Élagabalus, la tête crevant des feuillages qui pendaient.

Quelquefois aussi, en une rapidité de bête surprise, voltaient des cerfs gigantesques, dont la ramure se fondait dans l'éloignement ; et des hommes couraient à leur poursuite, en une furie galopante, des hommes vêtus d'écarlate, qui leur lançaient des pierres et des bâtons, et les rejoignaient ensuite aux bords de lacs bleutés où ces cerfs allaient boire, frissonnants.

On sentait, dans ces Jardins, un énorme apaisement, malgré ces musiques, ces rumeurs et ces cris, qui n'étaient rien à comparer à ceux du Palais des Cæsars. Élagabalus donnait là à ses vices un libre développement, les soignait en raffiné, en délicat, comme des Fleurs bizarrement contournées, et ne songeait plus à l'Empire pour n'avoir affaire qu'à eux.

Une bande d'hommes s'éparpilla vivement du prostyle, sous les yeux de Zopiscus, qui reconnut en eux les baigneurs que, quelques mois auparavant, Élagabalus avait fait rechercher dans les Thermes, et qui, depuis, avaient dû habiter la Vieille-Espérance, puisqu'on ne les avait plus revus. Il croyait que l'Empereur les avait égorgés après en avoir joui ; ils vivaient au contraire, gras et forts, charnus, bien portants et gais, en Hommes de Joie !

Aimant à bavarder, il demanda à l'un des huit goutteux, qui, semblable à un énorme limaçon, se traînait sur le sol :

— Citoyen, que faisons-nous ici, devant le palais de sa Divinité ? Il m'est avis que nous pouvons entrer, puisqu'Elle nous a appelés.

Le goutteux acquiesça. Et les sept autres goutteux, les noirs, les sourds, les chauves, les maigres, les gras et les louches gravirent désordonnément les marches du prostyle. Mais une porte s'ouvrit, des Prétoriens les repoussèrent à coup de hautes piques d'or, qui étincelèrent. Les maigres surtout crièrent : le bois des piques frappant sur leurs os avec un son mat.

— Puisque nous ne pouvons pénétrer, fit Zopiscus qui s'enhardissait, promenons-nous !

Ils se promenèrent de long en large, le crâne des chauves luisant au soleil, et les louches se regardant affreusement, avec des plis au coin des yeux. A ce moment, la musique grossit, et l'Empereur, nu, fila vélocement devant eux avec des femmes nues. Comme ils ne se prosternaient pas assez vite, les chrysaspides leur donnèrent du pilum d'or sur la nuque : ils se jetèrent alors à plat-ventre, en une adoration éperdue.

Disparition subite ! Mais bràmements de trompettes dans le palais. Dans le palais aussi, cris des Bêtes que fouaillaient des victimaires. Des nomenclateurs à mitra jaune et à chlamyde écarlate appellent Zopiscus, les sourds, les goutteux, les noirs, les chauves, les louches, les maigres et les gras, qui s'empressent d'accourir. Un vestibule s'évase, très haut et profond, avec des murailles peintes de roseaux en colonnades soutenant des plantes cannelées, en un entortillement fou de feuillages ; sur des nefs dansantes, des lampadaires supportent des villas, et des branches s'en échappent, avec des aboutissements de faces d'hommes et de femmes terminées en palmettes ou en queues de poissons. Un déroulement inouï de création hors nature, avec des enlèvements de nudités sur des dos d'animaux ailés, les pattes griffées. Une mosaïque sans fin simulant des vagues rebondissantes de sirènes et de dauphins entre des algues lamées s'achevant en phallus rouges, et des bâillements de vulves sur des ciels extravagants hantés de mythologies nues. Droits, des Prétoriens au bouclier d'or s'espacent, entre des candélabres gigantesques reposés sur des croupes de marbre d'hommes, élargis en pattes de faucheux jusqu'à la voûte, coupée de cubes rentrants, gardant de grandes roses si fouillées qu'on les dirait prêtes à se détacher.

Un nomenclateur les fait pénétrer dans un atrium lumineux et vaste, dont le bassin renferme un crocodile qui dresse sa gueule pour voir passer les Invités, inquiets. Ils traversent le tablinum, aux appartements qui béent, par l'ouverture de portières traînantes, de somptueux sigmas pourpres, de trônes d'airain et d'or, de lits safranés, de cathèdres d'ivoire, de tables rondes et carrées, au-dessus en bois de tuyas recouvert de tapis pelucheux, et fixées à des pieds en griffes d'animaux, que relient des attelles décorés de feuilles ou de figures sculptées, avec un couronnement de têtes de taureaux et de rois à la chevelure tressée.

Les bruits d'instruments leur stridulent encore, venus de très près. En un fond d'appartement, dont l'or des tentures et des murailles fait un jour jaune, ils voient Élagabalus nu danser, en soufflant dans une flûte, un tympanon sur sa tête et ses cuisses agité avec des voltes tourbillonnantes, pendant que les Hommes de Joie, nus aussi, font cercle autour, une main à leur sexe épilé et raidi ! Une voix s'élève parmi les Invités :

— Élagabalus va nous violer !

Ils geignent alors, surtout les goutteux, et les sourds crient fort. Mais le nomenclateur leur désigne une pièce obscure, qu'hésitants ils traversent. Enfin, un autre appartement, mais éclairé, s'ouvre, avec, au milieu, un sigma immense entourant à demi une grande table chargée de mets.

— Sa Divinité vous offre à boire et à manger, dit le nomenclateur, mais il jettera aux Bêtes quiconque ne pourra se placer sur le sigma.

Ils se précipitent, même Zopiscus, que le nomenclateur arrête du bras.

— Toi, tu n'es point invité ; tu n'es ni chauve, ni sourd, ni maigre, ni gras, ni louche, ni noir, ni goutteux. Tu n'es qu'un poète. Attends là. Sa Divinité te fera dire ce qu'Elle exige de toi.

De grands rires autour d'eux ! Au son de trompettes d'or, ouvrant des portes de toutes parts, apparaissent, habillés de robes longues, Élagabalus et les Hommes de Joie, avec Hiéroklès, Zoticus, Gordius, Murissimus, Protogénès, Gordius, Aristomaches, Antiochanus, tous les familiers qui font la fête avec l'Empereur, moins cependant Atillius. Pas de femmes avec eux, mais des hommes, des hommes pour l'amour mâle qui est le délire vivant d'Élagabalus.

Le sigma ne peut contenir tous les Invités, que les familiers culbutent les uns sur les autres. Élagabalus rit fort, et sa face de beau jeune homme encore imberbe, sa face somptueuse prend une animation bouffonne de Bacchus grisé. Il n'a pas encore vu Zopiscus, terrifié en un coin.

Les Invités ne pouvant tous occuper le sigma trop étroit, l'Empereur fait enlever la table, et des esclaves les chassent à coups de gaule, font s'envoler les sourds en des cris de détresse, se bousculer les chauves, les mains à leur crâne dénudé, frotter les gras aux épaules des maigres, et pousser les goutteux sur les louches qui regardent terriblement l'Empereur de plus en plus riant fort.

Par un entrebâillement de porte, des bras apparaissent, chargés de draperies d'or; des mains ouvertes remontent à plat sur la nuque des Invités, effarés et aveuglés.

— Sa Divinité les fait jeter aux Bêtes, assure Antiochanus qui s'est rapproché de Zopiscus, et maintenant, c'est à toi. L'Empereur va écouter ton poème. Il est bon juge, je le répète, et si ton poème est mauvais, tu iras rejoindre les Invités.

Et il l'entraîne vers Élagabalus, qui se met à rire :

— Soit. Je vais t'écouter. Lis commodément !

Zopiscus déroule son manuscrit, mais Élagabalus est à une extrémité de la salle, causant avec Gordius. Il court vers lui :

— Je vais lire, Divinité !

Subitement, Élagabalus allonge un pas énorme jusqu'à l'autre extrémité :

— Lis toujours, je t'écoute. Je suis bon juge, moi, Empereur !

Et il fait plusieurs tours, suivi par Zopiscus ânonnant les vers, les beaux vers du poème de *Vénus*. Élagabalus ne comprend pas, car il crie encore :

— Recommence, je n'y suis plus. Tu étais à Vénus sortant de la conque des eaux. Continue ! Ne t'arrête pas ! Je ne comprends rien à tes vers !

Et une poursuite, par Zopiscus, de l'Empereur courant, à travers d'autres salles, à travers des péristyles et des atriums, des cubiculas et des vestibules, grandement amusé par cette lecture à la course qui dure assez pour que le poète l'implore en s'entrecoupant :

— Grâce, Divinité ! je n'en puis plus ; je m'affaisse, je m'avoue vaincu. Tu es le vainqueur des vainqueurs, et nul, à la course, à la lutte, au saut, au pugilat, au jet du disque, ne te vaut. Tu peux renverser tout athlète sans te faire frictionner de ceroma, et moi, pauvre poète, je ne puis que baiser tes pieds et te chanter.

Alors, Élagabalus s'arrête, terrible :

— Ah ! tu t'avoues vaincu ; je m'y attendais. Hé bien ! je vais voir si tu es bon à autre chose !

Il lui serre la nuque, d'une main vigoureuse, le courbe, abruti :

— Je vais te violer !

— Violer ton poète, non, non, Divinité, gémit Zopiscus, n'osant remuer sous la poigne de l'Empereur. Je vais composer exprès pour toi un poème : tu y habiteras l'Olympe, au-dessus de Jupiter. Les mers lècheront tes pieds ; des paons et des autruches traîneront ton char ; tu auras une couronne de montagnes et un sceptre d'astres. Laisse-moi !

— Alors, à quoi es-tu bon ? fait Élagabalus, le regardant dans les yeux, le dominant de la tête, toujours la main serrant sa nuque. Viole-moi ! Je suis le dieu qui se donne à tous.

Et il soulève sa robe, mais Zopiscus s'échappe :

— Non ! non ! Divinité. Je n'oserais toucher à ta personne, qui m'est sacrée.

L'Empereur :

— Tu es délicat, toi ; tu es le premier qui m'ait refusé. Que t'a donc fait Élagabalus ? Ah ! je sais, tu es amoureux de mes Éthiopiennes. Attends, attends ! Je vais t'en procurer une, Poète, dont tu me diras des nouvelles demain.

Il appelle un nomenclateur :

— Nomenclateur, voici mon Poète, qui veut passer une

nuit avec une Éthiopienne. Je te le donne; tu me le renverras demain.

Et il laisse là Zopiscus, que le nomenclateur pousse du bras :

— Obéis à sa Divinité, sinon, les Bêtes !

— Comme pour les Invités, demanda Zopiscus, blafard?

— Oui! si les Invités n'avaient pas voulu des Éthiopiennes.

— Et qui sont jeunes, est-ce pas, nomenclateur?

— Eheu! Des nonagénaires ! Je vais te livrer à Habarr'ah, plus jeune: seize lustres à peine, et qui t'attend, car tu es Poète et elle aime tes semblables !

IX

En un appartement reculé de la Vieille-Espérance, fermé de portiques intérieurs enserrant une cour dans laquelle un bassin gardait un crocodile qui ne remuait pas, Atillius rêvait. Enfoncé dans un trône de bois incrusté d'or, la tête appuyée à sa main gauche, un genou sur l'autre, un pied suspendu, immobile, il fixait il ne savait quoi coulant paisiblement, comme une eau de fleuve qui reflète des décors de rives sans fin.

C'était d'abord un paysage syrien, percé de villes aux tours montantes, traversé de rubans d'eaux bleues dans lesquelles se miraient des temples blancs, et ces rubans d'eau bleue traînaient des ombres de ces temples blancs s'allongeant interminablement.

C'étaient des palais, sur des marches de brique rouge, gardées par des sphinx de granit ou par des nimrouds cornus, mordues à leur haut de colonnades en torsion aux chapiteaux épaissis en lotus. Des morceaux de soleil y resplendissaient, et la lune, la nuit, dansait, folâtre et bleuâtre, sur ces marches rouges qui ressemblaient à du sang en cascade.

C'était un Jardin qui avait des salsolas, des ilex et des

cactus, des cèdres et des platanes, et des bassins clairs comme des dessus de boucliers d'argent, et des allées vertes s'ouvrant en des perspectives de cieux bleus troués de lumières d'or.

C'était une mer accalmée, égratignée d'un navigium filant sur Brundusium, en une retombée paisible de rames, dont le sillage développait une vision véloce de villes sur des côtes, de plages affalées sous le baiser des flots, couvertes de populations qui accouraient, en des danses, au son des sistres et des syrinx.

C'était la Voie Appia, que hantaient des voyageurs venus de tous les points du monde, pour s'engouffrer dans l'insatiable Rome, engloutissant tout.

C'était Rome elle-même, vautrée sur ses sept collines, pâmée sous les étreintes du Principe de la Vie, sur elle l'ombre immense de la Pierre-Noire qui, des Jardins de la Vieille-Espérance, se dressait, formidable, menaçant le ciel comme une tour infinie.

Et sous cette ombre disparaissaient maintenant les Temples et les Basiliques, les Portiques et les Arcs, et le soleil, intercepté par elle, devenait sanglant comme un soleil d'éclipse, et la lune pleurait sinistrement une lumière jaunâtre pareille à du pus, et les étoiles n'étaient plus, et il n'y avait ni jour clair ni atmosphère limpide, mais quelque chose des troubles profondeurs d'un crépuscule violet.

Ah! pareille à une approche de nuit brouillassante, la Passion mâle grandissait, dévorant peu à peu la Passion femelle, et l'humanité en perdait ses aurores d'illusions, ses belles aubes bleues d'amours, et ainsi, sous le Cône Noir, l'Empire se tordait dans les voluptés de l'Androgyne, vers lesquelles l'avait poussé Atillius!

Cependant, comme suspendu dans un vide noir, un vide d'ombre sans étoiles qui était celui du Néant même, Atillius existait. Et rien des bonheurs rêvés, des raffinements cherchés, des satisfactions attendues, ne venait caresser son cœur qui ne remuait pas, et ses chairs qui n'avaient pas de vibrations. Son cerveau flottait en des étendues vertigineuses, comme une lampe éteinte dans la nuit.

Et la fleur noire de sa Passion lui irradiait sans cesse, ténébreuse et froide, sans parfums et sans dessins, et ses pétales l'enlaçaient victorieusement, et elle montait, sinistre, aussi haute que la Pierre-Noire, dans une ombre de mort.

Et dans cette ombre aussi Madeh disparaissait, et ses deux yeux n'étaient plus que deux soleils effacés, et sa voix, par une analogie singulière, pleurait du pus jaune, et il n'y avait dans la maison des Carènes, où il l'emprisonnait comme un Objet divin en un Tabernacle, ni arbres, ni bassin, ni murailles peintes, ni meubles d'or, ni rien de ce qui la constituait, mais quelque chose des ruines informes écroulées dans du noir.

C'est que l'Aberration d'Atillius pour Madeh, par Élagabalus élargie dans l'Empire, constamment lui irritait l'âme, parce qu'elle n'aboutissait qu'à des non-sens énormes, à une perte sans retour d'énergies humaines impuissantes.

C'est qu'elle était incapable de s'implanter malgré tout dans la Nature, criant sous l'ombre de la Pierre-Noire qu'elle se préparait à combattre suprêmement, et que, là où cependant elle vainquait, c'était par une traduction de choses sans majesté et sans génie, de choses grimaçantes et bouffonnes. qui n'étaient pas l'Éternelle Unité et l'Universelle Perfection rêvée par Atillius.

Quoi! lui-même, Élagabalus, magnifié par l'Impérialat, déjà demi-dieu par la beauté extérieure; lui dont les sandales d'or marchaient sur des millions de nuques d'hommes, de l'Orient à l'Occident, n'entrevoyait le Principe de la Vie qu'à travers des amusements d'éphèbe gâté, qui le rabaissaient en le rabaissant, et, pis encore, perdaient à tout jamais cette hardie tentative d'un culte revenant à l'origine de la création par la réédification de l'Androgyne que chacun sentait en soi, que chacun désirait être en ses heures troubles, et qui apparaîtrait sûrement un jour!

Déception! Déception! Mieux n'eût-il valu rester à Émesse, vivre sans Empire, seulement sacrifiant au Cône Noir, en des processions d'hommes mitrés se déroulant dans des escaliers rouges, au bord de fleuves et sous des portiques de temples? Pourquoi rendre toujours impossible le culte aimé qui, au lieu de paraître grand, n'était maintenant que sinistre et bouffon ?

Car, Élagabalus roulait sans mesure, aveuglé de sa puissance, hélas ! prête à crouler au premier souffle du peuple romain, à la moindre secousse que lui imprimeraient ses ennemis, aussi les ennemis du Principe de la Vie.

Et ces ennemis, Atillius les voyait cruellement rêvant de jeter Élagabalus aux égouts ; ils hurlaient déjà des mots de mort, des menaces de carnages qui ensanglanteraient une fois de plus Rome, et mettraient des cadavres dans ses voies, des cadavres dans ses palais, des cadavres dans la Vieille-Espérance, témoin de ses folies !

Ils avaient à leur tête Mammœa et Alexander, des généraux, des sénateurs et des chefs de chrétiens prêts à soulever le peuple et les soldats.

Il n'avait pour se défendre, Élagabalus, que sa mère, Sœmias ; lui, Atillius ; les prêtres du Soleil, les compagnons de ses plaisirs, ses Hommes de Joie, ses familiers trop perdus pour aller ailleurs : une poignée de dévoûments contre un écrasement de vengeances et d'ardeurs.

Si, au moins, Mammœa acceptait le culte nouveau, si elle voulait faire d'Alexander un second Élagabalus, plus digne et majestueux, oh ! alors, Atillius n'hésiterait pas à abandonner l'Empereur, cause de l'avortement prochain du nouveau culte ! Mais cette femme se refusait à la Pierre-Noire, rêvant d'Alexander un Empereur gelé dans la Vertu insexuelle, surtout soumis aux anciennes divinités, et n'acceptant des nouvelles que Kreistos, non le Kreistos des assemblées passionnantes, où des confesseurs se baisaient mystérieusement, mais le Kreistos politique dominant les peuples à l'égal des autres Immortels !

Ainsi songeait Atillius, enfoncé dans un trône de bois incrusté d'or, suivant au hasard de ses yeux il ne savait quoi coulant paisiblement comme une eau de fleuve qui réfléterait des décors de rives sans fin, sans que le réveillât le son, à toutes volées, de trompettes annonçant Sœmias, et dont la musique courut en rythmes stridents à travers les Jardins de la Vieille-Espérance noyés dans un soleil roux.

X

— Frère ! Aîné ! Pourquoi garder ainsi Madeh là-bas, aux Carènes?

Ainsi s'exclamait Atillia accourant, tourbillonnante d'étoffes et sonnante de joyaux, vers Atillius qui remua faiblement. Atillia s'assit sur ses genoux, baisa ses joues minces, se tordit à son corps.

— Vois-tu, l'Impératrice est inquiète, très inquiète. Il faudra tuer Alexander pour conserver Élagabalus !

Elle sauta sur le sol, pirouetta d'un pied, l'autre dans sa main :

— Oui ! j'aurais voulu voir Madeh, qui s'ennuie fort là-bas. Que t'a-t-il fait, Madeh, Aîné?

Elle le réembrassa et, en un éclat de rire :

— Il le faut voir comme je l'ai vu, se traîner dans sa chambre, et sans distraction autre que de passer à l'atrium, à faire des yeux ronds au crocodile et des grimaces au singe !

Atillius se dressa :

— Eh quoi ! tu l'as vu, Sœur, Madeh? Tu l'as vu chez moi? Qui t'y a emmenée? Et comment as-tu connu ma demeure?

Atillia esquissa un pas, renversa sa gorge, tendit sa jambe juste assez pour découvrir son pied, dont la sandale, sur la mosaïque, fit un clac.

— Par Habarr'ah ! Très rusée, l'Éthiopienne. Un poète a passé dernièrement une nuit avec elle, sur l'ordre d'Antoninus qui aime à consoler les vieilles.

Atillius s'exaspéra :

— Habarr'ah ! Mais pourquoi faire? J'ai défendu qu'on allât voir Madeh en mon absence, et toi-même je t'ai confiée à l'Impératrice pour rester au Gynécée.

Atillia rit très fort.

— Au Gynécée ! Mais tu ne sais donc pas que j'appartiens à l'Impératrice, que j'assiste aux réunions du Sénaculum, que je suis libre, libre, libre ! Frère, et qu'il ne tient qu'à moi de donner ma virginité aux Romains. Si cela m'a plu, à moi, d'aller voir Madeh, qui est jeune et qui sent bien bon !

Atillius se promena de long en large, pendant qu'Atillia s'asseyait sur le trône, cependant un peu confuse de l'accueil extraordinaire du Frère, qu'elle n'avait jamais vu ainsi. Alors, quelques larmes lui montèrent aux yeux :

— Il fallait me défendre sa présence, je n'y serais point allée. Mais pourquoi ne plus l'emmener avec toi ? Il est donc coupable, Madeh ? Dis, laisse-le en liberté !

Et elle ajouta :

— Pourquoi donc ne t'a-t-il pas dit que je le voyais ? Est-ce que tu ne le vois plus, toi ?

Un silence se fit. Et :

— Ce n'est pas une seule fois que je l'ai vu. La dernière, un homme du peuple, qui l'affectionne beaucoup, était avec lui, un nommé Ghéel, et nous nous sommes amusés tous trois, non, tous quatre, avec Habarr'ah, que j'ai mise de la partie.

Puis :

— Heu ! heu ! je vois que cela te peine, car tu ne me réponds pas.

Effectivement, Atillius ne répondant pas davantage restait bouleversé des confidences d'Atillia. Et ce qui l'accablait, c'est que Madeh ne lui avait rien dit des fugues de sa sœur à la maison des Carènes.

— Est-ce toi qui lui as interdit de m'en parler, Sœur ? demanda-t-il à Atillia, qui, aussitôt, bouda.

— Moi ! je ne lui ai rien interdit. Habarr'ah seule a suggéré au janitor de ne pas t'en causer.

— Et le janitor a conseillé à Madeh de ne m'en rien dire, compléta Atillius, sourdement heureux d'excuser l'affranchi.

Et pour obtenir des confidences plus complètes, malgré un déchirement d'âme, il ajouta :

— Tu l'aimes donc, Madeh, que tu vas le consoler ? Si je

le laisse là-bas, c'est que je ne puis le garder ici, c'est que le service de l'Empereur ne me laisse aucun répit, et qu'il s'ennuierait davantage à la Vieille-Espérance.

— L'aimer ! éclata Atillia en se levant. Ah ! l'aimer. Il est jeune, et il sent bon, et il est frais, et certes, j'aime à toucher la peau de ses mains et de sa face, très fine. L'aimer ! Oui ! j'aime bien Madeh.

Elle resta devant lui, la bouche ouverte, les yeux brillants, voulant ajouter quelque parole extraordinaire et ne la trouvant pas. Enfin, vivement :

— Oh ! non pas pour te supplanter, car depuis que la Pierre-Noire a voulu se passer de nous, vous, les hommes, vous ne nous comprenez plus !

Elle s'enfuit, sentant avoir, en son plus profond, soulevé un coin saignant de la passion d'Atillius.

XI

Un éclat de trompettes. Un bruit de portes de bronze roulant épaissement, et des pas de chrysaspides frappant de piques d'or les mosaïques polychromes. Une impérieuse voix de femme, et, dans un éblouissement de pourpre, Sœmias poussant de son bras nu la draperie qui laisse passer un grand flot de vivante clarté.

Sœmias avec, flottant sur le corps et fixée à l'épaule, la palla rouge sur la stola jaune aux bordures de perles brochées, et des sandales aux cordons montant haut, dans un rayonnement de broderies et des gemmes éclairantes.

Sœmias qui s'avance vers Atillius debout devant elle, non en une attitude humble de sujet, mais les bras croisés, la tête fixe, pendant qu'au fond du palais se traîne, mourante, la musique des trompettes, au rythme barbare de mélopée répétée.

— N'est-ce pas, primicérius, que le salut de l'Empire

l'exige, cette mort ? Ce salut du Fils rayonnant dans l'Impérialat peut sombrer dans la montée de conspirations coulant des mains adroites de Mammœa. Eh quoi ! je l'aurais mis au monde pour le vouer à la Pierre-Noire ; j'aurais partagé avec lui et pour lui les dangers des batailles et les dangers des sièges ; j'aurais souffert et pleuré bien des fois ; pour le culte de la Vie, j'aurais donné mon Corps Sacré à tous, comme lui-même, et tout cela en vain ! Cette fleur prodigieuse de l'Empire serait facilement cueillie par Alexander et Mammœa, ma Sœur et le Fils de ma Sœur, alors que nous-mêmes en avons, pour la faire s'épanouir vertigineusement, arrosé le plant sanglant à nos aurores et à nos couchers de soleil !

Haletante, Sœmias explique à Atillius tout un projet de résistance effrénée : un envahissement, de nuit, des appartements de Mammœa et d'Alexander, que des prétoriens gorgés d'or jetteraient aux Bêtes ; ou bien leur empoisonnement foudroyant et un massacre général des conspirateurs traînés au Tibre par une populace saoûlée de vin et de sang. Et elle le développe savamment, ce projet, en raffinée qui a dans les veines une ancestralité de crimes familiaux, et est, en sus, aiguillonnée par sa maternité. Mais Atillius branle la tête :

— A quoi bon, à quoi bon ?

— A quoi bon ? A sauver le Fils, à nous sauver nous-mêmes, à conserver l'Empire à la Pierre-Noire qui va s'engloutir dans un désastre prochain. Tu n'as donc pas flairé les conspirations sourdant par le sol, et bientôt éclatant comme un ouragan qui nous enlèvera tous ?

— A quoi bon, si le monde se refuse à la Pierre-Noire, si ton fils, Impératrice, en salit déjà le symbole par des amusements d'enfant vicieux !

— Tu as sous la main tes Prétoriens, et un de tes signes balayera cette nuit la conspiration. Tu ne veux donc pas sauver le Fils, me sauver, sauver toi-même ?

Atillius se promène encore, attendri par cette Mère, qui, cependant, peut le casser comme un roseau, car elle contresigne les délibérations de l'Empereur, et rien ne se fait de lui sans elle, et rien ne se fait sans elle par le Sénat, et nul dans l'Empire ne lui échappe. Mais il ne veut pas de ces massacres qui ne sauveront davantage la Pierre-Noire et l'Empereur que, par une aperception rapide, il voit déjà s'enfoncer dans le Néant des choses disparues.

— Non ! Domina ! Non ! Clarissima ! Ces morts soulèveraient plus tard le peuple contre Élagabalus et toi. Si nous devons périr, eh bien ! le destin l'aura voulu !

— Tu n'aimes donc pas, tu n'as pas de Fils, tu n'as pas d'entrailles, tu es sourd et aveugle, toi ! Quel homme es-tu ? crie Sœmias. — Et elle lui secoue le bras, à effrayer !

— Et ta sœur périra avec, et toi avec, et ton Madeh avec !

Elle a dit : *Et ton Madeh !* croyant le toucher plus aigûment, avec, cependant, un sourd sentiment qui point son cœur comme un poignard. Mais Atillius détourne la tête :

— Non ! Non ! A quoi bon, et pourquoi ?

Elle peut, lui arrachant le primicériat, remettre en d'autres mains les forces prétoriennes, et le faire jeter aux Bêtes, avec Atillia, avec Madeh, puisqu'elle lui a parlé de Madeh, mais il n'accomplira pas ces massacres. Il n'a la force de rien et ne désire que mourir !

— Mourir ! s'exclama Sœmias. Tu n'es pas homme, toi ; tu es tout cerveau, ou tu es sans sexe.

Et, se souvenant de cet amour qu'elle a eu pour lui en des moments qu'il ignore, elle a un sourire de mépris exaspéré. Atillius répond :

— Je suis homme, je le suis trop, mais d'une humanité dont tu ne comprends pas la vie, et qui n'existe pas, mais qui existera !

Leurs yeux se fouillent, à tirer leur âme au clair, comme l'eau d'un puits amenée au dehors, pendant que l'apaisement de la Vieille-Espérance est à peine brisé par les déchirements des trompettes qui expirent au dehors.

Alors, elle se précipite sur Atillius, et, l'attirant de force à elle, sans qu'il se débatte, elle l'embrasse au front, au bord de ses cheveux châtains, en une folie qui secoue ses seins :

— Vois-tu, tu vaux plus que moi, tu vaux plus que nous

tous. Tu sauverais l'Empire si tu étais l'Empereur et je serais ton Épouse si tu voulais. Je ne vois pas la profondeur de tes pensées, car tu es trouble comme la nuit ; et ta passion pour Madeh m'affole, et je ne sais que penser de toi. Mais tu es fort, tu es victorieux de toi, tu es vierge pour la Femme, tu me domines. Ah ! je voudrais retourner à Emesse, dans le paysage de tes Jardins et des miens, et t'avoir avec moi, et, loin de Rome et du monde, vivre les jours anciens avec toi, avec toi, Atillius, frère d'Atillia, amant de Madeh, qui est un homme et appartient à une humanité qui n'existe pas mais qui existera ! Nous laisserons la Conspiration grandir et Mammœa rêver l'Empire, et Élagabalus le perdre. Agis comme tu le voudras. Si nous devons mourir, nous mourrons, et je serai satisfaite seulement de baiser encore tes cheveux et de te voir mourir avec la Mère de ton Empereur, avec Atillia, avec ton Madeh !

XII

Rome s'illuminait de l'Avril, — le mois d'Aphrodite, — et, sous des ciels tendrement bleus comme des ciels laqués, elle s'élargissait, victorieuse et sereine, se réveillait bruyamment, non d'un hiver, qui n'avait jamais été si doux, mais du cauchemar de la Pierre-Noire, si sinistre les mois précédents. Car toutes les folies d'Élagabalus, les bouffonneries d'Élagabalus, s'y donnèrent librement carrière, et les Romains étaient maintenant aises des beaux jours qui enchantaient au moins le débordement du culte nouveau, en atténuaient l'ombre, la leur diminuaient.

Atta parcourait les quartiers populaires, où, depuis longtemps, il soufflait parmi les chrétiens la sédition contre l'Empereur. Il était maintenant dans la Région Transtévérine d'où s'entrevoyaient le dôme pointu du Tombeau d'Hadrien, la gibbosité du Vatican couverte de villas, et le fleuve, le grand fleuve latin qui coulait, jaune toujours, en un emportement d'ombres de monuments et de maisons. Cette Région se divisait, à l'infini, de ruelles étroites et sales traversées d'une population affairée. Sur des voies terminées par des culs-de-sac que des avancements d'étages en planches peintes noyaient d'ombre, avec des perspectives d'escaliers branlants se hissant à des fenêtres ornées de fleurs en des vases d'argile, avec des coupures de terrasses aux balustres de bois, avec des passages obscurs que trouaient les lumineux lointains, s'ouvraient des boutiques d'artisans : des fabricants de chaussures et des fabricants de statuettes, des sculpteurs d'ivoire et des incrusteurs de nacre, des menuisiers et des tourneurs de table, des fondeurs d'objets de bronze et de verre, des tisserands et des tailleurs de toges. Beaucoup appartenaient aux diverses communions chrétiennes reconnaissant peu ou prou la suprématie de l'évêque de Rome, avec chacune une idée sur Kreistos, à la fois une réduction de Mithra, une symbolisation du Soleil, une humanisation d'Osiris ou de Zeus, quelque chose comme une descente vivante de tous les dieux fondus en un seul.

Et Atta, très connu des chrétiens, avec des apartés, des sourires, des mépris, les aigrissait sensiblement contre l'Empire. Loin donc de savoir gré à celui-ci de l'extrême liberté qu'il leur accordait, ils commençaient à se croire très mal sous ce règne, désiraient déjà un autre qui leur donnât encore plus de liberté, ou bien les gratifiât des persécutions desquelles ils sortaient à peine. Car, ils les regrettaient, ces martyres qui les avaient vu s'attabler au cruel festin de la mort; ils appelaient les tortures et les agonies, sentant confusément que la cimentation des croyances dispersées les exigeait encore jusqu'à la suprême unité des doctrines poursuivies par leurs chefs.

Depuis son entrevue avec Mammœa, Atta avait vécu sobrement de ses aureus, très désireux de se tailler un rôle dans la tragédie future de la lutte des deux Empires. Il n'était plus parasite; il se sentait sauvé par la morale de Kreistos et un besoin de relèvement qui le travaillait tout à fait, épurant presque ses ambitions faites d'orgueil, de pédanterie et de basses ignominies.

Dans une ruelle, habitée par des juifs, noirs et remuants, Atta crut reconnaître Amon, disparu depuis plus d'une année. Il n'avait pas sa bonne face ronde et son diploïs sur son chiridota ; il se traînait mélancoliquement, sous la garde effrontée d'une jeune juive, en regardant des interstices de ciel bleu trouant les toits rapprochés, comme un prisonnier aspire au grand air. La chose était tellement singulière qu'Atta crut s'être trompé.

Il aborda à la Région Aventine, une autre Région de pauvres gens, parmi lesquels beaucoup de défenseurs des vieilles doctrines. Mais les chrétiens l'avaient entamée d'églises vivaces, qui, y élargissant leur propagation, dissolvaient peu à peu ce bloc qu'on aurait cru insoluble du polythéisme ancien. Il vit quelques coreligionnaires dont les industries s'exerçaient en des boutiques basses, se convainquant que déjà sa longue machination portait ses fruits.

Bien peu, somme toute, hormis des exaltés et des illuminés, partageaient les idées de Zal ; car ils se disaient que la salissure de cet Empire serait à jamais indélébile, si elle s'imprimait sur Kreistos. Ils étaient surtout acharnés contre le Perse et ses partisans, qui ne cessaient de prêcher non la conciliation avec Élagabalus, mais une acceptation tacite de ses Vices, dont le débordement préparerait décidément la voie à l'Agneau.

— L'Agneau choisit son chemin, disaient ces derniers, et la persécution souvent perd l'homme plus par l'orgueil du sacrifice que la pacification, qui le laisse aux passions de la vie. Avec Élagabalus, Kreistos vaincra. Il est dit que, dans Babylone, naîtra la Vierge qui enfantera le Dieu !

Obscurément, ils insinuaient cette doctrine hardie, et Severa surtout, dans son ardeur pour les idées de Zal, la première. Mais les autres chrétiens remuaient la tête, restaient sourds, avec de fréquents soupirs.

— Pourquoi violenter Kreistos, si Kreistos ne veut pas d'Élagabalus ? La nuit et le jour ne se peuvent unir. Ainsi d'Élagabalus et de Kreistos !

Quelquefois, il se plaignait de Zal :

— Ce Zal, l'Esprit Mauvais lui suggère de mauvaises pensées. Nous le connaissons pour ne s'être jamais rangé de l'avis de tous; ses idées sont bien hasardeuses. N'est-ce pas, Frère Atta, qu'il t'a faussement accusé dans une Assemblée ?

— Oui, répondait Atta victorieusement; et pour ne pas affliger les Frères par une discussion scandaleuse, moi qui veux que l'humilité soit en chacun, je m'en suis allé, préférant être accusé faussement. Mais Kreistos a vaincu; car le mensonge de Zal ne m'a pas privé de l'amour de mes Frères.

— De quoi t'accusait-il, vaillant confesseur de l'Agneau ? demanda un chrétien, un marchand d'herbes sèches pour les maladies.

— De porter le Péché en moi, fit Atta en souriant doucement, comme si le Péché n'est pas en lui ! Mais je ne veux rien dire contre lui. Il m'a souvent accusé par devant d'autres Frères et d'autres Sœurs de m'entremettre avec les Gentils, de renier Kreistos, de vivre de passions cachées. Que le feu de Sodome me brûle si cela est vrai !

Et il se reprit :

— J'ai tort, j'ai tort, je vous le confesse, car je viens de jurer, et le témoignage inutile n'est pas permis par Kreistos !

— Tu es un saint, et nous devons te vénérer, dit Vipsanius, le marchand d'herbes, et Zal est un mauvais Frère !

— Et Severa une méchante Sœur, ajouta un autre, qui s'appelait Carinas et professait aux riches chrétiens le découpage des viandes.

— Ne médisons pas ! assura Atta avec autorité. Severa aime Zal, mais d'un amour qui ne lui est pas très clair encore.

Tous rirent très fort, Carinas et Vipsanius avec des yeux attendris pour Atta, qui ajouta en les quittant :

— Oui ! Cet amour ne lui est pas très clair encore, mais elle le distinguera mieux plus tard, et ce sera trop tard. En attendant, son époux Glicia veille sur elle, et non Kreistos, qui ne lui est plus si cher.

Il traversait la Région du Grand-Cirque, et, après avoir remonté la rue Neuve, descendait au Vélabre. Typochronos, devant la boutique duquel il passait, le héla :

— Hé ! toi, pourquoi ne pas parler à Typochronos, qui ne t'a pas vu depuis si longtemps ?

Atta revint vers le barbier, seul en ce moment.

— J'étais pressé, la vie est brève et le temps jamais sûr d'être retrouvé une fois perdu. Oui ! je suis aise de te revoir, je suis bien aise !

Et, pour se donner une contenance, autant que pour se reposer, car le parcours de la journée l'avait fatigué, il s'assit dans la belle cathèdre grecque. Typochronos lui fit :

— C'est étonnant comme tu as disparu depuis. Que faisais-tu ? Amon a disparu aussi, Zopiscus aussi. Que se passe-t-il donc à Rome, que mes clients s'en vont sans me prévenir ?

Il était caressant, avec une espérance nullement déguisée de le regagner. Atta répondit en geignant :

— Je copiais un volume qui m'a coûté des peines et des soins. Tu sais combien je sais tracer les lettres avec un roseau taillé. Le généreux possesseur du volume m'a payé ce travail, voilà tout !

— Et tu oubliais Typochronos, s'écria le barbier, qui se disposa à raser Atta. C'est mal, très mal.

Il lui mit une espèce de serviette au cou. Atta se laissa faire, ne pouvant échapper à Typochronos, qui ajouta :

— Au moins, si je retrouvais Amon ! Passe pour Zopiscus devenu, paraît-il, le poète de l'Empereur. Zopiscus avait une peau rugueuse, et, d'ailleurs, sa passion pour sa barbe pointue sans moustaches ne m'agréait pas. Mais Amon, lui, était facile à raser, n'ayant pas de barbe, et surtout prodigue à payer mes services. Aristès et Nicodœmès ne lui ressemblent pas.

— Ces Grecs sont toujours à Rome ? demanda Atta pour tenir tête à Typochronos.

— Toujours ! répondit celui-ci. Ce sont des clients assidus, mais avares. A peine se font-ils parfumer et peigner.

Ailleurs, ils dépensent beaucoup, s'il les faut croire, mais non chez moi.

— Que disent-ils de la disparition d'Amon ?

— Des choses singulières, mais quoique leur compatriote, je les soupçonne d'exagération. Ainsi, ils m'assuraient dernièrement qu'Amon s'était fait juif, que, reçu par la proseuque, il allait se marier à une fille de cette religion. Est-ce concevable, dis ?

— Tout est concevable en cette existence tourmentée, dit Atta mélancoliquement. Mais j'eusse mieux aimé voir Amon chrétien.

— Donc, tu es chrétien ! s'exclama Typochronos. Et cependant, tu cachais jadis soigneusement ta religion.

Et il ajouta en aparté : Tout est singulier depuis quelque temps. J'ai même effroi de devenir chrétien à mon tour.

— Cela viendra, assura Atta, qui le quitta, complètement rasé. Cela viendra, et plus tôt que tu ne le penses.

Au Forum Romanum, c'étaient encore des chrétiens qu'Atta rencontrait. Beaucoup jetaient de fréquents regards de mépris vers les statues de dieux et de déesses des portiques, des Basiliques et des Temples, et se refusaient de les saluer de la tête comme le faisaient les polythéistes. Quelquefois, autour d'eux, se formaient des attroupements de citoyens voulant leur faire un mauvais parti, mais alors, comme si un mot d'ordre était venu de haut, des prétoriens perçaient la foule, qu'ils dissipaient à coups de ceinturon détaché de leur tunique de cuir.

Il s'étonnait de n'avoir rencontré encore Maglo. L'Helvète ne cessait plus ses imprécations contre Rome et Elagabalus, et lui qui, dès son arrivée, avait désiré s'en aller au plus vite, s'était singulièrement épris de la Ville Éternelle. Il l'avait aperçu la veille au Champ-de-Mars, faisant sur une foule moutonnante le moulinet de son formidable bâton et appelant les Romains à la destruction de la Pierre-Noire. Maglo devenait un maniaque, constamment suivi d'enfants et de chiens aboyants, recevant les lazzis de tous sans s'en inquiéter, et, en raison de ses allures, ne paraissant nullement menaçant pour le pouvoir, qui le laissait à sa sauvage liberté.

Au Vicus Tuscus, il vit Ghéel qui marchait très vite. Jusqu'à présent, il frayait peu avec lui, d'abord en raison de l'infériorité d'esprit du Syrien, ensuite parce que sa douce franchise lui déplaisait. Il n'avait pas oublié cette inénarrable cérémonie du Temple du Soleil qui le vit disputer Amon à Zopiscus à cause de lui. Cependant, des bruits étranges couraient depuis quelque temps sur le potier, accusé de s'entremettre avec l'affranchi d'un haut officier d'Élagabalus, peut-être Atillius, son mystérieux conseiller et son primicérius, qui ne reculait devant rien pour l'implantation, à Rome, du culte du Soleil. Et cet affranchi, ajoutait-on, était un prêtre du Soleil même, en raison de cette fonction une sorte d'homme sans sexe, comme les autres prêtres de cette Divinité.

Il suivit Ghéel, et, entre eux, ce fut une longue course à travers les voies qui, du Vicus Tuscus par la Subura, menaient aux Carènes. Ghéel ne se doutait de rien, et, sans doute, ne cherchait pas à se cacher, car même il s'arrêta devant des boutiques de marchands de meubles, surtout de marchands de vases, comme pour rapporter de nouvelles formes de leur contemplation. Dans la Tabernole, il rencontra une femme qu'Atta reconnut pour Severa. Il lui causa quelques instants et passa outre, pendant que Severa descendit droit vers Atta, qui ne put se dérober.

— Adieu, Sœur, que la grâce de Kreistos soit avec toi ! lui dit-il en s'inclinant. Mais Severa, sans changer de visage, répondit :

— La grâce de Kreistos est dans le cœur de l'homme pur que n'habite pas le Péché, Atta !

Intraitable comme toujours, et austère, et les yeux d'éclairs chargés, elle passa à côté d'Atta, qui se retourna très vite.

— Sœur ! t'ai-je offensé, et pourquoi cet accueil pour celui qui reconnaît ta haute sainteté ?

Alors, Severa, doucement, avec cette prescience passionnelle des femmes qui leur fait si facilement deviner l'ennemi caché :

— Non, tu ne m'a pas offensé ; mais j'abhorre la sédition que tu souffles parmi nous depuis si longtemps, comme si cela plaisait à Kreistos. Mais Kreistos arrêtera la fourberie et le fourbe avec.

Elle le laissa, et quand, les dents serrées, il voulut retrouver Ghéel, Ghéel avait disparu.

Alors, il gravit les pentes de l'Esquilin, où il savait que Zal habitait. Certes, sa pensée n'allait pas jusqu'à le vouloir rencontrer, mais à l'apercevoir causant avec quelque fonctionnaire d'Élagabalus pour l'accuser victorieusement de relations avec le culte du Soleil, l'abominable culte auprès duquel les autres n'étaient que des manifestations d'innocents esprits. Mais il n'eut pas cette suprême joie : Zal ne lui apparut point.

De l'Esquilin, il alla au Viminal, ensuite au Quirinal. Toujours des chrétiens l'accueillaient avec les mêmes récriminations contre Élagabalus. Seulement, sans Atta, elles flottaient, informes, en rêve d'un Empire quelconque qui ne promettait pas les abominations de la Pierre-Noire ; avec lui elles prenaient un corps formidable, comme un bélier énorme prêt à tout faire sauter.

— Oui ! Rufus ; oui ! Ravidus, oui ! Cornificius, Krinius, Lycinna, Ponticus, Servius, oui ! nous renverserons Élagabalus, et le prochain Empire nous devra son avènement, à nous les méprisés et les martyrisés !

— Et que faudra-t-il faire, Saint et vénéré Frère ? Nous ne pouvons supporter Élagabalus, il est vrai, mais nous ne savons encore quelle sera notre conduite, nous, fils de l'Agneau !

— Vous le saurez à l'heure propice. En attendant, écartez les suggestions mauvaises, surtout venant des membres de Kreistos.

— Eh quoi ! nous devons nous méfier de nos Frères ?

— De quelques-uns, manifestement perdus par le Serpent.

Et Rufus, et Ravidus, Cornificius, Krinius, Lycinna, — une femme ! — Ponticus, Servius :

— Parmi ceux-là, il faut compter Zal, est-ce pas, Frère vénéré ?

— Je n'ai pas prononcé son nom, dit Atta en souriant. Si vous dites Zal, c'est que l'Esprit vous a inspirés, sans doute, et nous devons alors nous incliner. Mais Zal n'est pas seul.

— Et Severa, et Ghéel, et les chrétiens Orientaux aussi, Atta ?

— Sans doute, quoique je n'affirme rien. Les chrétiens orientaux ont des prédispositions à partager les erreurs de la Pierre-Noire, parce que l'Empereur est de leur race. Surtout les pratiques religieuses d'Élagabalus leur plaisent ; si on les écoutait, ils feraient de la doctrine de Kreistos la doctrine du Péché !

Un frémissement, puis, en soupirs bruyants :

— Que Kreistos nous préserve de ce malheur !

Enfin, Atta, les quittant :

— Zal habite l'Esquilin ; Zal est votre voisin ! Severa traverse souvent l'Esquilin, qui sait ? à la recherche de Zal ! Ghéel fréquemment va rendre visite à un affranchi du primicérius d'Élagabalus, et je l'ai vu se diriger vers les Carènes aujourd'hui même. Quand la colère de Kreistos fondra sur la Pierre-Noire, nous séparerons l'ivraie du bon grain, n'est-ce pas ? nous retournerons le bon grain à la terre et jetterons l'ivraie au feu, ainsi que le dirait notre Frère Maglo, dont les idées sur la substance divine ne sont pas les miennes, ni les vôtres, mais qui a comme nous tous l'horreur du Péché que Zal, Severa, Ghéel et les chrétiens orientaux adoreraient volontiers, si nous n'étions là, pour défendre Kreistos, fils de Dieu, Kreistos, trois fois saint !

XIII

Les Kreistos peints se fondent en une ombre délicieuse, et des ornements symboliques s'enlèvent, troubles, sur un fond bleu, un fond de mer qui est de l'eau jaillissant d'un rocher que frappe un agneau de sa patte armée d'une baguette fleurie. Et des poissons y nagent, et à des pointes d'arbres vaporeux pendent des fruits vers lesquels se glissent des serpents, la gueule entr'ouverte, sous le regard de soleils levés à des bords de montagnes violettes, éloignées.

Et ces peintures, qui retracent aussi d'autres sujets, ne sont pas habituelles aux salles des assemblées chrétiennes, mais plutôt à des Églises mystérieuses, participant du Kreistos et du Soleil, qui est le dieu égyptien Osiris, le dieu assyrien Bel, le dieu perse Mithra, et que des millions d'êtres adorent sous d'autres noms.

Elles sont une reconstruction hardie, par le Symbole, du Culte de la Vie, par Kreistos qui l'humanise, la rend miséricordieuse et douce, la met à la portée des cœurs et la berce dans les larmes tendrement apparues au seuil des cils.

Elles sont une protestation contre l'Occident chrétien qui se fige dans l'idéalisation de Kreistos, une idéalisation sans images et sans lien avec les autres cultes, et ainsi manifestent un schisme avec l'Église de Rome, qui, muette, attend l'heure de dévorer les chrétientés adversaires de sa systématisation.

C'est une salle ignorée de beaucoup, dont l'entrée expire au seuil d'une maison en ruines du Viminal, abordée prudemment par un couloir en voûte qui s'effrite, à peine éclairée d'une lampe de terre en forme de chaussure. Il fait nuit, et des rayons de lune mordent des éventrements de cubiculas, des renversements de colonnes en une cour où s'arbore une puissante végétation de ronces, de mauves et de chardons en mer mouvementée jusqu'à un escalier suspendu dans du vide, un escalier sans rampe qu'obombre une muraille haute crevée d'ouvertures de fenêtres qui blanchoient sinistrement.

Des chrétiennes et des chrétiens entrent, presque tous Orientaux reconnaissables à leurs vêtements bigarrés, généralement en soie, à leurs bonnets coniques, à leurs robes flottantes, surtout à certaines allures démonstratives jurant avec celles des Occidentaux, toujours gelés dans le décorum et la dignité.

A l'entrée, Zal reconnaît les assistants, parmi lesquels

une femme, à la stola et à la palla blanches, à la chevelure noire abondante, qui lui sourit doucement :

— Je suis venue, car Kreistos est grand, et ce qu'il veut se fait bientôt !

Elle descend un escalier en vrille, aboutissant à la salle, très grande, soutenue par des piliers carrés que décorent des T et des croix équilatérales aux extrémités à angles rentrants, et éclairée de flambeaux de cordelettes recouvertes de cire, dont la lueur coule, jaunâtre, du haut de lampadaires de bronze debout sur le sol à la mosaïque confuse..

Ils sont nombreux, les Fidèles venus pour célébrer les Mystères du Kreistos oriental. Les femmes, séparées des hommes, avec un passage au milieu, menant à une sorte de sanctuaire coupé d'une galerie de marbre recouverte d'une étoffe bleue, où s'érige un autel semblable à un piédestal carré, coiffé d'une sorte de nef d'or gaufré ; au fond, dans un resplendissement de flambeaux cachés, un Kreistos peint, agrandi dans sa propre immobilité, la tête auréolée d'un cercle rond en lune énorme, la poitrine nue ensanglantée, les bras nus d'où dégoutte du sang, la face pâle aux yeux tendrement ouverts sur l'assistance, la chevelure noire sinuant dans le cou et sur les épaules, exquisement !

Et la croix à laquelle il est cloué n'est pas la croix, mais le T, qui est le tau égyptien, qui est le rayonnement tronqué du soleil élargi, et le signe révéré depuis longtemps par les peuples, sous une forme simple, du Principe de la Vie.

En haut, un bruit de porte qui se referme ; tous les Fidèles sont là, recueillis et muets.

Zal traverse le passage du milieu, et apparaît dans le sanctuaire, et ouvre les bras comme le Kreistos, et agite faiblement les lèvres, et semble prier, les yeux levés, et se tourne vers la nef d'or, et se prosterne à plat, dans le resplendissement du fond.

L'assemblée s'agenouille, et un murmure confus, comme un bruissement d'abeilles échappées de la ruche, monte vers les voûtes, à peine coupé des gémissements faibles que pousse Zal, là-bas.

Un chrétien approche, et se dévet de sa tunique, et montre son torse nu, le renflement de ses tétons nus, et encore élargit les bras en croix. Zal le pique sous le cœur d'une lame d'or, et recueille le sang dans une coupe d'or qu'il élève plusieurs fois, pendant que le chrétien s'éloigne, les mains jointes, sous son bras sa tunique ensanglantée.

Une femme, jeune, et grande, et maigre, se dirige vers le sanctuaire, sur elle les yeux de l'assistance émue, et aussi se dévêt jusqu'à la taille de sa stola, et écarte l'ouverture d'une tunique de dessous, et arrache une chemise de lin qui laisse entrepercevoir sa poitrine mince, à peine rebondie de deux seins blancs. Elle étend ses bras, et Zal lui pique la chair de sa lame d'or, et recueille son sang dans la coupe d'or, sans qu'un léger cri de la martyrisée lui remue les plis de la face.

Une heure durant, les assistants vont et viennent, successivement piqués à la poitrine par Zal, qui a maintenant de sang pleine la coupe, qu'il repose sur l'autel au chant extraordinaire des adorateurs de Kreistos, toujours immobile au fond.

Elle aussi, Severa, s'est dévêtue, et montré aux Fidèles sa poitrine nue qui fait un éclair blanc, et Zal a frémi en la piquant de sa lame d'or creusant un trou de sang sous le sein gauche, et il n'ose la regarder regagnant sa place, les deux mains à sa blessure et prononçant, défaillante, les noms confondus de Kreistos et de Zal!

Une musique bramante qui grandit, une musique d'orgue hydraulique que touche un bel éphèbe aux longs cheveux sur un cou nu, et dont la passion tourmentée accable les hommes et les femmes jusqu'à les faire pleurer en un émoi des entrailles venu!

Un chant de tous qui découpe sa mélopée attendrie à la musique de l'orgue, un chant que piquent des éclats de voix féminines et qu'assurent, sur des basses profondes, les éclats des voix masculines roulant puissamment dans la salle qui s'illumine de ses Kreistos et de ses Agneaux!

Lui-même, Zal, fait tomber sa tunique, et son torse nu émerge, jaune, et il se pique le dessous du sein avec la lame d'or, et il recueille son propre sang dans la coupe d'or reprise sur l'autel à la nef gaufrée.

Encore une musique bramante, et le chant des hommes et des femmes. Puis, un agenouillement qui fait un bruit précipité, et des remuements des bancs, et des prières discrètes, et comme un emmêlement de mains joignant les corps rapprochés, et un baiser d'homme à homme, de femme à femme, un baiser sur la joue courant de place en place avec un léger claquement de lèvres.

Zal, qui s'est relevé, a appelé un Fidèle, qui vient boire à la coupe d'or. Et tous, s'agenouillant au pied de la galerie de marbre, viennent aussi boire le sang amassé par la lame d'or de Zal, ce sang, le leur, que la fraternité de la coupe confond sans dégoût.

Severa boit également, et une goutte de sang retombe sur sa poitrine revêtue, une goutte qu'empressé Zal veut essuyer avec un pan de sa tunique, comme s'il eût cru à une blessure réelle, la blessure qu'il lui fit, tout à l'heure, avec sa lame d'or.

Enfin, il boit le dernier après Severa, et il ne reste plus, dans la coupe, de ce sang de tous maintenant prosternés dans la suprême adoration de Kreistos.

C'est au tour de la confession mutuelle. Chaque femme choisit son confesseur, et bientôt ce ne sont que pénitentes, belles presque toutes, et jeunes, et implorantes, et haletantes de remords imaginés, aux genoux d'un homme tendant une oreille à leur voix chuchotante, et il n'est pas d'homme qui n'ait sa pénitente, et il n'est pas de femme qui n'ait son confesseur.

Severa va vers Zal, et les voilà l'une aux genoux de l'autre, et ce que dit la patricienne au Perse, assis sur un escabeau bas, lui fait branler doucement la tête, et donner à sa mobile et véhémente physionomie à la barbe brune taillée court, une expression de confusion.

— Je me confesse de trop penser à toi, de voir Kreistos en toi, de n'écouter que toi, de ne m'inspirer que de toi. Et cependant, je le sens, cet envahissement de toi en moi ne soulève rien de ma chair, et c'est mon esprit qui répond au tien. Mais, c'est trop de cette présence constante de toi, Zal, et je m'en confesse, j'implore le pardon de Kreistos, par toi qui es ici le prêtre de Kreistos!

— Sœur, répond tendrement Zal qui essuie furtivement quelques larmes, le Péché prendrait vite naissance en toi, si l'image de la créature continuait à y couvrir l'image du créateur. Kreistos me suggère de te punir, Severa, et tu écouteras Zal qui espère unir son âme à la tienne, au jour de la Mort vainqueur de tout, mais non de l'Amour!

— Quoi! tu veux me punir, Zal! tu veux me punir!

— Nous ne nous verrons plus, et ainsi ma face ne se dressera pas devant la face de Kreistos. Il le faut, il le faut!

— Non! non! non!

Et Severa ne peut retenir ses sanglots, et prend les les mains de Zal, devenu faible :

— Non! non! non!

Mais c'est la fin de la confession. Comme sur un mot d'ordre, les confesseurs imposent les mains sur les têtes des pénitentes, les belles têtes maintenant reposées sur leurs genoux. On dirait même que les pénitentes ont déposé dans les girons mâles un baiser, qui fait fermer longuement les yeux aux confesseurs, comme sous un spasme intérieur. Aussi, Severa veut les imiter, mais Zal l'arrête :

Se disposent à partir hommes et femmes. L'orgue hydraulique a des plaintes désespérées ; des chants gémissent, et devant le Kreistos du fond, qu'à peine dore la lueur expirante des flambeaux cachés, les Fidèles se prosternent encore. La voix du bel éphèbe se mêle à l'harmonie mélancolique ; telle une eau trouble traversant des rives aux arbres pendants, aux roseaux érigés en forêts infinies de colonnes balancées, avec des trouées de ciel gris, des trouées de paysages inviolés dans leur majesté brouillassante. Ah! Kreistos! Ah! Kreistos! Pour assurer ton triomphe ; pour que tu passes, blanc soleil, sous l'arc de ta propre divinité et foules à l'aise les nuques des humanités se préparant glorieusement dans les devenirs à ce que tu les conquières, que ne feraient tes Adeptes, surtout tes Adeptes orientaux, en toi adorant la source de vie, la grande mer d'où les êtres coulent sans fin dans le Cosmos, la haute montagne de la Grâce et de la Passion, que le véritable Croyant gravit sans crainte ? Les flambeaux s'éteignent ; dans l'agonie des lueurs, le Fidèle étreint la Fidèle, des baisers sont échangés, pendant que le bel éphèbe ne cesse de chanter au son de l'orgue, dont les dernières trépidations s'achèvent en cascades de sanglots.

— Viens ! Viens !

C'est d'une voix terrible que Zal appelle Severa. Les ruines de la maison du Viminal ont un aspect sinistre, surtout l'escalier qui se balance dans le vide et les ouvertures de la haute muraille par où pleure la lune, maintenant rouge, qui dévale au bas du ciel grimaçant de nuages noirs. Ils filent l'un à côté de l'autre sans se parler, et, la lune disparue, la nuit se fait ; des ombres de monuments gigantesques se dressent ; des bruits de patrouilles battant les voies arrivent jusqu'à eux.

— Viens ! Viens !

Un fossé fait choir Severa, qui pousse un cri. Zal envoie au hasard dans la nuit ses mains, la saisit vigoureusement par l'épaule, par les seins, par la croupe, bondissante sous l'étoffe. Et il la serre à lui :

— Viens ! Viens !

Ils vont très vite, par des rues noires, que raient des lumières de lampes placées devant des niches de dieux. C'est, autour d'eux, des maisons hautes, des thermes aux couloirs mystérieux, des colonnes qui font des lignes colossales dans un ciel opaque, des arcs, des carrés de murailles derrière lesquelles vont et viennent des soldats frappant le sol de leurs piques, des îles et des quartiers seulement connus de Zal, qui les traverse d'un sûr instinct jusqu'à la porte Salaria, s'ouvrant sur la Campagne, allongée là-bas en des vapeurs du matin de plus en plus claires. Alors, Severa, qui n'a cessé de pleurer doucement, se reconnaît :

— Ma maison est à droite. Voici la Voie Ardéatina ! J'aperçois la villa où Glicia dort pendant que son épouse assiste à l'assemblée des chrétiens orientaux.

— Tu n'iras pas seule, répond Zal ; la Campagne est fréquentée de soldats qui t'arrêteraient, ou de malfaiteurs qui te violenteraient. Je vais avec toi. Ce n'est pas Glicia qui m'en empêchera !

Severa montre à Zal une borne de la Voie, qui émerge dans l'apparition du matin.

— Je t'attendis là, il y a bientôt une année, quand tu te rendis au Camp avec Maglo. Je te crus arrêté ou tué avec lui. Aussi demandai-je à être instruite sur ton sort à un officier qui m'assura t'avoir relâché.

— C'est Atillius, dit Zal, peut-être le seul des Gentils favorable à Kreistos.

— Je ne te l'ai jamais dit, mais tu le sauras. Cet Atillius était avec deux officiers dont l'un me fit accroire que des soldats t'avaient tué en route. Je m'en allai vite chez toi, j'ouvris la porte de ta chambre, pauvre, hélas ! mais habitée par la Grâce, et j'y déposai des fleurs. Tu les as vues !

— Oui ! plus tard, répond le Perse après un silence. Je passai quelques jours avec Maglo dans les sépultures chrétiennes que nous mîmes à réfection, car une voix intérieure me dit que nous mourrons bientôt. Rassure-toi, je dis bientôt, mais non demain. Or, je préparais avec Maglo la dernière demeure de nous tous. A mon retour, je pensai que ces fleurs, complètement séchées, venaient de toi ; mais je ne t'en ai rien dit aussi. Elles sont là, depuis.

Il lui prend une main, lui fait palper, sur le cœur, entre la tunique et la subucula, un sachet d'étoffe renfermant les fleurs.

— Et elles resteront, et elles s'enseveliront avec moi, dans la sépulture qui m'attend !

— Où j'irai te rejoindre, s'exclame Severa, car si je ne suis ton épouse sur la terre, je le serai dans le ciel.

Ils se quittent devant la villa, simplement en se serrant les mains, sans même le baiser de paix, non par crainte d'être vus, car tout est désert et sombre, mais par un sentiment qui les retient mutuellement. Et il a été assez puissant, ce sentiment, pour détruire de l'assemblée des chrétiens orientaux tout souvenir des piqûres de sang sur les poitrines nues, et des baisers dans les girons des confesseurs, et des rapprochements sexuels de la fin. Ils ont été chastes et le seront encore, parce que, forts en Kreistos, la chair ne parle pas en eux, mais l'indestructible et vivant Esprit !

XIV

Zal se réveillait dans le soleil de sa chambre à peine meublée d'un lit de planches, d'une table très grossière et d'un escabeau pliant. Au-dessus du lit, sur une étroite planchette à la muraille retenue par des cordelettes de cuir, un rouleau de papyrus reposait, et il le prit, s'absorba longtemps dans la lecture d'un évangile oriental.

On frappa : la porte aux panneaux disjoints s'ouvrit, laissant passer Ghéel !

— Il t'attend ; il désire te parler. Je t'ai fait connaître à lui, et c'est Madeh qui a insisté pour qu'il te vît.

— Qui donc, Frère ? demanda Zal.

— Atillius, tu sais, Atillius, le maître de Madeh qui demeure aux Carènes, de Madeh, mon frère de Syrie.

Zal se leva, ne comprenant rien à ce que disait Ghéel, dont le langage était toujours précipité. Il se fit expliquer : Ghéel était reçu depuis longtemps auprès d'un ami d'enfance nommé Madeh, affranchi par son maître, Atillius, le primicérius que tout Rome connaissait, au moins de nom. Il était bon pour son affranchi, Atillius ; il l'avait voué à la Pierre-Noire. Il l'aimait, oui, il l'aimait ! — Ghéel s'étendit sur le genre d'amour d'Atillius pour Madeh ! — Un jour, le primicérius lui demanda, à lui Ghéel, si les chrétiens étaient prêts à soutenir l'Empire, pour eux si indulgent. — Alors, je parlai de toi, continua Ghéel, de toi qui assures que Kreistos implantera la Vertu dans le fumier de l'Empire, de toi qui es l'apôtre des chrétiens orientaux, et cela lui parut si intéressant, qu'il voulut que je t'emmenasse chez lui.

Ils descendirent les huit étages de la maison, dont des ménages pauvres habitaient les chambres basses, pleines de rumeurs de métiers. Ghéel remarqua que les voisins de Zal se rangeaient prestement, comme s'ils eussent eu peur de cet homme, duquel on disait qu'il assistait à des assemblées mystérieuses de chrétiens où l'on buvait du sang d'enfants égorgés. Tous étaient des sectateurs des dieux des trois continents, et, parmi eux, des laveurs et des embaumeurs de morts intéressés à combattre Kreistos, parce qu'il commandait que les cadavres fussent simplement enfouis dans la terre, au lieu d'être brûlés après avoir été lavés et embaumés. Ils connaissaient fort peu Zal, et déjà l'accablaient, en dessous, de toutes sortes d'injures, qui ne le touchaient pas.

Dans la rue, justement, ils croisèrent le convoi d'un polythéiste, qu'ils saluèrent, malgré qu'on ricanât à ce salut. Le mort, un petit fabricant de papyrus, était porté dans un cercueil par quatre lecticaires. Un désignateur, suivi de licteurs vêtus de longues robes noires, conduisait le convoi composé des parents, des amis, des ouvriers et des voisins du quartier où le défunt avait longtemps exercé son industrie. Des musiciens ouvraient la marche : des joueurs de flûtes, de trompettes et de cors, alternant avec des pleureuses qui déchiraient leurs vêtements et se couvraient de poussière cueillie au bord des trottoirs. Un archimime, généralement à la suite de tous les convois de la Région, grimé exactement comme le défunt, contrefaisait ses gestes, parlait comme il avait parlé, pendant que ses fils, la figure voilée, et ses filles, la tête nue et les cheveux épars, se traînaient derrière en gémissant.

Ils coupèrent rapidement jusqu'au Cœlius, et la petite maison des Carènes s'ouvrit bientôt. Le janitor eut un mouvement :

— Qu'a le Maître Atillius ? Après Ghéel, cet homme, qui est pauvre sans doute ! Est-ce qu'il viendra souvent ici, me forcer, moi, Janitor, à lui ouvrir les portes de sa maison ?

Mais cela en aparté, car il eut un grand salut pour Ghéel et une inclination discrète pour Zal.

Madeh accourait vers eux.

— Voici Zal, dit Ghéel lui présentant le Perse, qu'il prit par la main et conduisit dans l'atrium, où le crocodile émergea de son bassin, le singe grimaça en se grattant une cuisse, et le paon rayonna, fastueux. Il le quitta, pour revenir bientôt :

— Il t'attend, et c'est moi qui vais te conduire auprès de lui !

Zal n'était point attiré par les choses étranges de la maison, surtout par la décoration des cubiculas disposées aux deux côtés du tablinum. Le péristyle était désert, et la gloire de ses colonnes rouges, dont les chapiteaux en lotus dominaient de haut un bassin qui pleurait au milieu, dans un étincellement de soleil, ne l'arrêta pas davantage. Madeh marchait devant, en une fuite de sa robe lâche, dont les rayures étaient bleues et jaunes, et qui laissait voir l'ondulation suspecte de sa croupe et de ses reins. Enfin, Atillius parut en un appartement retiré qu'éclairait un grand jour de la voûte, et, simplement, il fit signe à Zal d'avancer, pendant que Madeh s'en retournait.

Le Perse, à le considérer, se dit que depuis le Camp des Prétoriens il avait maigri et pâli, que ses doigts minces et longs paraissaient sans force, que ses étranges yeux violets s'enfonçaient davantage dans un haut de face aux méplats légèrement ivoirés. Mais cette impression fut rapide, car Atillius le pria de s'asseoir sur un siège de bronze, en une égalité qui le gagna.

— Je te sais vaillant et sage, dit Atillius, et le syrien Ghéel, l'ami d'enfance de mon affranchi, m'a quelquefois causé de toi. J'ai donc voulu te connaître davantage. Je t'ai appelé pour des choses graves, des choses qui concernent ton Kreistos.

— Entre Kreistos et la Pierre-Noire, répliqua Zal, il n'y a pas de rapprochement, sinon qu'elle prépare son avènement. Le dogme de la Vie physique est le vôtre; superphysique, le nôtre. Mais Kreistos sait ce qu'il veut, et pourquoi il veut ce qu'il fait.

— Je vous sais bienveillant; Antoninus et Sœmias vous

sont débonnaires, reprit Atillius. J'aime votre Kreistos, mais votre Kreistos, par la bouche enfiellée de quelques-uns de ses croyants nous est ennemi. Tu es intelligent, toi, et tu vas entrevoir aussitôt la portée de mes paroles !

Et il lui apprit qu'un nommé Atta ne cessait depuis quelque temps d'exciter les chrétiens contre Élagabalus, les poussant ardemment à une rebellion dont eux-mêmes ne retireraient aucun profit.

— Sais-tu qui guide Atta? Mammæa, qui se propose de tuer Antoninus et nous tous pour son Fils, le Cæsar Alexander. Les chrétiens ne gagneront rien à ce changement, car Mammæa a moins que Sœmias le goût des choses de Kreistos.

A ce nom d'Atta, Zal eut son habituel sourire méprisant :

— Il est capable de tout, celui-là, même de violer sa mère, s'il l'a encore, et de renier Kreistos, s'il ne l'a déjà renié !

— Vous êtes d'autres chrétiens, ajouta Atillius, qui ne vous rebellez pas contre Antoninus, parce que vous êtes de l'Orient. Eh bien ! je propose un pacte entre Antoninus et vous. Soutenez l'Empire, et l'Empire vous soutiendra. N'a-t-il pas déjà accepté votre Kreistos dans ses temples? Il est parmi nous, votre Dieu !

Suivi de Zal, il alla vers le temple où Ghéel avait pénétré. La porte circulaire s'ouvrit, et Zal vit les statuettes des dieux égyptiens et phéniciens, les T, les brasiers d'encens fumeux, la Vesta et le grand Kreistos noir en face du Cône Noir, supporté par un piédouche de pierreries.

— Tu le vois, nous reconnaissons, nous, la gloire de votre Kreistos !

Ils marchèrent lentement, et les yeux violets d'Atillius brillaient, et Zal se laissait aller à lui. Le primicérius, comme s'il eût tenu à persuader le Perse, lui parlait de l'Androgyne, de cet Être Supérieur apparu à l'aube de la Création, et possédant les deux sexes, séparés depuis. Leur réunion formait tout le symbole de la Pierre-Noire, signe concret du Culte de la Vie, qui, stérilisant séparément les sexes, fait naître enfin l'Un, l'Éternel, l'Homme-Femme à deux visages, à quatre pieds et à quatre mains, gisant dans toute religion.

— L'homme ne se donnant qu'à l'homme, et la femme qu'à la femme, qu'arrivera-t-il ? La Nature détournera son flot de vie vers l'un, désormais possédant les attributs de l'autre, et ce sera l'homme avec le sexe de la femme, et la femme avec le sexe de l'homme, mais en plus la grâce, la force, l'intuition, la beauté et la suprême intelligence des deux.

Mais Zal l'arrêta :

— Nous partageons cette doctrine, à la différence que cette Unité sera dans les Ames et non dans les Corps ! Notre Kreistos est bien l'Androgyne, il est vrai, avec la grâce, la force, l'intuition, la beauté et la suprême intelligence de l'homme et de la femme divinisés en lui, mais il a été homme avant, avec un seul sexe. Vous prenez le signe pour la signification, le fini pour l'infini, voilà tout. Nous élargissons dans le par-delà l'Androgyne.

Ils devenaient tous deux très obscurs, se chicanant sur des ombres de mots ; Atillius accusant Zal de se laisser aller à des rêves sans consistance, de ne pas être certain de l'autre vie dont il lui parlait ; Zal assurant Atillius que la tentative matérialiste d'un Androgyne était contraire aux lois naturelles, donc à Kreistos, qui les avait établies. Et le Perse était maintenant riche d'une telle supériorité spirituelle qu'Atillius s'exclama :

— De qui es-tu fils, toi ? Où as-tu appris cela ? Tu me stupéfies !

Il grandissait, Zal, une clarté de fierté au front, avec aux yeux une douceur et une intrépidité d'Apôtre ! Les mains dans la ceinture de cuir de sa robe qu'ouvrait sur la poitrine un triangle renversé de subucula, il répondit calmement :

— Ah ! je compte parmi mes ancêtres un puissant humain qui eût renouvelé la face de la terre, si la Mort l'eût laissé faire.

Il prononça son nom. Ç'avait été un grand roi, qui passa impérieusement sur l'Asie, au bruit des tambours et des trompettes de guerre, en un accompagnement de millions d'hommes, qui laboura de ses chars plus de sols qu'un courrier ne traverserait en dix années, qui détourna des fleuves, arrêta des mers, fit crouler des montagnes, rasa et érigea des villes, puis s'endormit calmément un jour, croyant avoir tout fait et tout défait. Hélas! Sa mémoire coula dans le Temps comme un ruisseau dans le sable; son corps, embaumé en un monument de trois cents coudées, les quatre vents du ciel le dispersèrent un jour, et il ne resta rien de lui, sinon des descendants de plus en plus obscurs ayant de son sang mais non de sa gloire! Il se tut un instant, sous l'émotion de cette extraordinaire révélation, pour reprendre tout bas, malgré qu'Atillius l'entendît :

— Je serai moi-même à ta place, Ancêtre, que je renoncerai à la domination des Corps pour conduire les Ames vers Kreistos, car tout est vain sans l'Agneau!

Ils se promenaient toujours, d'un appartement à un autre, se rapprochant de l'atrium, d'où la voix de Ghéel et de Madeh leur parvint. Zal dit alors brutalement:

— Vois, Madeh! ton prêtre. Est-ce que sa nature d'homme a changé depuis, et crois-tu qu'un double sexe crèvera sous sa peau à force de le violenter?

Atillius eut un sourire :

— Si ce n'est lui, ce sera un autre. La poursuite de l'Androgyne doit se faire, et le Principe de la Vie triompher!

Ne démontrant pas comme Zal, il se contentait d'affirmer, toujours perdu dans sa vision de l'Être Unique, qui voilait son amour pour Madeh, purement de chair. Et il ne rougit pas de ce que dit Zal, comme Zal ne rougit point d'aborder ce sujet de l'amour mâle, si délicat.

Ils avaient oublié, durant cette discussion, l'objet même de leur rencontre : l'espèce d'accord à établir entre les chrétiens et Élagabalus. Le primicérius y revint, insistant sur le bénéfice que Kreistos retirerait.

— Il faut que je t'apprenne ceci, dit Zal. Les chrétiens Occidentaux en grande partie n'en voudront point, mais les chrétiens Orientaux accepteront sans doute. Nous défendrons Élagabalus, non pour soutenir son Péché, qui fait se voiler la face du ciel, mais pour préparer les voies à l'Agneau dont les secrets sont impénétrables.

Il le quitta là, toujours fier, n'acceptant rien d'Atillius, qui lui offrait sa maison, des vêtements et de l'or. Et il reprit Ghéel parcourant le jardin avec Madeh qui de loin ressemblait, baigné de soleil, à un être surnaturel se mouvant dans de la lumière. Les deux chrétiens passèrent sous le regard du janitor et de quelques esclaves, absolument ahuris des hôtes que depuis quelque temps recevait leur maître Atillius. Dans la rue, Ghéel dit à Zal :

— Mon pauvre frère Madeh est malheureux, bien malheureux. Vois-tu, notre pauvreté vaut mieux que sa richesse, car il est comme un paon en cage, et sa vie ne lui appartient plus !

XV

— Vois-tu, Rusca, Severa est rentrée à l'aube, venue de je ne sais où. Même que j'ai entendu la voix d'un homme qui a dû l'accompagner jusqu'à la villa, et cet homme, j'en jurerais, était ce Zal qui soutient Élagabalus. Severa a beau paraître vertueuse, et moi-même je puis lui être indulgent, il n'en paraîtra pas moins un adultère avec ce Zal. Et que diront les Romains de Severa, de Severa, l'épouse de Glicia, qui compte parmi les siens un dictateur célèbre dans nos fastes ? Longtemps, j'ai gardé pour elle la débonnaireté de l'époux confiant; mais, maintenant, malheur à celle qui me déshonore avec des gens de basse naissance !

Glicia toussota, la face en sang, les poings crispés, et cracha, les jambes écartées en un effort terrible, soutenu par Rusca, qui lui faisait :

— Maître, Severa connaît ses devoirs, et si elle va aux assemblées de chrétiens, ce n'est pas pour mal faire, j'en jurerais à mon tour.

Il s'évertuait à justifier Severa, ne pouvant accroire facilement qu'elle trompât Glicia. Et il émettait de bonnes raisons en un attendrissement de paroles qui remua un instant le vieux patricien :

— Tu as peut-être raison, mais mon sang bout à songer à l'outrage, et je veux lui exprimer le mépris que j'ai d'elle, car, rentrer à l'aube, quand son époux flaire la mort, c'est mal, très mal !

— Elle songe à toi, Severa; elle n'a jeté ses regards sur aucun autre, ne la peine pas ! C'est une âme fière, et quoique la loi te donne droit sur elle, elle te quitterait et vous seriez tous deux malheureux.

— Oh! moi, je ne l'aime pas, articula Glicia, et son départ ne me toucherait pas. Je ne dis pas que cela ne soit ainsi pour elle.

Il toussota encore, répétant, en ses habituelles confusions, qu'il n'aimait pas Severa, que peut-être celle-ci l'aimait. Mais il revenait, suivi de Rusca redoutant une scène très vive entre Severa et lui. Dans les cubiculas, des esclaves allaient et venaient, époussetant les meubles, lavant le sol, faisant reluire les ustensiles de la cuisine, mettant de l'air et de la lumière partout. Quoique rentrée de bonne heure, Severa s'était à peine reposée, et, maintenant, de concert avec l'ancilla, elle vaquait au bon ordre général, avec sa célérité qui ne se démentait pas.

— Oui! oui! Je l'ai dit; cet homme, j'en jugerais, était ce Zal, criait Glicia.

— Maître, laisse-la, disait Rusca. La vois-tu, calme et confiante ?

— Moi aussi, j'ai été confiant, Rusca, mais je ne veux plus l'être !

Il lui échappa, retenant un toussotement d'une main, et courut vers Severa, en ce moment dans le tablinum. Il la saisit par le coude, d'un serrement obstiné :

— N'est-ce pas que c'était ce Zal ?

Elle se retourna vivement, rouge et digne, ne sachant que dire et ne voulant répondre. Alors Glicia s'anima :

— Je l'ai dit, cet homme, j'en jurerais, était ce Zal qui soutient Élagabalus, et tu es ainsi un aide de cet Empire, et

Zal est avec toi. Est-ce que je sais ce qu'il fait avec toi, celui-là ?.Réponds, femme, réponds !

Il anonnait et bredouillait, son poing maigre sur la face de Severa, qui répondit :

— Pourquoi ces violences ? Tu sais bien qu'unie à toi, ma vie t'est consacrée !

Mais Glicia devint terrible :

— Je puis te faire enterrer vive ; je puis te jeter au bûcher et aux bêtes ; je puis te tuer et te faire tuer ! Je puis prendre un glaive et t'égorger ! Je suis le maître de ton corps, et si je n'en fais rien, c'est que j'ai pitié de toi. Oui ! j'ai pitié de toi, quoique adultère avec ce Zal. Rusca, qui assure le contraire, est vieux et ne voit pas clair comme je vois clair. Tiens, tiens, voilà pour ton Zal, voilà pour ton Zal; pour ton Kreistos, pour ton Élagabalus, pour tous ceux qui viennent manger le pain de Glicia et boire le vin de Glicia !

Il la frappait à la face du plat de la main, et comme elle reculait, il recommençait en une poursuite de coups de poing dans les seins. Elle s'en allait à reculons sans répondre, résignée, s'attendant depuis longtemps à être frappée dans une crise de Glicia, dont l'exaspération n'eut plus de bornes quand Rusca, qui accourait, l'arrêta, lui cassant presque les bras :

— Je vous vendrai tous deux comme esclaves, avec de la craie blanche aux pieds, et l'on dira de vous : Voilà le mauvais esclave de Glicia; voilà la femme adultère de Glicia!

Il écumait et ne toussotait plus ; mais Rusca, pâle et muet, l'entraînait de force, pendant que Severa, brisée sur une cathèdre, la face pleine de larmes, disait tout bas :

— Si c'est là le commencement de ta Passion, Kreistos, que ton nom soit béni ! Cependant, tu sais bien que je n'aime point Zal avec la Chair, mais avec l'Esprit!

XVI

Sous les regards attristés de Mammæa, l'aïeule Mæsa se faisait très-richement vêtir de robes amples, surchargées de broderies d'or, et d'une palla pourpre, pendant qu'Alexander, maintenant un beau pubère au regard décidé, l'embrassait en une fureur de caresses qu'on eût dit les dernières. Les appartements du Gynécée, entrevus par des écartements de portes et de draperies, s'animaient de femmes qu'on vêtait aussi, et des Prétoriens, au service de Mammæa, au casque, au bouclier et au pilum d'argent — des argyraspides — se tenaient prêts à partir sur le commandement sec de centurions faisant sonner sur les mosaïques leurs soles de fer, à émaux bleus.

Élagabalus obligeait Mœsa à assister, avec Sœmias, aux jeux du Cirque, le lendemain de son mariage avec Paula, une veuve de famille illustre, succédant à la répudiée Faustina, épouse du sénateur Pomponius, qu'il fit condamner à mort, et à une Cornélia, — à laquelle — ainsi pour Faustina, d'ailleurs — il ne toucha jamais.

Mammæa et Alexander, séparant leur cause de celle de l'Empereur, s'étaient refusés à ces fêtes; et c'est pourquoi, abandonnés maintenant dans le Palais des Cæsars, Alexander embrassait l'Aïeule, pendant que Mammæa glissait secrètement en son sein une fiole de poison d'Asie, qu'elle boirait avec lui à l'heure du danger, plutôt que de subir les coups ignominieux d'assassins présumés.

Des éclats de longues trompettes d'airain et de lituus de cuivre appelèrent les argyraspides, qui coururent, le pilum haut, le bouclier recouvrant le corps en disques blancs. Et, suivant Mæsa, dont deux esclaves soutenaient la palla, survinrent, à leur tête Paula, historiée comme un joyau, la face très pâle sous la pâte de fard, des femmes et des Vierges, d'appartements s'ouvrant de toutes parts en un bruit de portes et un froissement lourd de draperies, qui firent des éclairs à travers les colonnades immobilisées sous les voûtes ajourées de soleil, aux murailles s'enlevant, rouges et bleues, en des perspectives de nudités à peine esquissées.

Elles montèrent dans des litières aux portières de cuir, que, sur leurs épaules carrées, des esclaves noirs à tunique striée d'écarlate et de vert emportèrent en un balancement qui fit rire joyeusement les Vierges. Le cortège allait sortir du Palais, quand une litière de soie, d'or et d'ivoire apparut et prit la tête avec Mœsa, seule. Sœmias et Atillia étaient là, portées par de vigoureux Helvètes blonds, se distinguant ainsi des autres litières portées par les noirs. Sur la place extérieure, des soldats attendaient, la javeline à une main, le bouclier de l'autre, et, en des fonds de voies rayonnantes, des cavaliers se dressaient, le casque immobile, les lames de la cuirasse étincelantes, entre leurs dents la bride de leur monture, en leurs mains une longue pique à oriflamme et un bouclier rond.

Tout s'ébranla : d'abord les joueurs de trompettes et de lituus, adjoints de souffleurs de flûtes et de frappeurs de tympanons, puis les argyraspides marchant en une régularité décidée, puis Mœsa, Sœmias et Atillia dans leur litière avec Paula ; puis les femmes et les Vierges, enfin les soldats et les cavaliers. Ce fut une procession bruyante, qui s'écoula vers le Grand Cirque aux triples étages de portiques, où apparaissaient déjà des têtes de peuple qui applaudissait.

Élagabalus accourait de la Vieille-Espérance dans un char attelé de cerfs qui étonnèrent déjà si fort ; très beau en sa robe de pourpre pesante aux guillochures d'or, la tête tiarée et la face fardée. Le suivaient toujours, fardés comme lui, les yeux peints, les cheveux poudrés d'or, Hiéroklès et Zoticus, ses familiers Murissimus, Gordius, Protogenès, des Hommes de Joie et des Femmes de Joies, des prêtres du Soleil mitrés et un chœur d'individus à toge blanche et couronnés de lauriers qui, un volume à la main, s'exclamaient en Poètes qu'ils étaient. Effectivement, c'était là les Poètes — sans les Critiques ! — que Zopiscus, maintenant de la haute familia d'Élagabalus, avait raccolés pour exalter la gloire impériale et les faits et gestes impériaux.

Désormais à l'abri de la faim et de la soif, bien vêtu et bien nourri, il était présentement très fier, Zopiscus, quoiqu'une ombre se glissât dans sa fierté ! L'Empereur, voilà quelques jours, l'avait marié à Habarr'ah, qui ne lui laissait aucun répit pour ses ardeurs de vieille négresse. Elle était le revers de médaille du Poète, n'ayant jamais rien compris à cette fantaisie d'Élagabalus, qui avait uni un Poète tel que lui à une Éthiopienne de cet âge : seize lustres !

Le Grand Cirque, long de six cents mètres et large de deux cents, était partagé dans sa piste ovale par la Spina, arête de briques aux deux extrémités formées de trois pyramides à unique base hérissée dans sa longueur de l'obélisque d'Égypte, apportée jadis par Auguste, d'une autre plus petite, et de sept phalles, aiguilles couronnées à leur pointe de dauphins et d'autels.

La piste était vide, mais, des gradins aux portiques entourant les trois côtés du Podium érigé en colonnades, deux cent cinquante mille spectateurs se plaçaient qui, en un ouragan de cris, un soulèvement de têtes, saluèrent Élagabalus, Mœsa, Sœmias, Paula, Atillia, les femmes et les Vierges du Gynécée, les familiers et les Hommes de Joie, les prêtres du Soleil, les musiciens et les Poètes. L'Empereur avec l'Aïeule, Sœmias, Paula et Atillia, s'assirent dans le Podium, que des Sénateurs, des Consuls et des Vestales, blanches, vinrent également occuper.

Le ciel, très bleu, découpait en ellipse le haut du Grand Cirque, et le soleil, qui menaçait d'arder bientôt, faisait un grand angle sur un des côtés, noyé d'un jaune enveloppement.

Il s'assit, Élagabalus, regardant le peuple en un calme de bête repue, avec de fréquents regards vers les Hommes de Joie, pendant que Paula se figeait dans son rôle d'Impératrice, à côté de Sœmias, alerte, chiffonnant un bout de robe d'Atillia, et de Mœsa songeant à son autre fille, seule au Palatin, que l'on égorgeait peut-être maintenant.

Dans les rumeurs déferlant toujours, elle se pencha vers Sœmias, qui sourit, nia :

— Non ! Non ! je te dis non, Maternité ! Ta fille te jure que non !

Quelquefois, les spectateurs, en voyant des personnages s'installer autour de l'Empereur, suspendaient tout à coup leurs cris, et l'on entendait du dehors l'énorme marche de la cavalerie commandée par Atillius, circulant autour du Grand Cirque.

Il arrivait que quelqu'un jetait sur la Spina des écorces de courges et de pastèques, ou même des fruits entiers ; c'était alors, dans la piste, l'apparition d'un désignateur à allure solennelle faisant un signe. Des mains se levaient sur le spectateur, qui s'enfonçait aussitôt dans le claquement des coups, et ces coups, se répétant plus loin, couraient sur d'autres têtes, le long des gradins, jusqu'à l'extrémité du Cirque, en une rapidité scandée.

Des hommes grotesques se dressaient : des nains et des mimes dont la face s'allongeait démesurément et s'arrondissaient les yeux. Des gymnastes quelconques, les cuisses à peine recouvertes d'un étroit morceau d'étoffe, roulaient de haut en bas sur leurs pieds et leurs mains, retombaient dans la piste, et, poursuivis par d'autres désignateurs, remontaient très vite, dans le tremblement du rire général.

Enfin, par une porte placée près des écuries, — les carcères — les musiciens débusquèrent dans l'arène, et un bruit de flûte1, de crotales, de tympanons, de lyres, de clairons, de tambourins, de trompettes et de sistres, éclata. Ouvrant une marche de chars, d'athlètes, de chanteurs et de prêtres tonsurés comme ceux d'Isis et tiarés comme ceux de Kybèle, Hiéroklès montait un attelage historié d'or, vêtu non en Jupiter Capitolin, comme l'usage, mais en Grand-Prêtre de la Pierre-Noire, avec la robe syrienne aux manches flottantes, la haute tiaras, des joyaux au col et aux poignets, et la face vermillonnée, tel qu'Élagabalus. Le cortège coula bruyamment dans l'arène ; les tympanons faisaient, au rythme aigu des flûtes, de grasses morsures d'harmonie ; les sistres vibraient dans le plein son des clairons et des trompettes, et les lyres, les délicieuses lyres, tenues très haut par des mains d'hommes émus, s'accordaient à l'étrange mélopée qu'accompagnaient, avec les tambourins, des battements réguliers de leurs mains, les deux cent cinquante mille spectateurs.

Creva aussi dans l'arène une autre marche de déesses et de dieux de marbre et de bronze, portés sur des civières solides et sur des thensas attelés d'éléphants et de tigres jugulés. Des prêtres brûlaient de l'encens en des vases d'or, et les musiciens saluaient le cortège par un air exquis, revenant tantôt lent, tantôt précipité, qui s'acheva en une sorte de saltarelle au thème répété.

Les Jeux allaient s'ouvrir, quand Élagabalus fit un signal. L'on vit descendre cérémonieusement les Poètes, qui déplièrent leur rouleau. Ils s'amincissaient dans le soleil grandissant, où n'émergeaient que leur tête noire, leur face rasée, sauf celle de Zopiscus toujours allongée de sa barbe pointue sans moustaches. C'était un hymne au Dieu-Élagabalus, maître de l'Empire et possesseur du Ciel, par Zopiscus composé, à chaque partie scandé par les groupes de Poètes dont il restait le chorège. Les spectateurs n'y comprenaient pas grand'chose, mais l'Empereur se délectait étrangement, poussant des Ho! des Eheu! des Euge! très haut, dans le silence immense, et même applaudissait, coupant le Poème, qui s'acheva dans les cris forcenés des lecteurs.

— Poète!

Une voix ironique et froide qui frappa en plein Zopiscus. Et, sur un gradin en face de l'Empereur, confondu dans le peuple, un homme se leva, qui étendit le bras, ouvrit une main.

— Poète!

Plus ironique et froide, cette fois, et ironique et froide davantage, elle répéta :

— Poète!

Zopiscus, clignant des yeux, reconnut Atta, pendant que le Cirque riait colossalement. Et ce qui était étrange, c'est que les Poètes n'avaient été applaudis que par Élagabalus et ses familiers, par sa mère, par Paula, par Atillia, par ses Hommes de Joie et les prêtres du Soleil ; le peuple désirait rester étranger aux adorations envers l'Empereur.

Élagabalus, furieusement, cria à Zopiscus :

— Quel est cet homme? Je le ferai jeter sous les pieds des éléphants !

Zopiscus ne comprenait rien à la conduite d'Atta, qui, pour braver ainsi l'Empereur, devait présentement être bien puissant. Et il l'était, puissant, Atta, plutôt il se sentait tel, grâce à l'impopularité croissante de la Pierre-Noire. Depuis quelques jours circulait dans le peuple le bruit d'un égorgement de Mammæa et d'Alexander, vaste crime qui, durant les Jeux du Cirque, mettrait du sang dans les rues de Rome, dans ses temples, ses thermes et ses palais. Aussi avait-il persuadé les chrétiens qui l'écoutaient à y assister pour semer le trouble, et ainsi déconcerter Élagabalus, dont les sicaires présumés attendraient le signal.

Zopiscus se dressa orgueilleusement dans sa toge neuve, et, comme Atta l'avait appelé : Poète, il lui cria très distinctement :

— Chrétien !

Il répéta, pendant que des rumeurs éclataient :

— Chrétien ! Chrétien !

Et il alla se rasseoir, très fier de sa réponse, bien à la tête des Poètes maintenant reposant leur rouleau sur les genoux. Mais Atta se leva de nouveau :

— Ce n'est pas pour Antoninus, ce Poème, mais pour sa Divinité Hiéroklès, notre Empereur Antoninus est Antonina !

— Antoninus est Antonina ! — Et le rire des milliers de de spectateurs courut comme une trombe jusqu'à Hiéroklès, qui leur faisait face du haut de son char, arrêté sous le Podium.

— Aux éléphants ! aux Bêtes ! au croc ! au Tibre ! exclama l'Empereur. Le cirque entier s'émeuvait. Beaucoup, n'ayant rien entendu criaient, haut en un désordre inouï ; mais de nombreux cavaliers apparurent dans la piste, parcourue au galop pour annoncer les Jeux.

Hiéroklès auprès de l'Empereur, les chars et les thensas rentrés, il y eut une accalmie. Élagabalus jeta un carré d'étoffe blanche dans l'arène : six chars à deux roues, légers et très petits, attelés chacun de quatre chevaux qui chauvissaient, s'échappèrent des écuries, et, rapidement, filèrent autour de l'arène, en un bruit doux. On entendait surtout les cris des cochers — des auriges — vêtus de tuniques de couleur, — blanche, rouge, bleue, verte, pourprée et dorée, — debout dans leur char, appuyés aux rênes attachées à leur ceinture où un couteau était passé pour les couper en cas d'accident.

Sept fois, ils firent le tour de l'arène, tour à tour applaudis par des spectateurs qui se dressaient, en des hourrahs imprévus, quand leur couleur favorite gagnait sur les autres. Les chevaux écumaient, envolés en de la poussière, fouettés par les auriges voilés du soleil qui engloutissait tout. L'aurige vainqueur, de la couleur pourprée, qui atteignit l'extrême ligne blanche de la course, fila, accompagné de désignateurs, vers Élagabalus. C'était un beau jeune homme blond-roux, un Dace membru, aux yeux violents, qui plut tant à l'Empereur, qu'il descendit du Podium et l'embrassa sur les lèvres. Un grand cri ullula.

Élagabalus voulut tenir tête aux spectateurs qui lui montraient le poing, les invectivant, les menaçant de la cavalerie, dont on entendait l'énorme piétinement, et sa voix grossissait, comme pour imiter les cris des Bêtes qu'il avait fait venir du Vivarium. Le Cirque se levait encore, lui adressait des gestes obscènes. Alors Élagabalus, soulevant sa robe, montra la nudité de ses cuisses, la nudité de son sexe épilé, pendant que d'autres spectateurs, surtout du peuple, lui répondaient en en faisant autant !

Des femmes s'en allaient, sous le coup d'une terreur folle, devinant bien que ces Jeux finiraient par quelque tragédie. Mais d'autres chars couraient ; les clairons et les trompettes sonnaient ; les désignateurs apaisaient avec des signes, et chacun se garait du soleil sous des pétases à larges bords.

Cela dura jusqu'au milieu du jour. Élagabalus n'embrassait plus les vainqueurs, mais il leur donnait de riches vêtements, des coupes d'or et des pierres entourées d'or, des palmes tressées avec des bandelettes de pourpre, des sommes d'argent et des couronnes d'argent.

Il avait fait promettre des vivres, qu'il fit distribuer aux spectateurs malgré leur accueil. C'étaient des viandes bouillies et des légumes cuits dans des sauces safranées, des fruits venus d'un peu partout, des pains entiers qui volèrent de place en place ; une colossale goinfrerie de deux cent cinquante mille bouches masticant ferme, éructant et crachant en des exclamations, s'élargit des bas gradins aux plus hauts. Élagabalus mangeait aussi; sa colère passée il était très gai, allant de Paula aux Hommes et aux Femmes de Joie, embrassant abominablement Hiéroklès et Zoticus, et, sans gêne, urinant du Podium devant tous!

Les musiciens processionnèrent à nouveau, grossis de jeunes gens qui piquaient des triangles de fer et choquaient vivement dans leurs doigts des morceaux de bois dur semblables à des tessons. On cessa de manger. Les Jeux reprirent dans le souffle d'attention extraordinaire des spectateurs qui virent Élagabalus jeter encore un carré d'étoffe, lequel vola un instant et s'aplatit dans l'arène, tout blanc.

Les nains descendirent, courant à se saisir par un pan de leur tunique, mais vainement. Et les mimes, les rejoignant, firent des grimaces effroyables, des grimaces de masques de comédie jusqu'à un moment où des lutteurs, qui se faisaient frotter de ceroma, à une extrémité du Cirque, pour le saut, la course, le pugilat, la lutte et le jet du disque, les chassèrent de leurs pieds nus, pendant que des gymnastes de fantaisie, accourus, s'enfuyaient en voltes des pieds et des mains, pareils à des faucheux sur leurs pattes.

Et ces athlètes exécutèrent leurs Jeux. Les lutteurs se poursuivaient et se saisissaient, s'enlevaient et coulaient leurs corps pour émerger plus libres, les bras croisés et le mollet tendu, devant d'autres lutteurs. Les sauteurs faisaient des sauts très courts d'abord, de plus en plus grands ensuite; les coureurs filaient en éclairs, les cheveux au vent, un brin de sauge aux dents; les pugilistes se donnaient de grands coups de chirotèques ou de cestes, gants de fer ou de cuivre qui enveloppaient leurs poings; enfin, les lanceurs de disques se faisaient applaudir au jet de morceaux de plomb, qui fendaient l'air en tournoyant et retombaient juste à une limite tracée.

Le Cirque était très attentif, quand Élagabalus descendit, et, distinctement:

— Citoyens, moi, Divin et Auguste, je convie les lutteurs à se mesurer avec moi!

Dans l'arène, il retroussa sa robe, les bras sur la poitrine. Un lutteur s'avança qui, presque sans effort, roula dans le sable. Puis un second, puis un troisième. Les athlètes facilitaient la victoire à l'Empereur qui bientôt n'eut autour de lui que des corps se tordant dans le soleil, comme un amoncèlement de vaincus sur lesquels il posait ses pieds triomphants.

Mais une furie de lutte s'emparait de lui. Il appela les nains, les défia de le rejoindre. On vit cette chose grotesque d'un Empereur de vingt ans poursuivi éperdûment le long de l'immense crête, par des hommes grands comme une cuisse, des hommes qui avaient une grosse tête ballante, des oreilles flottantes et des pieds immenses sous des jambes et un torse raccourcis. Ils couraient et criaient, et quelquefois Élagabalus se retournait et leur envoyait un pied-de-nez formidable, ou bien levait sa jambe, cyniquement. Le Cirque n'applaudissait plus, attendant comme un orage qui allait venir.

Lassés, les nains s'étaient arrêtés, s'avouant vaincus, quand Élagabalus, qui décidément s'amusait, cria de faire entrer les Bêtes. Alors, les nains et les lutteurs se sauvèrent vers les ouvertures de l'arène solidement fermées. Ils essayèrent de se hisser aux gradins, mais des désignateurs les en empêchèrent. Des cris de tigres et d'éléphants retentissaient, et déjà, vers les carcères, des trompes s'agitaient et des pelages félins ondoyaient, zébrés.

Le Cirque n'osait ni applaudir ni s'indigner, à la fois charmé de ce développement imprévu des Jeux, et mécontent de l'Empereur, qui agissait sans cérémonial aucun, confondait les rangs et surtout ravalait l'Empire dans ces courses et ces luttes ridicules. Mais Atta, malgré que risquant sa tête à rebeller les spectateurs, se leva encore, le poing vers Élagabalus :

— Le fils d'Avitus, citoyens, veut bien jeter les lutteurs aux Bêtes, mais il se sauvera pour ne pas être dévoré par elles.

Piqué au vif, Élagabalus courut vers Atta. Mais un spectateur cria plus loin :

— Va embrasser Hiéroklès, qui est l'Empereur et non toi, bâtard !

De toutes parts, sur tous les gradins, en bas et en haut, sous le Podium, sous les portiques, d'autres poings se tendaient crispés ; les invectives éclataient, et des sobriquets pleuvaient, honteux. On l'appelait : Élagabalus, Avitus, le Syrien, Sardanapale, l'Impur, le Faux Antonin, la Femme d'Hiéroklès, Bassianus, Varius. Il remonta, menaçant de faire évacuer le Cirque par les soldats du dehors. Atta le prévint :

— Citoyens ! Allons-nous nous faire égorger par les Prétoriens !

Et il sauta dans l'arène, suivi d'une foule dévalante, au moment où on lâchait les tigres et les éléphants. Mais, là-bas encore, des spectateurs roulèrent en avalanche, faisant fuir les Bêtes qui disparurent, épouvantées de cet océan d'hommes hurlants. Les désignateurs, un moment opposés à cet envahissement, lâchèrent pied ; les lutteurs se mêlèrent à la foule qui gravit le Podium. Alors, ce fut comme un évanouissement blanc et pourpre d'Élagabalus, des femmes et des Vierges, des Consuls, des familiers et des Hommes de Joie. Hiéroklès reçut sur la nuque un plat de main inconnue. Rome s'essayait à mordre à l'Empereur, et c'était là un coup de dent délicieusement donné à même dans sa chair perverse de prostitué et de fou !

Des Prétoriens accoururent du dehors et frappèrent furieusement les assaillants, dont quelques-uns roulèrent, la poitrine ouverte de coups de glaives et de piques. Du sang coulait, des corps s'affaissaient, et le tumulte couvrait tout. Élagabalus avait disparu que la bataille se continuait encore entre les soldats et les citoyens.

XVII

Sur la place du Grand Cirque, les conducteurs des cerfs et les cerfs mêmes du char d'Élagabalus avaient été massacrés. Mais la cavalerie survenait, foulant des milliers de citoyens, donnant des coups de pique à tous, et déjà les chevaux piétinaient dans du sang. L'Empereur se hissa en tremblant sur un char quelconque ; sa suite l'imita, et le cortège impérial, venu pompeusement au Cirque, se débanda, accablé de pierres et d'immondices que lui jetaient les Romains par-dessus les têtes casquées des Prétoriens. Ce fut, jusqu'aux Cœlius, une poursuite folle, un vertige qui poussait Rome aux talons de l'Empereur, à la robe flottante de Sœmias et d'Atillia, aux sabots des chevaux heurtant, dans leur galop retentissant, les timons des chars dorés. Cependant, plus ils avançaient, plus les poursuivants s'éparpillaient, coupés par la cavalerie, harcelés par les Prétoriens et les argyraspides, qui leur faisaient face en reculant pas à pas, les trouant de blessés lamentables. Enfin, les portes de bronze des Jardins s'ouvrirent ; les murailles se hérissèrent de soldats armés de pilums, d'archers et de frondeurs s'apprêtant à défendre la Vieille-Espérance, au fond de laquelle disparurent Élagabalus et son cortège, frémissants de cette soudaine colère de Rome.

Les nombreux chrétiens qui suivaient Atta avaient été dispersés sur la place du Grand Cirque par un corps de cataphractaires d'Atillius, l'arc au poing et le glaive aux dents. Ils se reformèrent plus loin, instinctivement, appelés par Atta, qui les voulait entraîner au palais des Cæsars, délivrer Mammæa et Alexander, leur apparaître en sauveur, les pousser, à la tête du peuple, contre Élagabalus. Une longue colonne se forma aussitôt et gravit le Palatin, grossie des Romains qui en avaient assez de la Pierre-Noire ou cherchaient à se distraire dans la révolte. Mais des turmes les poursuivirent aussi, commandées par Antiochanus et Aristomaches, par des officiers éprouvés ayant fait toutes les campagnes d'Afrique et d'Asie, qui les frappèrent sauvagement, ne sachant trop ce qu'ils voulaient. Le Palais se hérissait de Prétoriens, également ignorants des intentions des assaillants, les croyant poussés par Élagabalus pour égorger Mammæa, son fils, Mœsa revenue du Cirque, et les personnages graves, Ulpianus et Sabinus, Venuleius et Modestinus, prêts à leur faire un rempart de leur corps.

Les voyant tumultueusement groupés sous le Palais des Cœsars, Antiochanus et Aristomaches se dirent que ces hommes agissaient en vertu d'un plan concerté de haut, que c'était là une manœuvre destinée à déguiser les massacres, dont ils avaient également ouï parler. Ils firent alors tourner brusquement la bride à leurs chevaux, qui s'évanouirent en un bruit de galop, vers le Tibre, dont les rives se couvrirent de curieux, vite dispersés.

Cependant Atta, décidément le chef de l'émeute, essayait d'entrer au Palais, toujours gardé par des Prétoriens, et les milliers d'hommes qui l'entouraient menaçaient de gravir les murailles au moyen d'échelles, quand Atillius, s'apercevant qu'Antiochanus et Aristomaches avaient abandonné le Palatin, accourut éperdûment. Comme eux, il crut les assaillants poussés par les instigateurs de ce crime dont la menace flottait vaguement sur Rome, et le grand sentiment de pitié pour cette femme et son fils, aussi le grand dégoût, dont Sœmias avait été le témoin, de la vie qui ne réalisait aucune de ses espérances, le mordit à nouveau. Avec ses cataphractaires, il essaya de balayer la place. Mais les émeutiers résistèrent. Des hommes tirèrent des poignards et des javelines courtes de leur sein, en frappèrent les chevaux ; d'autres jetèrent des pavés à la tête des cavaliers, dont le casque s'aplatit. Encore là le sang coulait, des cadavres jonchaient la voie, des chevaux renversés pantelaient au soleil, sous le haut regard des Prétoriens du Palais, dont les officiers irrésolus se disaient que, pour se laisser massacrer ainsi, les assaillants ne devaient pas être des émissaires de mort, mais plutôt des amis inconnus acharnés à la délivrance de Mammæa, d'Alexander et de leur parti.

Atta, naturellement poltron, ne se battait pas, mais n'en faisait pas moins œuvre utile. Courant au bas des murailles, il criait à ces officiers :

— Nous sommes des amis, aidez-nous ; dites à sa Sérénité Mammæa qu'Atta est là.

Et il répétait ces paroles à tous, obstinément, dans le bruit du carnage qui grandissait, sentant bien que si le Palais ne s'ouvrait pas, ils allaient rester sur la voie, sur la place, dans les ruelles du quartier où la bataille se déployait terriblement. Et il se retournait anxieusement, voyant Atillius comme surhumainement enlevé sur son cheval, dans l'éblouissement de son calcochyton ; frappant, lui aussi, semant des morts et des blessés un peu partout. Déjà il se rapprochait quand, des murailles, une voix fit :

— Tu es Atta ! Dis aux tiens de te suivre. Nous t'ouvrons !

Une porte s'ouvrit plus loin, et Atta entra, suivi de quelques centaines d'hommes. Elle se referma devant les cavaliers qui voulaient y pénétrer.

— Laissez faire, cria un officier, c'est entendu !

Et il leur fit un signe, comme pour dire que cela était convenu pour les surprendre plus aisément.

Les émeutiers voulurent entrer dans le Palais même, mais on les contint ; on leur demanda de déléguer seulement quelques-uns des leurs auprès de Mammæa, car ils criaient tous, sur les suggestions d'Atta, qui courait parmi eux :

— Nous voulons voir sa Sérénité ! Nous voulons voir le Cæsar !

— Tu les as ameutés, fit l'officier qui s'était déjà adressé à Atta ; tu sais ce qu'ils veulent, et nous comprenons très bien que tu es à leur tête pour sauver Sa Sérénité, si vraiment elle ait à souffrir d'Antoninus ! Mammæa m'a ordonné de t'ouvrir. Elle te connaît. Va avec quelques-uns des tiens !

Et Atta se détacha, avec quelques chrétiens obstinés, couverts de sang et bleuis de contusions, parmi lesquels Vipsanius, le marchand d'herbes, Ravidus, Cornificius et Krinias. Il vit les appartements traversés lors de sa première entrevue avec Mammæa, et le même esclave gigantesque qui les fit pénétrer dans la pièce petite, au thronus dont les bras formaient les ailes d'un sphinx d'or. Le Gynécée bruyait de voix de femmes émues, accourues du Cirque ; des hommes fermaient brusquement des portes, et les argyraspides, qui avaient défendu l'Empereur quoique appartenant à Mammæa, rentraient, éclaboussés d'ordures, quelques-uns ensanglantés. Ignorants eux-mêmes des dispositions des nouveaux venus, ils se préparaient à les frapper encore, mais les autres Prétoriens arrêtèrent leurs bras, formidablement.

Mammæa apparut à Atta et à ses compagnons, animée et légèrement tremblante ; elle leur tendit une main et s'assit. Atta présenta Vipsanius, Ravidus, Cornificius, Krinias, tous ceux qui, glorieusement meurtris, l'avaient soutenu :

— Des chrétiens, Sérénité ! des chrétiens, Magnificence ! qui ont paré au danger que te tissait Élagabalus ; qui ont écarté avec moi la mort dirigée sur ta tête, et celle de ton Fils, le Cæsar. Écoute, ajouta-t-il, rapidement et s'enivrant lui ordinairement si froid, nous sommes forts à Rome ; sans nous, les Gentils te laissaient égorger par Élagabalus. Accorde-nous non la tolérance, que nous possédons, mais la Prééminence ! Donne la Puissance à l'Agneau, mets Kreistos dans l'Impérialat avec ton Fils, et ta race sera féconde dans les siècles des siècles, et elle portera éternellement le Glaive et le Globe du Monde, et elle sera bénie parce qu'elle aura été juste, sainte et grande !

— Oui ! Oui ! firent les chrétiens, emportés par l'éloquence d'Atta qui se transfigurait. Donne la Prééminence à l'Agneau ; mets Kreistos dans l'Impérialat avec ton Fils !

Mammæa eut une larme :

— Je suis avec vous, chrétiens ! Je partage vos doctrines ; j'aime votre Kreistos ! Mais ne me demandez pas davantage. Je ne suis point maîtresse d'Empire, et le Fils est bien jeune encore, et l'Impur qui foule Rome peut vous le ravir. Je vous promets, je vous promets de vous aimer, de vous protéger.

Elle se leva, non sans dire encore à Atta :

— Toutes les fois qu'Atta approchera d'ici, qu'il sache que Mammæa sera heureuse de s'entretenir de Kreistos avec lui.

Elle fit un pas en arrière, vers cette ombre de couloir où brillait le poignard de l'esclave géant. Mais, dans les jardins, hors des murailles, sur la place, dans les voies irradiées autour, on appelait Mammæa et Alexander ; de grandes clameurs roulaient, heureuses de se produire contre Élagabalus. C'était une immense manifestation de tendresse et d'espoir pour l'Empire futur, de haine contre la Pierre-Noire et son Grand-Prêtre, l'Empereur, et ses familiers, et ses Hommes de Joie, et ses Prétoriens dont le glaive et la pique avaient frappé des Romains, une manifestation fusant du Palatin, de l'Aventin, de l'Esquilin et du Viminal, de l'autre côté du Tibre même, de tous les quartiers populaires essaimés de chrétiens orientaux, ayant foi en Mammæa et Alexander. Les citoyens demandaient à les voir, à les saluer, vivants, échappés de la terrible bataille des rues, pour mieux maudire celui qui n'avait pas craint de verser le sang de tous !

Des officiers envahissaient l'appartement ; d'autres approchaient avec le Cæsar arraché des bras de Mœsa, farouchement décidée à s'isoler pour ne pas paraître activer la lutte des deux Sœurs et des deux Cousins, ses Filles et ses Petits-Fils, et les chrétiens se virent confondus dans cette foule armée qui crevait de toutes les portes. Et l'on criait aussi dans le Gynécée et hors du Gynécée, dans les jardins, sous les portiques et les atriums, au fond des péristyles, dans les cubiculas et les salles ornées de candélabres et de statues, dans les vestibules et les cours intérieures, les noms de Mammæa et d'Alexander, frénétiquement répétés.

— Que vive notre Cæsar, trois fois pieux !

— Que sa Sérénité Mammæa, à la tête de l'Empire, protège l'Enfant !

— A nous, à nous, à nous, notre Empereur, le seul que nous reconnaissions !

Entraînée, Mammæa parut avec Alexander sous les portiques, posa une main sur l'épaule du Fils, regarda, frémissante, l'énorme foule qui soulignait Rome de flots vivants. Une immense acclamation retentit : Rome la saluait, et saluait aussi Alexander !

Cependant, pour consacrer l'Empire nouveau, l'armée ne s'ébranlait pas. Hormis les Prétoriens du Palais, dévoués à Mammæa, elle était avec Élagabalus, ou plutôt ne comprenait rien à ce quiproquo terrible qui l'avait fait se battre justement contre Alexander. N'ayant vu dans ces troubles qu'une émeute de peuple dirigée contre l'Empereur et le

Cæsar, elle avait frappé impitoyablement, soucieuse simplement de l'ordre dans les rues. C'est ce que comprirent Mammœa, les personnages graves qui la conseillaient, et Atta lui-même, bien derrière elle, qui lui dit à demi-voix :

— Retire-toi ; le peuple romain est maintenant avec toi et l'armée le sera bientôt. Si tu insistais, tout serait perdu.

Elle leva les yeux, vit au fond des Régions, surtout vers le Camp des Prétoriens, des masses noires coupées d'éclairs d'armes, immobiles. La cavalerie remontait le Tibre ; les consuls faisaient occuper les hauteurs de la Ville, et partout la Pierre-Noire, un moment vaincue, aiguisait effroyablement la guerre civile. Mieux valait continuer à détacher le soldat d'Élagabalus, le caresser par la perspective d'un changement d'Empire où il aurait à gagner que le combattre, et ainsi réveiller ses instincts de tueries, ses instincts aveugles qui ne lui feraient reconnaître aucun pouvoir. Mammæa salua, pendant qu'Ulpianus, Sabinus, Modestinus et Venuleius faisaient de grands signes au peuple et qu'Atta criait à des chrétiens :

— Sa Sérénité est sauvée, et Kreistos a remporté aujourd'hui une grande victoire. C'est assez. Retirons-nous !

Et il s'enfonça dans la foule, suivi des chrétiens qui l'applaudissaient, désormais acquis à ses ambitions, pendant que Mammæa, Alexander et tout un monde officiel rentraient au Palais dans un bruit d'acclamations roulant sur les quais, dans les forums, sur les hauteurs, même sur les terrasses des maisons emplies d'un peuple compact qui, en même temps, maudissait Élagabalus, enfermé à la Vieille-Espérance, muette et sinistre, là-bas, sur le Cœlius !

XVIII

Dans les sentiers de la Vieille-Espérance, obombrés de feuillages aux trouées lumineuses, sous les murailles continuées en lignes fondues, autour des bassins immobiles dans leur vêtement d'eau squammeuse, autour des pavillons et des statues, en un silence farouche, les Prétoriens attendaient le signal d'une lutte qu'Élagabalus hésitait à donner. Ils étaient en ordre de bataille, sur trois lignes : les hastaires à la première, les principes à la seconde, les triaires armés du pilum à la troisième, et divisés obliquement en manipules, avec des vélites dans les intervalles. Les manipules avaient leur enseigne, une lance surmontée d'une figure de bois et d'un minuscule bouclier d'argent et d'or, orné de la face d'Élagabalus devant laquelle les soldats prêtèrent jadis serment. Dans les fonds flottait le vexillum, l'étendard de la cavalerie en partie rentrée, pièce de drap attachée à une lance, gardée par des antesignaires, et des officiers couraient vers le prostyle où s'élevait une haute pique enroulée d'un drapeau rouge, pendant que des trompettes et des clairons clamaient çà et là.

Les soldats s'impatientaient. Presque tous étrangers, ils se promettaient par avance, en des langages inconnus, le pillage de Rome, car ils ne voulaient pas défendre l'Empereur pour lui-même, l'Empereur qu'au besoin ils eussent égorgé, comme jadis le pressentit Atillius, s'ils avaient compris la soudaine explosion de la journée, mais bien satisfaire leurs appétits de meurtre et de vol des citoyens riches d'or, de meubles et de vêtements. Dans ces troubles, le peuple et non le Cæsar compétiteur s'était seulement présenté à eux, et c'est pourquoi ils n'avaient pas pris parti pour le fils de Mammæa. D'ailleurs, le bruit d'un assassinat de cette mère et de ce fils n'était pas parvenu jusqu'à eux, nul doute qu'ils se fussent divisés si réellement ce danger eût été à craindre.

Dans une des salles du palais, Élagabalus s'affalait, et Sœmias s'animait, et Paula, indifférente, à peine tremblait de l'émeute qui pouvait la rendre veuve d'Empereur, et Atillia s'inquiétait, et Hiéroklès et Zoticus étaient pâles de cette colère du peuple qui retomberait sûrement sur eux. Les chrysaspides se promenaient devant les tentures et les ouvertures de cubiculas creusant des perspectives d'appartements de marbre et de porphyre. Élagabalus gardait sa tiaras d'or, et sous ses vêtements qui le magnifiaient il déroulait nerveusement un cordon de soie, pendant qu'un poignard d'or reposait, nu, à ses côtés, près d'une fiole de poison. Car l'Empereur préférait se donner lui-même la mort avec des armes prédestinées que la recevoir de quelque main ignoble, tant sa vie extraordinaire devait avoir une extraordinaire fin, sans exemple dans les siècles à venir.

Un bruit de cavalerie leur parvint, avec des éclats de trompettes. Aristomaches et Antiochanus apparurent, l'armure poussiéreuse, les ocres d'airain teintes de sang. Antiochanus avoua qu'il avait quitté le Palais des Cæsars assiégé par des bandes prêtes à faire un mauvais parti à Mammæa et à Alexander.

— Mais je n'ai pas ordonné cela, fit Élagabalus, en regardant anxieusement sa mère. Ni vous deux non plus? ajouta-t-il à Zopiscus et à Hiéroklès.

Et c'était vrai! L'Empereur était étranger à ce projet de massacre supposé qui avait couru si étrangement depuis quelques jours. Sœmias s'éleva :

— Nul, Fils divin, n'a commandé sans toi, et, je le jure, je n'ai pas mis les mains à ce complot!

Elle était indignée, car si elle désira jadis ce massacre, elle n'y pensait plus depuis qu'Atillius lui en avait montré à la fois l'inutilité et le danger. Cependant, peu craintive, elle s'exalta contre les Romains que les troupes du Camp des Prétoriens et celles de la Vieille-Espérance écraseraient au besoin. Chacun parla alors, et ce fut une espèce de conseil de guerre, très agité, où dominait le sentiment de vengeance contre Rome.

— Ensuite, nous les punirons en les jetant au Tibre, dit Zoticus, qui avait tremblé tout le temps, et à qui Aristomaches lança un regard méprisant!

Il menaçait Mammæa et Alexander. Mais Sœmias se récria :

— Non! Non! Ce sont ces paroles-là qui ont ameuté les Romains. Mammæa est la fille de Mœsa, comme moi, et nous avons même sang, et je ne veux point de guerre fratricide!

Et elle parla moins en politique qu'en femme nerveuse, faisant vibrer les cordes d'un sentiment exacerbé. Au fond, elle n'était point sanguinaire, plutôt jouisseuse et déséquilibrée, indulgente presque toujours; son existence à Rome l'amollissait, alors que c'était le contraire pour Mammæa, aiguisée de courage et d'ambition. Tous, d'autre part, se sentaient énervés et comme fous de la dépense de plaisirs qui ne s'arrêtait plus depuis deux années; la dislocation de l'Empire les trouvait indifférents ou quasi hébétés. Aussi, pendant qu'au dehors les chefs de l'armée songeaient à frapper, eux ne voyaient que jouir, et rire, et s'empiffrer de bonnes choses, et ouïr des musiques et des louanges, et voir des chairs d'hommes et de femmes, et faire l'immense fête de la conquête de l'Occident.

A des moments grossissaient des rumeurs de peuple. Quelqu'un sortait alors, pour revenir précipitamment avec des nouvelles de l'émeute. On lança le nom d'Atillius.

— Il a frappé fort et il nous revient, fit-on.

Effectivement, une immense chevauchée s'approchait : les Jardins s'emplissaient de cavalerie, et, en un tumulte d'armes, Atillius accourait. Atillia lui sautait au col, suffoquée, et Sœmias lui faisait, sans souci de sa gloire d'Impératrice et de Clarissime :

— Tu n'es pas blessé? Tu n'es pas frappé? Tu les as dispersés, est-ce pas?

— Oui, répondit Atillius soucieux, mais les portes du Palais leur ont été ouvertes, et ceux-là que je combattais offraient l'Empire à Mammæa et à Alexander.

Et il fit un récit rapide de la journée, raconta comment le peuple n'en voulait qu'à Élagabalus, probablement excité qu'il était par des émissaires de Mammæa. Il ajouta :

— Tu le vois, l'Empire est chancelant; le Monde s'en détache et la Pierre-Noire retournera à Émesse. Maintenant, l'armée est avec nous, parce qu'elle n'a rien deviné; demain elle nous abandonnera pour aller à Mammæa.

— Nous nous ferons des funérailles divines, exclama

Élagabalus, qui se redressa frémissant. Il prit son poignard et le fit tragiquement briller :

— Antoninus ne s'en ira pas sans bruit!

Il se comparait à un comédien, à un athlète ou un coureur qui ne veut pas finir indifféremment. Et toute une heure s'écoula à tergiverser et à s'exalter, pendant que, sur le Palatin, le peuple acclamait Mammæa et Alexander, qui n'avaient qu'un signe à faire pour le lancer contre Élagabalus.

Mais les clameurs se dispersèrent peu à peu. Sœmiás, malgré tout vaillante, voulut retourner au Palatin. Comme Hiéroklès, d'une voix traînante, faisait observer que ce retour surexciterait le peuple qui s'apaisait, elle fit :

— Quoi! Tu oserais dire que la mère de ton Empereur, affranchi, s'épeurerait de ses ennemis! Va! Tu es digne de porter la robe de ceux qui n'ont pas de sexe.

Paula se proposait de rester, avec le vague désir d'arracher Elagabalus à Hiéroklès et à Zoticus, assis à ses côtés et tapotant des doigts les genoux impériaux. Mais Sœmias, la prévenant, l'emmena avec Atillia, en un cortège pompeux de familiers, d'officiers et de soldats, qui débouchèrent sur le prostyle du haut duquel les manipules apparurent, en un éclat d'armes soulevées. D'autres clameurs roulèrent dans la Vieille-Espérance, exhalées par ces légionnaires qui, à l'envi, voulaient reconduire Sœmias, Paula et Atillia, quittes à passer sur le corps du peuple. Et décurions et centurions, chevaliers et tribuns, chefs de la cavalerie et des pédestres, crièrent leur dévoûment, offrirent leur glaive et leur bouclier, firent l'effroyable serment de venger Élagabalus et sa mère des injures de Rome ; les triaires et les principes choquaient leurs armes ; les vélites couraient, des éléphants chargés de tours crevaient sous des feuillages d'arbres très haut pleuvant de feuilles élargies ; des catapultes et des balistes se dressaient en échaffaudages noirs.

Le lendemain, Atillius sortit le premier, avec des cataphractaires et des Prétoriens, qui frappaient leur bouclier d'un hast, et des signifères portant les enseignes des légions. Sœmias, Atillia et Paula étaient en une litière, et derrière

14.

elles c'étaient encore de la cavalerie, des Prétoriens et des signifères. Avant de sortir un curieux, spectacle leur fut offert. Sur le couronnement des murailles, une bande d'hommes blancs, laurés de feuilles, à leur tête une face amaigrie à barbe pointue sans moustaches, psalmodiait une espèce de mélopée, un Poème, peut-être ! sur la Valeur et la Vertu, ce qui fit rire immodérément Atillia :

— Ah ! celui-là, c'est l'époux d'Habarr'ah, le poète Zopiscus !

C'était bien Zopiscus dirigeant le chœur des Poètes, — sans les Critiques ! — qui adressaient en Vers, peut-être, asclépiades ou glyconiques, des encouragements à la Clarissime Mère d'Élagabalus, à son épouse Paula, à Atillia, la Fleur du sexe féminin, vraies déifications du Courage que les siècles à venir vénèreraient triomphalement. Elles leur entendaient lire cela, et même leur arriva très clairement, par-dessus le bruit des armes et la chevauchée énorme, cette suprême recommandation de Zopiscus qui, les bras levés sur le bleu du ciel, faisait :

— Surtout, lisez bien, qu'on vous comprenne bien, que la Clarissime Sœmias, que l'épouse de l'Empereur, que l'aimable et vaillante Atillia, la sœur du héros Atillius, vous doivent la vie par la lecture de mes Vers !

Ils descendirent le Cœlius, traversèrent la vallée et défilèrent devant le Colosseum ; du peuple les suivait qui roulait des hauteurs voisines, accourait des voies, et, refoulé vers le Forum, se tassait de toutes parts. Puis, la cavalerie d'Atillius traversa l'Arc de Titus et s'éploya sous la colonne Trajane ; les soldats repoussèrent le peuple vers le Capitole et le Vicus Tuscus, et les Femmes impériales, balancées dans leur litière, purent jouir un instant du triomphe de la Pierre-Noire, dominant tout, effrayant tout.

Mais déjà des exclamations couraient sur leur passage ; de loin des poings se dressaient, le peuple moutonnait. On ne criait plus pour le Cæsar, mais seulement contre Élagabalus et Sœmias, et tout était à craindre d'une nouvelle émeute, plus terrible que la veille. Des hommes apparaissant du Palatin et de la Subura, des hommes dépenaillés, des esclaves et des affranchis échappés des lupanars du quartier leur jetaient des pierres ; du haut des maisons, des tuiles, des briques et des débris de meubles pauvres tombaient, applatissant les casques des cavaliers.

Alors, ceux-ci pointèrent terriblement sur eux, frappant sans miséricorde les Romains, qui se redressaient sous les coups, avec des éclairs d'armes à leurs poings, et ce fut bientôt une bataille effroyable qui joncha de cadavres le Forum, du Vélabre à la Tabernole. Et ce n'étaient pas des chrétiens qui se battaient, mais des polythéistes, retrouvant après le carnage de la veille leurs goûts ancestraux de luttes civiles, peut-être même désireux de renverser l'Empire au profit d'une espèce de république idéale qui n'aurait ni Élagabalus, ni Sœmias, qui ne se laisserait pas envahir par l'Orient, et jetterait au Tibre la Pierre-Noire et ses sectateurs. Ils étaient comme sous le jet d'une folie de sang, qui les avait armés subitement, et la mort qu'ils donnaient ou qu'ils recevaient était irrémissible, car des deux côtés une haine inextinguible dirigeait les bras.

Aux premières rixes, des troupes avaient quitté la Vieille-Espérance ; des éléphants s'en échappaient, balayant des flots humains, enlevant des combattants du bout de leur trompe. Et, du Camp des Prétoriens, par les portes Capène, Salaria et Viminale, d'autres troupes s'élançaient, occupant les voies qui descendaient vers le Forum ; les vélites s'éparpillaient, donnant des coups de javelots à des citoyens qui s'enfuyaient ; des frondeurs faisaient pleuvoir des balles d'argile même sur les quartiers tranquilles, et des cavaliers se déployaient au galop, criant à des groupes de se disperser. Maintenant, chacun sentait que la révolte n'aurait pas de lendemain, mâtée déjà qu'elle était par cette vigueur de l'armée. D'ailleurs, elle n'avait ni mot d'ordre ni chef ; elle se battait, exaspérée, mais abandonnée par Mammæa, qui ne voulait courir l'aventure d'une lutte dans laquelle l'armée eût été contre elle, et sans aucun plan de bataille elle se faisait hacher désespérément. Aussi, la moitié du jour à peine écoulée, elle était vaincue, avec de ses cadavres un peu partout !

La litière gravissait le Palatin, en un vide ouvert par la cavalerie, quand celle-ci reflua en désordre. Une énorme bande coupait la base du mont, arrêtant l'escorte par des petites barricades de pavés; des chevaux tombèrent, les jarrets brisés ; un centurion reçut un coup de poignard, une pierre atteignit Atillius. Alors une effroyable panique eut lieu. La litière fut renversée. Sœmias et Paula se relevèrent prestement, pendant qu'Atillia était empoignée par une négresse fendant de ses gros bras la foule hurlante.

— Habarr'ah ! toi ! Emporte-moi, emporte-moi loin d'ici, en un endroit où l'on ne tue pas !

— Chez ton Frère, lui cria Habarr'ah !

C'était l'Éthiopienne, désespérée de n'avoir point été emmenée avec Atillia, car elle demeurait avec Zopiscus, son époux. Aussi, dès les premiers coups, elle s'échappait, anxieuse de la rejoindre; et maintenant, au risque de sa vie, elle était là, souriant bonnement avec ses dents jaunes et une grimace de satisfaction qui faisait branler sa tête aux blancs cheveux crépus. Elle l'emporta dans ses bras, car elle était encore robuste, Habarr'ah ! écarta un cercle de soldats et de cavaliers qui se refermait autour de la litière dans laquelle remontaient Sœmias et Paula. Quelques instants après toutes deux couraient à travers des rues étroites, Atillia riant, folle de ce carnage et de cette équipée.

— Et mon Frère, demanda-t-elle ? Au moins, il n'a pas été blessé !

— Oh ! non, répondit Habarr'ah qui, s'apercevant que des curieux, attirés par les vêtements éclatants d'Atillia, les suivaient, jeta sur la jeune fille sa palla bleue, aux constellements d'or comme un fond de ciel étoilé.

Évitant les voies centrales, elles filaient très vite devant des maisons aux toits se rejoignant en voûtes de belvédères très hauts, à peine crevés de trous de ciel. Des prostituées y demeuraient qu'elles virent levées à peine, malgré que ce fût plus de la moitié du jour, le corps nu sous un simple vêtement, les seins passant dans un entrebaillement de subucula salie. Une lanterne rouge pendait au-dessus de l'imposte, et, dans le vestibule éclairé d'un soleil cru, des peintures obscènes apparaissaient à Atillia, qui oubliant, déjà, à les regarder, les évènements de la matinée et de la veille, se mit à pousser des éclats de rire très forts. Alors d'autres femmes se montrèrent, qui leur adressèrent des injures salaces, avec des gestes découvrant leur ventre blanc.

— Madeh t'attend, je pense ! faisait Habarr'ah. Tu ne peux retourner au Palatin maintenant. Tu iras demain. Nous sommes plus près de la maison des Carènes que de la Vieille-Espérance, et l'important est de nous sauver au plus vite des coups des Romains.

Déjà le quartier des Carènes émergeait du fond des rues, avec ses monuments et ses maisons aux terrasses jaunes, aux jardins qui faisaient des pans flottants de verdures sur des murailles percées de portes cintrées. Des citoyens couraient se renfermer, des combattants de la matinée racontaient les phases du dernier combat à des groupes grossissant autour d'eux. Parfois, des décuries de soldats dispersaient tout, à coups de piques et de glaives, en une courte rixe à laquelle prenaient part les mêmes combattants.

— Le pauvre Madeh, tu vas l'amuser du récit de ce qui se passe ! Voilà longtemps que ton Frère le garde là-bas, comme tu sais, et si ce n'était toi et ce Ghéel, il y serait mort d'ennui. A peine si ton Frère l'a emmené à la Vieille-Espérance, tant il craint qu'il ne lui soit enlevé !

Et Habarr'ah rit silencieusement, prenant le bras d'Atillia, qui lui répondait :

— C'est comme toi, si Zopiscus t'était enlevé ! Aussi le gardes-tu, dis, Habarr'ah !

— Oh ! moi, fit la négresse, je préfère Atillia, tu le vois bien. J'aurais pu rester avec Zopiscus, à la Vieille-Espérance, puisque mon mariage avec lui m'a affranchie — car tu as voulu qu'Élagabalus m'affranchît, — mais je songeais à toi, je tremblais que la bataille te fût funeste. Et maintenant que se battent les Romains, que Sœmias soit massacrée, et Paula également, et avec elles l'Empire ! Vois-tu, rien ne dure. Élagabalus s'en ira avec Sœmias, Hiéroklès, Zoticus, Murissimus, Protogenès, Gordius, Zopiscus, toi, moi, Atillius, les soldats, les cavaliers, les Poètes, les prêtres du

Soleil, la Pierre-Noire, les Hommes de Joie qui sont les amants de l'Empereur, et ton Sénat-de-Femmes sera dispersé, et tes bijoux, et tes vêtements, et ton rire, et ta jeunesse, et ta joliesse, et tout ! Zopiscus me fait attendre d'ici là, moi, vieille Éthiopienne ; il me chatouille et il couche avec moi, et je le force à me chatouiller pour rire et à coucher avec moi pour prendre du plaisir. Depuis quarante ans je n'en avais point pris. Aussi, quoique robuste jusqu'à présent, je sens que comme tous je m'écervelle, que ma tête tourne et que plus rien ne me fait la vie. Amuse-toi bien, Atillia ! Avant une année nous aurons passé, et vécu, et joui, et ri, et tant pis pour nous si nous avons passé et vécu sans rire et jouir !

Ses paroles étaient saccadées ; ses gros yeux blancs roulaient, sa face noire se plissait. Et elle riait, d'un rire sec qui faisait vibrer ses dents jaunes. Atillia, par contre, ne riait plus, sous le coup des choses funèbres que lui disait Habarr'ah ! Derrière elles, les clameurs s'éteignaient. La cavalerie du primicérius Atillius marchait lentement en une chevauchée dont le bruit leur parvint, calme. Un grand cri seul éclata encore, avec une fusée d'autres cris, puis tout se réapaisa. Rome était sans doute pacifiée !

XIX

— Ouvre vite, Janitor ! Quelqu'un a frappé, peut-être Atillia, ou Atillius ou Ghéel, hier encore ici, qui n'a pas voulu aller au Cirque avec les autres chrétiens, me disait-il !

Le janitor se leva. La porte glissa pesamment, et, dans le trou de lumière qu'elle ouvrit, passèrent vivement Atillia et Habarr'ah. Madeh recula en voyant Atillia voilée de la palla de l'Éthiopienne, et le bas de ses vêtements souillé de poussière et de boue.

— Tu es venue sans litière, et des hommes insolents ont essayé de te violenter, dit l'affranchi à la jeune fille, qui répondit :

— On s'est tué tout hier et tout ce matin dans la ville, et avec Habarr'ah je me suis sauvée, je viens te voir, toi qui vis à l'abri de tout.

Et elle lui prit le bras.

— Et Atillius ?

— Ah ! mon Frère, avec la cavalerie, a écrasé la rebellion. Tu ne vois donc rien ? Aucun bruit ne t'est parvenu ?

C'était bien vrai. Depuis une année, Madeh avait été tenu à l'écart, sortant peu, emmené rarement à la Vieille-Espérance, presque claustré dans cette maison qui le voyait se traîner de sa chambre à l'atrium. Heureusement, Ghéel et Atillia lui étaient restés : celle-ci emplissant sa vie de rires et de jeux, celui-ci lui parlant du pays syrien qui les vit enfants. Atillius aurait bien voulu lui défendre Atillia, et ses reproches de n'avoir point eu connaissance des visites de sa sœur lui furent d'une singulière amertume; mais Madeh lui avait répondu avec tant de douleur qu'il s'était tû, lâche comme toujours pour son affranchi.

— Si tu m'arraches Atillia, avait dit Madeh, que vais-je devenir ? Tu me gardes parce que tu m'aimes, mais si tu m'aimes, ne me fais pas mourir d'ennui ! Ghéel est ma joie, mais Atillia est mon ravissement. Avec eux, je puis vivre une éternité ici.

Et Atillius avait fermé les yeux, croyant Madeh trop insexualisé pour prendre feu au contact de sa sœur, encore une enfant, sûr de le retrouver doux, bon et soumis. Cependant, des éclairs de jalousie le prenaient quelquefois, sans qu'il se l'avouât, à voir Madeh qui, depuis quelques mois, semblait prendre une apparence robuste, comme s'il se fût dévêtu de sa féminité au profit d'une masculinité se faisant corps en lui. Et il redoutait le moment où l'adolescent devenant homme tout à coup se révolterait, ou bien le subirait simplement, mais avec l'hypocrisie en plus d'un affranchi qui se rattrape ailleurs. Alors, des images terribles dansaient sous ses yeux, des images de castration de Madeh qu'il songeait à tuer entièrement dans son sexe, pour être sûr désormais de son corps.

C'étaient toujours, dans l'atrium, le paon, le singe et le

crocodile qui les virent, Atillia, comme un homme, le bras à la taille de Madeh, lui, entraîné par elle au hasard, très heureux de sa venue, de ses rires et de ses propos. Elle lui retraçait les incidents du Grand Cirque, la fuite d'Élagabalus, les rixes, le sang coulant, les cris des blessés et des mourants, et la vaillance d'Atillius, toujours frappant à la tête de la cavalerie, dont les charges avaient semé Rome de cadavres. Une chose la frappa : les dangers courus par Atillius ne l'émouvaient guère ; rien qu'une espèce de curiosité lui fit demander de ses nouvelles. Cela était même si extraordinaire qu'elle ne put s'empêcher de lui dire :

— Quoi, tu ne l'aimes donc pas, Atillius, que tu n'en es pas ému ?

Il ne répondit pas, évidemment distrait par quelque chose qui se passait en lui, transfigurant sa physionomie, faisant briller son regard et trembler ses mains. Elle le regarda. Il y a une année, il était aminci, gracile et chancelant, sa face s'amaigrissait, ses yeux avaient de profondes lueurs d'être qui se meurt obscurément. Cette déchéance de santé, dont Ghéel fut frappé, l'avait également secouée. Maintenant, il paraissait vigoureux et fort, quoique l'ancienne nature se trahît encore à l'incertitude de ses démarches et à la douceur de sa voix. Alors, elle retira son bras, marcha à ses côtés, légèrement inquiète.

Du péristyle, ils revinrent au tablinum, errant sans savoir et parlant peu. La chambre de Madeh s'ouvrait, calme, avec son lit aux étoffes pourpres, son ameublement coquet de bronze, d'onyx, d'ivoire et de tuya, d'où des senteurs flottaient. L'affranchi l'y fit entrer.

— Viens te reposer, lui dit-il, tu me raconteras encore des histoires. J'ai bien besoin que tu m'égaies !

— Oui ! Adolescent, s'exclama-t-elle, essayant de rire, mais vainement.

Madeh lui causait une peur secrète. Quoique impudique d'imagination, quoique impudique, des yeux par tout ce qu'elle avait vu, et des oreilles par tout ce qu'elle avait entendu, elle était encore vierge, et elle se trouvait au seuil d'un engloutissement de sa virginité. Telle lui fut la sensation de Madeh. Un froid aigu la traversa. Mais l'affranchi lui prit la main :

— Que t'ai-je donc fait ? As-tu peur de moi ?

Elle entra, à la fois apoltronnie et chatouillée. Des portes se fermaient autour d'eux; les esclaves erraient en causant discrètement; la voix du janitor répondait à celle d'Habarr'ah. Ce grand silence de la maison fit dire à Atillia :

— Hé ! quoi ! tout est tranquille ici. Tu n'as donc pas entendu les bruits de la bataille d'hier et de ce matin.

— Nous sommes au bout de l'Empire, répondit Madeh, mais la chose vaut mieux. Au moins, ici, rien ne nous trouble, et je me suis fait à ce silence, à la condition que tu viennes le rompre de temps en temps.

— Même avec Ghéel ?

— Même avec Ghéel !

— Même avec mon Frère ?

Madeh se tut. Ils se regardèrent bien dans les yeux. Enfin, Atillia :

— Tiens, tu as les yeux très beaux, mais tu m'effraies. Allons au jardin !

Il l'attira vers le lit, évidemment allumé comme un serpent qui, sortant de sa léthargie hivernale, se désenlace peu à peu à la chaleur. Elle s'assit à ses côtés.

— Nous sommes bien ici, est-ce pas ?

— Oui ! Nous sommes bien.

Ils rirent légèrement. Atillia fit tout à coup :

— Surtout que mon Frère ne croie pas que je le veuille remplacer. Je l'imagine jaloux, Atillius, jaloux de toi qui l'aimes tant.

Madeh se leva :

— Je m'ennuie bien, que serait-ce si tu n'étais pas là ?

— Il te resterait.... mon Frère !

Elle le poussait à avouer ce qu'il était pour Atillius, très friande de détails, avec des mots salaces sur la bouche. Sa première peur s'envolait; ses gamineries renaissaient, aussi ses hardiesses de gestes. Elle saisit Madeh à son tour, le força à se rasseoir et s'appuya à lui, tout un côté de son corps sur son corps. Il prit sa mitra qui l'embarrassait, la jeta nerveusement, et secoua sa tête aux cheveux crêpés, parfumés et luisants :

— Restons ici. Il fait bon ensemble !

Leurs mains erraient, avec des frémissements, le long de leurs jambes, autour de leur taille, faisant monter à leurs reins une chaleur qui les tenait tout trépidants. Celle d'Atillia pesa sur Madeh, qui eut un éblouissement.

— Non, arrête-toi !

Il la serra fortement. Mais il devait avoir un air étrange, car sa peur de tout à l'heure revint, avec, en plus, la secousse imprimée à ses chairs par ces attouchements. Elle se leva à son tour, désireuse à la fois de partir et de rester.

— Nous devrions aller au jardin ; je parierais que je cours plus vite que toi.

Et elle disparut dans l'obscurité du tablinum. Madeh la rejoignit. Ils restèrent ainsi quelques minutes, et le frémissement de la stola d'Atillia, et le froissement de la robe flottante de Madeh, touchant à même sa peau, faisaient un bruit sec d'étoffes qui les enivrait. La masculinité de l'affranchi crevait, formidable, lui donnant une exacerbation des nerfs, une chaleur des chairs, et ce n'était plus maintenant le bel et languissant Syrien, voué à la Pierre-Noire, mais un homme dont l'entière musculature vibrait au toucher féminin. Encore Atillia s'effraya, car elle ne se sentait point femme, mais plutôt éphèbe ; la passion n'allait pas encore directement à son sexe, à demi développé ; n'effleurait que sa peau en chatouillements délicieux. L'acte dont elle avait la connaissance purement spirituelle, lui était une violence et une grossièreté ; elle aurait voulu simplement rester là, à se caresser des mains. Aussi, sous le coup de souvenirs lui revenant subitement :

— Tu me rappelles Sœmias qui, un jour que j'étais nue à me regarder, me caressa comme toi. Restons ici, adolescent, il fait si bon ainsi !

— Nue ! C'est nue qu'elle te caressait, s'exclama Madeh.

Et ses mains soulevèrent la stola, ardentes. Le toucher de ces mains fit pousser un petit cri à Atillia, qui encore échappa. Mais il la poursuivit, et comme ses yeux avaient une sauvagerie, sa voix une raucité inconnues, elle se débattit. Maintenant Madeh, comme sous un coup de sexe furieux, s'était dévêtu, et, tout nu, avec seulement ses sandales attachées très haut, comme celles d'une femme, il lui criait de s'approcher, courant après elle, pendant que les esclaves, apparus un moment au bruit, se sauvaient, et que le janitor, retenu par Habarr'ah, se lamentait :

— S'il le sait, le primicérius, il me jettera au crocodile. Au moins, toi, ne le lui dis pas. Je serais perdu !

Mais Atillia s'esquivait encore, revenant de l'atrium au tablinum, fuyant vers le péristyle, toujours poursuivie par Madeh, nu. Sans honte, il l'invitait à s'unir à lui. Elle se refusait, affolée de cette poursuite insensée qui les fit traverser toute la maison, jusqu'à l'atrium, où ils revinrent à nouveau, roulant, pantelants, lui sur elle, en une commune nudité.

Sans ménagements, l'acte eut lieu. Et ce fut moins une libre copulation qu'un viol, qui s'acheva dans la douleur d'Atillia, toute saignante, et la satisfaction sauvage de Madeh, allégé du flot de vie de sa récente masculinité !

XX

Un grand tumulte, au dehors, de chevauchée ! Une porte s'ouvrant, et, en un fracas de Prétoriens le portant, Atillius évanoui, une large blessure à la tête, une blessure exprimant un sang rouge qui a teint son casque et sa cuirasse. Habarr'ah accourt vers Atillia et Madeh, encore couchés dans l'atrium, sous le regard du singe stupéfait, du paon qui éploie sa queue cascadante, et du crocodile, dont la gueule a crevé de l'eau du bassin, inquiètement.

— Levez-vous, levez-vous, voici Atillius !

Atillia veut se lever, mais Madeh la retient :

— Non ! Reste. La mort avec toi, par Atillius, plutôt !

Habarr'ah le soulève des bras ; Atillia se dégage, mais pas assez rapidement pour que les Prétoriens emplissant l'atrium ne les voient, lui, nu, elle la gorge défaite, une sandale égarée au loin, et Habarr'ah essayant de les couvrir de sa palla protectrice.

Atillius ouvre les yeux ; il agite les bras, essaie de parler, cherchant à rassembler l'être qu'il y a encore en lui, aux souvenirs montant confusément en apparence de Madeh dont il est amoureux, de Madeh que, pour mieux conserver à sa passion, il a tenu loin de tout, des hommes et des femmes, du Palais des Cæsars et des Jardins de la Vieille-Espérance ; le gardant en sa maison des Carènes comme une fleur merveilleuse en un vase exquis. Il comprend tout, en une rapide divination qui le fait assister à l'acte sexuel. Il s'élance sur Madeh, son front déchiré de lambeaux de chair qui saignent.

— Toi, mon Aimé, consacré au Soleil, et que je voulais androgyne !

On le dirait fou. Il rit. A Atillia :

— Toi, ma Sœur, se donner à celui qui est à moi !

Les deux mains à sa blessure :

— Pendant que je recevais ce coup, celui de la Mort, peut-être !

Il s'avance plus près de Madeh qui, n'essayant pas de fuir, le regarde très calmement :

— Tiens ! Vois ! Est-ce toi qui me guérira, maintenant ?

Et il lui montre obstinément sa blessure, reçue dans l'épouvantable dispersion de l'émeute, au moment où Atillia se sauvait avec Habarr'ah, et durant une furieuse charge passant sur des milliers d'hommes qui barraient le Palatin. Atillius a vaincu, mais une pierre, de loin lancée, a écrasé son casque, brisé la jugulaire, mêlé au métal et au cuir des caillots de sang. Alors, des Prétoriens l'ont apporté à sa maison des Carènes.

Il prend les mains de l'affranchi, l'attire à lui, nerveusement :

— Dis ! dis que tu n'as pas usé d'elle ; dis que tu es resté ce que tu étais !

Madeh restant muet :

— Tu ne réponds pas. Atillia va me répondre, elle, ma Sœur !

Atillia veut se dérober. Il la saisit par le poignet :

— Ici ! Ici, à la face de tous, tu vas le dire !

Les Prétoriens essaient de l'entraîner, indulgents pour ce désespoir qu'ils ne comprennent pas, étonnés de cet adolescent nu, de cette jeune fille à la stola écartée, et de cette Éthiopienne qui a tenté de les cacher. Mais il résiste vivement, comme sous un coup de folie terrible qui injecte ses yeux de sang. Alors Atillia, tout émue, l'étreint, sanglotante, secouée, délirante, endolorie :

— Oui ! Oui ! Pardon, je ne savais pas ! Laisse-le, laisse-le ! C'est ma faute !

Elle lui dit : *laisse-le*, sachant que son frère a tout pouvoir sur Madeh, qu'il peut le tuer ou le vendre, semer ses os par la Campagne de Rome, ou le jeter au crocodile. Non ! Non, cela ne sera pas ! Et elle le supplie, et elle l'amollit, lui confessant l'acte en mots entrecoupés, s'en accusant seule, acquittant Madeh de tout. De la pitié et de la terreur s'exhalent d'elle, sur le sein d'Atillius, où du sang de la blessure a coulé.

— Ah ! tu ne veux pas que je le jette au crocodile, crie-t-il, tu ne veux pas que je le tue ; qu'il s'en aille alors ! Va-t'en, fait-il à Madeh ; va-t'en, que le soleil n'aie plus de prêtre en toi ; va-t'en, que je ne te voie plus ; va-t'en, que ta face ne se présente plus à moi ! Qu'ai-je à faire de toi ? Je suis frappé, à mort peut-être, et je mourrai seul, et tu ne seras pas là, et je ne t'appellerai point mon Aimé, mon Adolescent, mon Androgyne. Va-t'en, et tu riras librement de ton maître, et tu t'amuseras avec des prostituées comme tu t'es amusé d'Atillia. Je ne t'en empêcherai pas. — Et toi, Sœur, rejoins-le, qu'il vive avec toi. Moi, je ne veux plus vous voir, je veux rester seul, seul ici, à mourir sans vous. L'Empire n'ira pas loin maintenant que je suis frappé et que Madeh m'aura quitté. Et surtout qu'il ne revienne plus, ou je le jetterai de mes deux mains au crocodile, celui qui a souillé ma maison ! Partez, partez ; traversez Rome, toi, la sœur d'Atillius, toi, l'aimé d'Atillius, vivez à Rome ou ailleurs, je ne vous poursuivrai pas, je ne veux plus de vous. Partez ! Partez !

L'affranchi ne remuant pas, il le veut frapper. Mais le janitor pousse Madeh vers sa loge :

— Viens ! Tu retourneras, sa colère passée. Habille-toi vite et pars. Si tu as à me voir, frappe deux fois, je saurai que c'est toi et je t'ouvrirai, et tu le reverras, et il te pardonnera !

Et le janitor qui s'est attaché à Madeh, autant par sympathie que par pitié, lui donne une toge à lui, un bonnet brun, des sandales de bois, un vêtement grossier d'homme du peuple, trop grand pour sa taille. Madeh se revêt lentement, avec le sourd désespoir de n'avoir pas reçu un coup mortel d'Atillius que maintenant Prétoriens et esclaves emportent, évanoui en une crise suprême, pendant que Madeh pousse des cris déchirants :

— Pourquoi ne m'a-t-il tué ? Et, cependant je ne suis pas coupable, mais la Nature plutôt. Car, Janitor, j'ai été homme et la femme s'est adressée à mon sexe qu'Atillius croyait neutralisé. Est-ce que je l'ai voulu ? Je m'en vais vivre librement et pauvrement, en homme. Adieu ! Adieu, Janitor ! Je vais chez mon frère Ghéel. Adieu ! Adieu ! Atillia m'oubliera et Atillius aussi, si sa blessure n'est pas mortelle. Cela devait arriver, et longtemps je songeai qu'ainsi serait la fin, car ni lui, ni moi, ni elle ne pouvions vivre ainsi. Et maintenant que croule l'Empire, que le monde salue un autre Empereur ! Au besoin, je retournerai avec Ghéel, tu sais, au pays syrien ! Je suis libre ! Adieu ! Adieu, Janitor !

LIVRE III

I

Vêtu de la méchante toge du janitor, la tête nue et les sandales de bois aux pieds, Madeh fuyait. Le soir enlinceulait Rome de vapeurs grises. Des lumières piquaient les fenêtres des hautes maisons, illuminaient toute la ville, de l'Aventin au Pincius, et elles l'auraient animée de joie sans les massacres de la journée et de la veille, lugubres à cette heure, grâce à des lamentations qui s'élevaient de toutes parts, en fusées traînantes de voix pleurant des morts.

Dans la Tabernole, Madeh enjamba des cadavres abandonnés, dont les toges sanglantes faisaient des haillons rouges. Parfois des cris en sortaient, des cris de blessés, mêlés aux morts, qui imploraient des secours.

Madeh se reconnaissait difficilement dans les quartiers de Rome. Il allait vers le Tibre, et, dans l'espoir que le premier pont le conduirait à la Région Transtéverine, il se dirigeait assez droitement vers le pont Sublicius en coupant la Voie Suburane amorcée à la rue Neuve. Autour de lui des blessés geignaient, des femmes mi-vêtues l'appelaient sous des lueurs rouges de lanternes; des hommes aussi le hélaient, l'invitant à quelque prostitution. Il marchait très vite, n'écoutant personne, décidé à retrouver Ghéel quand même, se sentant perdu dans cette immense ville qu'il n'avait vu qu'à la gloire des triomphes impériaux.

Un grand silence partout, seulement brisé de chuchottements épars d'individus qui s'enfuyaient. Des bouffées d'air frais frappaient sa gorge, précursant le Tibre dont il s'approchait et qu'il aperçut enfin, dans des élargissements de sang que berçaient ses flots.

Rome, mamelonnant sur ses sept collines coiffées de masses noires d'où des fumées s'évasaient, avait un aspect sinistre. Surtout le fleuve était effrayant ; ses gargouillements ressemblaient à des plaintes de blessés, venant de très loin pour se perdre très loin ; même ses flots avaient des rondeurs suspectes, comme s'ils eussent emporté des cadavres, la face verdie au ciel étoilé.

Madeh remonta la grève jusqu'au pont Sublicius qu'il traversa sous le regard des Prétoriens que le Préfet de Rome avait postés là. De l'autre côté du Tibre, la rive s'étendait, gonflée, sinueuse et confuse, à peine coupée de petites habitations de pécheurs et de gens réunis en colonies étrangères. Il hésitait à s'enfoncer dans cette Région Transtévérine, sillonnée d'un lacis de ruelles désordonnées, nullement éclairées, au sol se détrempant dans de l'humidité, et il ne savait comment y retrouver Ghéel, quand il aperçut derrière lui une forme humaine qui le suivait.

Une apparence d'homme aux épaules effacées, avec une tête ronde à méchante calantica flottant sur les oreilles, une tunique courte, sous un diploïs déchiré, des jambes nues et des sandales de bois comme les siennes, paraissait à de rares lueurs de boutiques, courant obliquement sur lui, pour s'arrêter quand il se retournait, très hésitante malgré tout, et comme épeurée elle-même de le suivre. Madeh ne savait que penser, quand l'éclair de la lanterne de corne d'un passant fit saillir la face de l'homme qu'il héla :

— Hé ! citoyen, veux-tu me dire où demeure le nommé Ghéel, potier dans cette Région !

L'homme cria faiblement de loin :

— Je ne me trompe pas, c'est toi, l'affranchi d'Atillius !

— Madeh ! répondit Madeh pour qui cette voix n'était pas inconnue ! Approche donc, citoyen, et conduis-moi chez Ghéel, si tu le connais.

— Oui ! je le connais, fit l'autre qui, s'approchant rapidement, ajouta en lui serrant le bras avec une sorte de respect qui le rappela à son sacerdoce de prêtre du Soleil :

— Et toi-même, tu ne me reconnais pas ?

Madeh le regarda sous des lueurs de tavernes saignant, toutes rouges, et, très joyeusement :

— Amon, est-ce pas ? Tu vas m'être utile, alors !

— Je me le disais en te suivant : c'est bien là la démarche de Madeh, qui va voir probablement Ghéel, son frère du pays. Aussi, se déguise-t-il pour n'être pas reconnu dans cette Région de juifs, de voleurs, de chrétiens et de pauvres, qui en auraient vite fait de sa personne chère à Atillius !

Et Amon, mal vêtu, la face amaigrie, la barbe court-blanchôte, ajouta mélancoliquement.

— Ce n'est pas comme moi, qui ne me déguise pas, car je suis plus pauvre que les pauvres, et Jephunna m'a dépouillé, avec les siens, de malhonnêtes juifs qu'Osiris confondra !

— Moi aussi je suis pauvre, dit Madeh, et il y a quelques heures j'étais ce que tu m'as connu. Je ne me déguise point pour voir Ghéel, mais j'ai besoin de lui, car je n'ai pas de maison et ne sais où coucher.

Amon sursauta :

— Que se passe-t-il à Rome, pour qu'un citoyen paisible comme moi soit impunément volé, et qu'un prêtre du Soleil comme toi, affranchi d'un puissant parmi les puissants, n'aie pas de gîte. Tout hier et ce matin on s'est battu dans les rues, de l'autre côté du fleuve ; j'ai entendu les clameurs et vu emporter des blessés. Est-ce qu'Élagabalus serait dépouillé de l'Empire, et ton maître Atillius, j'en tremble, tué ?

— Non ! répondit Madeh en branlant la tête, j'ai quitté Atillius, je ne veux le revoir. Je veux vivre pauvre avec Ghéel, et travaillerai sans doute avec lui. Ne me demande pas pourquoi. C'est un secret que je veux garder.

Il se tut un instant pour reprendre :

— J'erre dans cette Région que je ne connais pas, à la recherche de Ghéel dont tu dois sans doute connaître la demeure ?

— Non ! fit d'une voix étouffée Amon.

Il se tut aussi, mais pour ajouter à son tour :

— J'ai connu Ghéel jadis, je l'ai revu quelques fois, mais depuis que Jephunna m'attira dans sa méchante famille, je n'ai pu m'entretenir avec personne. Elle m'avait presque emprisonné ; elle me surveillait comme un ânier qui surveille son âne. Ma fortune dissipée, elle m'a jeté dehors, et tout m'est étranger ici comme à toi. Mais la chose importe peu. Je vais demander aux maîtres des boutiques encore ouvertes la maison de Ghéel ; nul doute qu'ils ne le connaissent.

Et, amicalement aux bras l'un de l'autre, Amon gardant une grande déférence pour Madeh, ils s'enfoncèrent dans la Région qu'une lune, levée à peine, éruginait de longs rayons. C'étaient toujours de petites habitations, dont la brique et le bois gémissaient sous un vent mystérieux du Tibre ; c'étaient des ædicules bas, aux portes de bronze oxidé ; des arcs troués de ruines mangées de plantes vivaces, des fontaines pleurant en des bassins à fleur du sol, des carrefours qu'éclairaient des lumignons alourdissant l'atmosphère de fumées élargies, et toujours des ruelles se croisant, sinistres, à perte de vue du Janicule au Vatican. Leurs habitants glissaient, sans répondre à Amon et à Madeh qui les appelaient ; de très loin ils se retournaient, immobiles sur un pied, la toge écartée et une main en l'air, semblables à des ibis fantomatiques. Quelquefois des coups de sifflet troublaient la nuit, et des voix barbares, des voix d'hommes du Danube ou de la Cyrénaïque criaient des mots auxquels ils ne comprenaient rien. Ils avançaient, interpellant toujours des passants, lançant à des boutiques qui se fermaient le nom de Ghéel, espérant retrouver le potier et se perdant dans la Transteverine comme en des catacombes infinies.

D'une taverne, quelqu'un sortit qui leur répondit, après beaucoup de saluts :

— Ghéel ! Oui, je connais cet homme qui est un potier, comme vous me le dites. Vous ne vous trompez pas. Ghéel ! Mais je ne sais pas sa demeure !

Et ce quelqu'un rentra, dans la trouée de lumière jaune d'une lanterne, appendue à sa ceinture de cuir. Madeh se désespéra :

— Nous ne le retrouverons jamais, Ghéel, jamais !

Ils retournaient sur leurs pas, obliquant vers le Janicule qui s'atténuait jusqu'au Tibre que la lune ascendante éclairait largement. Un individu marcha très vite devant eux qui s'arrêta enfin sur leur appel :

— Ghéel, oui, Ghéel ! C'est un potier dont je retrouverai la demeure les yeux fermés. Cordula m'a souvent causé de lui !

Amon et Madeh le rejoignirent ; l'individu les fit courir en d'autres ruelles dont les boutiques se fermaient tout à fait, et les lampes des carrefours s'éteignaient avec des crépitements charbonneux. Ils n'entendaient que le flic-floc de leurs sandales de bois sur le sol boueux et la fugacité de gros rats s'échappant de trous ignorés, et ces bruits étaient à peine coupés d'aboiements aigus de chiens éloignés qui semblaient pleurer longuement. L'individu leur racontait des histoires étranges : par exemple, celle d'un dieu dace enlevé en un temple, au bout du monde, par des prêtres aux ailes de chauves-souris, et qui s'était enfui sur un navire à douze rangs de rames que manœuvraient des matelots à la peau jaune comme du cuivre pur ; cette autre aussi d'un éléphant venu à Rome, de certaines contrées de derrière l'Euphrate, et durant ce long voyage s'étant intelligemment ingénié de demander son chemin aux caravanes. Il s'était construit un radeau pour traverser les fleuves, et très habilement avait emporté sur son échine des provisions pour plusieurs jours. Lui, Scebahous, de sa profession vendeur de porc salé, l'avait vu et ouï ; il le jurait, et rien n'était plus croyable. Scebahous ajoutait :

— Vous êtes un peu comme cet éléphant et je suis comme les voyageurs à qui il demandait sa route. Ce qu'il obtenait si facilement d'eux, vous l'obtenez de moi, Scebahous, qui connais Ghéel pour lui avoir vendu souvent du porc salé !

On était à la moitié de la nuit. L'Égyptien et l'affranchi

crurent reconnaître les ruelles traversées tout à l'heure, en lambeaux de perspectives brouillées. Alors Scebahous s'écria :

— Je crois que je me suis trompé. La maison de Ghéel est de l'autre côté, j'en jurerais à la direction du vent !

Il spuma son doigt, l'exposa silencieusement à l'air, et courut tout à coup jusqu'à l'extrémité de la rue. Après être revenu :

— Oui, assura-t-il, j'ai reniflé le Tibre là-bas, et c'est de ce côté que nous retrouverons Ghéel.

Ils le suivirent, n'écoutant plus d'autres histoires extraordinaires; Madeh songeait à Atillia et à Atillius; Amon à Jephunna. Il l'avait connue sur la Voie Appia, cette Jéphunna aux yeux tendres et bien fendus de gazelle, dont la famille, de Samarie, était de religion juive. Un soir, qu'échappé aux sollicitations du poète Zopiscus et du chrétien Atta, il se proposait de retourner à Alexandrie, Jephunna l'aperçut et lui sauta au col :

— Je songeais à toi, mon aimé, lui dit elle, et les miens t'ouvriront leur porte, et tu seras des nôtres, si tu veux. Je t'aimerai et t'entourerai de soins et de gâteries.

Il l'avait suivie, très en goût pour cette Juive d'allures si libres, qui ne se donna que bien longtemps après. Il avait eu, dans la Région Transtéverine, une belle chambre chez le père de Jephunna ; prenant ses repas avec sa famille pullulante, composée des aïeux de Jéphunné et de son épouse, très acariâtres; d'un cousin, long et maigre, juif, gâté par le vice d'Onan, auquel il se livrait ostensiblement, et des frères de Jéphunna, leur aînée, qui s'adonnaient à des actes contre nature. Peu à peu, Jephunna, qui le surveillait sans cesse, ne lui permit plus de sortir hors d'un certain rayon de la maison juive. L'Égyptien, très heureux des attentions de la jeune fille, n'avait pas eu souci de sa fortune, apportée en des coffres de bois du Nil, qui s'en était allée doucement. Puis, elle se donna à lui, un beau jour de mai, presque sous l'œil de Jéphunné : il l'eût épousé si celui-ci l'avait exigé. Mais non, Jéphunné, pas plus que Jephunna, n'exigeait une union, apparemment pour avoir la faculté de le jeter dehors le jour qui verrait Amon pauvre, ce qui arriva enfin !.

IL N'EUT PLUS RIEN ! — Alors, ce fut pour Amon une impossible vie de privations et de coups. Souvent Jephunné lui retrancha de ses repas. Jephunna se refusa à lui ; ses frères le frappèrent, sa mère et ses aïeux, le réduisant à l'état d'esclave, lui firent laver le sol, récurer la vaisselle, porter l'eau, après l'avoir relégué au fond d'une pièce noire, pleine de rats et de scorpions. L'Alexandrin, qui aimait Jephunna, ne pouvait se priver de la voir, de la sentir, avec, en l'âme, le regret et le désir de son corps, ne comprenant que lentement la scélératesse de cette famille juive, qui arracha à sa faiblesse une fortune acquise si laborieusement à vendre des lentilles de l'Égypte, hélas ! si loin, où il ne retournerait probablement jamais.

Déjà Jephunna lui avait dit :

— Va-t'en, chien, âne d'Alexandrie ! Je ne t'ai jamais aimé. Tu es pauvre, vieux, laid, et nous n'avons que faire de toi !

Il y avait quelques heures à peine, à la suite de scènes abominables, sa main s'était levée sur Jephunna. Mais elle l'avait arrêté, pendant que son père le frappait dans le dos, que les jeunes frères le mordaient aux mollets, que les aïeux lui jetaient, de fureur, de l'eau bouillante. Il s'était alors enfui, se promettant de ne plus revoir Jéphunna et Jéphunné, avec eux la famille entière. Deux années s'étaient écoulées misérablement.

Et ces douloureux souvenirs le torturaient tellement qu'il n'entendit pas Scebahous s'exclamer tout à coup.

— Ce Ghéel, à dire vrai, je ne le retrouve plus. Avec cette nuit qu'à peine la lune éclaire, je ne me reconnais pas. Nous voici dans le quartier des Juifs.

Dans le quartier des Juifs ! Amon frissonna, entrevoyant Jephunna et Jephunné, l'oncle qui se masturbait, les frères qui se sodomisaient, avec un reste d'amour pour la Juive qui longtemps le battit et l'injuria. Mais Scebahous continua :

— Ces Juifs, je les exècre ! Ils n'aiment pas le porc salé, et j'en vends. Ce n'est pas comme Ghéel, qui est chrétien, dit-on, mais qui m'a acheté de mon porc, et dont Cordula me parle souvent. Cordula est une excellente Campanienne, dont j'use quelquefois contre du porc salé, et nous faisons échange des deux chairs. Mais j'aime mieux la sienne, si elle aime la mienne !

Il rit glorieusement, en ajoutant très fort, et sans que Madeh et Amon lui répondissent :

— Je suis Cilicien, je gagne des as et j'aime à faire plaisir. Cordula m'en sait toujours gré, car elle me permet de rester un peu plus souvent avec elle !

Ils avaient dépassé le quartier des Juifs, aux toits se rejoignant en voûtes, avec des lumignons roux en ses encoignures suspectes, des escaliers de bois et des portes lourdes brouillées d'obscurité. Encore un grand pan du Tibre s'étala au loin, rousse comme une effroyable gueule bâillant dans la nuit.

— Je crois que nous allons y être, fit Scebahous sans s'émouvoir autrement. Et, malgré le silence obstiné de ses compagnons, il bavarda encore :

— Je puis vous jurer que je n'ai pris part à la rébellion du Cirque et à celle d'hier matin. Pourquoi l'aurai-je fait ? La vente de mon porc salé me suffit, et je ne suis pas inquiet d'Élagabalus et de Mammæa, laquelle, dit-on, veut l'Empire pour son fils. Je connais cependant beaucoup de gens qui se sont battus. Qu'ont-ils gagné : moins qu'un morceau de mon porc ! Il paraît que c'étaient des chrétiens qui en voulaient à Antoninus, Élagabalus, Varius, Avitus, comme vous voudrez. Je ne comprends pas pourquoi les chrétiens se sont mêlés à cette sédition. Ghéel est un chrétien, le bruit public l'assure, mais je suis certain qu'il ne s'est pas mêlé à la lutte qui a fait des blessés et des morts. Il ne se cachait nullement, et on ne lui a vu aucune arme. Même on m'a dit que les chrétiens sont divisés : les uns penchant pour l'Empereur, les autres contre l'Empereur ; les uns pour l'Orient, les autres pour l'Occident. Naturellement, la chose m'est indifférente. Je vends de mon porc à l'Occident et à l'Orient, et pourvu qu'on le trouve bien salé et bien fumé, avec un goût de porc excellent, me voilà tranquillisé. Cependant, je suis Oriental, de la Cilicie, qui est loin! Entre nous, l'Empire n'est pas précisément favorable aux pauvres comme moi et vous, qui avez des sandales de bois et des vêtements de laine. Mais je me satisfais aisément. Si mon porc salé se vend, je suis content. Scebahous qui vous parle vous souhaite sa quiétude et sa modestie! Ne point se tourmenter de choses vaines et vendre sa marchandise, voilà ce que tout bon citoyen doit vouloir en sa vie qu'agitent si facilement l'Empire et ses Prétoriens, Élagabalus, Mammæa, cet Atillius qui écrase si volontiers les rebelles, — le connaissez-vous, cet Atillius? — les chrétiens, les Juifs, tout, tout, tout, excepté les sages vendeurs de porc salé comme moi, et les prudents citoyens comme vous devez l'être! Si chacun m'imitait, l'Empire serait heureux; les prétoriens n'égorgeraient pas les citoyens, les citoyens laisseraient l'Empereur à ses amusements, et Mammæa, qui a intérêt à la rébellion, irait ailleurs. Nous mangerions tous du porc salé; nous vendrions tous du porc salé, et des Scebahous comme moi se feraient toujours un plaisir de conduire chez des chrétiens comme Ghéel, des probes citoyens comme vous!

Scebahous les quitta encore. Le quartier s'éclairait peu à peu de jour; des places et des rues crevaient en une douceur violette, des bouts d'édifices trouaient le ciel qui blanchoyait. Des étoiles s'éteignaient, comme des yeux clos par la mort. Et des gens matutineux sortaient, s'étirant, avec de vagues aspects de bêtes échappées; des chiens couraient, avec des aboiements rauques. Madeh et Amon se virent une face fatiguée, des traits tirés, surtout Amon qui avait tellement maigri que l'affranchi poussa un cri :

— Qu'est-ce que tu as donc? fit l'Alexandrin surpris.

— Tu as souffert, toi?

— Si j'ai souffert! exclama le malheureux. Jephunna me battait et Jephunné me torturait. Ils m'ont tout volé, tout, et maintenant je n'ai pas une brique pour reposer ma nuque; mes sommeils s'écouleront à la froidure des nuits, et moi qui possédais une fortune n'aurai sans doute pas un plat de lentilles pour apaiser ma faim.

Et, brièvement, il lui raconta sa vie depuis deux ans. Puis il s'indigna, les mains au ciel devenu tout laiteux :

— Il se masturbait, le cousin de Jephunné, bien devant Jephunna qui n'en ressentait de honte ; et ses frères, à elle, qui se violaient sous mes yeux, souvent me proposèrent de les violer !

— J'ai vécu mieux et plus mal, assura Madeh. Mais oublions tout. Pour le moment, je t'engage à venir avec moi chez Ghéel qui te recevra aussi. Nous nous reposerons de la longue marche de cette nuit, et aviserons ensuite.

Scebahous apparut :

— J'ai retrouvé la maison de Ghéel, qui est vers le Tibre, s'écria-t-il. Nous avions justement passé devant à deux reprises, et je l'ai reconnue à la fumée du four. Il est heureux, ce Ghéel ! Suivez-moi donc, nous allons y être !

Ils y furent bientôt, et Scebahous, très joyeux de cette nuit passée à bavarder, les laissa en leur disant, avec de grands saluts :

— Ne me remerciez pas ; mais si vous voulez connaître des histoires curieuses, écoutez Scebahous. Scebahous, qui vend du porc salé, vous racontera des choses qui vous agréeront. C'est ce qui plait d'ailleurs à Cordula, laquelle me parle souvent de Ghéel, car elle l'aime, ce Ghéel, je ne sais trop pourquoi ! Cependant, le bon porc que je lui offre en échange du plaisir qu'elle me donne n'est pas à dédaigner. Adieu, probes citoyens ! Donnez de mes nouvelles à Ghéel qui m'achète de mon porc, et m'en achètera encore, si vous le lui recommandez.

II

Le tour à table horizontale virait prestement sous les doigts de Ghéel qui, enveloppé d'un tremblant rayon de jour, évasait les cubes d'argile en vases rouges, sveltes découpés en lis ou pansus comme des ventres gras. Et Gangus, le maigre et brun Gangus, peignait toujours ces vases de lignes rouges et noires, de figures de dieux et de reins de lutteurs, de quadriges délicats s'envolant en de l'azur vernissé, et Lixio ne cessait de leur adapter des anses, quelques-unes en forme de pattes et de cous d'animaux.

Et c'était aussi la même mélopée triste, que sifflait le potier rougeaud, une mélopée dont le rythme se brodait au grincement du tour, comme une voix amie accompagnant son vertige, une mélopée syrienne, jadis un chant de peuplades en guerre, maintenant une douce aspiration d'âme, un rêve, un désir, un berçottement de choses infinies évoquant des soleils regrettés.

Quiet et doux, Madeh qui n'était plus l'opulent et parfumé affranchi, qui n'avait plus la mitra sur ses cheveux frisottés, au col l'amulette de pierre noire, et était simplement vêtu d'une tunique de Ghéel, un peu large pour ses membres minces, et de la toge du janitor accourcie à sa taille, regardait, assis sur un escabeau, le fond de jardinet que les héliotropes et les passeroses décoraient d'améthystes et de topazes. Et il se laissait aller à ses souvenirs, tel qu'un voyageur qu'emporterait une eau bleu vers des mers éternelles, en écoutant vaguement le rythme, qui lui paraissait lointain, de la mélopée de son ami.

Amon, que Ghéel avait recueilli, allait et venait, souriant à tous, ne regrettant rien, tout émerveillé encore de la sympathie du potier et de ses ouvriers, dont le temps se partageait à tourner, peindre, ornementer et cuire des vases, à éviter à Madeh tout travail qui pût abîmer ses délicates mains, et à parler de Kreistos avec des chrétiens très nombreux, parmi lesquels Zal, Severa et Maglo.

Cette nouvelle existence lui était si belle de bonheurs qu'il en oubliait presque Jephunna et Jephunné pour un sourd désir de vivre désormais avec Ghéel et Madeh, tout en mettant au service du potier, afin de ne pas être à sa charge, ce qui lui restait d'activité qui lui put profiter.

Il s'intéressait énormément aux discussions des chrétiens,

lesquels lui paraissaient appartenir à un monde inconnu, avec des idées à effrayer. Ils voyaient une sorte d'au-delà non céleste mais terrestre, une espèce de gouvernement sans armées ni magistrats, où chacun, l'égal de chacun, partagerait avec lui le pain en de fraternelles agapes dont ils parlaient mystérieusement, et où ils mangeaient la chair de Kreistos et buvaient le sang de Kreistos. Combien leur religion, si sensible au cœur souffrant, à l'âme touchée comme la sienne, était douce, et pitoyable, et compréhensive pour le pauvre et le persécuté; combien elle attirait suggestivement les imaginations, attirait les larmes aux bords des cils émus! Et cette confession, de tous à tous, d'un seul à un seul ou de tous à quelques-uns marqués du sceau de Kreistos, cette confession amenant à la lumière du Pardon les fautes obscures et les désirs mauvais, combien elle lui semblait consolatrice par l'exutoire qu'elle offrait aux peines secrètes rongeant sourdement l'être dont besoin est de se soulager! Aussi, Amon, à écouter les chrétiens, se faisait insensiblement chrétien lui-même, non pas comme un catéchiste désireux de combattre rudement le Péché, mais comme un naufragé transi qui a hâte de se retirer sur un bout de plage ensoleillé, pour y attendre la fin de l'orage grimaçant.

Cela aussi poignait Madeh, pris de la mysticité de Kreistos. Si Amon, délivré de Jéphunna, imageait tout son avenir, lui cependant s'attristait. C'est que, ses aspirations vers les rudesses de la liberté, du travail et du grand air s'éteignaient maintenant dans le souvenir toujours émergeant de ses années, écoulées avec Atillius, qui pleuraient en lui sinistrement de toutes leurs voluptés anti-naturelles. Le développement de sa belle jeunesse, de sa jeunesse aimée et aimante, s'était désormais arrêté; son passé, comme un voile noir, se moulait à la face du primicérius, et il ne voyait rien au delà. Pas même Atillia! Il aurait voulu travailler des deux mains, rudement; s'abîmer de labeurs de corps et d'esprit, ainsi qu'il l'espéra un moment, mais vainement. C'est que sa nature indolente, faite pour le rêve, prenait le dessus sur la vivacité de ses désirs d'activité, et que prenaient aussi le dessus les délicatesses de sa chair baignée d'huile et frottée de parfums, et que sa musculature était malheureusement brisée par les inouïs plaisirs mâles, et que tout en lui se ressentait, grâce à des misères physiologiques dont il gardait le secret, d'un effroyable efféminement qui diminuait ses forces et ses énergies. Désormais impotent et impuissant, le ressort de la Volonté se rompait en lui, et cela se voyait à ses yeux brillants, à la diaphanéité de sa peau, à l'affaissement de sa démarche ni souple, ni nerveuse, mais cassée.

Quelques mois durant, sa sexualité, qui voulait naître, le rendit vigoureux, mais le mal venu de très loin, dont Ghéel s'aperçut jadis, avait été plus fort. Il s'élargissait maintenant comme une effroyable astérie ; il rongeait tout son dedans ; il crevait en cernes bleuâtres autour des yeux et lui enlevait toute initiative, tout mouvement. Et c'était cette impuissance même qui le rendait si pénétré des mélopées de Ghéel, au travers desquelles il voyait tant de choses que doucement déformait son imagination, maladive comme son corps.

— Ne touche à rien, lui disait souvent le potier, tu n'es pas vigoureux et le travail n'est point fait pour toi. Moi, ton frère de Syrie, je dois faire œuvre des mains pour toi, et non toi pour moi, car Kreistos veut que nous soutenions nos vieillards et nos infirmes.

— Je suis donc un infirme, demandait amèrement Madeh?

— Oui! de corps et d'esprit. — Et Ghéel, avec son bon sourire de rougeaud, reprenait le tour qui sifflait aigûment.

Souvent apparaissait Scebahous, sur l'épaule, ficelé à un gros bâton, un énorme quartier de porc salé qu'il vendait de porte en porte. Scebahous appelait le potier de la claie de roseaux qui séparait le jardinet des terrains vagues de la région ; de là, il entamait avec lui ou avec Amon, très entraînable, une interminable conversation. Le Cilicien ne tarissait pas d'histoires merveilleuses. C'étaient des aventures d'enfants allaités par des femelles de serpents et protégés par des empereurs scythes, ou bien des victoires de gladiateurs sur des monstres à six pattes emmenés de la

Lybie. Il confondait des légendes historiques fort anciennes avec des sujets de sa propre imagination, inventait à froid des personnages bizarres, comme celui d'un thaumaturge égyptien qui, avec un mouvement du doigt, projetait les hommes à la voûte d'un temple dont les matériaux, d'onix et de saphirs, avaient été transportés sur des dos de fourmis grosses comme des montagnes. Quand il avait terminé, il proposait invariablement de son porc salé, découpé proprement avec un grand poignard; le morceau était servi sur de larges feuilles de vigne ou de platane qui faisaient un fond vert sur le rose et le blanc de la marchandise, puis il s'en allait, satisfait, recommencer ailleurs.

Quand Maglo survenait, c'était une animation extraordinaire. Toujours il maudissait l'Empire, les dieux, Rome; envers Madeh, que les autres, sous le coup d'une éducation très ancienne, regardaient avec une superstition religieuse pour son sacerdoce du Soleil, il n'avait pas assez d'expressions aigres, quoique contenues par la présence de Ghéel qui ne voulait pas qu'on touchât à son frère de Syrie. Souvent il arrivait la robe pleine d'immondices, la barbe glaireuse, la face contuse de coups que libéralement lui donnaient des enfants pour lesquels il était une espèce de ridicule épouvantail. Rome le connaissait trop, aussi ses prédications étaient-elles maintenant plutôt défavorables qu'autrement à Kreistos. Les chrétiens d'une certaine culture spirituelle, qui s'éloignaient du peuple pour toucher plus ou moins ostensiblement au pouvoir, les personnages officiels de l'Église de Rome l'évitaient, le désavouaient discrètement, le poussaient peu à peu vers le groupe des humbles et des pauvres. Son ancienne sainteté, grossie par la distance, faisait sourire les puissants et n'agissait que faiblement sur les autres; on avait vu de près le saint de l'Helvétie, on avait palpé et soupesé l'apôtre; l'apôtre et le saint n'étaient rien. Avec cela Maglo était poltron, criant fort au martyre quand on le touchait du doigt; quand il n'y avait pas danger sérieux prenant des poses d'inspiré et de confesseur, mais se sauvant à toutes jambes le cas contraire. Les chrétiens Occidentaux ne l'avaient pas vu durant la sédition ; les chrétiens Orientaux pas davantage ; il s'était caché probablement. D'autre part, jamais il n'avait pris parti pour les uns ou pour les autres. Lorsqu'on le pressait, il se contentait, toujours illuminé, de lancer des imprécations vagues à l'Empereur et à l'Empire, de prédire la chute de Rome et la gloire de Kreistos. Il retournait à l'Apocalypse, mais ce qui excellait à l'Helvétie n'avait raison d'être à Rome. Aussi, avait-il perdu énormément, même auprès de Ghéel, cependant plein d'indulgence pour ses vaticinations.

Un autre sujet de distractions était Cordula. Elle descendait rapidement vers le Tibre, traversait le pont Sublicius, ramassait en route quelques rendez-vous de Romains, recevait, sans y prendre garde, les injures d'anciens amants, et, peinte, les sourcils rejoints par du noir, de grands anneaux aux oreilles, des colliers de cuivre et de bronze léger battant, du col, les seins à demi crevant sous une subucula jaune, elle apparaissait dans l'atelier. Ghéel se laissait paisiblement baiser aux yeux et aux mains ; elle lui racontait les heures passées avec les hommes, lui dénombrait ses gains, hélas ! légers, que prélibait en grande partie le propriétaire de sa chambre, répétait même les histoires que lui avait apprises Scébahous. Elle ne se génait point sur les petits vices de ses visiteurs, sur leurs goûts plus ou moins ignobles auxquels elle obéissait, résignée et inconsciente comme une esclave qui tient à bien achever la tâche imposée. Tout le quartier peut-être avait passé sur son ventre, et ce lui paraissait presque glorieux. Souvent Ghéel lui fixait un rendez-vous, et c'était le lendemain entre eux, à l'atelier encore, devant le tour, l'ouverture du four et les blocs d'argile, un amusement du récit de leurs caresses. Le potier accomplissait ses devoirs d'amant de cœur sans se cacher ; la chose paraissait naturelle aux chrétiennes et aux chrétiens d'Orient, et, sans rester l'exclusif objet de leur conversation, elle y entrait, souvent en apparence de tendre mysticité.

La plupart avaient assisté à cette assemblée du Viminal où Zal recueillit le sang de chacun dans la coupe d'or : cette communion du sang, achevée en promiscuité au son de l'orgue hydraulique par le bel éphèbe joué, fut pour tous un délire qui leur fit désormais voir l'Agneau à travers le Plaisir. Et ce Plaisir ne leur était pas seulement matériel mais spirituel, participant de deux natures, sanctifié et grossi par l'hyperbole de Kreistos ; il leur coûtait autant de sève de vie que de bonheurs de pure âme. Les chrétiens, eux aussi, étaient gâtés par ce temps d'énervement ; leur extériorité déformée se peuplait de rêves et d'aspirations sans noms, flottant en une mer d'énergies humaines sur laquelle, en une barque de nuages, la face de Kreistos, une baguette fleurie à la main, avait un vague aspect de phallus.

Une singularité était l'amour — ou ce qui en paraissait — de Zal pour Severa, et réciproquement. Il transsudait, cet amour, de leurs yeux ; il sonnait, tintant, dans leurs paroles, et cependant rien d'une relation charnelle ne s'en échappait. Les chrétiens ne se scandalisaient pas de leurs bons rapports ; naturel leur était qu'ils s'achevassent un jour en une union plus intime d'adultère : Kreistos légitimait tout et sacrait tout, à la condition de croire en lui. Et Severa, et Zal, certes ! ne cessaient justement de garder pour l'Agneau la Foi, l'ardeur, la pure et divine fleur en eux levée d'un prosélytisme indestructible dont le feu était difficile à éteindre. On les voyait partout, aux Assemblées, dans les maisons pauvres et les palais riches, surtout dans les réunions très intimes comme celles de Ghéel, discourant, consolant, illuminant, soutenant et soufflant la Croyance, semant des prières et des consolations mêlées d'attendrissements, de larmes faits.

La participation des chrétiens Occidentaux à la rebellion contre Élagabalus attristait les Orientaux, qui voyaient moins les avantages de cette aide aux anciens persécuteurs que l'altération de la doctrine même sur laquelle le pouvoir mettrait la main plus tard. Leur cœur en saignait : Kreistos était ainsi trahi, non seulement par Atta, le meneur des Occidentaux, mais encore par l'Église officielle, les personnages à la tête de la Rome chrétienne, qui sourdement se poussaient, par l'ennemi de Zal, vers le parti de Mammæa. Les Orientaux, isolés par cette Église haute, se voyaient glisser vers l'Hérésie, eux cependant les vrais croyants, les seuls fidèles à l'enseignement de Kreistos, duquel une source vive d'amour et de passion coulait. Ils en étaient aigris contre Calliste, le successeur de Pierre au grand pontificat apostolique, toujours caché dans sa fonction comme un dieu inébranlé. Et cela avait créé un fossé de jour en jour élargi entre Orientaux et Occidentaux ; ceux-là n'ayant pas assez de mépris pour ceux-ci, ceux-ci haïssant tout haut ceux-là et prêts à se ruer sur eux le moment venu.

Par une déviation d'esprit, née probablement de cette synthèse du culte de la Pierre-Noire et de l'Agneau, humanisée dans le sang de la coupe d'or et l'union charnelle — si rapide — entre hommes et femmes, que fuirent cette nuit-là Severa et Zal toujours purs, les chrétiens Orientaux en étaient venus à regretter la rupture des énergies de l'Empire, à rêver de le soutenir, de combattre pour lui, non pour qu'il vécût éternellement, mais pour que sa durée pût permettre à leur culte de s'y substituer naturellement. Ces idées, surtout suggérées par Zal après son entretien avec Atillius, circulaient un peu partout maintenant, accusatrices des chrétiens Orientaux auprès du peuple romain voyant en eux des Étrangers souillés de corps, et c'en était assez pour attiser contre eux une colère immense qui pesait, terrible et muette, en attendant de tomber avec fracas sur leur tête un jour.

Quelqu'un dont l'impression sur Madeh restait vive, était Zal. Sa descendance d'un grand roi, son ardeur et sa verdeur, sa simplicité de vie et sa force d'âme, la largeur énorme de ses conceptions, sa haine forte des hypocrites, notamment Atta, en avaient fait un chef spirituel dont l'autorité sur les chrétiens orientaux se rehaussait naturellement de l'amour de Severa. Il leur était presque égal à Kreistos dont il avait l'âge final de la Passion, et Severa leur était sa Magdalena soumise, et on aimait à la voir, en des entretiens mystiques, verser des parfums sur ses pieds essuyés avec sa chevelure de patricienne. L'entrevue de Zal et d'Atillius, cet appel du puissant primicérius au chrétien pauvre paraissait encore si bizarre à Madeh qu'il se demandait souvent quelle était sa puissance, pour compter ainsi dans l'Empire. Lorsque Zal lui adressait quelques paroles, c'était avec une sorte de respect mêlé de sympathie, qui visait surtout son sacerdoce du Soleil. Son extraordinaire figure d'illuminé, sa fine barbe brune, ses grands yeux noirs au velouté soyeux, son col dégagé et sa tête aux inclinaisons nerveuses, rappelaient Atillius, et il se surprenait à l'aimer, grâce à la déviation de ses sentiments qui, féminisés, — il n'en pouvait plus douter — gardaient pour objet l'homme, rien que l'homme, même après l'explosion de sa virilité pour Atillia.

Au résumé, c'était une vie calme de travail, d'attendrissements et d'enthousiasmes que celle des chrétiens. Tous, hormis Severa, appartenaient à la population pauvre de Rome; quelques-uns étaient des esclaves échappés un moment de la maison du maître; plusieurs, des industriels et boutiquiers, fabricants de statues et de chaussures, teinturiers et charcutiers, rallumant chez Ghéel le flambeau d'une Foi vivace, se communiquant leurs espérances et se baisant la joue, du baiser de paix. Parmi eux, c'étaient des amours, même mâles, cachés sous la doctrine de Kreistos, apparaissant quelquefois par des éclats inattendus de passion; c'étaient des amitiés durables, des haines aussi, pour ce qui restait étranger à leurs façons de penser et d'agir, celles de l'Orient. Seulement, l'apparence du travail les vêtait de force et de verdeur; leur détachement des cultes purement extérieurs avec leurs métaux et leurs gemmes, leurs chants, leurs danses, leurs théories de prêtres et de prêtresses, leurs sacrifices de bêtes dont le sang empourprait le sol, les séparait très nettement de l'orgiaque Empire, et ils semblaient austères et saints, alors que possédés comme tous des mêmes chaleurs et des mêmes ardeurs. Et s'ils valaient peut-être mieux, ces chrétiens, c'était par l'unité du dogme en Kreistos, qui heureusement avait humanisé, en le noyant de sensibilité, le Principe de la Vie, l'amour sous quelque forme qu'il prît, idéalisé, sublimisé de Beauté et de Dévoûment moins de sens que d'âme, et c'était là la grande nouveauté qu'ils apportaient au monde frappé dans sa physiologie, exacerbé, saoûl et lamentablement endolori de la recherche excessive du Bonheur. Les chrétiens avaient comme recouvert de fleurs un sépulcre plein d'os pourris, qui était l'Empire, et leur gloire, justement, était d'enguirlander la Mort, de dorer la Purulence, d'orner le Mal, de cacher le Néant, dont on s'épouvantait, sous des pétales d'âmes et de cœurs largement effeuillés.

III

L'ancilla, essuyant quelques larmes du bord de sa stola, empilait une corbeille de vêtements de Severa, parfumés à la lavande et asséchés sur les côteaux de la villa de Glicia. Elle ajoutait des sandales de feutre doux, des rubans pour la coiffure, des sachets, des écrins de joyaux, pendant que, dans l'appartement voisin, le patricien s'exclamait :

— Qu'elle parte ; qu'elle rejoigne son Zal, son Kreistos, son Ghéel, son Maglo ! Je ne veux plus d'elle. J'ai failli la tuer ; je la tuerai sûrement si elle reste ici.

Et ses pas, heurtés de toussotements, se percevaient, battant le parquet, roulant, furieux, une charge aux parois de la muraille :

— Oui ! Je mourrai seul. Le descendant de Glicia s'éteindra mais n'abdiquera pas devant une femme. Qu'ai-je à faire en cet Empire qui n'a rien de romain, avec Severa qui adore un Kreistos que nul n'a vu ? C'est une folie, mais je ne serai pas fou comme elle.

Il cria :

— Va-t'en ! Va-t'en ! Je ne veux pas te vendre comme esclave. Je t'ouvre les portes, la voie est libre, Zal t'attend, s'il est vrai que tu aimes Zal. Laisse-moi en paix, car je veux mourir seul, oui, mourir seul !

Il se tût, pour reprendre, avec des coups de poing à sa poitrine que des graillonnements soulevaient :

— Et toi, Rusca, infâme Rusca, tu la suivras, s'il te plaît, puisque, comme elle, tu abandonnes ton maître, le patricien Glicia, descendant des Glicia inscrits dans les fastes romains !

Un repos encore, puis des gémissements et un bruit sourd de corps tombant :

— Je me meurs ! Je me meurs ! Je t'en accuse, Rusca, et toi Severa, et toi Zal, et toi Kreistos, que je n'ai jamais vu, et toi Ghéel, et toi Élagabalus, et toi Empire qui n'as rien de Romain. N'approchez point ! Laisse mourir ton maître, Rusca; ton époux, Severa. Encore quelques battements de mon vieux cœur et ce sera fini !

Et Glicia râla fort, la face tournée au sol, sa maigre tête dans ses mains. Mais Rusca accourait, avec Severa, pour le consoler, le distraire, l'apaiser. Ne pouvant plus vivre avec cet époux qui l'injuriait et la battait, elle se disposait à s'en aller, et malgré tout, ce lui était un grand regret que ce départ forcé qui la séparait de ce malade et de ce fou.

Au toucher de Rusca qui essayait de le remettre sur pieds, Glicia sursauta :

— Non ! T'ai-je appelé ? Qui t'a dit de venir ? Laisse mourir ton maître en paix !

Severa le voulut soutenir d'un bras. Glicia éclata, les yeux sanglants, et se relevant :

— Je t'ai ordonné de partir ; je t'ai ordonné de ne plus rester chez Glicia. Ah ! tu le veux braver, Glicia; tu le veux narguer en paraissant le soigner. Tiens ! tiens ! pars, que je ne te voie plus, ou je te tue, ou je t'égorge, je te jette aux bêtes, je te jette au vivier, je te brûle sur un bûcher, je t'enterre vive, je t'étouffe, je t'étrangle, je t'arrache le cœur, je te mords la chair, je te donne aux Prétoriens qui te violeront cent fois, je te fais lapider, je te fais couper les seins, je te fais couper le nez, je te fais couper la tête ! Pars ! pars ! Ta face m'est pénible, et m'exaspère, et m'énerve, et me fait mal !

Il la frappait encore à la face et aux seins, sans qu'elle se défendît autrement qu'en opposant ses mains jointes à sa folie. Elle reculait lentement et il la poussait avec des coups, et Rusca, derrière, ne pouvait le retenir. Ils firent ainsi plusieurs fois le tour des cubiculas et roulèrent dans l'atrium, où l'ancilla fermait la corbeille de son couvercle d'osier.

— Ah! tu étais prête à t'en aller et tu revenais, s'écria le patricien. Tu venais à la maison de Glicia, mais Glicia ne veut plus de toi. Va chez ton Zal, chez ton Kreistos, chez ton Ghéel, chez ton Maglo, chez ton Élagabalus que tu soutiens. Salis la vertu de Glicia avec cet Empereur qui se fait violer par des hommes et qui viole des hommes. Fais-toi violer par lui, par Zal, par Ghéel, par Maglo, par Kreistos, qui est fait d'air puisqu'on ne peut le toucher. Vite, ancilla! Dehors, femme!

Il traîna la corbeille, la jeta dehors, sur le chemin où un plein soleil incendiait les herbes — des alcées, des graminées et des pariétaires — montant aux murailles crevées de trous. Puis il chassa Severa, que l'ancilla suivait, par les épaules, et referma la porte avec des toussotements glapissants.

— Je ne sais où aller, dit Severa essuyant ses larmes et sans colère aucune. Emporte avec moi cette corbeille. Nous irons à Rome où je verrai Zal qui me conseillera.

Elle parlait de Zal sans honte, car d'elle s'écartait toute idée d'adultère qui pût excuser Glicia. Elle en parlait comme d'un ami; elle ne voyait que lui, ne pensait qu'à lui, et, en cette occurrence, c'était son souvenir qui, en elle, se dressait encore.

Elles atteignirent bientôt la porte Salaria. Des Romaines, fort riches, en des lectiques aux plagules de cuir mollement balancées sur des épaules noueuses d'esclaves et aux portières garnies de carreaux de talc; des Romains, du patriciat comme Glicia, les regardaient avec étonnement, devinant l'espèce de répudiation de Severa, rien qu'à ce trajet de corbeille emportée. Quelques femmes, des voisines de villas, souriaient, connaissant depuis longtemps ses faiblesses d'âme pour un sectateur de Kreistos. Fatiguées, elles s'assirent sur une borne, — une partie de Rome défilant devant elles.

C'étaient des chefs de légion suivis de turmes cavalcadantes dont miroitaient les armures bien polies; des voyageurs en des basternes sans roues, portées par deux mules trottinantes; des jardiniers, un hoyau court sur l'épaule; des fossoyeurs et des laveurs de morts à demi-saoûls, s'accrochant à des prêtres d'Isis tonsurés, processionnant et psalmodiant. Des soldats se dirigeaient vers le Camp des Prétoriens, qui se voyait au loin, immobile et carré, plein de bruits confus d'armes, de galop de chevaux, de commandements de centurions, et de barissements d'éléphants. Quelques légionnaires entraient, pour sortir un moment après, dans une taverne voisine dont une vigne coiffait une tonnelle sous laquelle se voyaient des buveurs.

L'un d'eux parlait très haut, et Severa reconnut la voix d'Atta. Instinctivement, elle eut peur, se saisit d'une extrémité de la corbeille, et toujours avec l'ancilla, s'enfonça dans Rome, non sans que lui parvinssent ces mots d'Atta, très distinctement :

— Je vous l'assure, citoyens, encore quelques mois, et Élagabalus ira rejoindre Nero, Vitellius et Commodus. Buvons à Alexander qui fera le bonheur de l'Empire!

Un tumulte de bols de terre et de flacons de vin se fit alors, ourlé d'un chœur de buveurs qui répondaient à Atta. Severa crut que ces paroles s'adressaient à elle, présageant des choses terribles qui la bouleversèrent jusqu'au seuil de la maison de Zal, dont elle et l'ancilla gravirent les étages.

Des portes de locataires mangeant, à cette heure, des oignons, des œufs durs et des poissons séchés, s'ouvraient sur les paliers très longs. Ils regardaient ces deux femmes, bouche bée; des enfants piaillaient sous des mains rudes de mères dont les seins pendaient; des jeunes filles aux cheveux embroussaillés couraient pour les mieux voir. Et ces visions de peuple leur crevèrent jusque sur la terrasse du huitième étage, bordée de logettes étroites, d'où elles aperçurent la rue d'en bas, toujours grouillante de passants zig-zaguants, et la Campagne plus au loin, aux horizons, indistinctement fumeux, de brisures de toits, d'aqueducs et de collines acharnés à se saisir dans le décor. Le cœur de Severa battait fort, autant d'émotion que de cette interminable ascension; le grand air de la terrasse, à laquelle elles accédèrent par l'échelle croulante, la frappa en plein visage. Elle chancela, défaillit avec un léger cri, et s'assit faiblement sur la corbeille.

— Je me sens mal, ancilla, soutiens-moi!

L'ancilla l'éventait, anxieuse, regardant si aucune logette ne s'ouvrait, et comme l'oppression de Severa ne cessait, elle entr'ouvrit le haut de sa stola. La gorge blanchit, en un éclair, veinée de bleu. L'épouse de Glicia y posa les mains.

— Non, s'il venait, lui, Zal, il me croirait faible et s'effraierait. Je vais mieux!

Timidement, elle frappa à la porte de Zal qui s'ouvrit. Le Perse parut, et, avec un léger trouble :

— Entre, Sœur, et toi, ancilla, entre aussi! Soyez les bienvenues toutes deux!

Et il s'effaça, embarrassé, ne pouvant offrir à Severa qu'un humble escabeau de bois, et à l'ancilla, muette, qui regardait ce pauvre logement d'un descendant de grand roi, qu'un coffre de bois à demi brisé, renfermant de ses vêtements. Il ne savait que dire tant cette visite le surprenait, pressentant un malheur pour Severa, s'effrayant par avance de la voir là, qui sait? pour toujours. Mais il surmonta son émotion, et comme elle restait silencieuse et palpitante :

— Tu as quelque nouvelle à m'apprendre? Tu me voudrais pour t'accompagner auprès de nos Frères pauvres, si j'en juge par cette corbeille qui contient des provisions et des toges pour eux. Cependant, il était inutile de monter jusqu'ici. Il fallait me faire appeler par l'ancilla : je serais immédiatement descendu, pour te suivre comme je t'ai suivie quelquefois. Tu es fatiguée, repose-toi un instant, nous nous en irons dès que tu ne seras plus lasse.

Il balbutiait, l'engageant sourdement à s'en aller. Mais elle ne répondait pas. Un silence eut lieu que rompit l'ancilla, larmoyante :

— Son époux ne veut pas d'elle et la maltraite; elle ne sait où aller. Elle n'a pas de parents, et toi seul es son ami. Elle veut que tu la conseilles.

Elle découvrit la corbeille, et, précipitamment, prouvant ainsi l'intérêt que sa vieillesse portait à sa maîtresse :

— Je me suis hâtée de l'emplir de ses meilleures stolas et de ses plus belles étoffes ; j'ai mis là des sandales et des bijoux qu'elle pourra vendre aux jours de détresse. Tu l'aideras, toi qui es son ami et qui l'aimes. Moi, je retourne à la villa, avec l'espoir que Glicia la demande bientôt.

Zal pâlit. Il prit les mains tremblantes de Severa qui se leva, confiante et pudique. Et il la serra légèrement sur son cœur :

— Que vas-tu devenir? Je vais te chercher une maison chrétienne qui te gardera. Attends-moi !

Il partait, ne voulant pas qu'elle restât plus longtemps dans sa chambre, car l'ancilla allait les laisser seuls. Mais Severa se mit à pleurer :

— Non, je veux rester près de toi ; j'ornerai ta chambre, je te distrairai par ma présence, toi qui es seul. Que ferai-je avec les autres? Tu sais bien que je reste ton amie, que nos âmes ont des effusions en Kreistos, que rien de toi ne m'est étranger. Souffre donc que je ne m'en aille point. Je reste, je reste, vois-tu !

Elle s'offrait d'âme, sans qu'à ses paroles se mêlât la moindre avance de chair. Zal lui était une entité pure, une abstraction en Kreistos, une espèce de seconde nature de la Divinité. Ainsi, la réalité de sa présence, la réalité de la cohabitation demandée s'atténuait, n'avait aucun danger, tant chez elle l'insexualité restait grande. Et c'était également pour Zal, quoiqu'il ressentît une inquiétude à accepter Severa. Aussi, se débattit-il :

— Il vaut mieux pour toi, pour moi, que tu ne restes point ici. Ou bien, je te cède ma chambre, j'irai ailleurs, et me contenterai de m'enquérir de toi !

Mais Severa encore se refusait, lui disant simplement qu'elle coucherait à terre, au pied du lit de planches, toute contente de vivre avec lui, dans la Paix de Kreistos. Ce fut entre eux une longue lutte à laquelle l'ancilla, croyant Severa adultère avec Zal, ne comprenait plus rien. A bout d'arguments, il proposa de louer une chambre à côté, une logette également misérable, qui les ferait voisins.

Elle accepta, revenant peu à peu de son exaltation de forte amitié, mais heureuse au fond de vivre auprès de Zal, sans habiter complètement avec. Et le Perse descendit alors pour traiter de cette location avec le propriétaire de la maison, un gros Numide enrichi dans la vente des cuirs de Pergame qui, le recevant dans une cubicula du premier étage, derrière des ballots de sa marchandise, se mit à rire, brutal :

— Elle est ton amie, celle-là que nous avons vu monter avec une vieille femme. Tu n'as pas besoin de lui offrir une chambre : ton lit suffirait. Heu! tu le veux, tant pis, tant pis pour toi, chrétien, car tu es chrétien, dis ?

— Cela ne te regarde point, répondit Zal; je te paie, tu n'as que le droit de te taire, et surtout de ne lui point causer !

— Ah ! de la jalousie, fit le Numide en riant plus fort. Ces chrétiens sont extraordinaires. Heu! heu! Prends donc la chambre en question, et arrangez-vous ensuite. Surtout pas de bruit entre vous. Et qu'on ne sache pas que vous êtes chrétiens, car on ne peut prévoir ce qui arriverait et ma maison en souffrirait !

IV

Ce furent, pour Severa et Zal, des jours d'endormement d'âme, de volonté et de conscience qui les faisaient flotter en une sorte d'outre-vie en laquelle tout se fondait. Surtout pour Severa dont la mysticité se complaisait à cette presque cohabitation qui, hormis la nuit, les faisait vivre ensemble, prendre les repas ensemble, rapidement, sur un coin de la table du Perse. La patricienne, entièrement à son service, avait acheté un fourneau de terre et des ustensiles de cuisine pour les mets qu'elle même confectionnait; elle descendait régulièrement, comme une humble matrone, pour l'achat des provisions; elle faisait même le lit de Zal et balayait sa chambre qui prit un aspect propre, avec quelques fleurs, des bandes d'étoffe blanche ornant l'escabeau, et une stola de laine bordée de bandes pourpres dont elle fit un tapis pour le misérable carrelage du parquet. Telle quelle, cette chambre ressemblait à un petit temple, avec le jour jaune filtrant à travers le lin huilé qui vitrait l'étroite fenêtre, et c'était pour Zal, lorsqu'il rentrait, un ravissement, une quiétude, un attendrissement de se voir ainsi, de sentir longuement le parfum des fleurs et l'odeur fraîche de Severa, et il oubliait sa propre misère pour se laisser aller à son charme.

Car, pauvre, il l'était Zal! Depuis qu'enfant le pavé de Rome le vit, après la mort de son père, arraché au pays natal, parce qu'il appartenait à la descendance de ce roi dont la légende faisait encore bondir le cœur des vaillants de sa race, ses jours mal vécus ne pouvaient se compter, tant ils furent de privations et de douleurs. D'une intelligence vive, il lui eut été possible d'enrichir la clientèle d'un patricien, d'un riche étranger, d'un consul ou d'un tribun, attachant sa fortune à la sienne, comme tant d'autres parvenus. Également, il eut pu offrir la fleur de son sexe aux vices mâles de quelques-uns, et ainsi devenir un prostitué, peut-être un eunuque à la voix féminine, à la face glabre, tant recherché par les passionnés. Mais non! Zal avait vécu impossiblement de labeurs grossiers, affinant son âme pour toutes les élévations, jusqu'à ce qu'un chrétien le catéchisât, le baptisât, le lançât en pleine propagation de Kreistos, à la doctrine duquel il mêla de ses intuitions d'Oriental, retrouvant même, grâce à un atavisme inexpliqué que souvent lui avait reproché Atta, les deux Principes du Mal et du Bien, comme un Perse qu'il était. Tout en travaillant de ses deux mains, tantôt vannier, tantôt tisserand, tantôt flotteur de ces bois qui descendaient vers la mer par le Tibre, il devenait vite pour les chrétiens une sorte de chef dont l'enseignement facilement se répandit. En son ardeur, Zal avait fermé les yeux sur les inimitiés et les jalousies naissant en nombre sous ses pas, pour continuer la confession de Kreistos, toujours dénoncer les hypocrites, les fourbes, les lâches, les tièdes, élargir le concept cultuel, lui chercher un sens humain, et, suivi de Frères et de Sœurs, natifs presque tous de son sol, ériger haut la Doctrine, la Foi, la Charité, le Dévoûment, l'Humilité, l'Abnégation, au point de créer cette symbolisation de la Fraternité par la cérémonie du Viminal.

Maintenant manouvrier à la Région des Jardins, Zal partait de grand matin, pour revenir au milieu du jour, repartir et revenir le soir. Une odeur de terre, de ciment et de brique fleurait de son sayon; ses membres, las de travail, à peine le portaient à sa chambre, mais dès qu'il y avait mis pied, c'étaient une allégresse, un rayonnement nullement cachés. Severa était là, inquiète de ses fatigues, tenant chauds les mets en des bols grossiers, assise sur l'escabeau et quelquefois cousant les vêtements de Zal. Ils causaient doucement, avec des émotions dont leur gorge se serrait, avec presque des pleurs aux yeux de ce bonheur commun. La nuit se faisant, à la clarté d'une lampe de terre cuite, il lisait l'Évangile Oriental, gardé sur la planchette de la muraille; elle écoutait, songeuse, exaltée, toute pénétrée de Foi pour Kreistos, d'Amour pour Kreistos qui se transformait obstinément en apparence du Perse, avec un agrandissement d'auréole sur sa tête. Elle poussait alors un petit cri, et Zal s'arrêtait, et Zal lui demandait pourquoi ce cri, et elle restait confuse, n'osant lui avouer qu'elle voyait le Dieu en lui. De cette intimité qui faisait se rapprocher leurs corps au point que souvent les jambes de Severa rentraient, frémissantes, dans l'écartement de celles de Zal, à peine voilées sous les pans du sayon, aucune ardeur de chair ne naissait, sinon un léger trouble en celui-ci qui se levait alors, invitait Severa à se retirer chez elle, où il l'accompagnait, simplement avec un baiser de paix adouci dans la nuit.

Lui dormait d'un sommeil de plomb, seulement désireux de se réveiller à l'aube pour le travail du lendemain. Mais Severa dormait peu, avec des inquiétudes dans le sang qui la faisaient jeter hors du lit et coller son oreille à la cloison pour y ouïr la respiration du Perse, et ainsi le sentir plus près dans son sommeil. Elle agissait avec lui comme une sœur s'infériorisant pour un frère supérieur d'Intelligence et de Volonté, et si la cohabitation poussait quelquefois en elle des éveils de chair, bien vite sa chasteté d'esprit s'y superposait, écrasants les prurits naissants, ne leur permettant point de manger son organisme de femme en elle mystérieusement croissant.

Parfois, ils allaient chez Ghéel ou chez d'autres chrétiens que leur mode d'existence n'émouvait nullement, ou bien ils assistaient à des assemblées de leur culte, d'où ils revenaient contrits, attendris, l'un marchant à côté de l'autre, en des nuits lunaires qui voyaient, vivaces, leurs silhouettes blanches errer.

Severa avait vendu à un lapidaire du Vicus Tuscus la plupart des bijoux dont elle employa le produit pour, en même temps se subvenir, aider Zal. Lui, sans répugnances, acceptait cette sorte de communauté, en usage chez les chrétiens, et dont ils faisaient bénéficier des Frères et Sœurs pauvres auxquels ils allaient rendre visite certains jours qu'il ne travaillait point. C'étaient, alors, de calmes et délicieuses promenades, du Champ-de-Mars à l'Aventin, à la Région Transteverine; au loin, dans la Campagne; sur les bords du Tibre qu'habitait une abjecte population de lépreux, de syphilisés, de hernieux et de goitreux au sang dissolu, venue de toutes les parties de l'Empire. Terribles, vicieux d'une promiscuité moins de bêtes que d'êtres sans sexe distinct, les pères y violaient les enfants, mâles et femelles ; les mères y subissaient les fils ; les filles y vivaient de prostitution au beau milieu des étroites maisons de planches et de briques qu'à peine égayaient de hautes mauvès violaçant les horizons. La présence de Zal et de Severa à peine les secouait, et souvent ils furent témoins de choses ignobles qui eussent écœuré tous autres. Mais qu'importait ! Ils leur apportaient la Paix de Kreistos, la Grâce de Kreistos, en une vivace humanité souvent accueillie par des injures, des ronflements énormes d'individus saoûls, et quelquefois par des excréments que leur jetaient de loin des enfants sanieux.

Ils suivaient le Tibre par sa rive droite toute jaune, expirant sur des bords de courtes oseraies, d'ajoncs amaigris, d'herbes marécageuses, en toisons. Un peu loin, ils avaient choisi, pour s'y reposer, entre des monticules de saponaire blanche et de persicaire rose, grande comme une toge une désertion de grève aux galets moisis, où des creux d'eau montraient des surfaces de cressons et de populage jaune que piquaient des reflets soleilleux. Amarrées au rivage par une corde d'ajoncs tressés, des barques de planches calfeutrées d'herbes bitumées se berçaient dans le fleuve, vides de pécheurs dont ils apercevaient les habitations : un hameau de cabanes basses, en briques et en roseaux joints par de l'argile, à une seule porte fermée par des claies d'osier.

V

Un jour qu'ils s'en retournaient par cette rive droite, un jour que leur cœur parlait indiciblement de choses que leur bouche n'osait se répéter dans l'émotion frissonnante du décor romain, ils aperçurent Madeh, mélancoliquement se promenant vers l'horizon où le fleuve courait, et qui était la mer, la grande mer troublée de navires allant vers l'Orient ou en revenant. On ne la voyait pas, mais on l'odorait du côté d'Ostie, bleue et glauque, avec des effrangements de vagues blanches baisant des sables jaunes, des lagunes vertes, des vivacités de rivages que le soleil mangeait d'argentements. Devant eux, Rome resplendissait, ignoblement belle, avec ses monuments dont les faîtes d'or s'incendiaient, ses échelonnements de portiques en trous bleus dans l'air, l'étalement safrané de ses maisons irradiant, comme des queues de paon, les tuiles vernissées de leur toits, et une rumeur grosse, une chaleur de four en sortaient, surtout une puanteur de vice, comme si un fleuve de luxure eût coulé en son milieu. Et c'était, oui ! un bruit de lupanar monstrueux, aux claquements de sistres et aux chants d'hommes et de femmes se prostituant à tout venant, quelque fangeuse que fût la prostitution ; un colossal halètement de corps recevant tous les baisers, quelque pleins de bestialités que fussent les embrassements. Comme si le ciel eût reflété ce qui se passait dans la Ville Éternelle, des nuages accusaient des formes assez distinctes pour ressembler à des vulves saignantes de femmes, à des phallus versant de la Vie en liquide épais qui pleuvait sur le Tibre, lequel en avait des bouillonnements ; des cuisses nues, rondes, s'enlaçaient ; des chevelures de femmes se mariaient, noires, à des chevelures d'hommes ; et des seins, des seins blancs et bruns, des ventres larges, des ventres aux rondeurs bondissantes pareilles à des surfaces d'argent, s'amoncelaient en les infinis. De derrière le Vatican, l'horizon se barrait d'une gigantesque lame qu'on eût dit un glaive à poignée d'or, comme si déjà la moisson de ces formes de chair qui présentaient des viscosités roses et jaunes, vraies plaies gangréneuses, dût se faire par lui, sanglante, pour en couvrir le sol tel que d'un fumier mal vaporant.

Madeh s'immobilisait maintenant à regarder une énorme bouche d'égout qui déversait dans le Tibre des boues noires, des cadavres de chiens et de porcs, des ustensiles et des meubles cassés. Autour, sur la berge, sous la bouche même, un tassement de choses gluantes s'était fait qui, se continuant sous le fleuve et des écumes jaunes y flatuant, nauséabondes, comme des bulles de vomissements, plaquaient des aspects de crapauds collés en une étroite promiscuité, dont les flaccidités goîtreuses auraient remué sous des transparences de marécages limoneux. Plus loin, des herbes poussaient, débridées ; des roseaux malingres se hissaient, des sagittaires s'écornaient, des végétations d'eau empoisonnée pullulaient, groupant des îles verdâtres que le courant parfois soulevait par leurs dessous gélatineux. Et toujours l'impure bouche vomissait, ajoutant à ce tassement, et le fleuve, hormis ce qui se, déposait là, emportait tout, sinistre, en sa grande toge jaune qui s'ouvrant sous des coups de brise venus de l'amont, laissait voir des ballonnements de bêtes et d'hommes morts s'enlaçant en d'indicibles et ténébreux rapprochements.

Zal et Severa n'osèrent troubler Madeh, qui ne les vit point. Ce leur était cependant si singulier qu'ils s'arrêtèrent à leur tour, devant eux Rome de la rive gauche. A l'amont, le Tibre sinuait jusqu'au pont Milvius dans un éloignement de vapeurs ; entre des élévations de murailles, que dominaient des maisons, des portes faisaient des trous, et à l'aval, le rempart bordait le Pomœrium, champ abandonné, au bas de l'Aventin.

Derrière eux, la grève s'ascendait légèrement en talus où des gens passaient ; des enfants coulaient jusqu'à leurs pieds ; une chèvre bêlait, maigre et noueuse comme un paquet de cordes séchées, poursuivie par une vieille tatouée au front d'une étoile bleue, comme une Africaine que ce pouvait être.

Mais Madeh se retournait. Sa face triste, l'hésitation de ses mouvements, leur parurent si extraordinaires qu'ils s'avancèrent, émus, le plaignant. Il leur désigna la bouche d'égout qui toujours vomissait des soulèvements d'ordures. On eût dit que Rome se dégageait par ce trou, semblable à un anus, qu'elle se soulageait sans fin de ses impuretés que poussait au large le courant, et c'est bien ainsi que le comprit Zal, car il fit :

— La Grande-Cloaque ! Tout Rome fond là, passe par là !

— La Grande-Cloaque ! s'exclama Madeh. — Et il remonta, d'une marche lente, la rive avec eux, en un état de rêve excessif, car il se sentait fatigué. Depuis le matin, il avait quitté l'atelier de Ghéel, mû par le désir vague de revoir la Rome de l'autre côté, d'aspirer le grand air du fleuve, la vie du dehors. Et aussi d'échapper à la tristesse de son corps qui s'affaiblissait lentement, comme si un organe en lui se fût cassé ; également d'offrir à ses chairs éplorantes, qui s'en allaient en misères de maladies, le bon oxygène en des promenades errantes aspiré. Il avait donc marché, croisant des gens sains, des brutes humaines chargées de sang, des robustesses de femmes et d'hommes aux épaules crasseuses, mais vivaces de muscles et de gorges, qui hurlaient des langages de tous pays ; et ses yeux se reposèrent quelquefois, en des coins de maisons rapidement ouvertes, à des actes qui lui rappelaient ceux commis avec Atillius et Atillia. Et, quoiqu'il ne ressentît rien d'un sexe qui, réveillé une seule fois, s'était rendormi pour toujours, il en concevait des amertumes, non pour le plaisir, mais pour l'espèce d'immobilité désormais engluant sa vie.

Ils ne le voulurent point troubler de banalités consolantes. Madeh les suivait, toujours muet, et ces trois êtres allaient ainsi, sans une parole, Zal et Severa se ravissant de leur propre présence, le Syrien s'enfonçant dans sa douleur. La rive montait, obstruée de tessons par les flots arrondis et rejetés, et des maisons se juchaient, des rues se trouaient à leur gauche, des édifices mouchetaient le ciel. Ils passèrent au pied du cirque de Caligula, dont les murailles aggrippaient des boutiques de marchands de vin et de boudins, flamboyantes de loques jaunes et rouges. Des cris, notamment de vendeurs de porc salé, leur parvinrent, et ils reconnurent la voix de Scebahous. Puis, ils traversèrent le pont Ælius, sans regarder seulement le haut Tombeau d'Hadrien, dont les statues du couronnement avaient des attitudes hiératiques, en leur ronde de pierre baisée du soleil.

Ils coupaient le Champ-de-Mars, en dehors de la vieille enceinte, sur la rive gauche, et c'étaient des édifices autour d'eux, des temples, des palais et des tombeaux sur des marches étincelantes. Un peuple entier y circulait ; des chevaux emportaient des chars en des poussières flottantes ; des familles de gladiateurs marchaient à angle droit, frappant d'un glaive de bois un bouclier de bois ; des chefs de légion couraient en une furie galopante de montures qui hennissaient, des cataphractaires derrière, au torse d'or et au casque d'or, qui brandissaient des arcs. Le Panthéon d'Agrippa s'assiégeait d'un désordre de gens en toges, en tuniques et en synthèsis, parmi lesquels beaucoup de prêtres : des pontifes, avec un bonnet conique de laine ; des augures, avec une trabée soutenue d'une agrafe ; des ambarvales, laurés d'épis et de laine blanche ; des féciales qui agitaient des touffes de verveine ; des flamines, coiffés d'un filet, même des prêtres du Soleil, toujours mitrés. Pour ne pas être reconnu d'eux, Madeh se voila d'un pan de sa toge, la pauvre toge du janitor.

Ils accédaient à la Voie Flaminia, qui filait devant l'arc de Marc Aurèle, et s'enfonçaient dans la Rome plus populeuse encore.

Les nuages envahissaient le ciel et des formes, plus gigantesques, de vulves et de phallus, de cuisses et de croupes, de chevelures, de seins et de ventres s'amoncelaient, toujours sous la menace du glaive effrayant qui grandissait. La même Vie liquéfiée coulait de là-haut, non plus dans le Tibre, mais sur la Ville, en monstrueuses gouttes collantes qu'elle semblait boire obscènement. Esquissées par d'invisibles mains, des murailles se couvrirent d'autres lascivetés. Partout, des vulves aux bords grossièrement barbelés ; partout des phallus ou difformes ou colossaux ; des cuisses et des bouches en des rapprochements ignobles, des délires d'impudicités, avec des légendes qui disaient tout. Et comme si ce fût là le foyer de la sexualité en action, des portes s'ouvrirent tout à coup ; des hommes et des femmes les appelèrent qui essayèrent de soulever leurs robes et de poser leurs mains de Vice sur la peau de Severa, sur la peau de Zal et de Madeh, pour les lâcher ensuite sur leur refus de ces attouchements !

Maintenant, du Forum atteint par la Voie Lata, des clameurs fusaient ; des déchirements de cymbales et des rires de flûtes, des chœurs de prêtres et des bruits de chevauchées sur des carrelages de portiques, des piétinements de soldats, des appels de décurions et de centurions, des roulements de chars écrasant le safras de la place. Une impériale théorie s'éploya. Élagabalus, sur un char traîné par des chevaux blancs, jouait de la flûte d'or, avec des mouvements de cuisses et de ventre relevant sa robe qui laissait voir les blancheurs de son corps. Et il était beau ainsi, beau de la beauté d'un marbre au grain très fin, dans les incendies de son vêtement flottant, des gemmes de sa tiaras, de ses torques et de ses bracelets, des sonnettes de son col, des rênes de soie pourpre tenues en sa main et des lames d'or de son char. C'était, depuis la rébellion, la première fois qu'il sortait, pour encore habituer Rome à lui, mais vainement, car de toutes parts des citoyens se détournaient, d'autres lui lançaient des injures, et bientôt il disparut vers le Temple du Soleil, au Palatin, sur lui l'épée de nuage qui descendait.

Devant Madeh, Zal et Severa se souriaient avec une sainteté de regards qui l'arrêta tout à coup. La pudeur sauvage de sa nouvelle humanité l'éblouit. En lui alors un vertige ! Une descente d'abîme où des Bêtes l'allaient dévorer ! Et, comme Zal et Severa se souriaient encore, il les quitta farouchement, sentant plus vives les misères de son âme et de son corps, et des regrets qui, au lieu de s'adresser à Atillia, montèrent, honteusement vivaces, pour Atillius, quoiqu'il les trouvât indignes de lui-même, qui se mourait pour le tortureur de son sexe épuisé.

VI

Ah ! l'efflorescence du Sentiment se poussait en Madeh, mais avec des contradictions terribles de son organisme, à la fois mâle et femelle, et l'obombrait abominablement de fleurs noires, aux pétales noirs, dont il eût voulu couper les inextricables tiges de Mort. Jadis, il répudia Atillius, et maintenant lui revenait son souvenir mêlé à celui d'Atillia, comme si entre le Frère et la Sœur un combat se fût fait de sa possession. Et il ne savait qui choisir, en l'obscurité de son âme, d'Atillia ou d'Atillius, les trouvant, oui, les trouvant égaux pour sa faible sexualité, surtout pour un besoin d'aimer morbide qui le travaillait en dedans ! C'est que la Nature en lui se doublait, grâce à une naissante Androgynéité qui poussait timidement, en organes aux racines épanouissantes, à peine décelées.

Et son cœur se surprenait à des bégaiements de Passion à la fois pour Atillia et Atillius non de chair, tel qu'il les connut, mais d'Idée pure. Tous deux se déformaient, en un éloignement intérieur, au point que, hormis les traits généraux, ce n'étaient plus eux, mais un homme, mais une femme, même l'un et l'autre en un seul, qui était l'Androgyne du primicérius.

Très sensitif parce que très maladif, Madeh se frappait des moindres mouvements de foule, des moindres rumeurs du Tibre, des moindres déplacements de nuages au ciel. Il se sentait malheureux et, triste, il enviait sourdement la quiétude de Ghéel, la confiance mutuelle de Zal et de Severa, même l'ardeur à vaticiner de Maglo et à bavarder de Scebahous. Rien de très clair ne se présentait à lui, pas une femme, pas un homme, pas un nouveau genre de vie qui l'eût refait entièrement.

Il eut le hasardeux vouloir du Baptême. Ces chrétiens si heureux, Kreistos ne les faisait-il point tels par l'Imposition des Mains et le Don des Eaux? Il s'en ouvrit à Zal, qui le serra tendrement sur son cœur :

— Chrétien, tu l'étais avec Atillius, sans t'en douter, alors qu'en toi il recherchait l'Androgyne. Tu es même un martyrisé du dieu qui a les deux sexes, parce qu'il est le seul tout puissant. Vous vous êtes trompés tous deux, mais les tentatives d'Atillius pour la reconstruction de l'Unité, qui est Kreistos, t'ont sauvé sans t'en douter.

Grandement mystique, il s'expliquait à double sens. Madeh insista :

— Les Eaux lavent les souillures du corps et, malgré tout, mon corps est souillé.

— Oh! non, oh! non, répliqua Zal. La véritable souillure est d'âme et non de corps. Cette distinction nous sépare des autres chrétiens qui condamnent la chair pour laisser l'âme à ses impuretés. Nous, nous lavons celle-ci : la chair se sanctifie par la Grâce de Kreistos, par la Foi en Kreistos.

Madeh eût voulu dire à Zal : Hé! quoi, tu donnes toute rémission à la chair, et tu n'uses pas de Severa qu'on dit pure avec toi ! — Effectivement, c'était ce qu'il avait entendu souvent parmi les chrétiens qui ne s'en occupaient autrement. Mais, comme si Zal l'eût deviné :

— Oui ! mais nos deux corps n'éprouveront jamais les jouissances de nos âmes ; celles-ci sont supérieures à la terre. Nous ne voulons pas déchoir. Nous ne nous aimerions plus. Nous ne nous sommes jamais avoué cela, il est vrai, mais cela est en nous, en instinct. Comprends bien que si la chair se satisfaisait en nous, nous redescendrions la Perfection. Et puis, nous n'y pensons pas, nous n'en voulons pas, nous nous y refuserions !

Il s'expliquait longuement, sûr de lui et de Severa, avec une grande sincérité et une grande simplicité confinant à de la divination. Revenant au Baptême, il ajouta, en un vague éclair de raisonnement qui laissa tout songeur Madeh :

— Reçois ou non les Eaux, tu es digne de Kreistos parce que tu es une créature de Kreistos, qui du Péché veut aller à la Perfection. Les Eaux ne te conduiront pas sans les Œuvres. Aie la Foi et la Grâce : le reste viendra !

VII

Madeh connut alors le Kreistos à une assemblée de la Transteverine, dans une maison délabrée des bords du Tibre, qui, cette nuit-là, roula des eaux sanglantes sous une lune rouge d'une terrible mélancolie. Encore des Fidèles orientaux y prièrent, et encore Zal, beau de son pontificat mystérieux, piqua le dessous des seins de la lame d'or pour emplir de sang la coupe d'or à laquelle chacun but. Et la confession de femme à homme, accompagnée du final baiser dans le giron ; le bramement de l'orgue hydraulique, ourlé de la délirante voix du bel éphèbe, les attouchements devinés, les caresses et les rapprochements se firent sous les yeux de Madeh, emmené par Zal, qui fut témoin de tout. Comme toujours, le Perse et Severa furent chastes ; leur supériorité d'âme vivait justement du contentement de la chair des autres, et ils en paraissaient plus forts et plus parfaits. Quand la Promiscuité pour l'Agneau fit se mêler les Fidèles, en demi-nudités vautrées sur le parquet, sur les bancs, sur les marches, sous des faces de Kreistos recouvrant la voûte de peintures attendrissantes où des feuillages symboliques s'envolaient en des sympathies de ciels pleins de suavités, Zal et Severa s'en allèrent, s'échappant ainsi à des visions qui, peut-être, les eussent trop troublés, et Madeh resta seul. Ah ! — Ah ! — Un chrétien alla vers lui, un autre lui prit le bras, d'autres doucement l'enlacèrent, le baisottèrent amoureusement aux tempes et à la nuque, aux lèvres et au col, en une ardeur que plus vibrante rendait encore la sauvagerie de l'orgue hydraulique clamant des chants d'indéfinies voluptés ! Mais Madeh se débattit, ressentant une espèce d'horreur pour ces caresses qui lui rappelèrent celles d'Atillius, et les chrétiens le lâchèrent, ne voulant pas le contraindre, car ils n'acceptaient que le don joyeusement volontaire des corps en sacrifice à Kreistos.

Des chrétiennes, croyant qu'il repoussait leurs Frères pour elles, le voulurent, mais Madeh encore se déroba à leurs enlacements qui mirent presque à nu son gracile corps et le firent se souvenir d'Atillia. Il s'enfuit alors, non sans voir les embrassements unisexuels des hommes qui, ne le pouvant posséder, se donnaient, et des femmes qui, ne l'ayant conquis, se satisfaisaient. Ainsi donc, partout le Principe de la Vie trouvait des adorateurs ; partout, sous des cérémonies et des rituels, il était victorieux ! Ainsi donc, l'Orient qui hardiment l'érigea sur ses autels avait raison contre l'Occident aux barbares et glacées populations ; puisque les chrétiens, qu'on aurait exceptés de ses pratiques, en étaient les plus fougueux sectateurs ! Et Madeh descendit le Tibre, sous le coup d'un sourd regret d'Atillius et d'Atillia. Au moins, si Atillius l'avait laissé au grand air et au soleil, il lui serait resté fidèle ; il n'eût point touché à Atillia ; il n'eût point écouté les désirs de sa virilité poussée vers la femme ; il ne se fût point trompé, oui, trompé sur l'Amour, confondant les sexes mâle et femelle, indistinctement. Ou bien encore, demeurant avec Atillius, il eût gardé Atillia, ainsi fidèle à cet Amour vivant en tout et dominant tout, à cet Amour qui était la Vie même, puisqu'il était créateur de Vie. Qu'importait la Mort, désagrégatrice de sa substance, la Mort qui le stérilisait des mains, du sexe, de tous ses organes ? Il eut vécu de la véritable Existence dont chacun brûlait comme d'une riche huile de lampe, se consumant splendidement en clartés d'or ; il eût vécu et peut-être été, qui sait ? l'Androgyne radieusement immanent qu'Atillius rêvait qu'il fût !

Longuement, le Tibre pleurait ; ses ourlures de vagues, frangées de roux, s'abîmaient entre les saulaies brouillées des rives, les oseraies qui s'aplatissaient dans la nuit, et les cannaies qui balançaient à des vents leurs plumets en aigrettes de casques. La lune rouge, ronde et dilatée comme un œil vitreux, montait dans le ciel, que voilaient des nues gigantesques, et ces nues, elles-mêmes rouges, groupaient des cavaleries brandissant de larges glaives sur la Ville, prostrée en une obscurité rayée de sang. D'autres nuages, à l'amont du fleuve, se poussaient comme des armées innombrables : des hommes cuirassés d'or et casqués d'or ; des guerriers aux boucliers bandés d'airain et guillochés de têtes de méduses auréolées de serpents ; des archers et des hastaires lançant des flèches et des pilums ; des chars attelés de chevaux piaffant dans de l'Infini ; des éléphants et des chameaux ployant sous des tours et sous des bagages ; des balistes, des catapultes, des onagres dressés en échafauds sinistres coulèrent furieusement, suivis d'étrangetés d'animaux, venus vaguement des horizons, des courbures de terres brouillassées, des décors indécis qui faisaient des lignes de Rêve par un rien évanouies. C'étaient des bœufs et des vaches étoilés au front ; des ânes et des mules caparaçonnés de peaux d'hommes écorchés vifs ; des licornes voltantes trouant de leur tête la lune ; des crocodiles affalés en des espèces de marécages aux fonds de bêtes qui se remueraient en une promiscuité d'ignobles chairs. D'autres nuages encore crevèrent, bosselés comme des armures au lendemain d'une bataille, qui montrèrent des foules inquiétantes de musiciens et de musiciennes vêtus de robes syriennes aux longues manches, que des coups de vent déchiraient parfois pour laisser voir des sexes fraîchement mutilés, des sexes saignants, et ces musiciens, et ces musiciennes jouaient des tétracordes et des heptacordes, des syrinx et des flûtes doubles et simples ; quelques-uns heurtaient des cymbales ; quelques-uns soufflaient dans des cors ; quelques-uns agitaient des cistres ; quelques-uns frappaient des tambours ; quelques-uns touchaient des orgues hydrauliques, et tous, oui, tous, avaient une tête de mort qui secouait de faux rictus. Enfin, les derniers nuages se hissèrent jusqu'à la lune, avec des apparences de sexes coupés flottant à la dérive sur une mer de sang, et un combat se fit entre l'invasion des sexes qui était toute une humanité fauchée, et l'astre, rond et rouge, se mouvant lentement. Les sexes mangèrent enfin la lune, qui disparut, et les ténèbres s'épaissirent, lourdes, sur le Tibre, qui n'eut plus un reflet, et la Ville s'engloutit, et l'horizon s'enfonça en un infini glacé !

Madeh vagua le long du fleuve jusqu'au pont Sublicius, qu'au hasard il traversa. Un bruit de gros vomissements lui parvint : à quelques pas, la Grande-Cloaque se soulageait de la Rome impure, avec des efforts de femmes qui accouche. Parfois, des coups de vent séparaient les nuages et la lune réapparaissait, toujours ronde et rouge : des rues s'ouvraient avec des plaques de sang qui en faisaient comme des visages meurtris ; les eaux des fontaines publiques étaient rouges, rouges les portiques de temples sous lesquels des formes humaines se déplaçaient. Et Madeh, qui fila devant ces portiques, vit rapidement des femmes aux robes soulevées se baisant ; d'autres femmes s'enlaçaient aux colonnes, comme si elles eussent voulu se donner à quelque monstrueuse bête. Puis, le vent cessait, les nuages remangeaient la lune, et tout redevenait noir, et Madeh avait l'extraordi-

17.

naire sensation d'une ville émergeant de la nuit où des nudités de femmes flottaient, pour retomber encore en un abîmement sans fond.

Mais encore des violences de vent amenèrent la lune, et les nuages s'en allèrent, allongés en énormes gueules de crocodiles, du côté du Cœlius, vers la Vieille-Espérance, sous les murailles de laquelle Madeh courait. Puis ils se poussèrent, étirés extrêmement en fuseaux trouant le ciel de points noirs, vers la Voie Appia, dont le morceau qui pénétrait dans la Ville s'éclaira largement. La lune était moins rouge ; le ciel se mouchetait d'étoiles émeraudées et saphirées, une espèce de vie nocturne naissait. Des bandes se montraient, des rapprochements de sexes avaient encore lieu, des maisons s'ouvraient brusquement, en trous de lumières brutales au fond desquels se mouvaient des danseuses nues et des danseurs nus. Puis, des impudicités éclosaient, presque sous les pas de Madeh, qui enjamba des corps embrassés. Il marchait très vite, entendant derrière lui des appels de gens qui lui faisaient de grands signes en mimant des attitudes obscènes. Mais il n'écoutait rien, à demi-fou de cette orgie de chair partout étalée qui donnait à son organisme de terribles vibrations, ne sachant où il était et attendant le jour.

Un cri de lyre surexcitée, puis un rythme de flûte, puis une sonorité de sistre et encore un son de lyre qui avait des rages de passion, que mordait le rythme de la flûte, que recouvrait la sonorité du sistre, s'évadèrent, et des rires clairs, des rires de femmes cascatellèrent d'une maison dont la porte, au-dessus de quelques marches, s'ouvrit, laissant voir en un carré lumineux que rayaient verticalement des colonnes de vestibule, des êtres nus dont la croupe et le ventre luisaient comme sous un frottis d'or. Deux de ces êtres se retournèrent, et Madeh les regarda, et Madeh reconnut Sœmias et Atillia, dont des hommes embrassaient les chairs polies. Elles se couchaient ensuite, les cuisses ouvertes, sur des lits de nattes bas, et un emmêlement se faisait avec d'autres femmes et d'autres hommes accourant de chambres d'où des angles blancs giclaient, pendant que, cachés, la lyre, la flûte et le sistre jouaient tour à tour.

Madeh resta là, pétrifié. Une forme noire se dressa derrière Atillia qui se relevait, et la couvrit d'un manteau, le même qui abrita sa nudité à la maison des Carènes. Et Habarr'ah fit assez haut pour qu'il l'entendît :

— Il faut rentrer, car bientôt c'est le jour, et Rome ne doit pas nous surprendre.

Sœmias émergea, nue, de la lumière ; l'Éthiopienne l'enveloppa d'un autre manteau qu'un homme souleva par dessous, pour un furieux baiser. Elles furent bientôt dans la rue, et la lanterne de corne que portait Habarr'ah découvrit Madeh, qui, n'osant s'en aller, resta muet. Atillia poussa un cri :

— Ah ! Madeh, toi !

Mais Madeh ne répondit pas, attachant seulement sur elle son regard. Alors Atillia tourna autour de lui, comme saoûle :

— Madeh ! Madeh ! C'est bien sa figure mais non ses vêtements, ni sa mitra, ni son amulette du col !

Et elle le voulut chasser, frénétiquement :

— Va-t'en ! Va-t'en, esclave ! Tu n'es pas Madeh ; tu n'es qu'une ombre de Madeh !

Mais Habarr'ah, après un moment de surprise, entraîna Atillia, la morigéna. Sa voix cassée faisait, pendant que Sœmias filait rapidement au loin :

— Quand même ce serait Madeh, tu n'avais pas à te faire connaître ! Si ç'avait été lui, il te l'eût dit. D'ailleurs il est mort, et tu as bien fait de songer à d'autres. Maintenant, tu t'amuses, tu jouis, et nul ne t'en empêche. Qui sait si bientôt la chose sera encore aisée !

Sœmias se retourna, et Madeh entendit d'elle, faiblement :

— Il ne nous reste que cela, usons-en !

Usons-en ! — Tel était donc, par la bouche de Sœmias, le cri du Monde ou chrétien ou polythéiste. Usons-en ! — Ce mot expliquait tout à Madeh, en sa brutale philosophie. Il s'en alla, sans plus d'amour pour Atillia, mais avec son regret toujours renaissant d'Atillius, qu'il ne répugnait plus à revoir. Ah! s'il le voulait recevoir, combien il lui répéterait le mot de Sœmias : Usons-en ! Usons-en, pour mourir ensuite, puisque loin ou près d'Atillius il devait mourir ! Il marcha longtemps, cherchant dans l'enveloppement lunaire, d'où saillaient les quartiers romains, la petite rue sur laquelle s'ouvrait, aux Carènes, la maison quittée, et comme si un vent l'y eût poussé, il se trouva devant sa porte.

— Janitor ! Janitor !

Elle s'ouvrit, et le janitor parut :

— Eheu ! Toi, mon fils, Madeh ! Zeus, quelle aventure !

Et il ne savait que dire, en sa surprise. Mais Madeh défaillait. Il le prit dans ses bras, le porta dans sa loge, parlant bas :

— Cache-toi encore, car il est à peine rétabli et ta présence pourrait l'incommoder. Ce n'est pas qu'il ne te veuille revoir, si j'en juge parce qu'il dit à Tongilius, son médecin, qui me demanda ce que tu lui étais, toi, Madeh !

L'affranchi restait silencieux en écoutant le janitor. Il fit enfin :

— Atillia l'a abandonné, est-ce pas ?

Par avance heureux qu'Atillia qui, la nuit, dans les lupanars romains se donnait aux hommes, eût oublié son frère ! Et c'est ce que lui affirma le janitor :

— Atillia, oui ! Elle vint d'abord, moins fréquemment ensuite, fort peu maintenant. Il est vrai qu'Atillius s'est refusé à la revoir, l'accusant de t'avoir perdu.

L'accusant de t'avoir perdu ! Madeh se fit répéter, légèrement ravi de cette ténacité d'amour. Sa première défaillance s'évanouissait peu à peu sous un souffle de consolation. Mais le janitor qui le vit pauvrement habillé s'indigna :

— Eh quoi ! qu'as-tu fait depuis ? On dirait de toi un esclave d'ergastule. S'il te voyait, il aurait plus de pitié que de colère et plus de colère que d'amour.

Il le força à se revêtir d'une autre toge taillée dans une grande étoffe égyptienne aux voyantes raies bleues et vertes, coupées de zig-zags. Puis il lui remit ses anciennes sandales, le coiffa d'un bonnet de laine blanche, lui chargea les bras d'un paquet de vêtements propres. Madeh se laissait faire, malgré qu'une douleur le prit à se savoir encore éloigné d'Atillius qu'à la fois il désirait et craignait de revoir.

— Encore quelques jours, et tu frapperas ici. Je voudrais bien t'aller voir chez Ghéel, mais, tu le sais, Atillius m'enchaînerait comme les autres janitors, s'il s'apercevait que j'ai quitté un instant la maison dont je suis le gardien !

Il lui montra une chaîne fixée à la muraille de sa loge, juste assez longue pour permettre à son captif l'accès de la porte du dehors. Elle avait servi à un autre janitor, qui laissa là des souvenirs de sa triste vie : des têtes d'ibis taillées dans du bois, patiemment ; des ronds de boucliers découpés dans des écorces de courges ; des figules de manteaux tressés avec des os de poissons légèrement gravés ; des objets d'art barbare dont la fabrication lente charma ses loisirs. Et le janitor vivant, avec un léger tremblement :

— Tu le vois, je ne suis point aise de fabriquer pour me distraire des têtes d'ibis, des ronds de boucliers et des figules de manteaux, car pourrai-je faire autrement si Atillius m'enchaînait comme son prédécesseur enchaîna mon prédécesseur ? Il est le maître et je suis son esclave.

Madeh se trouva dans la rue qui s'éclairait peu à peu de jour rouge. Au bas du ciel, un soleil virait, pareil à un disque saigneux, et des nuages s'empourpraient comme les quartiers de viande d'un étal. Rome, émergeant de cette aube qui la lustrait odieusement, paraissait ainsi plus sinistre.

Les grandes mélancolies de Madeh le reprirent jusque chez Ghéel sifflant paisiblement sa mélopée syrienne, au bruit de son tour toujours en rotation, d'où des argiles roses s'évasaient délicatement en vases pareils à des lyres et à des cœurs, que Gangus ne cessait de peindre et Lixio orner d'anses en pattes et en cous d'animaux.

VIII

Le Gynécée s'éveillait en des bruits de levers de femmes et de passages discrets d'eunuques, coiffés de mitras jaunes et blanches, et les bras chargés d'anneaux d'argent qui sonnallaient. Des esclaves couraient avec des plateaux d'eau chaude, ou répandaient sur les parquets des fleurs et de la poudre d'or, en traînées et en étoilements; d'autres emportaient des tentures de salles, pour les battre au dehors, et les réapposer ensuite aux hautes murailles où des stucs peints érigeaient des horizons d'azurs, aux sardoines immobiles.

Des heures s'écoulèrent : une vie fourmillante éclosait, en une matinée très dense de parfums et d'odeurs de cubiculas où des demi-jours éclairaient des lits bas, aux colonnes d'or, d'argent et d'électrum, sur les bords desquels des femmes se dressaient, les seins pendants, songeuses de nuits de plaisirs et désireuses de nuits autres, d'embrassements fiévreux.

Comme Sœmias, elles avaient couru les lupanars en cette nuit que Madeh vécut si terriblement, et elles s'étiraient maintenant de lassitude en clignotant à l'éclairement douteux de fenêtres carrelées de talcs qui avoisinaient les jardins aux végétations épaisses sentant bon.

Dans la chambre circulaire où Sœmias la surprit jadis, Atillia se réveillait. Habarr'ah accourait, la mettait hors du lit, droite, sur des peaux de panthères, et l'habillait lentement, sans quitter ses rictus lui coupant toute la face :

— Il te faudra des bains, et te masser, et te polir de pierre ponce. Tes chairs sentent encore le lupanar, et cela est contraire aux jeunes femmes comme toi !

Elle l'asseyait sur ses genoux, comme une enfant, lu attachait ses sandales :

— Elles vont venir, la coiffeuse et la fardeuse ! Au moins, qu'elles ne devinent où tu as passé la nuit.

Elle s'arrêta, puis :

— Surtout avec qui !

Mais Atillia se frottait les yeux, bâillait, et par instants happait de coups de dents la maigre main que la noire Habarr'ah promenait sur elle :

— Avec l'Impératrice, la Clarissime, la Domina, la mère de sa Divinité ! Que peut faire cela au Monde ? A moins que ton époux Zopiscus n'en veuille tirer un sujet de poème.

Elle rit fort, tout à fait réveillée par sa plaisanterie :

— Oui ! si Zopiscus le désirait, je lui fournirais une composition de poème, et au besoin lui en répéterais les rôles. Tu n'en serais pas jalouse, toi ?

Habarr'ah eut un grincement de bouche sans dents :

— Certes non, car Zopiscus est impuissant ; Habarr'ah l'a vidé !

Atillia devenait songeuse, comme si un souvenir persistant la tracassait. Elle fit :

— Es-tu sûre que ce n'était pas Madèh, dis ?

— Non, car si ç'avait été Madeh, il l'eût dit. Sans doute Madeh est mort.

Atillia bouda :

— C'est parce que je l'ai cru mort que j'ai suivi la Clarissime Sœmias. Certainement que je n'eusse arraché Madeh à mon Frère Atillius, mais mon Frère Atillius était blessé, il n'en eût rien su, et puis je l'aimais, Madeh ! Il m'avait prise avec tant de violence ! Mon Frère Atillius, qui maintenant me voit avec peine, méritait bien la privation de Madeh ; on ne chasse pas ainsi un affranchi !

Elle bavardait, et Habarr'ah l'écoutait, ses longs bras ballants. Enfin elle conclut :

— Et puis, je l'aurais encore désiré, Madeh ! Je t'assure que les autres hommes ne m'ont point donné ses caresses. Avec eux, c'est comme avec des bêtes. Lui, était doux, fin, moelleux, parfumé, et il tremblait fort, et je tremblais fort, et nous étions émus à nous voir, et des plaisirs que je n'ai plus ressentis sont venus de lui ! Tu m'as conseillée et la Clarissime Sœmias m'a emmenée. Qu'en avons-nous retiré ? des fatigues de corps et des voluptés douteuses. — Et je ne suis pas mariée, et je suis comme vierge encore. Je t'assure qu'il n'y a pas là matière à éjouissance, crois !

Les femmes la peignèrent et la fardèrent, puis, en un cortège d'eunuques et d'esclaves, elle se dirigea vers Sœmias. Des draperies de portes glissaient devant elle ; des sons de lyres s'évadaient en des couloirs que du soleil, tombant de haut, blanchoyait. Quelquefois des agyraspides passaient en éclairs de céruse frappant leur bouclier d'argent de leur pilum d'argent, et des appartements vibraient de tumultes d'hommes dont s'entrevoyaient les toges flottantes, quelques-unes bordées de la fascia pourpre des sénateurs. Mais, chez Sœmias, le silence s'alourdissait, un grand abandonnement de familiers naissait autour d'elle; il semblait que Mammæa eût aspiré toute vie et tout bruit.

Somptueuse, le tour des yeux empâté de noir, fardée de rose et de blanc, avec une triple chevelure trempée dans un bain d'or et de perles telles que des étoiles mourantes, un large collier au col nerveux et des sardoines en bouts d'azur aux oreilles, Sœmias se faisait vêtir par des esclaves qu'elle dominait de ses chairs demi-nues. Aveulie et mal réveillée, elle clignotait au jour de sa cubicula, quand Atillia parut, dans la pompe de son cortège plafonné d'éventails balancés de queues de paons, ocellées de lueurs bleues, de lueurs jaunes, de lueurs d'émeraudes allumées.

— La mère d'Antoninus est oubliée pour celle d'Alexander, s'exclama-t-elle. Toi, au moins, tu te souviens !

Elle disait cela sans amertume, plutôt avec une sorte de bonté qui toujours surnageait d'elle. Elle n'était ni cruelle ni égoïste, mais indulgente et large de cœur, alors que Rome lui faisait une légende de meurtres d'hommes, ce qui n'avait jamais été. Les libertés sexuelles l'avaient surtout désarmée; sans volonté, elle vivait, maintenant, la Personnalité à demi endormie.

Des tumultes éloignés leur arrivaient : Sœmias tressaillait et Atillia, pensive, se sentait prise d'un malaise sans motifs :

— Ils veulent ma mort, celle d'Antoninus, la tienne, celle d'Atillius, fit Sœmias, les jambes hors du lit et recouchée à demi. Nous la leur laisserons, est-ce pas? à quoi bon la Vie?

Et elle s'abandonnait à des souvenirs, découragée, détraquée, avec, en un repli noir du cerveau, une indécise image qui s'agitait parfois.

— Tu as la face de ton frère, dit-elle tout à coup à Atillia, qui lui répondait aussitôt, en un attendrissement :

— Il a bien souffert de sa blessure, mais il guérit, et bientôt Rome le verra à la tête de la Garde d'Antoninus.

— Madeh a dû le soigner?

Et dans cette demande revivait l'aiguë émotion de son amour pour Atillius gisant cruellement en elle, comme un être atrophié par un manque d'air et de soleil, avec sa jalousie pour l'affranchi, qu'elle ne savait point chassé par lui, Atillia ne lui ayant rien dit.

Ces apparitions de vieille passion se levaient surtout le lendemain de ses nuits de plaisirs. Alors, avec ses grandes lassitudes, comme d'un sol fort riche, d'un ténébreux sol plein de vie, éclosaient des fleurs exquises de sentiments et de regrets, et d'ignorées poésies remuaient en elle confusément, des ciels violets s'éployaient, des natures d'or et des natures roses montaient. Une âme nouvelle se dégageait d'elle-même et spiritualisait ses sensations sans qu'elle en eût bien conscience, comme si une autre humanité eût pris possession de sa personne. Elle en restait peinée, et des douleurs sauvages la prenaient, lui faisant oublier tout et davantage la brisant.

Une hésitation les arrêtait à provoquer les souvenirs de la nuit. L'une en face de l'autre, elles avaient honte d'elles-mêmes, sentant éperdûment l'espèce d'enfoncement, dans de la boue et de l'obscur, qui les aspirait. Et toutes deux préféraient l'éclat d'un jour de passion les traversant vivacement : Sœmias pour Atillius, Atillia pour Madeh, quelque plein d'indécision encore qu'il fût.

Sœmias se levait ; appuyée à Atillia elle s'avançait vers les jardins. Des eunuques à la mitra de peau de panthère chassaient devant elles des esclaves et des clients ; des prétoriens alignaient leurs armures, trouant les feuillages, les teintes noires des cyprès et les teintes vertes, émaillées de sang, des rosiers. Elles restaient silencieuses. Parfois des déchirements de trompettes couraient, stridents ; en des éloignements, sous des portiques qui s'arrondissaient, blancs, des hommes passaient, des hommes graves qu'on eût dit des sénateurs et des tribuns, se dirigeaient vers Mammæa. Par-dessus les colonnades, à la violente polychromie, de péristyles déserts, le sommet de la tour élevée par son Fils apparut, morne et toujours barbare dans ses draperies hyacinthes, écarlates et cramoisies aux solitaires claquètements. Alors, tremblante, navrée, frappée par quelque chose d'intérieur qui la fit pâlir sous le fard de sa face, elle retourna sur ses pas avec Atillia, muette comme elle, pénétrée d'un suprême désir de voir Élagabalus à la Vieille-Espérance, là-bas !

IX

— Esclave, laisse passer Atta, qui apporte l'Empire à sa Sérénité Mammæa !

Atta vit aussitôt s'ouvrir la petite porte des jardins, pendant que des argyraspides s'écartaient, que des personnages sérieux le regardaient, bras croisés sur la toge bien plissée et tête nue. On le connaissait déjà ; son nom même était comme une espérance discrète chez quelques-uns, qui n'avaient pas oublié son aide à Mammæa au cours de la sédition. Et Atta en était tout victorieux dans ses vêtements propres et ses allures de savant à peine échappé au parasitisme. Le parti d'Alexander lui fournissait abondamment des solidus ; il vivait tout à son ambition de renverser la Pierre-Noire pour Kreistos, et d'extraire de cette chute d'Empire un rôle qui le plaçât bien au-dessus des chrétiens et le mît à l'abri des vulgaires besoins, lui supériorisé par tout.

Mystérieux cependant, Atta, en ce palais qu'il traversa, à la surprise grandissante des familiers et des esclaves, se disant que, pour être ainsi reçu par Mammæa, cet homme possédait un rare talisman ! Et ce fut plus surprenant encore quand la sœur de Sœmias, à l'appel de son nom, rentra lentement dans son appartement où il la suivit, en un engouffrement de portières qu'écartèrent des esclaves apparus à des encoignures de couloirs à l'obscurité rayée d'armes de Prétoriens casqués et cuirassés.

Nullement à plat ventre, Atta, ni à genoux, ni insinuant comme jadis avec Amon, ni le front voilé devant la beauté calme de Mammæa dont le regard inébranlé attend ses extraordinaires confidences, mais debout et fier, animé, les narines orgueilleuses et le port de tête assuré!

— Tu me l'assures, dit Mammæa dont les yeux ont des allumements. Tu crois le moment venu. Les légions voudront-elles enfin abandonner l'Impur pour mon Alexander aimé?

Atta se répète. Depuis des jours, il a conseillé le soldat, lui suggérant lentement un renversement d'Empereur qui le fera maître de Rome, le gorgera de vin et d'or, mettra dans sa couche les belles femmes des sénateurs amis d'Élagabalus, les belles filles des familles orientales qui l'ont suivi depuis Émesse. Le Camp des Prétoriens frémit rien qu'à ces espoirs chauds de carnages, et maintenant il suffira d'une étincelle pour tout allumer.

— Tu le crois, tu le crois!

Obstinément, Mammæa redit ces mots, pendant qu'il s'étend complaisamment. Il a tout ourdi, Atta, et le triomphe est immédiat sans le risque effroyable d'une nouvelle collision entre chrétiens et soldats :

— Les Prétoriens ne rencontreront plus les chrétiens, parce que les Prétoriens sauront qu'ils te soutiennent. Il y a bien quelques chrétiens Orientaux qui défendront Élagabalus, mais la chose importe peu : ces chrétiens-là ne sont pas avec Kreistos.

Il songe à Zal, à Severa, à Ghéel, à tous ceux qui ont fait du Perse un chef spirituel, à tous ceux qui ont assisté aux assemblées orientales dont le bruit lui est parvenu, où le sang de chacun, tiré avec la lame d'or, se boit dans la coupe d'or, se disant que les Prétoriens, exécuteurs de l'indignation de Kreistos, en feront justice ce jour-là.

— Oui! Ils en feront justice, Sérénité, car leurs pratiques les rapprochent de l'abominable Élagabalus. Leur glaive tuera Ghéel, Severa, Zal, tous les sectateurs d'un Kreistos dénaturé!

Il s'exalte :

— Il faut troubler le Prétorien en lui faisant accroire qu'Élagabalus veut tuer ton Fils. Dès demain, je couvrirai de boue les statues d'Alexander, et tu en accuseras l'Empereur et Sœmias. Moi, j'agirai. Si le Prétorien s'émeut pour ton Fils, il se soulèvera, et je l'aiguillonnerai vers la Vieille-Espérance.

Revenant à sa farouche haine :

— Le Prétorien les tuera tous, tous, et Kreistos ne subira point la honte de sa dénaturation. A mort, Zal; à mort, Severa; à mort ce Madeh, un affranchi d'Atillius, qui a assisté à leurs assemblées, hier encore, et sans doute a appris à ces chrétiens impurs les mystères de la Pierre-Noire, dont il était un prêtre ! Je les ai suivis, et le sais. — Du sang sur Rome pour en laver les iniquités, pour en effacer les souillures, pour que son ciel, désormais clair, voie deux trônes se dresser, seuls : celui de Kreistos et celui de ton Fils, sur l'humanité châtiée. Le sang est comme du feu : il purifie tout.

— Et Sœmias mourra, demande Mammæa, qui se dit qu'elle a été conçue dans les flancs de la même mère, et que c'est là une provocation odieuse, car qui pourra arrêter le Prétorien déchaîné? Atta répond toujours farouche :

— Oui ! Sœmias, et Élagabalus, et Atillius, et tous, tous, avec Severa, avec Madeh, avec Zal! Si tu ne le veux pas, je m'en vais; tu ne me reverras plus, et Kreistos se retirera de Rome et de toi.

Il s'apprête à partir. Mammæa lui prend le bras :

— Non, reste! Dis-moi que mon Fils triomphera de l'Occident à l'Orient, qu'il deviendra l'Empereur divin dont le cheval foulera la terre subjuguée. Dis-moi tout cela, et agis, agis pour lui, agis pour moi!

Elle est très belle, avec ses grands yeux clairs, sa peau blanche, son nez droit, son menton classique, sa chevelure que bande un ruban d'or, et sa haute taille, renflée des seins sous la palla pourpre brochée de pierres et de métaux. Une vapeur d'ambition se voulant satisfaire lui monte à la face qui rosoie vivement, telle qu'une aube ensanglantée. Le Palais a des rumeurs continues; les trompettes, éparsement, sonnent; des armures froissent les lointains, les feuillages des jardins ont des frémissements presque sinistres, tant ils semblent exhaler des voix homicides. On dirait que Mammæa les écoute délicieusement, car elle se penche par une fenêtre cintrée, pour en humer l'odeur de sang frais qui les imprègne. Et Atta, derrière, regarde. Rome crève au delà, et ses maisons, ses voies, ses places, ses carrefours vaporent en une atmosphère rousse flottant comme un immense vélum trempé dans du sang, qui donne à l'extraordinaire ville un haut relief de Macellum, de Marché-aux-Viandes, aux murs dégouttants d'égorgements, et revêt les habitants, à pied, à cheval, en litière, courant ou se dodelinant, de toges rouges, de tuniques pourpres, de synthèsis à reflets d'incendie aux lueurs qui s'attisent comme un gigantesque bûcher!

Par moments, la reconnaissant, des groupes se poussent de l'autre côté du jardin, et la saluent; des soldats et des officiers accourent avec des exclamations; des dévoûments s'offrent à elle, des dévoûments de foule anonyme condamnant ainsi Élagabalus. Justement, Sœmias, endolorie et lasse, revient avec Atillia; les deux sœurs échangent un rapide regard. Implacable et froid, celui de Mammæa; triste et résigné celui de Sœmias! L'une voit s'élever dans un vertige Alexander; l'autre s'enfoncer dans la mort Antoninus; l'une va vivre dans l'Impérialat, avec des peuples à ses pieds, des armées rayonnant sur la terre en des hérissements d'armes, des galops de chevaux et des galops de bêtes; l'autre mourir dans l'abjection, avec des ricanements de peuple et des férocités de Prétoriens. — Bientôt Sœmias disparaît; Mammæa se retourne alors, ayant bien face à face Atta, aigu et triomphant :

— Je te l'avais dit; Rome est avec toi, fait-il, parce que Kreistos maîtrisera Rome par toi!

X

Suivies d'Habarr'ah, Sœmias et Atillia sortaient du Palais des Cæsars, sous le coup d'une terreur injustifiée. Parce qu'exprès simplement vêtues, nul ne les pouvait reconnaître; aussi traversèrent-elles le Palatin croisé d'une énorme foule gesticulante et hurlante, de laquelle émergeaient des croupes luisantes de chevaux traînant des chars, et des bustes de cochers aux fouets claquants. Il s'en dégageait cependant un tel oubli tout ambiant, comme d'un monde vu pour la première fois, qu'elles se complaisèrent à y vivre, à s'y noyer, les oreilles bourdonnantes, de rumeurs. Un million de poitrines les entourait, un infini chassé-croisé de gens qui se dévisageaient; des patriciens rudoyaient des clients, des esclaves esquivaient des coups, des pédagogues emmenaient des enfants, des centurions couraient rythmiquement, des femmes, en des litières, faisaient des signes à des hommes abjects dont la face glabre décelait des eunuques, et sur des marches de portiques d'où ils élevaient une tête inquiète, des Poètes lisaient devant des Critiques aux croupes se gonflant comme des outres! Et nul ne parlait d'Élagabalus ou d'Alexander; nul ne s'occupait de l'Empire, qu'il fût à la Pierre-Noire ou qu'il dût appartenir à Zeus, à Osiris ou à Kreistos. C'était une belle journée d'été, à peine affraîchie par un vent mou qui ourlait les eaux du Tibre et balançait tendrement les végétations des jardins patriciens. Une chaleur montait du pavé, mettant aux faces vivantes de la sueur épongée à des coins de toges, détendant les nerfs, illuminant les yeux profonds, les yeux ardents de cette foule sans doute ne rêvant que plaisirs. Quelquefois des mains inconnues cherchaient leur peau, sous les vêtements, et quand elles se retournaient, des rires serrés éclataient, des hommes les priaient du bout des lèvres de les suivre dans quelque lupanar.

Toujours cette inondation de foule immense, dévalant du Palatin au Forum aux façades de temples, aux colonnades régulières, pareilles à des troncs d'arbres reliés par des euillages pétrifiés, des portiques s'évidant en acqueducs, aux statues et aux rostres très hauts, aux fontaines chantantes, aux obélisques et aux arcs triomphaux perçant de blancheurs les voies, aux cônes d'édifices crevant le ciel roux un peu comme un bouclier légèrement ensanglanté, aux colonnes dressées en bras menaçants sur la foule. Nulle menace de sédition n'essaimait de sa densité, et rien ne leur parvenait d'une fin projetée d'Empire que peut-être personne n'ourdissait.

Elles s'enveloppaient en cette foule comme en un délice de néant qui dévorait leur personnalité maintenant heureuse, même des attouchements d'hommes dont le rire serré sourdait à leur entour. Elles y flottaient, sans plus de conscience, visionnant de visages indécis, d'yeux inconnus, de ports de têtes sur des épaules entrevues en fuites d'exquises émotions. Et Sœmias n'était plus l'Impératrice, et Atillia la patricienne, et leur vie apothéotique avait disparu pour des sensations d'êtres étranges vivant dans leur cœur ravi, y jouant une musique extraordinaire entendue pour la première fois.

Habarr'ah les suivait, dominant tout de sa face noire au rictus méprisant, elle aussi délassée dans cette atmosphère d'odeurs de peau, de parfums gras et de quelque chose qui fleurait le sexe de chacun, épanoui dans de la sécrétion sous les subuculas de laine ou de lin. Toutes trois, sans but et sans volonté, s'engouffraient dans le monde d'oubli et de quiétude qui en faisait déjà des mortes par l'esprit.

Voluptueusement, comme en un bain de mélancolie, leurs jambes les portaient, frôlant d'autres jambes se promenant aussi. Elles descendaient le Vélabre, et passaient devant les boutiques ouvertes d'où des animations de marchandises chantaient des chants de couleurs et qui étalaient des friperies encore fraîches, des vêtements de femmes, des étoffes tissées d'or ou trempées sept fois dans la pourpre de Tyr, des stolas colorées de reflets dits d'eau, de safran et de myrte de Paphos ; des pallas améthystes, des laines qui s'assemblaient en roses pâlissantes ou s'éclairaient en plumes de grues, en verts d'amandes ou en blondissements de châtaignes. D'autres boutiques offraient des préciosités d'éventails en plumes de paon, de boules de cristal que les femmes serraient dans leurs mains pour en conserver la fraîcheur, d'osselets d'ivoire ou de tablettes d'ivoire, sur lesquelles on écrivait avec des stulis d'or. D'autres également se présentaient, toutes vaporantes de drogues médicinales : de la ciguë et de la salamandre ; de l'aconit séché à l'air, des chenilles de pin en des feuilles de bupestris ; de la mandragore et des cantharides, qu'emportaient rapidement des femmes aux yeux cerclés de voluptés, remplacées par d'autres assiégeant ces boutiques puant le vice et le poison.

Encore leur bonheur ne cessant plus les enlevait du milieu latin, portait leur âme au loin, par delà les mers, en Orient, dont les pleins-ciels leur vivaient dolemment doux, dont les végétations leur chantaient, agrestement berceuses, et les ravissait de sensations d'une fuite aiguë : Sœmias revivant à Émesse, avec, sur ses genoux et lui donnant son sein blanc, son bel Antoninus ; avec, au cerveau, une curiosité attendrie pour le frère d'Atillia qui, de son côté, revoyait des paysages d'or, des escaliers rouges et des temples rouges, des érections de palais en des fonds de lacs céruléens hantés de l'être gracile qu'était Madeh, pendant qu'Habarr'ah s'endormait les chairs noires des choses de l'Ethiopie monstrueuse, où sa jeunesse ricanante s'écoula parmi des tribus qui mangeaient les vaincus, au son des tambours faits avec des peaux humaines mal tannées.

Des groupes les poussant vers la boutique de Typochronos, en une avidité de curiosité qu'elles ne comprenaient point, elles voyaient Élagabalus enveloppé d'un manteau de muletier, installé dans la cathèdre grecque, son visage blanc tendu à Typochronos à qui Zopiscus faisait des signes mystérieux. Des personnages déguisés emplissaient la boutique, des personnages qui étaient Hiéroklès, Zoticus, Murissimus, Gordius, Protogenès, la face peinte de fard gras, faisant des yeux ronds sur le barbier dont les coups de rasoir, au hasard de la face de l'Empereur, s'étonnaient fort.

Au fond, craintifs, Aristès et Nicodœmès ne lustrant plus leur belle barbe noire, s'immobilisaient avec le banquier, propriétaire de mille esclaves, le fabricant de lampes, et les deux propriétaires du Palatin, interdits.

— Rase, rase, barbier ! s'écriait Élagabalus. — Et Typochronos rasait sa face polie, d'où pas un poil ne tombait.

— Rase, rase !

Hiéroklès, Zoticus, Murissimus, Protogenès et Gordius venaient à la rescousse en riant fort, des bracelets d'or aux poignets, des colliers au col, des anneaux aux oreilles. Et ils entouraient le barbier dans leurs robes à manches amples, l'ahurissant, l'hébétant de plaisanteries salaces qu'au dehors chacun entendait.

— Rase, rase ! — Élagabalus rudoyait à nouveau Typochronos que Zopiscus regardait avec un louchement mystérieux. Et le rasoir du barbier grec courait, agile, du menton correct aux tempes rayées de veinules bleues, refoulant la légère écume du savon gaulois qui lavait cette face éclatante d'Empereur, aux deux bizarres yeux.

— Rase, rase cela !

Élagabalus, se découvrant rapidement, étalait son sexe épilé, la face renversée, les pieds à la muraille, un rire muet aux dents, et les familiers criaient aussi :

— Rase, rase cela !

Typochronos approchait son rasoir, indécisément ; mais il se relevait et lui jetait une bourse d'or :

— Prends, c'est Antoninus, que personne ne le sache, est-ce pas ?

Il lui criait cela et ouvrait à coups d'épaules la foule qui, silencieuse et méprisante, se refermait sur Zopiscus, le dernier qui reconnut Habarr'ah dont la haute face noire branla sur les têtes, avec un mouvement de stupeur.

Un évanouissement de gens aux talons de l'Empereur, qui disparaissait vers le Forum, toujours dans son manteau de muletier, entouré de ses gitons et de Zopiscus, auquel il disait :

— Ton barbier, que je sache, est très maladroit. Il ne m'a enlevé aucun poil. Il m'a volé, Typochronos !

Et il riait, nullement épeuré par ce million de Romains qui lui faisaient cortège, qui essaimaient de toutes les rues et débordaient dans toutes les places. Maintenant, comme si un mot d'ordre avait été donné, des cataphractaires balayaient la foule de coups de piques ; des galops de chevaux passaient en tonnerres grondants : Antiochanus et Aristomaches, sanglés dans leur cuirasse et casqués, emmenaient d'autres turmes qui sauvagement voltaient ; des consuls et des préfets de l'armée dévalaient, avec des manipules, du Camp des Prétoriens. Rome resta calme, les citoyens s'en allèrent, et bientôt l'Empereur et ses compagnons, montés sur un char qui leur était présenté, se dirigèrent vers la Vieille-Espérance, pendant qu'Antiochanus, du haut de sa monture, traînait par la pointe de sa barbe sans moustaches Zopiscus qui hurlait.

Sœmias, Atillia et Habarr'ah regardèrent cette fuite de peuple et ce triomphe d'Empereur, et Rome leur en parut vile, et l'humanité abaissée, et elles se complurent davantage dans leur rêve qui les faisait flotter hors de tout, comme des êtres sans conscience dans de l'Éther et du Néant.

XI

Elles entraient à la Vieille-Espérance, par une porte basse seulement fréquentée des esclaves. Dans le palais même, un piétinement féroce d'hommes battait le parquet, et c'étaient un ronflement de gigantesques sonneries en des couloirs sans fin, des cris de Bêtes et des heurts de piques d'or à des boucliers d'or.

Habarr'ah les vêtait d'habits cérémoniels où de l'or et des gemmes vivaient ; en des tumultes éperdus de trompettes, des eunuques les conduisaient auprès d'Élagabalus, non le muletier de tout à l'heure, l'abject muletier dont un million d'âmes s'ébahissait, mais l'Empereur, blanc de peau et chatoyant de moires, avec la tiaras qui éblouissait, la robe si traînante de dorures qu'il en paraissait affaissé, les sandales aux bandelettes tournant haut sur la jambe, une fastueuse image orientale qui se surélevait de sa propre irradiation ! Des hommes vêtus d'or et coiffés d'or, avec des pierres bleues, des pierres jaunes, des pierres vertes à leur mitra serties ; des Mages toujours en d'attitudes hiératiques, dont les barbes frisées tombaient noblement sur le sarapis cramoisi ; des prêtres du Soleil qui gardaient leurs mouvements vicieux de croupe ; des familiers à la robe se froissant à des armures d'officiers s'épanouissaient derrière en éventail, comme une queue de paon énorme, aux invincibles étonnements. Et tous exalaient sur un rythme lent, coupé d'acuités de trompettes recourbées, un hymne à Vénus, qu'ils plaignaient d'avoir perdu Adonis ; des lyres, des sistres et des flûtes s'évanouissaient en des cubiculas ignorées, sur des régularités de danses. L'Empire se rendait au Temple du Soleil, où la mort d'Adonis et la douleur de Vénus allaient figurer en plein jour, quelque danger qu'il y eût, comme pour braver encore la Ville Éternelle dont le ciel, de plus en plus rouge, semblait un lac de sang prêt à déverser.

Sœmias et Atillia se laissaient aller, des eunuques soutenant leur palla pourpre, des œnéatores soufflant à leur côté un déchirement de musique qui les ravissait davantage, et autour, toujours en des encens flottants, ce chant énorme pleurant Adonis et plaignant Vénus. Des hommes et des femmes qu'elles ne reconnaissaient plus s'ajoutaient au cortège ; des bêtes enchaînées fouettaient de coups de queue leurs gardiens qui les frappaient de tiges de fer ; des éléphants se poussaient, et partout, partout ; des miroitements de boucliers d'or s'arrondissaient, comme des yeux jaunes, sous des éclairs de piques d'or. Et elles ne se parlaient pas, et elles n'écoutaient point, et elles ne pensaient point, toutes à la mort d'âme obscure qui était en elles par le déséquilibrement de leur chair, la perte de leurs énergies, la lassitude de leurs matérialités que la Nature exaspérée châtiait avec de l'Inconnaissance et de la Fatalité !

Elles sortaient de la Vieille-Espérance, un dais pourpre sur la tête, porté par des eunuques à la face glabre d'hommes avilis. Et Élagabalus montait sur son char, et des hommes les hissaient sur une large litière balancée sur des épaules saignantes d'autres hommes qui hurlaient sous des coups de fouets lancés à pleines volées, et des cavaliers à l'armure d'écailles, au buste se tortillant en dos de sauriens phénoménaux, émergeaient sur des chevaux luisants dont la crinière torse vibrait. Puis, un décor de Rome se déroulait colossalement, des quartiers coulaient entiers avec des multitudes éblouies aux fenêtres, aux terrasses et sous les portiques ; des bruits se succédaient, et elles dominaient tout, de leur litière qui les berçait comme amoureusement. Des tympanons leur bruyaient, plongeant en la musique rieuse des flûtes, en les claquètements vifs des sistres et les piqures des lyres que des mains élevaient, et même une tête fraîchement coupée se présentait au bout d'une pique, une tête d'homme barbu, peut-être ayant voulu s'opposer au délire impérial, que des Prétoriens venaient de trancher en une boucherie anonyme laissant du sang vite bu par le pavé.

Elles gravissaient le Temple du Soleil au fronton blanc neigeant sur le fond rouge du ciel ; les tumultes cessaient pour des anxiétés de gens curieux de ce qui se passerait là. Dans l'intérieur, Élagabalus occupait un thronus porté par des atlantes d'argent massif, aux pieds s'écrasant en un fouillis de palmettes monstrueuses, au dossier sculpté de figures symboliques de serpents se mordant la queue et de têtes cornues de taureaux surmontées de torches entrecroisées. Elles s'asseyaient sur des okladias grecs à étoffe d'or ; autour d'elles d'autres s'asseyaient également, d'autres restaient debout devant la ligne des Mages cramoisis, et des danseuses à demi-nues s'envolaient, sous la voûte éclairée d'un grand trou rond, dans la salle circulaire, en des éclairs de rythme religieux.

L'Empereur se hissait sur un échafaud poudré de safran,

et, nu, le sexe lié pour mieux ressembler à la Femme, il étalait sa peau blanche, sa face blanche, et se contorsionnait, et gémissait, et pleurait Adonis en des plasticités de Vénus épouvantée. Et, de Zopiscus, le Poème de *Vénus*, que l'Empereur récitait, disait tout : une recherche éperdue, en Afrique et en Asie, du bel Enfant ; des montagnes fauchées, des forêts coupées, des mers violettes qui s'attendrissaient, des bêtes, toutes les bêtes de la terre, qui la suivaient, et des naissances de dieux et de déesses en des nuées blanches s'apothéosant en des ciels éternellement traversés d'oiseaux mythologiques et de lunes nées du sein des Nuits évanouies ! Le temple résonnait alors d'un chant immense ; les danseuses tout à fait nues s'envolaient davantage, les Mages tournaient mécaniquement leur barbe frisée vers Élagabalus, les familiers se découvraient le sexe, les eunuques avaient des cris de douleur, et c'était comme un Olympe de dieux, un décor surhumain du Rêve religieux poussé dans de la Gloire et du Triomphe, éclairé de torches qui rutilaient à des colonnes hautes, où des boucliers appendus renvoyaient des miroitements d'or.

Hiéroklès, Zoticus, Gordius, Protogenès, Murissimus apparaissaient sur l'échafaud. Élagabalus se livrait à la promiscuité mâle qu'avidement regardaient les eunuques, que les Mages glacés exaltaient, que les danseuses saluaient de leur rythme lascif, pendant que d'autres répétaient les soupirs de joie de l'Empereur, vautré.

Les Mages montaient sur l'échafaud, Élagabalus en descendait, suivi d'un dévalement de ses familiers, et alors des hommes traînaient des enfants qui glapissaient, des enfants de familles patriciennes, et les égorgeaient, dans une tempête de cris horribles qu'on eût dits d'agneaux. Un couteau d'or s'enfonçait, rapide, en la tendreté des victimes dont pantelantes, un trou rouge à la gorge, du sang sortait qu'en dessous Élagabalus et les gitons recevaient sur la nuque, sur la tête, sur la chair nue. Et les petits cadavres s'amoncelaient devant les Mages qui, ne cessant de chanter, opposaient le cramoisi de leur poitrine au sang de l'échafaud.

Des êtres et des choses s'évanouissaient dans d'autres chants, des éclats de trompettes et des percussions de tympanons, des heurts de piques d'or à des boucliers d'or. Au dehors, des cavaliers sur de grands chevaux, des chars, une litière ! Le cortège, comme sous un coup de vent, les ramenait à la Vieille-Espérance, dans un vide absolu de peuple qui ne voulait plus entendre et ne plus voir.

Le jour se mourait en des flamboiements de soir incendiant l'Orient et l'Occident, le sud, le nord, le bas de l'horizon et le zénith. Et des choses étranges y passaient, des entrecroisements de glaives, des levées silencieuses de piques, une marée de sang qui bondissait, toute une fureur de carnages qui semblaient se mouvoir comme derrière un rideau flamboyant. Les trompettes extraordinairement sonnaient près d'elles, et ce n'était pas, pour leur imagination désagrégée, à leur côté mais dans le ciel même, empoignées par des mains monstrueuses et recevant le vent formidable de quelque dieu. Elles rentraient à la Vieille-Espérance ; au-dessus du triomphe impérial qui montrait des nudités et des vêtements d'or, de soie et de gemme, bariolé d'éléphants, de chars et de chevaux, une tête coupée flottait : deux yeux morts les regardaient, la barbe du décollé de tout à l'heure pleuvait du sang, l'ouverture de son cou tranché s'arrondissait, et elle virait, elle virait, sinistre et ténébreuse, comme une lune dans du Néant.

Le palais s'illuminait d'un allumement de lampadaires géants ; une orgie bruyait dans les salles, les atriums, les péristyles, les cubiculas, sur les marches du prostyle, les pelouses des Jardins, les lacs jaunes recevant des barques à l'aplustre évasé, pleines de femmes nues, qui silencieusement glissaient au son des lyres et des flûtes sanglotantes. Elles traversaient ce décor en un accompagnement des éternelles trompettes d'or dont, derrière elles, toujours des œnéators s'étourdissaient. Et elles allaient, elles allaient, le regard plein de promiscuités remuées à leurs pieds en des éclairs de chairs et des soupirs de plaisirs dont leur endormement ne s'émouvait plus.

Dans une grande salle, sur des sigmas embrassant à demi

des trépieds reposés sur des faces de sirènes d'or, Élagabalus et ses familiers se vautraient, repus de mets et de boissons. Des coupes bleues, des coupes roses et des coupes blanches à figurations obscènes jonchaient le parquet ; à la lumière des candélabres d'où pendaient, par des chaînettes de métal, des lampes fumeuses, d'autres promiscuités montraient des ventres et des cuisses, des croupes et des sexes qui avaient des lividités tressaillantes et des torsions d'ardente peau.

Des cris éclataient : une voix furieuse demandait la mort d'Alexander ; une autre exigeait que le Sénat le privât de son titre de Cæsar ; une autre jurait d'assassiner Mammæa, la grande coupable du mépris où tombait l'Empire ; une autre invectivait Élagabalus pour sa débonnaireté ; une autre assurait que des promesses de biens et d'honneurs à Ulpianus, Venuleius, Sabinus et Modestinus les détacheraient de la Mère et du Fils conspirateurs, et le fer, le poison, le lacet, les bêtes, l'étouffement étaient tour à tour proposés. Mais Élagabalus branlait la tête, essayait de ne vouloir pas, très éloigné d'agir, et il regardait Sœmias, qui restait muette, et Atillia, qui ne comprenait pas.

Cependant Hiéroklès le forçait du poing à signer un acte quelconque, une lettre au Sénat pour qu'il arrachât le Cæsarât à Alexander ; des hommes partaient tuer l'Adolescent, et les familiers faisaient boire l'Empereur jusqu'à ce que saoûl, hoquetant, congestionné, il roulât sous les sigmas, d'où des esclaves l'enlevaient, en une crise suprême de vomissements puants.

Sœmias, qui n'avait pû arrêter la signature fatale, plus aveulie encore, se retirait avec Atillia. Elles abandonnaient la Vieille-Espérance accroupie dans la nuit sans lune, sans étoiles, sans lueurs, sans brises, sans rien qui appartînt à de la vie. Des rues si noires que les maisons s'y noyaient ; des places bitumineuses qui faisaient des écrasements de ténèbres ; des empâtements d'ombre, coulèrent en un fleuve gluant jusqu'à ce que l'aube, très lourde, crevât le ciel et rayât tout l'Orient. Elle montait comme une poitrine saignante : deux seins pendaient, une gorge sans tête se balançait au-dessus, et un ventre qui se striait de plaies s'élargissait au-dessous. Et toujours Rome s'enveloppait de choses pourpres, comme si une mer de sang approchât, sinistre, avec des vagues formidables la mangeant déjà !

XII

Cette nuit-là encore, des chrétiens orientaux se réunirent, non plus à la Transteverine et au Viminal, mais dans les ruines d'un temple latin dévoré de parasitaires, sur la voie Ardéatina, et communiquant, par des passages secrets, avec les catacombes creusées dans les terres arénacées. Ghéel y avait emmené Madeh que Kreistos attendrissait surhumainement, et les mystères de la Vie, le sang bu dans la coupe d'or, le rituel de volupté mystique, tout s'accomplit. Et Madeh, désespéré, se donna à des chrétiens sous la clarté miséricordieuse, qui se mourait, d'une lampe à lueur violaçante, sous le regard d'une grande face de Kreistos divinement peint à la muraille, pendant que le bon Ghéel chantait un hymne à l'Agneau, un délicieux hymne soulevant les âmes bien au-dessus des corps. Les deux amis retournèrent ensuite à la Transtéverine, par la Campagne, la Voie Appia, le Pomœrium, le pont Sublicius enjambant le Tibre non plus jaune mais rouge, comme un flot de lave du sol dégorgé.

Zal et Severa traversèrent un couloir aux parois droites de cemœterium. La catacombe s'enfonçait, avec à droite et à gauche des niches losanges de corps, désignées d'inscriptions, ornées de feuillages, d'allégories, de croix, de T, de colombes posées sur des bords de vases, et de poissons nageant en de l'eau très claire, à peine striée d'écumes blanches. Un jour gris y coulait, droit venu d'un fond là-bas éclairé par un luminaire, et plus ils allaient, plus les tombes, les niches, les loculus et les sarcophages se multipliaient, dans des cubiculas et des arcosolias.

— Voici le loculus qu'avec Maglo j'ai creusé, et où tu feras porter mon corps, quand mon âme s'en ira rejoindre Kreistos. Je l'aménageai, ornai et parfumai pour le dépôt suprême, qui n'est peut-être pas loin, le jour où tu apportas des fleurs dans ma chambre, t'en souviens-tu?

Il s'appesantissait sur la Mort, en laquelle il trouvait des délices particulières. Tremblante, elle se serrait à lui :

— Non ! ce ne sera pas seul qu'on t'y apportera, mais avec moi, morte aussi !

Ils marchaient toujours, elle de plus en plus frémissante, ses mains vaguement se promenant à la taille de Zal. Et, une question se posant sur ses lèvres, soupirante, rougissante, émotionnée, elle fit :

— Pourquoi pas faire comme les autres, Frère ; pourquoi pas consommer notre amour en la paix de Kreistos ?

Sa chasteté s'évanouissait à présent sans combat ; elle s'offrait candidement, et tout son être vibrait en dedans avec des ardeurs qui l'enfiévraient. Mais Zal secouant la tête, se dégagea.

— Non ! Notre âme en resterait souillée, vois-tu ; attendons, après la Mort. Nous nous donnerons dans le sein de l'Agneau.

Severa se rapprocha, suppliante :

— Alors, ne m'emmène plus aux Assemblées des chrétiens orientaux !

Ils descendaient, et c'était une obscurité plus dense à peine rayée de lignes luisantes de sarcophages et de tombes. Une odeur de morts leur emplissait la gorge, et ils se serraient, silencieux et oppressés. La main de Severa erra sur la chair de Zal, qui bondit :

— Non ! Non ! Laisse. Je ne t'aimerai plus, non, je ne t'aimerai plus, Sœur, si tu continuais !

Il s'en séparait, farouche et délicat. Elle le rejoignit amèrement :

— Pardonne ! Je ne l'ai pas fait exprès. Si Kreistos le veut, je me commanderai, je me maîtriserai, mais tu ne m'emmèneras plus aux assemblées des chrétiens orientaux.

Un silence, que Zal coupa tout à coup :

— Nous n'attendrons pas longtemps, Sœur, quelques jours encore, car Kreistos me dit que ce va être bientôt la fin.

Ils remontaient, le jour renaissait, les lignes des tombes s'accusaient davantage, et des salles blanchoyaient en des fonds de couloirs vite atteints. Tout était propre et net, muet et paisible; pas une vie n'apparaissait dans cette mort, nulle bête, nul homme, rien, rien ! A de flottantes clartés, leurs ombres dansaient, souvent confondues, et ils regardaient cette absorption mutuelle de leur ombre avec ravissement.

Ils approchaient sans doute d'une issue ouverte sur la Campagne, car de minute en minute la lumière devenait large, des bandes de soleil glissaient de trous ignorés, mettant de l'or sur des peintures à peine plaquées. Le cemœterium sonnait de rumeurs qui surprirent Zal :

— Nous devons être du côté du Camp des Prétoriens, hasarda-t-il.

En effet. Ils débouchèrent dans un arénaire abandonné, au fond d'un étroit ravin bordé d'onopordes dressés en candélabres, où la catacombe expirait sous un taillis de ronces haut comme un autel. Ils en gravirent la pente de sable brûlé ; de là, ils virent toute Rome à leur gauche, et, devant eux, le Camp des Prétoriens, troublé de grands cris.

— Je le pressentais, dit Zal, Kreistos me l'avait bien dit !

Il élevait les mains, une clarté sur sa face fine et court-barbue, les yeux au ciel rouge, prenant les mains de Severa en une effusion mélancolique qui la fit frissonner. Elle essayait de le ramener au bas du ravin où, qui sait, elle eût enfin vaincu sa terrible chasteté. Il la baisa seulement au front, ses rêves de pureté affluant en lui à ce matin dont le soleil vineux ressemblait à un œil de cyclope aux glaireuses lueurs.

— Vois, les Prétoriens se révoltent et ils tueront Élagabalus, et nous, qui avons uni la Pierre-Noire à Kreistos, nous partagerons le sort de l'Empereur !

Et il l'entraînait vers Rome, sans même retourner la tête vers le Camp.

— Cependant, nous ne devons pas laisser périr Élagabalus, reprenait-il, non, nous ne le devons pas. Élagabalus aide au triomphe de Kreistos. Avec Ghéel et les autres, nous nous opposerons aux Prétoriens, nous nous opposerons à Mammæa et à son fils. Par Élagabalus, Kreistos a davantage étendu sa Grâce : L'Agneau vainc manifestement. Kreistos désire par Élagabalus sauver Rome qui s'enfonce de plus en plus dans le Vice, le Crime et les excréments.

Il s'animait et courait au milieu de la route où des gens fuyaient apoltronnis.

— Ah! malheur, malheur! Ah! malheur! La prostituée veut changer de lit, elle n'a pas assez du sang des hommes et du sang des femmes ; elle en veut encore. Mais Kreistos qui est grand la laissera croupir dans ses excréments, jusqu'à ce qu'elle crie miséricorde, à Lui, l'Agneau trois fois saint qui la sauvera, mais sans Empereur ni Cæsar !

Puis il redevenait tendre, et ses anciens pressentiments entièrement le reprenaient :

— Je le sens, je ne survivrai pas. Tu connais le loculus ; tu m'y feras porter, et je t'attendrai dans son sein, à Lui, toujours Bon, toujours Puissant. Le peuple hait avec Élagabalus ceux qui se sont éjouis de son avènement, et nous sommes de ceux-là, car Kreistos nous commandait d'aider l'Empereur à pourrir davantage Rome pour que sa Victoire fût plus éclatante encore !

Des groupes de citoyens couraient, traversés par des cavaliers galopant éperdûment. Derrière eux, une voix aiguë coupée de toussotements, cria :

— Oui, c'est elle, et c'est lui, Rusca !

Ils se retournaient et Glicia, que soutenait le fidèle Rusca, les atteignait. Severa pâlit, Zal retint les deux poings du vieillard dressés sur elle.

— C'est ton épouse et Kreistos ne m'a pas suggéré de te la ravir. Reprends-la donc, si tu la veux : elle t'obéira, car l'épouse doit suivre l'époux.

Sa voix, d'amertume, se troublait, pendant que Severa, pleurant doucement, se voilait d'un pan de sa palla. Mais Glicia se débattit, tout à fait furieux :

— Je savais bien qu'elle était avec toi, l'épouse de Glicia. Elle est aussi avec Élagabalus, avec Ghéel, avec Maglo. Mais les Prétoriens vont tout tuer, et vous irez avec votre Kreistos aux mines où l'Empire vous condamnait jadis.

Et il leur désignait le Camp des Prétoriens, qui pétillait d'armures remuées. Depuis le départ de Severa, il avait pris l'habitude d'errer, dans la Campagne, avec le double désir de la revoir et de la battre. Il en était devenu à demi-fou ; des confusions extraordinaires se faisaient dans son cerveau, sa haine des empereurs syriens s'étendait aux chrétiens orientaux qui le soutenaient, surtout à Kreistos poussant insolitement les dieux romains vers la dislocation de tout. Il n'avait plus revu Severa, n'osant, par fierté, demander à l'ancilla sa demeure ; se doutant jalousement de sa cohabitation avec Zal, et secrètement espérant en sa chasteté. Mais il n'en paraissait que plus insensé, et devant le Perse il voulut être le maître impitoyable :

— Lui-même te conseille de revenir, et je te veux, non pour te pardonner, mais pour te châtier, donner ton corps aux bêtes, te couper la tête, te crever les yeux et te déchirer la peau. Viens, viens que je te tue !

Sa main crochue s'abattit sur les épaules de Severa qui poussa un cri. Zal alors se révolta, et sa tendresse, son amour, une grande humanité perçant sous l'apôtre le précipita sur Glicia qui lâcha Severa. Elle se jeta dans les bras du Perse :

— Sauve-moi ! Non, je n'irai pas avec lui, je ne le suivrai pas !

— Je te tuerai, je te couperai la tête et te crèverai les yeux, s'exclamait Glicia qu'entraînait Rusca. Voici les Prétoriens ! Je les dirigerai vers la maison de ton Zal ; et ton Zal mourra avec toi, et je ferai tuer Élagabalus, avec Ghéel, avec Kreistos, avec tous ceux qui usent de ton corps !

Il lui jetait des injures ignobles qui se perdirent dans l'éloignement. La Campagne se couvrait de cavaliers isolés et de soldats débandés ; toute secouée, elle vibrait de clameurs d'hommes, de hennissements de chevaux et de sons de trompettes ; des onagres et des catapultes dressaient vaguement leurs bras en échafaudages ; des trompes d'éléphants serpentaient dans l'horizon ; des bêtes rugissaient. Et du Camp, comme d'un foyer, des fumées roulaient, emplissant l'air épais ; des étincelles s'en échappaient pour s'éployer en pétillements d'incendies.

— Tu resteras chez Ghéel, dit Zal à Severa, car ton époux, qui est patricien, pourrait diriger des soldats vers notre maison, et ils te frapperaient et te tortureraient.

Il la quitta et, en pleine rue de Rome où ils étaient, l'embrassa sur une joue, saintement. Chancelante, elle marcha très vite, traversa le Vicus Tuscus, franchit le pont Sublicius, entra chez Ghéel qui, tranquillement, faisait virer son tour. Un rayon qui rougeoyait dans la poterie et donnait à l'argile des tons violents comme sortis du four à peine qui s'entrevoyait dans une lueur ronde et terne, éclaira d'un vague flamboiement Madeh et Amon, assis et muets, et plaqua des traînées de sang sur les murailles de briques, qui s'allumèrent de ce soleil.

— Toi, Sœur, s'exclama Ghéel !

Quelque chose de très grave se passait pour qu'elle vînt sans Zal. Il crut à un grand malheur.

— Et Zal ?

Elle lui apprit l'agitation du Camp, les bruits de soulèvement, les courses de cavaliers et le débandement des soldats. Et de grandes clameurs se traînèrent au dehors, du peuple coula désordonnément dans la Voie, tout Rome s'emplit de tumultes grandissants. Ghéel pâlit légèrement ; Gangus et Lixio s'arrêtèrent, Madeh et Amon prêtèrent l'oreille, inquiets.

— Si les Prétoriens se révoltent, s'exclama Ghéel, c'est qu'ils en veulent à Élagabalus, et Élagabalus tué, Kreistos souffrira, ainsi que l'affirme Zal. Nous allons à son salut, pour le triomphe de l'Agneau !

Il partit, suivi de Gangus et de Lixio, tous trois cachant sous leur tunique de longs couteaux. Mais quelques secondes après, il revint, embrassa Madeh, Amon et Severa :

— Je reviendrai ce soir. Restez ici, et si Cordula me demandait, ne lui dites pas que je suis allé vers Élagabalus !

Un gros pleur mouilla ses yeux, rapidement essuyé de sa main fleurante d'argile. Il voulait paraître détaché du monde, sans amitié, sans amour, sans rien qui pût attendrir son cœur ordinairement si bon.

Severa, Madeh et Amon se virent seuls dans l'atelier de Ghéel ; Severa anxieuse pour Zal, Madeh rêvant obscurément d'arracher Atillius aux dangers probables de cette révolte, Amon revoyant Alexandrie, où il se promettait de retourner. Car l'Égyptien, aidant à sa manière Ghéel qui l'avait recueilli, en doublant sa clientèle, en plaçant de ses vases chez les Romains riches, en rendant son travail très fructueux, avait retiré des bénéfices de son ingéniosité. Sans plus songer à la traîtresse Jephunna, il comptait partir bientôt pour retrouver dans sa patrie une de ces belles jeunes filles qui se baignent dans les eaux du Nil, et peut-être refaire sa fortune dans un commerce à nouveau de lentilles d'Égypte.

Les rumeurs croissaient, pas assez puissantes encore pour ne pas entendre à cette heure la voix de Scebahous criant de son porc salé, qu'avec son grand poignard il débitait calmement à des citoyens qui le quittaient aussitôt pour courir vers Rome, d'où des fumées s'élevaient, violentes et larges, en colonnes de sang.

XIII

Un éploiement de piques et de javelots, un hérissement de glaives, des éclairs de cuirasses et de casques, avec des flottements saigneux d'enseignes sur des hampes agitées, rayonnaient du Camp des Prétoriens, qui lâchait aussi des turmes galopantes et des machines de guerre, aux bois grinçants. Ils couraient tous comme en une déroute, les barbares brandissant leurs longues lances à côté des vélites, en leurs poings sept javelots ; les principes et les triaires frappant du glaive leur bouclier bordé de fer ; les frondeurs achéens et les sagittaires arabes, avec des cavaliers sur des éphippias de laine éclatante, et quelques-uns, comme les Numides, dirigeant leur monture sans l'aide de brides.

A l'aube plusieurs avaient aperçu les statues du fils de Mammæa souillées de boue et d'excréments, et ils s'étaient révoltés, se refusant aux corvées, saisissant leurs armes, abattant leurs tentes, dont ils brûlaient les pieux, détachant les éléphants et battant les centurions, qui essayaient de les ramener.

Ce qui les émouvait était cet acharnement d'un Empereur, fort des légions de l'Empire, de l'aplatissement des peuples et du servilisme des grands, contre un enfant et une femme faibles, sans cesse sous le qui-vive d'une tuerie qui l'en aurait débarrassé. C'était depuis longtemps un apitoiement sourd en leur faveur, un apitoiement qui les fit déjà écraser en une erreur, amèrement regrettée depuis que la vérité s'était fait jour, les chrétiens de la sédition.

Et la coupe avait débordé quand, par les mains d'Atta, les statues du Cæsar se couvrirent de souillures, et aussi à la nouvelle de la lettre d'Élagabalus au Sénat et des menaces de mort proférées à la Vieille-Espérance, dans la nuit qu'une orgie emplit de voluptés et de sang. Ils se disaient que Rome les seconderait, lasse de cette Empire si contraire à ses traditions, qui avait introduit chez elle des cultes d'aberration et des pratiques dont elle rougissait de jour en jour ; et que les familles patriciennes, dont Élagabalus faisait égorger les enfants, se révolteraient enfin comme eux.

Et ce n'étaient pas seulement les soldats qui s'insurgeaient, mais des turmes de magnifiques légionnaires dans toutes les parties du monde recrutées, qu'Atillius, toujours alité, ne commandait plus, et dont Antiochanus et Aristomaches, à sa place, avaient peine à se faire obéir. Elles avaient sellé leurs chevaux hauts comme des tours, appendu leurs carquois, bandé leurs arcs de bronze, empoigné **leur** lance à oriflamme aiguë, et maintenant, quoi que pussent leur dire ces chefs qui s'y étaient opposés bravement, elles galopaient dans la campagne, avec des cris et des brandissements. Devant elles, Aristomaches et Antiochanus fuyaient, leur chlamys rouge au vent, le glaive en l'air, frappant sur leur passage, semant par éclairs des cadavres, à peine suivis de quelques fidèles, vers Rome exhalante de fumées.

Glicia remontait vers le Camp, très aise de cet épouvantement qui allait débarrasser l'Empire d'un étranger. Sa colère contre Severa ne cessait pas. A des bandes de soldats il criait des phrases extraordinaires, les félicitait, les encourageait, se nommait, lui, Glicia, descendant d'un dictateur romain, lui, Glicia, patricien, dont un chrétien, ami d'Élagabalus, avait enlevé la femme. Les soldats s'arrêtaient alors et l'entouraient; quelques-uns le voulaient entraîner avec une espèce d'idée de le mettre à leur tête, comme ils l'avaient fait pour d'autres, subitement devenus empereurs; plusieurs juraient de punir le ravisseur, ce chrétien partisan des abominations du Cone Noir. Puis ils repartaient à toute vitesse, sans plus d'ordre, dans un nuage de poussière au-dessus duquel n'émergeaient que leurs lances et leurs glaives, qui faisaient des éclairs dans le ciel cuivreux.

Le Camp, fumeux de choses brûlées, de tentes dont les striges affaissées creusaient des trous noirs, se vidait lentement, en un vertige de bêtes de somme qui galopaient, de cors et de tubas qu'au-dessus de retranchements abandonnés des postsignaires jouaient. Parfois apparaissaient un étendard, une hampe surmontée d'une Bête, d'une Main ou d'une Poignée-de-Foin ; une chose rouge flottait, une manipule s'en allait, des cavaliers filaient et des piques crevaient encore le ciel, par-dessus des casques souvent faits de gueules béantes d'animaux. Puis, un éléphant barissait, sa trompe à l'air, et des hommes s'écartaient devant sa masse énorme qui plongeait en un horizon à peine distinct d'une multitude grouillante, hurlant sur des hauteurs nues.

— Vois-tu, s'exclamait à Rusca Glicia, de plaisir ne toussotant plus, les prétoriens vont tuer Élagabalus, tuer ce

Zal avec Severa, et tous, tous les chrétiens qui protègent les étrangers. J'en suis ravi, mon vieux cœur se contente de cela, et mes yeux ne veulent cesser d'en témoigner !

Et il criait encore à d'autres bandes de soldats, leur montrant Rome de son grêle poing, agitant sa toge qui avait des claquements secs de voile de barque poussée par un vent. Un homme invitait comme lui les révoltés à marcher sur la ville. Grand et maigre, vêtu de noir et glabre, Glicia reconnut Atta à qui Severa, hospitalière à tous les chrétiens, avait jadis ouvert la villa, un peu avant l'assemblée de l'Esquilin d'où Zal le chassa.

— Je vais le faire tuer, dit-il à Rusca, toujours le soutenant inquiètement ; c'est un chrétien partisan d'Élagabalus et un ami de Zal. Mort, mort à lui ! Tu le connais, n'est-ce pas, Rusca ? tu vas leur conseiller avec moi de le tuer.

Il s'avança, hoquetant et forcené. Mais Atta, qui le reconnaissait également, le prévint, comme l'ayant deviné :

— Tu cherches Zal, qui a abusé de ton épouse et qui soutient Élagabalus. Viens avec moi, je sais sa demeure et ces soldats le tueront !

Glicia, bouche béante, ne put que dire :

— Tu n'es donc pas avec lui, toi !

— Mais non ! J'abhorre Élagabalus, que ce Zal défend avec d'autres sectateurs de Kreistos dénaturé. C'est lui qui a détourné ton épouse, car Kreistos ne veut pas arracher l'épouse à l'époux, et il l'a fait, lui, Zal. Mais Kreistos veille, et il ne laissera pas le Péché triompher.

Toujours aux écoutes des chrétiens orientaux, il avait appris le départ de Severa et sa cohabitation avec Zal : aussi, à tout hasard réveilla-t-il la jalousie de Glicia. Celui-ci lui prit le bras :

— Puisque tu sais sa demeure, conduis ces soldats pour qu'ils les tuent tous deux ; ils ont sali le nom de Glicia et Glicia veut leur mort !

— Laisse-moi agir, répondit Atta, dont une raie de sang traversa les yeux froids. Il disparut ensuite ; sa tunique noire pénétra en des groupes qui se pressaient, et ses mains s'élevèrent, comme s'il eût appelé d'invisibles aides, par delà l'horizon chargé de révoltés que toujours le Camp dégorgeait.

— Ce chrétien est honnête, Rusca! Il ne veut pas d'Élagabalus et repousse Zal. Le vois-tu appelant les soldats ? Suivons-le ; il les fera tuer tous-deux, et le nom de Glicia sera ainsi lavé des souillures de Severa !

Il retournait vers Rome, cependant tremblant, ne voulant pas s'avouer que, malgré ses fureurs, il craignait pour Severa, qu'il aimait toujours. Mais Rusca soupira fort :

— C'est ton épouse ; elle n'est peut-être pas coupable, et ces soldats la tortureront. Ne vaut-il pas mieux la sauver ?

— Tu as raison, fit à la fin Glicia, soudainement sanglotant. Tu as raison. J'éprouve malgré tout de l'amour pour elle. N'est-elle pas mon épouse ? Oui ! oui, prévenons ce chrétien.

Ils coururent, mais derrière eux des clameurs s'élevèrent. Debout sur une borne, coiffé d'un pétase immense et vêtu d'un sayon brun, un individu agitait un énorme bâton. C'était Maglo, accouru aux bruits de la révolte, accablant de ses véhémences le torrent de soldats qui s'écoulait :

— Au feu, la Bête ; au fumier, le Péché ! Arrachez-lui les cornes ; coupez-lui les ailes, abattez ses jambes d'argile. Rome vous souille tous de ses excréments !

Son bâton menaça la Ville, le Tibre, l'horizon, toute la Campagne :

— En vérité, Kreistos est grand qui vous suggère la mort de la Bête ! Tuez-la, écartelez-la, semez ses membres dans vos champs, qui en fructifieront : Kreistos vous récompensera dans son Triomphe !

Il ne s'imaginait pas qu'il y avait danger à parler ainsi. Des soldats, qui le savaient adversaire de l'Empereur, s'étaient arrêtés, mais lorsqu'il prononça le nom de Kreistos un cri s'éleva :

— C'est un chrétien, ami d'Élagabalus !

Alors on le renversa, une poussée se fit, des glaives étincelèrent, et la tête de Maglo, sanguinolente, la longue barbe rouge, les yeux crevés, fut hissée sur une pique. Le cadavre, abandonné là, disparut bientôt sous un piétinement d'autres soldats qui survenaient; sinistre, la tête flamboya dans le ciel, la face vers Rome, qu'elle regarda de ses yeux morts.

XIV

Mœsa errait dans le Palais des Cæsars, à la main une lampe d'or vacillant à une chaînette, écoutant anxieusement des bruits profonds qui lui parvenaient de très loin. Des Prétoriens se levaient, la saluant de leurs glaives; des esclaves, couchés par le travers des portes, se réveillaient aussitôt. Ce fut, une heure durant, une surprise que cette apparition de l'Aïeule, dont la stola de soie jaune à bordures d'or faisait, avec l'éclair de la lampe, un élargissement de clarté mangeant la nuit.

Elle revint vers le Gynécée troublé de pas légers, ceux de Sœmias et d'Atillia, qu'elle vit s'amoindrir en un trou faible de lumière. Puis elle n'aperçut plus rien. La nuit se fit encore, et les bruits grandirent, semblables à un torrent qui s'approcherait vaguement.

Inquiète, elle promenait sa lampe sur des recoins de salle qui s'illuminaient vivacement de colonnes et de lampadaires, quand des ombres se glissèrent, en un fond, dans un coup de vent qui la frappa à la face. Alors elle cria; des Prétoriens apparurent, une subite lumière blondit. Puis, une férocité de coups; une rumeur d'égorgements dans des couloirs ignorés, une chute de corps, une odeur de sang, rapidement. Des eunuques traînèrent par les pieds deux cadavres dont, décapités, on entendit bondir les têtes sur des marches obscures vrillées dans le sol.

Sœmias dormait, sa chair, qui trouait la subucula, mettant sur les étoffes d'or de son lit des tons maladifs, presque verdâtres, des tons de peau morbide trempée de sueur. Mœsa la réveilla rudement.

— Honte ! Malédiction ! Tu allais la faire tuer, celle de mes entrailles, comme toi !

Ardemment, elle l'accusait de l'assassinat, heureusement avorté, de Mammæa et d'Alexander. Mais elle avait veillé, elle, l'Aïeule également aimant Sœmias et son fils, Mammæa et son fils, empêchant ainsi ce crime inutile qui eût révolté tout Rome !

— Tu veux donc perdre l'Empire, avec ton fils Antoninus !

Mais Sœmias s'indigna, confessant la nuit d'orgie, rejetant le crime sur les beaux jeunes Hommes de Joie, Hiéroklès et les autres. Et elle pleurait, affaiblie, affolée, comme sortie d'un songe de détraquements, envahie d'une horreur balbutiante pour tout ce qu'elle avait vu et entendu, en même temps que d'un désir de ne plus vivre de cette vie-là, de mourir, oui, de mourir dans une paix nouvelle qui serait le Néant ! Mœsa eut alors une pitié ; elle la prit par la main comme une enfant, l'aidant à se revêtir, redevenant mère, l'emmenant, par des pièces obscures, vers l'appartement même de Mammæa, maintenant levée et attendant son fils, que le grand esclave habillait rapidement.

— Non, non, vous ne répandrez pas votre propre sang, le mien, en fureurs qui mettraient des pleurs et du sang au ciel !

Et elle les força à avancer la main, à se baiser même, à se baiser malgré un frémissement qu'elles croyaient de haine, pendant que Mœsa frappait son ventre sec d'Aïeule.

— Vous êtes sorties toutes deux de là ; vous vous êtes nourries neuf mois là, et votre père s'est reposé sur ce ventre, en ses moments de joie, sur le lit où j'ai accouché de vous. Je ne veux pas, je ne veux pas que Mammæa tue Sœmias, que Sœmias tue Mammæa, et qu'Antoninus enlève la vie à Alexander qui lui veut ravir l'Empire !

Elle sauta au col de celui-ci qui survenait.

— Toi, Cæsar, tu resteras Cæsar, et Antoninus restera Empereur, et je vous arrêterai tous, et j'empêcherai tout.

Elle marchait de long en large, et Mammæa restait immobile, Alexander muet, Sœmias accablée. Les deux Sœurs ne s'en voulaient pas, se sentant surtout poussées par des forces humaines colossales, et de leurs regards clairs, peu à peu, elles se fixaient, se fouillaient, comme pour découvrir le passé d'enfance qui les connut sans ambition mutuelle d'Empire. Elles allaient tomber dans les bras l'une de l'autre lorsque des rumeurs grondèrent; des bruissements d'armes, des chocs de boucliers, des exclamations d'hommes. Et le grand esclave, le poignard en l'air, précéda les personnages graves de l'entourage de Mammæa, criant :

— Ils vont venir, ils approchent, les Prétoriens !

Stupéfaits, ces personnages s'épongeaient, inquiets de cette soudaine explosion dont ils ne pouvaient prévoir la fin. Apercevant Sœmias, ils restèrent bouche béante, ne comprenant rien à sa présence là, et ils s'en allèrent, sous prétexte de faire garder le Palais, non sans qu'elle entendît Venuleius dire à Ulpianus :

— Sœmias implore Mammæa, mais en vain; les Prétoriens vont tout tuer là-bas.

Là-bas, c'est-à-dire, à la Vieille-Espérance, Élagabalus ! Sa maternité lui cria. Elle les quitta, et réveilla Atillia, qu'Habarr'ah aussitôt habilla.

— Partons ! A la Vieille-Espérance ! Allons sauver le Fils !

— Et Atillius ? Et mon Frère ?

— Que faire, que faire ? Allons aux Jardins pour le prendre, ensuite le sauver, car rien n'est perdu; nous ne savons ce que veulent les Prétoriens !

Elles partirent, vêtues encore en simples matrones, dans le jour suintant partout au dehors. Et ce n'était plus la foule de la veille, immense, inlassée et rieuse, mais des gens courant de tous côtés, des groupes effarés devant des tavernes qui se fermaient prestement, des lectiques hasardeuses aux portières desquelles des têtes inquiètes de riches Romains se montraient. Une longue théorie de Sénateurs se rendait au Palais, où la foule les repoussa, les jeta à nouveau, claironnant les noms d'Alexander, de Mammæa et de Mœsa.

Puis une chevauchée se précipita; des têtes de soldats émergèrent dans le jardin, et bientôt l'envahissement du

19.

Palais fut complet. On maudissait Élagabalus, on acclamait Alexander, qui parut en un enveloppement de lumière, entouré de la Mère et de l'Aïeule ; des glaives se brandissaient; des enseignes se hissaient, un débordement de soldats coulait dont les casaques de cuir ou les pectorales de fer luisaient, et superbement apparaissaient des consuls cuirassés du chalcochiton grec, aux applications d'émaux.

Alors, elles s'enfuirent à nouveau. Devant elles, un cortège se poussait : une litière orientale emportait Mammæa et Mœsa ; Alexander galopait, et des généraux criaient, des cataphractaires suivaient, des æneatores sonnaient, des soldats filaient, et aux premiers rangs les argyrapides, fiers de combattre pour Mammæa et son fils, frappaient leur bouclier d'argent de leur pique d'argent. Tout un peuple s'amassait autour du Palatin, à l'Esquilin et à la porte Capène; la Campagne à nouveau s'envahit, et les mêmes légionnaires révoltés venus sur Rome retournèrent au Camp, comme dans un enlèvement d'Alexander, de Mammæa et de Mœsa.

Toujours avec Habarr'ah les protégeant de ses bras noueux, elles traversaient cette Région de la Porte Capène, passaient devant les Jardins de Prométhée, laissant à leur gauche le Temple de Mars, aux murs extérieurs resplendissants d'armures appendues, le Palais de Vitellius et les hautes maisons Albaines, qui appartenaient à la Région Cœlimontane, avec le grand Macellum, puant de viandes fraîches et de poissons frais ; le Spoliaire, où l'on exécutait les criminels, et la Caserne des Cinq cohortes des Gardes nocturnes, vide de ses hommes. La foule s'épaississant, elles errèrent dans les quartiers voisins de la Vieille-Espérance, de la Région d'Isis et de Sérapis, riche du Nymphéum de Claude, de l'Amphithéâtre de Flavien et de l'École des Gaulois, jusqu'à la Région du Temple de la Paix, aux arches trapues, avec sa Tête de la Subura, son Colosse du Soleil aux rayons d'or élargis, ses Thermes de Dioclétien, qui la terminaient, et sa Voie Sacrée, où des gens en toge, tête nue et tête coiffée d'un bonnet pointu, en tunique et en chlamys bleue ou pourpre, s'animaient extraordinairement.

La théorie des Sénateurs remontait le Cœlius; elles la suivirent instinctivement, noyées dans un bruissement de foule, jusqu'à la Vieille-Espérance, dont les portes de bronze laissèrent voir les étalements arbreux des Jardins, leurs bassins d'eau dormante, leurs sentiers dévorés de soleil, leurs statues dressées en des immobilités de végétations aux mornes rousseurs, et, au pied du prostyle, le char de l'Empereur qui devait se rendre justement au Cirque, cette matinée-là.

Et Sœmias tomba nerveusement dans les bras de son fils, tout pâle, pendant que Zoticus, Hiéroklès, Murissimus, Protogenès, Gordius, les familiers, les eunuques, les Hommes de Joie, les femmes s'éploraient, les mains à la voûte des beaux appartements de gemmes et d'or plaqués. Mais Atillia cria, demandant qu'on sauvât Atillius, suppliant Élagabalus d'envoyer ses Prétoriens fidèles qui l'enlèveraient à son lit de douleurs, le ramèneraient au milieu des légions peut-être encore attachées à l'Empire. Alors, un centurion de chrysaspides qui n'avaient pas abandonné l'Empereur, fit sonner des trompettes; les piques d'or frappèrent les boucliers d'or, des Prétoriens coururent aux Carènes, sous des exclamations de peuple s'écartant devant eux.

Un bruissement montait des Jardins, coupé d'un autre bruissement, qui lui répondait en un rythme inusité. Débusquant d'une porte, la théorie des Sénateurs s'avançait, et en face, à peine distincte, surgissait une autre théorie d'hommes vêtus de blanc, couronnés de feuillages et agitant un cylindre au bout duquel pendait quelque chose de très léger. Les Sénateurs, les bras en l'air, la tête droite, s'exclamaient :

— Que l'Ennemi de Rome soit traîné; que l'Ennemi de la patrie soit traîné; que l'Ennemi des dieux soit mis au Spoliaire; au Spoliaire le Prétorien infidèle; au Spoliaire, le Révolté; qu'il soit traîné avec des crocs; que celui qui a fait tuer tant d'innocents soit tué avec des crocs; que le Parricide des citoyens soit traîné avec des crocs. O Jupiter très grand, très bon, si tu veux nous sauver, conserve-nous notre Empereur. Vive la fidélité des Prétoriens; vivent les cohortes prétoriennes ; vivent les légions romaines. Exauce-nous ! Aux Bêtes les ennemis des dieux !

Ils répétaient ces menaces vagues, ne désignant pas l'Empereur, pour se glorifier d'avoir demandé la mort d'Alexander, si Alexander devait être vaincu. Mais les autres s'avançaient, criant à leur tour :

— Antoninus, que les dieux te conservent ; Empereur Auguste, que les dieux te conservent ! Félicité pour nous sous ton Empire. Les dieux nous gardent de malheurs ; sous ton Empire nous ne craignons plus rien. Tu as vaincu les Crimes, tu as vaincu les Opprobres, tu as vaincu les Vices, nous en sommes certains !

Mais les Sénateurs se déployaient devant le prostyle, et toujours les bras en l'air :

— Nous opinons tous pour qu'il soit traîné avec un croc ! Que celui qui a assassiné tous les citoyens soit traîné avec un croc ; que celui qui a tué des personnes de tout sexe soit traîné avec un croc ; que celui qui n'a pas épargné son propre sang soit traîné avec un croc !

Ils hurlaient, se donnant courage l'un et l'autre et s'épongeant la face d'un pan de leur toge, très fatigués, car ils revenaient du Palatin, où Alexander et Mammæa écoutèrent de semblables menaces. L'autre théorie répondit :

— En toi le salut, en toi la vie, le plaisir de vivre. Vive toujours Antoninus, afin que nous sentions le plaisir de vivre ! Objet de notre vénération, qu'il reçoive un nom sacré. Nos présomptions sont justes ; dès ton enfance nous augurions bien de toi ; aujourd'hui, nous augurons de même !

— Au Spoliaire ! reprenaient les Sénateurs, à la fois audacieux et hésitants, et ne trouvant rien à répondre aux louanges des Poètes, — car c'étaient eux — que Zopiscus dirigeait. Recrutés pour lire à Élagabalus un Poème de l'époux d'Habarr'ah, ils ignoraient le soulèvement de l'armée, et encore tout abrutis des heures passées à apprendre les Vers de Zopiscus, ils s'inquiétaient des Sénateurs. Aussi gloussèrent-ils :

— Divin Antoninus, que les dieux te conservent ! Honneur

à ta Modestie, à ta Prudence, à ton Innocence ! Nous augurons bien de toi !...

Les deux théories se faisaient face ; les rouleaux s'agitaient, les laticlaves flottaient. Les uns et les autres allaient se frapper de fureur, quoi que Sénateurs et Poètes ils fussent. Derrière eux, des soldats s'alignaient, des décurions à leurs flancs, pour filer en disparitions de glaives et de boucliers ; des femmes fuyaient ; des prêtres du Soleil s'enfermaient précipitamment en un œdicule, et des joueurs de tubas, de cors et de buccines soufflaient des appels effrénés. Et, comme Poètes et Sénateurs se reculaient des épaules pour un élan de mêlée féroce, une immense clameur s'éleva. Des têtes de soldats au casque pointu, au casque rond, au casque en gueule de bête, se montrèrent ; des enseignes au-dessus, une profondeur de piques, des convexités de cuirasses et de boucliers. Il y eut une lutte, des cris de blessés et des corps s'affalant. Victorieusement, un torrent d'hommes armés courut vers le palais. Alors, ne sachant trop si c'étaient là des amis ou des ennemis, Poètes et Sénateurs se débandèrent en un évanouissement blanc de toges, une absorption rapide de rouleaux et de laticlaves, et les envahisseurs les poursuivirent du plat de leur glaive, au hasard, ne voyant pas dans le trouble à qui ils avaient affaire, à des Poètes ou à des Sénateurs !

XV

Les premiers échappés du Camp, ils avaient été rejoints par d'autres bandes, et, saoûls de leur liberté soudaine, ils n'en gardaient que plus d'exaspération contre le monde officiel qui les dominait, contre leurs propres chefs, contre les patriciens, contre les opulents citoyens, contre les parasites, eux qui vivaient de discipline et de privations, eux qui, nés en des régions éloignées auxquelles l'Empire les arracha, restaient comme des Barbares au milieu de cette Rome longtemps convoitée de leurs yeux torves de soldats mal repus et toujours insatisfaits. Et leur sang de tueurs d'hommes se réveillant, ils massacrèrent à coups de glaives, à coups de piques et à coups de flèches des eunuques qui se sauvaient, des femmes qui les imploraient, même les chevaux blancs de l'attelage d'Élagabalus qui piaffaient là, et bientôt les Jardins furent emplis de lamentations sous ce soleil roux mangeant les végétations d'une indélébile rouille d'or.

Mais Antiochamus et Aristomaches survenaient, suivis d'officiers et de cataphractaires ramassés en route qui s'étaient refusés à la révolte ; ils les frappaient à leur tour, terriblement. Des corps essaimaient les marches du prostyle, du sang baignait de larges mares le sol, des cervelles éclaboussaient l'air, des têtes tombaient, les yeux ouverts sur une nuit en eux se faisant. Enfin, le palais put être dégagé ; les Jardins lentement se vidèrent, Antiochanus, Aristomaches et les officiers rentrèrent, glorieux, ensanglantés, la cuirasse bosselée, le casque de travers, confiant leurs chevaux à des Prétoriens qui eurent encore le temps d'accabler de coups quelques fuyards.

Dans la même salle qui avait vu l'orgie de la nuit, Élagabalus serrait nerveusement le fameux lacet de soie, le poignard d'or et le coffret exquis de poison, ne voulant pas mourir, comme toujours, sous des mains grossières de soldats. Ils le voulurent mettre à leur tête, pour repousser lui-même la révolte, mais irrésolu à l'action quoique résolu à la mort, il remua la tête, ne voulut pas.

Il prononça le nom d'Atillius, Atillia là encore avec Sœmias !

— Les chrysaspides sont partis pour le remener, le sauver des révoltés et de la foule, s'ils le veulent frapper !

Antiochanus s'irrita.

— Non ! Nous ne laisserons pas Atillius qui t'a déjà sauvé, Divinité, à la merci de la révolte, car les chrysaspides ne sont pas assez nombreux pour l'arracher à la mort !

De nouveaux assaillants envahissaient les Jardins, si nombreux qu'Antiochanus força tous les familiers, les Hommes de Joie, les parasites, les gardiens de Bêtes, les auriges, les Mages, même les bouffons, à défendre l'Empire, avec les Prétoriens de la Vieille-Espérance qui accoururent, le bouclier haut, le coude en arrière, la pique allongée. Il disposa ces derniers en bataille, du prostyle au large des Jardins ; des hastaires en tête, avec de longues javelines, précédés de quelques vélites jetés en avant, qui coururent sur les révoltés pour se retirer dans les intervalles, et derrière eux des principes ouvrant leurs rangs à des cataphractaires qui attendaient de s'élancer sur les soldats, dès l'indécision d'une déroute et pour les achever.

En triangle, appuyés au palais, ils marchèrent, frappant à droite et à gauche, sur des masses indisciplinées bientôt trouées de morts, poussant devant eux, pour se garantir, les eunuques, les bouffons, les familiers, les parasites, les auriges, les Gardiens de Bêtes, les Hommes de Joie et les Mages, qui se laissèrent tranquillement égorger, la barbe toujours droite sur leur poitrine cramoisie. Et, coupant les déchirements des tubas, des cors et des buccins qui ne cessaient pas, les flèches rebondirent sur les boucliers, les hasts volèrent, rentrèrent dans des chairs, les javelots sifflèrent en se plantant dans le sol où leur pointe retombait, toute vibrante. Enfin, les révoltés se lassant, le triangle s'ouvrit et la cavalerie se rua sur les soldats, qui se reformaient quelquefois derrière elle, en un effort désespéré de combat.

Cependant, des soldats coulaient encore par une brèche des murailles: tout le Camp des Prétoriens semblait se vomir là. Antiochanus se dit que mieux valait boucher cette invasion énorme de soldats en envoyant Aristomaches au Camp, pour le contenir. Celui-ci piqua, et l'on ne vit plus de lui que son chlamys rouge qui disparut, en un éclair et dans des clameurs.

Par une brèche, irruptèrent des gens du peuple, désarmés. Les légionnaires leur tirèrent des flèches et des javelots ; quelques-uns tombèrent ; ils s'avancèrent toujours, comme si un désir de se faire tuer-là, sans se défendre, les eût pris tout à coup. Bien vite, ils se trouvèrent face à face de la petite armée d'Antiochanus, sans souci du sang où leurs pieds trempaient et des coups qu'on leur donnait. Là-bas, les révoltés attendaient d'être plus nombreux pour un nouvel assaut qui ne pouvait tarder, car ils s'accroissaient de minute en minute de manipules débandés.

— Tuez-les, cria Antiochanus en désignant les pacifiques arrivants. Mais une voix lui parvint qui le troubla, l'ayant entendue jadis :

— Nous venons pour sauver Antoninus ! Nous sommes avec Kreistos !

C'étaient Zal, Ghéel, les chrétiens orientaux, accourus au secours de l'Empire, pour le salut même de l'Agneau. Et Zal ajouta, tristement et résolûment à la fois :

— Nous défendons l'Empereur parce que l'Empereur a admis Kreistos et qu'avec lui Kreistos peut être glorifié. A mort, à mort Rome ! Au feu, à la boue, aux excréments la Ville qui se prostitue ! Qu'importe le maître terrestre qui la jugule, pourvu qu'elle baigne dans le sang et le Péché, d'où la Grâce de Kreistos un jour naîtra !

Et les chrétiens se serrèrent autour du prostyle. Comme ils paraissaient d'armes dépourvus, Antiochanus, qui ne comprit rien aux paroles de Zal, voulut leur en distribuer.

— Ils n'en veulent point, s'exclama Zal, dont la face d'illuminé, à la barbe courte d'un brun fin et aux pénétrants yeux noirs, s'éclaira. Ils ne veulent pas verser le sang de l'homme, même impur. D'ailleurs, ils sont armés, mais pour se défendre, non pour attaquer !

Sur l'horizon, au-dessus des végétations recouvrant des surfaces de lacs maintenant pleins de sang, une haute litière se balançait, et des casques luisaient, des piques vibraient à l'air, des têtes de chevaux recouvertes d'écailles s'avançaient. Mœsa venait du Camp, ayant appris le danger que couraient Élagabalus et Sœmias, par Aristomaches, qui l'avait suppliée d'accourir, d'interposer sa vieille autorité sur ces férocités de soldats grisés de massacres. Émue, elle venait s'exposer aux révoltés de la Vieille-Espérance, les apaiser, faire cesser cette lutte fratricide, pour que l'Empereur ne tentât rien contre le Cæsar, que celui-ci subît celui-là. Il y eut de grands frémissements : Antiochanus espéra ; les soldats se détendirent. Et l'Aïeule, lentement, en un langage d'ardente mysticité, parla de ses Filles, des Enfants, divins tous deux, au monde venus au milieu des présages qui les désignèrent à l'Empire, montra Rome par eux dominant l'Univers et, pour davantage prouver sa vieille maternité, debout sur la litière écrasant sous des étoffes rouge et or les épaules des Prétoriens qui la portaient, elle releva sa stola et frappa sur son ventre ridé, nu.

Alors, il y eut un départ lent de soldats désagrégés, ne se sentant plus appuyés, pendant qu'Antiochanus rappelait à quelques-uns leur serment à l'Empire, qu'il en rudoyait d'autres pour leur indiscipline, toujours vaillant et brutal, et que les Prétoriens repoussaient lentement les rebelles qui, pour se venger, lâchement, tirèrent encore des flèches, de très loin. A ce moment, les prêtres du Soleil s'échappèrent de l'œdicule. Il les tuèrent tous avant qu'on les pût secourir. Les cadavres pantelèrent sur le sol, au pied de l'œdicule qui s'ensanglanta ; des cuisses nues apparurent, et des chairs comme maladives, verdies tout à coup, en blocs sur l'herbe, à côté de mitras jaunes dont les pierreries étincelèrent, rouges et violettes.

Les chrétiens s'en allaient, croyant tout apaisé. A l'entrée des Jardins, des femmes attendaient, des visages amis les épiaient, des phrases d'amour volaient ; quelques chrétiens, tout à l'heure frappés, s'avançaient, fraternellement appuyés sur d'autres qui les consolaient pour la Gloire de Kreistos. Mais le mot de CHRÉTIENS fut prononcé ; les soldats qui n'avaient pu saccager le palais et tuer Élagabalus se rattrappèrent alors sur eux. Ghéel eut l'épaule fendue par un tranchant de glaive, quelques-uns furent assommés ; mais les soldats furent pourchassés à leur tour par les cataphractaires qu'Antiochanus emmenait aux Carènes prêter aide aux chrysaspides partis pour secourir Attilius. Cependant, dans les rues, il y eut encore un combat. Les sagittaires arabes et les frondeurs achéens se joignirent aux révoltés, accablant de traits et de balles d'argile les cataphractaires, qui les dispersèrent, très beaux sur leur monture luisante dont les hennissements s'ourlaient frénétiquement au tumulte, pendant que des citoyens se sauvaient, plus ennemis maintenant de la sauvagerie des combattants que des ignominies d'Élagabalus.

Comme Zal voyait venir à lui Severa, inquiète et pâle, Severa qu'il croyait encore dans l'atelier hospitalier de Ghéel, une flèche se planta juste sous son cœur, près du sachet où, depuis si longtemps, il gardait les fleurs de la patricienne. Tranquille et à demi souriant il arracha l'arme. D'effroi, Severa le soutenait et ne lui parlait pas. Ghéel s'en allait au bras de Cordula, la prostituée campanienne, qui, miséricordieusement, avait deviné, par farouche prescience féminine, que là où Élagabalus souffrirait le potier syrien serait. La foule s'écartait, ni sympatique ni mauvaise. Dans leur fuite, les soldats lançaient des javelots à des fenêtres et tuaient à distance, avec de gros rires, les Romains qu'ils rencontraient. Des trompettes lamentables sonnaient; une nouvelle rumeur montait des Carènes, et sur une hauteur de voies que Zal et Severa ne reconnaissaient plus, tant l'un perdait l'âme avec sa blessure, tant l'autre en restait troublée, une tête vacillait au bout d'une pique énorme, et, nimbée, rouge, la barbe sanguinolente, elle ressemblait, dans ce jour atroce, un deuxième soleil glaireux entouré de nues balancées. Zal et Severa ne virent pas que c'était la tête de Maglo, décollé le matin.

XVI

Ils marchaient lentement, lui, la main à sa blessure, d'où du sang finement coulait; elle, le soutenant toujours, en amie, en sœur, en mère, à travers des rues où des gens les regardaient sans les secourir. Ils gravissaient les pentes de l'Esquilin, et Zal ne parlait pas davantage, et Severa le soutenait encore, frissonnante de le voir ainsi. Un moment, ils n'entendirent plus rien : la révolte mourait là, et même ils se trouvèrent isolés, évités par des Romains effrayés. Mais, après avoir traversé une grande voie, les rumeurs renaquirent ; le peuple inondait tout, des soldats échappés couraient en groupes, des cavaliers galopaient, et chacun demandait la mort d'Élagabalus et l'érection à l'Empire du fils de Mammæa.

Derrière eux un homme marchait rapidement, suivi par d'autres, auxquels il faisait signe. Et Severa l'entendit s'exclamer :

— C'est Zal, le Perse, le chrétien !

A l'irritation de ces paroles, elle comprit qu'on en voulait à Zal, qui desserra faiblement les lèvres :

— Je connais cette voix. Ce Romain me frappa jadis, tu sais, quand j'allai à l'assemblée de l'Esquilin !

C'était ce Carbo qui lui donna un coup de poing, cette nuit inoubliée qu'Élagabalus troubla de ses visites aux lupanars romains, cette nuit qu'Atillius emplit de la chevauchée de ses cataphractaires ; où lui-même, Zal, connut l'Égyptien Amon ; où, à l'assemblée du Viminal, il arracha à Atta son masque d'hypocrisie. Des mois s'étaient écoulés, et l'amour de Severa avait largement fleuri depuis, et il l'avait aimée, fortement et saintement. Pour mieux étreindre ces souvenirs, il fermait les yeux, traversant avec elle une autre voie, se rapprochant de l'Esquilin, quand Carbo s'exclama encore :

— C'est un ami d'Élagabalus, tuons-le !

D'autres crièrent ensuite, courant sur eux, s'arrêtant quand Severa qui se retournait, implorante, les regardait de ses yeux ardents. Ils restaient surpris de sa beauté, de sa modestie, de sa toute pudeur de femme avouant ainsi son amant dans la tragédie de ce jour. Et ils hésitaient à obéir à ce Carbo, qui haïssait Zal sans savoir, depuis des années, quoiqu'il ne le connût que fort peu, pour satisfaire seulement au goût de haine contre un chrétien quelconque, quand un bruit gronda près d'eux. Des soldats et des cavaliers se poussèrent du Cœlius, et la tête de Maglo émergea sur l'horizon, toujours sanglante dans le ciel sanglant.

Ils chassèrent les Romains, et bientôt toutes les rues de l'Esquilin, au nord occupées par des bandes dont les clameurs fusaient, se mouchetèrent de fuyards. Quoique, à la Vieille-Espérance, la révolte se fût apaisée, qu'Élagabalus en eût été vainqueur par Mœsa et les Prétoriens fidèles, les soldats s'en donnaient encore à plein, frappant et tuant qui ils pouvaient, très contents au fond d'eux-mêmes de cette journée de carnages dont tout Rome tremblait. Ayant depuis longtemps coudoyé leurs races dans les rudesses du Camp, ils se sentaient solidaires et, la révolte avortée, ils ne se quittaient plus; au contraire, ils cherchaient à s'agréger, à faire le plus de mal possible, à répandre le plus de sang possible, quittes plus tard à subir la décimation et les Bêtes comme des vaincus !

Tant Zal souffrait qu'il ne put voir la tête de Maglo. Il désirait mourir dans sa chambre de l'Esquilin, où il avait si longuement vécu d'âme avec Severa, où un parfum de ses fleurs flottait encore, le grisant de mystique amour. Et, en protégeant sa blessure, sa main rencontrait les fleurs du sachet; elles étaient comme un témoignage vivace de leur Goût mutuel qui avait persisté, chaste malgré tout, dans les horreurs des cultes polythéistes et les promiscuités du Kreistos oriental.

Des quartiers Succusanus, de l'Orus, des Laveurs de Morts, de la Vénus Placide et des Parfums Funéraires, d'autres soldats se ruaient, comme obéissant à un mot d'ordre qui les dirigeait vers un unique point. Et Zal et Severa ne virent pas également que leur quartier se barrait de ces furieux, qu'un cercle énorme se rétrécissait autour. Une forme noire fila près d'eux : Atta rejoignit la bande qui exposait la tête de Maglo. Ils n'aperçurent davantage Atta.

Leur rue s'allongeait dans une torsion de soleil qui la vêtait toute, la faisait plus sinistre, avec sa population de laveurs et d'embaumeurs de morts, ses boutiques de drogues et ses diverses industries. La maison était au milieu, sa façade lumineuse trouée de fenêtres mouvementées de têtes. Bientôt ils y furent, Zal de plus en plus faible, Severa voulant paraître courageuse et s'épouvantant.

Les habitants du quartier maintenant les accusaient d'être chrétiens ; ils leur montraient le poing du seuil de leur porte, et des individus, que refoulaient les soldats des deux extrémités de la rue bientôt pleine, les injuriaient pour avoir dénaturé Kreistos. Ceux-là étaient des chrétiens occidentaux : Rufus, Ravidus, Cornificius, Krinias, Lycinna — une femme ! — Ponticus, Servius, par Atta aiguisés contre Zal et Severa, et accourus aux premiers troubles. Ils les harcelèrent, sans voir eux-mêmes leur propre danger, car le cercle des soldats les repoussait toujours, hérissé en dedans de piques et en dehors de sagittaires arabes dont les faces brunes riaient quand une de leurs flèches, au large de la rue, abattait quelqu'un, et il en venait sans cesse, comme si une riche proie fût sous leurs yeux, dans ce quartier pauvre dont déjà, à défaut de choses bonnes à piller, ils guignaient les belles filles qui s'éploraient et se cachaient.

Sur le seuil, Zal et Severa furent bousculés par Zopiscus, qui venait se réfugier aussi dans la maison. Échappé au carnage de la Vieille-Espérance, il avait d'abord vagué dans les rues de Rome, repoussé par Typochronos et par Habarr'ah, sa vieille épouse noire, entrevue avec Atillia, qui ne voulait plus de ce mari si suprêmement vidé. Il s'échouait là, un rouleau, — le poème de *Vénus*, — à la main, les vêtements sales, la tête nue, sa longue barbe pointue sans moustaches chargée de poussière et d'immondices ; il monta rapidement les huit étages et s'enferma bien vite dans sa chambre, nullement louée encore par le propriétaire numide à demi caché, dans sa cubicula, derrière des balles de cuir de Pergame, et ahuri !

Zal et Severa gravirent péniblement les marches, lui, serrant les dents, serrant les poings, les yeux à demi-clos, guidé par elle, se soutenant à elle, ne voulant pas exhaler sa douleur pour ne point davantage l'effrayer. Et ce qui leur était terrible, c'est que le propriétaire numide, sorti de ses balles de cuir, les invectivait, pressentant par leur présence d'effroyables malheurs, car les soldats, sur les suggestions d'Atta courant dans leurs rangs, et les chrétiens occidentaux qui poussaient des cris de mort, s'invitaient mutuellement à envahir sa maison. Ils montaient encore, et des locataires sortaient, des injures aux lèvres ; des jeunes filles les accablaient de cris ; des enfants leur jetaient des ordures. A chaque étage apparaissait fugacement une vision de gens s'exclamant, dans une épouvante croissante, par les ouvertures des paliers ; l'air du dehors les frappait à la face et la Campagne leur apparaissait vaguement sous un ciel tout rouge, emplie de soldats, de fumées ascendantes, de bêtes lâchées, et de massacres de citoyens isolés par des révoltés furieux.

En haut, Severa coucha Zal sur son lit et lui découvrit la poitrine où la blessure apparut en un trou noir irradié de sang noir, qu'elle baigna d'eau fraîche, et, devinant confusément qu'elle n'avait pas assez lâché de sang, que Zal étouffait par elle, elle suça la plaie, pour en faire dégorger tout. Un flot de pus lui vint à la bouche ; il ouvrit les yeux sous cette éperdue aspiration, lui prit les mains, les portant juste près du sachet de fleurs, sous cette blessure, et les gardant lentement, nerveusement, en un dernier effort d'amour qui ne pouvait autrement s'exprimer.

Ils n'entendaient plus les clameurs de la rue, immensément roulantes. En bas, les soldats invités à tuer Zal enfonçaient la porte barricadée par le propriétaire numide, et ils se répandaient dans le long couloir, dont l'obscurité se raya de piques et de glaives. Mais derrière eux des cris les suppliaient. Les mains jointes et des pleurs aux yeux, sa vieille face pâlie, bégayant et toussotant, Glicia essayait de les arrêter et Rusca levait les bras de désespoir.

— Je suis Glicia, de la famille des Glicia qui compta jadis un dictateur. Soldats, apaisez-vous ; respectez mon épouse, en haut avec ce Zal que je n'aime point quoiqu'elle l'aime. Mais elle est l'épouse de Glicia, et Glicia ne veut pas l'abandonner. Que ce Zal soit tué, avec son Kreistos que nul n'a vu, avec son Élagabalus, son Ghéel, tous les siens qui sont les ennemis de Rome, la chose m'agrée, oui, elle m'agrée ;

mais mon épouse n'a pas péché, ce Zal l'a trompée, l'a charmée, et les dieux le puniront, oui, le puniront ! Glicia vous supplie ; Glicia vous prie de tuer ce Zal mais de respecter l'épouse de Glicia !

Il empoignait leurs genoux, très intrépide sous des menaces d'armes que les soldats levaient sur lui. Ils l'allaient cependant laisser là, quand le patricien se saisit du glaive de l'un d'eux, retrouvant dans cette extrémité un peu de la vigueur des autres Glicia, ses ancêtres :

— Non ! Non ! Glicia ne vous laissera pas outrager et torturer son épouse ; vous le tuerez plutôt !

Il brandissait ce glaive, avec des moulinets maladroits, à en blesser même un révolté. Alors les soldats crièrent ; un coup de pique le renversa, et avant qu'il le pût secourir, Rusca recevait un autre coup. Ils furent ensuite jetés hors du couloir ; quelques-uns, après leur avoir écrasé la face, coupèrent leurs vieux sexes, follement, pendant que d'autres, enjambant ces cadavres, rejoignaient les premiers assaillants.

Une ascension de soldats hurlait, frappant à toutes les portes, jetant par les paliers, par les fenêtres baillant sur une cour intérieure, des éclats de bois arrachés à des cubiculas enfoncées. Leur fureur grandissait : un délire les prenait qui leur faisait voir rouge, non seulement la Campagne crevant soudainement par les étages, mais les murs, les voûtes, les longs couloirs, l'escalier qui se vrillait, infini, jusqu'à la terrasse en belvédère surplombant la rue de sa galerie branlante.

A présent Zal très faiblement parlait, toujours les mains de Severa à sa blessure près des fleurs sèches, lui demandant de l'ensevelir dans le cœmeterium visité le matin, dans ce loculus, ignoré, creusé frais encore, qui fleurait bon le parfum de Kreistos. Et une larme montait à ses cils ; ses narines se dilataient, ses yeux s'ouvraient, vitreux, sur une espèce de ciel intérieur qui s'agrandissait vivement, peuplé de choses à peine distinctes, et mollement éclairé d'une auréole de confesseur le trouant comme une lune d'or. Deux trônes de saphir et de sardoine se hissaient lentement, avec des pieds faits de faces d'anges, un dossier fait d'une face d'agneau, et il s'asseyait sur l'un, elle s'asseyait sur l'autre. Sous eux, Rome s'aplatissait, lointaine et grouillante, comme une Bête visqueuse dans de la boue. Un soleil funèbrement violet pesait sur la Ville ; un vent de mort soufflait sur son Tibre qui avait des lueurs de sang, et le Péché s'accroupissait monstrueusement sur son ventre, qu'il dévorait aux entrailles dont le Monde restait infecté. Blanc comme un gigantesque lis blanc, tout au haut de ce ciel, la tête de Kreistos émergeait, avec des cheveux s'annelant sur les épaules divinement bleues de son manteau bleu ; ses yeux les fixaient tendrement, il avait une discrétion de bouche qui les appelait, pendant que fondaient sur leurs fronts deux colombes roses, portant à leur bec, rose aussi, une couronne de pierreries qui étincelaient comme des soleils.

Alors Zal poussa un grand soupir et se dressa vers Severa. Leurs bouches se rencontrèrent : il retomba, immobile, les mains de la patricienne dans ses poings crispés.

— Ah ! Kreistos ! Ah ! Kreistos ! Reçois-le dans ton Sein !

Elle ne savait que dire cela, le baisant exaspérément sur ses lèvres mortes, qui s'apâlissaient, n'entendant pas les grosses clameurs des soldats maintenant sur la terrasse. La porte sauta. Elle ne les conjura pas : à genoux, le cou tendu, elle attendit de rejoindre Zal, sourdement heureuse qu'il fût mort pour n'avoir pas à souffrir davantage de leur cruauté. Et, comme ils s'étourdissaient tous de cris, elle se releva, passa son bras sous la nuque du cher mort, l'embrassa sur les lèvres. Un glaive fut brandi ; Severa s'affaissa, dans un éclaboussement de sang, la tête à peine rattachée au col blanc par une bande de chair. Bientôt les deux cadavres, traînés sur la terrasse, furent jetés dans la rue, par-dessus la galerie de ce huitième étage, après avoir buté en tournoiements effroyables aux saillies de bois des étages inférieurs, où la tête de Severa s'accrocha, se détacha dans un accueil de clameurs, pour rouler sur le pavé et se porter comme d'instinct sur les lèvres de Zal tuméfié.

Un soldat qui enfonça la porte de Zopiscus découvrit le poète sous le lit, claquetant. Il gémit, à plat sur le parquet pauvrement carrelé :

— Je composais pour vous un Poème ; je chantais vos triomphes ; je maudissais Élagabalus ! Vous êtes grands, vous êtes forts et nul ne vous vaut !

Il leur montrait son poème de *Vénus*, pour le leur lire, quoiqu'il claquetât des dents. Mais un soldat tira sa barbe cette barbe pointue sans moustaches si contraire à la Muse, au dire des Critiques mélancoliques et inquiets, et le redressa sur pied. Il cria, les bras en l'air, une main serrant faiblement le rouleau :

— Souvenez-vous, souvenez-vous que pour quelques as je célébrais vos maîtresses. Voulez-vous de mes vers ? Vous ne me donnerez rien, car je veux contenter vos Illustrations !

On ne le comprit pas, troublé qu'il était et bégayant. Alors une pique glissa dans les rangs, entre ses épaules de cuir mouvant, s'enfonça dans sa maigre poitrine, le cloua à la muraille remuée, où elle le poussa obstinément, tuant ainsi net le poète à côté du voisin Zal, qui lui fut toujours inconnu. Les soldats rirent fort de cette mort à moitié grotesque. Zopiscus était debout, les yeux ouverts, la bouche ouverte, la face longue, les doigts des mains écartés, le nu des jambes passant à travers la tunique déchirée, le poème à ses pieds. Très gais, ils le voulurent contre la muraille, en épouvantail, lui plaçant deux piques sous le menton pour qu'il tînt mieux, mais ses jambes se dérobèrent sous son corps de poète veule, et ce fut une peine que de le garder ainsi. Tous s'amusaient de ces essais d'équilibre. Enfin, il resta là planté, avec les deux piques au menton. Assez satisfaits d'eux-mêmes et de lui, ils le tirèrent par la barbe et les cheveux et le jetèrent aussi dans la rue, où il s'écrasa tout à fait à côté de Zal, de Severa décapitée, et de la tête de Maglo tombée de sa haute pique.

Terrifiés, les Romains voulurent fuir ; mais les soldats qui occupaient les extrémités de la rue leur envoyèrent tout à coup des javelots. Ils se campaient, droits, le bouclier haut, et visaient, le bras en arrière, le jarret tendu ; puis le trait vibrait, sifflait, pénétrait dans une poitrine ou un dos. Sur leurs chevaux, les sagittaires arabes bandaient leurs arcs, tiraient toujours des flèches, à droite, à gauche, semant des blessés qui s'affaissaient dans du sang et des cris, tuant successivement Rufus, Ravidus, Cornificius, Krinias, Ponticus, même Lycinna — une femme ! En haut, c'était pis. Les envahisseurs dévalaient en torrent, et ils ouvraient toutes les portes, ils frappaient tout. Des filles et des femmes gisaient à travers les cubiculas, le ventre découvert, et après qu'un soldat en avait violé une, un autre approchait, qui s'acharnait dessus, et toujours, du septième étage au rez-de-chaussée. Ils tuèrent également le propriétaire numide, découvert dans une fosse d'aisance, après lui avoir empli la bouche d'excréments, ignoblement. Puis, ils sortirent tous, grisés et les yeux clignotant au jour du dehors où la rue déserte ne leur offrit que des cadavres. Alors ils s'en allèrent, en se créant la singulière jouissance de chasser devant eux, à coups de pieds, la tête de Severa engluée dans ses longs cheveux, qui tragiquement ne s'était plus séparée des lèvres ouvertes de Zal, aplati et les bras en croix sur le pavé visqueux !

XVII

La petite rue des Carènes s'animait de gens, surtout de chrétiens occidentaux, ayant souffert d'Atillius durant la première sédition, et qui excités par Carinas et Vipsanius, le découpeur de viandes et le marchand d'herbes séchées de l'Aventin, attendaient, se groupaient, et déjà se proposaient de le tuer.

Beaucoup, échappés de leur Région, la Transteverine avaient montré le poing à la maison de Ghéel. Et Madeh et Amon — Severa déjà partie pour la Vieille-Espérance — eurent la prescience des grands malheurs qui allaient engloutir l'Empire et le Kreistos Oriental. Alors ils s'en allèrent, Amon suivant Madeh, à la fois sous le coup d'une tendre amitié et d'une reconnaissance pour Atillius qui l'arracha jadis aux soldats lorsqu'il écouta dans les fossés du Camp le grouillement des crocodiles. Et l'affranchi ne tremblait plus du primicérius, et son amour se développait maintenant violemment en lui, et il courait, courait, coupant toujours avec Amon des groupes qui débordaient sur la Vieille-Espérance, sur le Palais des Cæsars et les Carènes, partout où l'Empire s'offrait aux coups.

— Je n'y survivrai pas, gémissait-il. Atillius est affaibli et convalescent. Ces Romains le tueront sûrement si l'Empereur, Sœmias et Atillia ne le sauvent de leur fureur !

Ce nom d'Atillia n'amenait en lui nulles ardeurs, tant elle lui restait présentement étrangère. Bientôt la petite maison des Carènes se présenta, assiégée des chrétiens occidentaux qui suivaient Vipsanius et Carinas. Ceux-ci désignèrent tout haut Madeh :

— C'est un affranchi, qui est partisan de Kreistos dénaturé ! Zal va recevoir son châtiment, celui-là recevra le sien, car Kreistos ne veut pas le règne du Péché par l'alliance d'Élagabalus, d'Atillius et du démon Zal.

Madeh eut à peine le temps de soulever le marteau de la porte qui s'entr'ouvrit lentement et montra à demi la face effrayée du janitor et de quelques esclaves, attirés par les bruits du dehors. Le janitor le reçut, stupéfait, contrit, désignant du doigt Amon qu'il n'avait jamais vu :

— Tu viens à propos, car il t'a demandé. Mais celui-ci, qui est-il ?

Madeh le nomma, parlant très vite de la révolte, pendant que les autres esclaves le regardaient, sans presque le reconnaître sous ses vête... ts pauvres, avec sa chevelure peignée seulement à l'eau, et privé de ses joyaux, de ses gemmes, de ses amulettes et de la mitra, qui lui allait si bien. Ils le croyaient mort. Mais Madeh s'avançait, disant à Amon de rester là, repoussant l'esclave nomenclateur qui voulait avertir Atillius, coupant le vestibule, passant devant le crocodile de l'atrium qui souleva sa tête plate et le fixa de ses yeux désespérants, à peine apercevant le singe qui glapit fort, et le paon dont la queue rayonna en une gloire d'yeux ouverts. Et il traversa le tablinum, témoin de sa faiblesse avec Atillia, les cubiculas discrètes dont les tentures pendaient, alanguies, avec leurs dessins striés de chromes. Atillius reposait sur son lit, les yeux à la voûte, la bouche vague, les bras repliés sur les coudes, un bandeau au front cachant encore sa blessure. Pâle et le pouls fièvreux, sa tête pencha vers Madeh.

— Toi ! Est-ce vrai, toi, Madeh, Madeh, mon affranchi !

Il se levait péniblement, la face rosoyante, avec des lueurs de bonté en ses étranges yeux que plus violets rendait l'éclat de sa robe violette traînante. Et le voyant, il oubliait tout, il voulait oublier tout, sans chercher à savoir pourquoi Madeh était là. Mais l'affranchi s'écria :

— Ils entourent la maison et ils en veulent à ta vie ! Élagabalus est assiégé par les prétoriens, Mammæa est partie au Camp, et je suis venu avec Amon, pour te sauver.

Il lui disait tout ce qu'en sa fuite éperdue il avait appris. Atillius l'étreignit, à moitié sanglotant en une crise de nerfs suraiguë :

— J'étais sûr de toi ; je savais bien que tu ne m'oubliais pas, toi, Madeh !

Et sa tendresse amollissante lui cachait la réalité vivante, le rejetait au Rêve que sa blessure avait levé en lui depuis six mois. Il palpait Madeh, le regardait extraordinairement, comme s'il eut été d'Idéal, comme si une chose supérieure l'eût transformé. L'humilité de ses vêtements, sa face grave aux cernes noirs lui apparurent telle qu'en une extra-corporéité toute lumineuse, qui le faisait comme flotter en un soleil non d'or mais d'améthyste, mais violet, embrassant une nature violette, dressée en plans violets dans sa maladiveté.

— Je me le disais : jamais Madeh ne m'oublierait. Et si j'ai été dur, pardonne, tu es encore chez Atillius, c'est-à-dire chez toi !

Mais les voix des chrétiens lui parvinrent, assez distinctes pour qu'il s'en émût. Il se leva tout à fait, en chancelant :

— Serait-ce vrai ?

Il lui prit nerveusement une main, commençant à tout voir, à tout comprendre, à tout deviner. Puis il se rassit, calme :

— C'est la fin, nous mourrons ; pourquoi lutter ? Vois, le Bonheur n'est pas à Rome, à Rome qui doit nous engloutir et qui nous engloutira !

Il lui parlait à la fois avec autorité et déférence, comme s Madeh lui restait supériorisé. C'est qu'Atillius, en son long alitement, s'était dévirilisé, la Nature le faisait amante en disloquant leur rôle à tous deux. Dans ses tendresses, passait tout le Rêve de sa grande Imagination dévoyée qu activa depuis Emesse, comme sous un souffle de forge, le culte de l'Androgyne par la Pierre-Noire et le Plaisir dans l'Unisexualité. Sa fièvre magnifiait Madeh, le créait Androgyne vivant et palpable ; elle le faisait beau, mystérieux et sacré comme les idoles de son temple. Aussi, quelque désespoir que Madeh en eût, il l'entraîna vers le temple déjà connu de Ghéel et de Zal, et les dieux lui émergèrent, la Vesta hiératique et les brasiers toujours fumant dans une ombre bleue, douce et chaude, où reluisait le Cône Noir en face du Kreistos Noir.

— Toi, vois-tu, tu es le Kreistos, le symbole du T, la Vesta Immortelle. Osiris, Zeus, tout ! Tu es le dieu, à l'origine des choses venu, disparu pour reparaître le jour qui verra Rome dans le Néant, car maintenant elle s'y enfonce, et les sexes ne procréeront plus, et l'humanité en mourra. L'heure va sonner où une humanité nouvelle la remplacera, et c'est toi qui continueras la trame de la Vie, toi, Madeh !

Il le touchait délicatement, amoureusement, soulevant sa tunique et l'adorant en sa folie. Et, le remmenant, il le voulait encore à ses côtés, dans sa chambre, toujours oublieux du passé, tant, durant les heures d'alitement qui furent presque d'agonie, il l'avait demandé, il avait rêvé de Madeh ! Il ne parlait pas d'Atillia, ne voulant pas qu'elle traversât son souvenir, s'immobilisant là, à toujours le palper ; à la fois sous un coup d'orgueil, d'amour, de sentiment indéfinissable, de folie et de déviation de nature qui fleurissait encore les fleurs noires de sa passion. Cependant de grands cris éclatèrent, non plus venus du dehors, mais dans la maison même, envahie par la foule toujours aiguillonnée par Vipsianus et Carinas.

— Je te l'avais dit, s'éplora Madeh voulant se dégager. Les Romains te veulent tuer, et moi avec toi, et toute ta maison, la familia, le janitor, Atillia aussi ! Ils ont peut-être massacré Élagabalus et mis du sang dans leur ville d'inquiétude et de grincements. Que faire, que faire ?

Il se tordait les mains, essayant de l'entraîner quelque part, en des coins de cubiculas, pour le cacher et se cacher avec lui, sentant bien la résistance impossible maintenant. Mais Atillius s'affaissa sur le lit :

— Ils nous tueront ; la Vie ne vaut pas qu'on résiste à la Mort. Reste ici ! Tu le sais, je songeais à toi, même lorsque je t'eus chassé ; je pensais à toi, je te voulais, je regrettais ton absence, et sans un orgueil qui avait peur de se déceler je t'eusse fait appeler. Je comprends, je comprends pourquoi tu te donnais à ma Sœur. Je n'aurais pas dû te renfermer, t'isoler, plutôt t'élargir le monde, te distraire et t'amuser. Et puis, et puis, tu avais l'âge où la sexualité tout à coup se montre, et cela a été plus fort que toi ; oui, cela a été plus fort que toi. Quant à Atillia, je n'avais pas à lui en vouloir. Elle est femme ; elle est méprisante, et basse, et vile, et passionnée seulement de chair comme les femmes ! Elle restait dans sa destination, car sans la Femme, l'Androgyne existerait, et nos qualités, nos facultés, notre puissance, notre virilité seraient tout en lui et non plus énervées par Elle. Et c'est pourquoi je voulais l'Androgyne et l'espérais en toi. Tu l'es ou tu le seras, qu'importe ! Moi, je n'ai plus de force à vivre encore, et je me fais une joie de mourir avec toi !

Madeh le secouait, craignant à tout instant l'apparition des Romains, seulement séparés d'eux par le tablinum. Une grosse rumeur de combat s'ouïssait ; des piétinements furieux se rapprochaient, dominés par les cris aigus du singe. Après avoir enfoncé la porte et repoussé le janitor et les esclaves, les assaillants effarés par la magnificence de la maison, au jour apaisé de temple flottant de parfums aux légères buées bleues, demandaient Atillius, n'osant pousser de l'avant, toujours contenus par les esclaves, dressés en haie et les poings à la hauteur de leur face. Nul n'était armé, à l'exception de Carinas et de Vipsanius qui brandissaient un court poignard. Mais peu à peu ils refoulaient les esclaves vers le tablinum ; l'atrium s'emplissait constamment, et déjà, pour s'animer, ils lacéraient les tentures, renversaient des piédouches, éraillaient les murailles de crachats ignominieux. L'un d'eux tira la queue du paon, la bête glapit, puis s'envola lourdement vers l'impluvium, sur un rebord duquel elle se posa, effrayée. Le crocodile s'était plongé sous l'eau, dont la suspecte transparence ne remua plus. Et, de la rue, il en survenait sans cesse ; les esclaves se décourageaient, voyant le tablinum bientôt envahi, Atillius et Madeh massacrés.

La tunique sale, la coiffure crasseuse, tremblant, suant, balbutiant des mots sans suite, Amon courait vers la Vieille-Espérance assiégée. Des bruits de bataille lui parvenaient des Jardins ; de toutes parts on demandait la mort d'Élagabalus. Les chrysaspides sortirent d'une porte dérobée, des æneatores jouant sur leurs flancs ; un centurion en tête, un centurion en queue, le bouclier d'or et la pique d'or relevés. Rapidement, il apprit au centurion de tête l'envahissement de la maison d'Atillius, de laquelle il s'était échappé pour le faire secourir à tout hasard, car ils filèrent frénétiquement, en un étincellement d'armes d'or, lui, courant derrière, anxieux de sauver Madeh et Atillius, peut-être tués maintenant.

Vipsanius et Carinas, poignardant un esclave qui résistait, pénétraient déjà au tablinum dans un effondrement de la familia à moitié assommée. Traversant furieusement les cubiculas, arrachant tout, brisant tout, les chrétiens virent Atillius et Madeh, enlacés et très calmes, attendant leurs coups. Ils s'avancèrent sur eux :

— Tu es Atillius, le primicérius, l'ennemi de Rome ! A mort ! A mort ! Kreistos souffre par toi !

Atillius les regardait, reposant sur eux sa face pâle, ses yeux bleus-violets ouverts vaguement et sa main étreignant la main de Madeh qui se dressa, frémissant :

— Non ! Non, vous ne le tuerez pas. J'ai connu Kreistos comme vous. Kreistos est ici adoré !

Il voulait leur apprendre que ce Kreistos qui les animait contre Atillius était, avec d'autres dieux, dans le temple circulaire ; que lui-même, Madeh, avait communié de Kreistos dans la coupe d'or, suivant le rite oriental, tant il ignorait les divisions des chrétiens. Mais Carinas hurla :

— Toi, nous te connaissons. Tu habitais avec Ghéel, tu as été avec Zal, tu t'es donné aux chrétiens orientaux, tu as dénaturé Kreistos comme eux. Meurs ! Meurs ! Kreistos ne veut pas de toi !

Il leva le bras ; le poignard fit un éclair. Mais Atillius qui s'était précipité reçut le coup au cœur, frappé comme Zal. Il tournoya, la tête balancée, la bouche ouverte, les yeux vitreux, les mains crispées, dans sa robe violette traînante. Puis, il s'abattit sur Madeh que Vipsanius frappait aussi à la nuque de son poignard. Leur sang rigola, rouge et pur, se mêlant, sous leurs corps prostrés chastement, sans qu'une nudité des membres apparût sous leurs vêtements.

Affolés de ce sang, les chrétiens répandus dans la maison brisèrent les dieux du temple, la Vesta et les trépieds d'or, même le Kreistos noir touché avec horreur, comme une chose dont la signification était immonde. Puis, ils firent un effréné pourchas des esclaves, découverts sous des amas d'étoffes et de tapis, derrière des meubles, même dans les arbres du jardin, et ils les massacrèrent tous, malgré leur résistance désespérée. Des cadavres étaient dans les cubiculas, dans le péristyle, dans le tablinum, dans l'atrium, bleus de blessures, la gorge étranglée, le ventre ouvert à coups d'armes asiatiques pillées dans la maison, et le sang, cet affreux sang qui aveuglait Rome, s'épandit aussi, écumeux, souillant cette exquise demeure, cette joie d'architecture. Comme, terrifiés, le singe glapissait, le paon trépidait de sa queue qui ne rayonnait plus, le crocodile remuait, il les tuèrent aussi ; le sang du singe et du paon inonda le parquet, celui du crocodile rougit l'eau du bassin désormais tranquille, qui eut un aplatissement de lune, saignant.

Les chrysaspides approchaient, rejoints par Atillia et

Sœmias qu'Amon aperçut dans une litière fermée, quelque terrible que leur pût être cette imprudence en cette matinée. Le véhicule, entouré par des cataphractaires et porté par deux mules sonnaillantes, les cahotait, et elles se parlaient, sanglotantes et énervées. Si l'une, Sœmias, songeait à Atillius, combien plus Atillia à Madeh dont la mort invraisemblable se présentait avec de sourds invites à mourir aussi ! Un immense attendrissement, effaçant une pitié renaissante pour le Frère qui ne la voulut plus à son chevet, lui ramenait l'affranchi, si fin, si parfumé, si ductile des chairs, si vibrant d'âme, et elle le demandait maintenant tout bas, pendant que Sœmias la regardait, lui découvrant des traits d'Atillius, son profil allongé, son nez droit, sa bouche frémissante, et ses yeux, ses étranges yeux bleu-violets obombrant d'une lueur d'améthyste sa face, mobilement. La Domina, la Clarissima, ne voulait plus penser à l'ignominie de son Fils qui, pendant que des fidèles mouraient pour lui, s'était honteusement caché dans des latrines, y salissant ses vêtements d'or et de soie, sa tiaras constellante, ses chaussures tramées de métaux, d'émaux et d'ivoires, sans seulement le courage de se tuer avec son poignard d'or, son poison ou son lacet ! Si Atillius avait désiré l'Empire au lieu de se déviriliser avec Madeh, combien se serait-elle débarrassée de ce Fils qui avait ses vices sans les crises de l'énergie maternelle ; combien avec lui eût-elle écrasé l'insolence du Camp, les brutalités de l'armée, les injures de Rome ! Et, furieuse, passionnée de son amour inguéri, elle se jeta dans les bras d'Atillia, lui avouant ce que cette même Attilia avait deviné depuis quelques heures : son amour sauvage et profond pour Atillius.

— Ton Frère, je l'ai aimé, et si je me jette aux hommes, c'est qu'il m'a repoussée, lui à qui j'eusse donné l'Empire plutôt qu'à ce Fils qui s'est caché dans l'infection du palais !

— Moi aussi, j'aime Madeh, et si je t'ai suivie, si j'ai donné ma chair à des passants, peut-être des ennemis d'Élagabalus, c'est que Madeh avait disparu et que nul homme ne le pouvait remplacer !

Leurs sanglots s'unirent, leurs mains se pressèrent, Sœmias doucement s'imaginant qu'Atillius, bientôt sauvé, se jetterait dans ses bras ; Atillia espérant sourdement revoir Madeh à la maison des Carènes, qui se découvrit entre les épaules d'or des beaux Prétoriens. Les Romains se sauvaient, chassés par les chrysaspides, renversés par les cataphractaires, et plus il en fuyait, plus la maison en dégorgeait, que sans pitié ils massacraient. Elles avancèrent enfin, leurs mules marchant sur des blessés qui gémissaient, voyant du sang partout, même au ciel qui s'en recouvrait comme d'une toge rouge, trouée de coups.

Amon se glissa dans les rangs des chrysaspides, qui rentrèrent par quatre et de front, la pique très aiguë allongée dans le vestibule. Dans sa loge, le janitor était égorgé, les pieds sur un escabeau, la tête basse, en un violent accourcissement du corps. Dans l'atrium, les cadavres des esclaves s'étalaient, la face au sol, la nuque ouverte ou le dos troué ; quelques-uns, retenant leurs entrailles coulant de leur ventre crevé, regardaient les chrysaspides dans l'abrutissement de leur propre massacre. Dans un coin, Vipsanius et Carinas attendaient, satisfaits et dédaigneux. Ils avaient tué l'ennemi de Kreistos, l'importateur du Culte de la Vie, avec son prêtre du Soleil faussement chrétien. Ils pouvaient mourir, bien endoctrinés par Atta qui leur prouva si savamment le tort que faisait à Kreistos la Pierre-Noire et les sectateurs de Zal qui le dénaturaient. Et, cependant, Atta n'avait point paru en ces tragiques heures : à peine l'aperçut-on à l'Esquilin qui vit le massacre d'autres chrétiens. Il avait tramé sa subtile intrigue à part, pour mieux éviter les coups et ensuite profiter de l'exhaussement de Kreistos, si Kreistos dût être exhaussé. Les autres seraient ainsi tués, lui vivrait, et excellemment, pour la grande gloire de l'Agneau qui, l'enlevant à l'abjection du parasitisme, en ferait un docteur redouté, pieux, adroit, un Saint, un Apôtre, peut-être son Prêtre siégeant à Rome. Et cette perspective leur fut sans doute instinctivement agréable, car intrépidement, comme s'ils confessaient Kreistos dans le Cirque devant deux cent cinquante mille spectateurs, Vipsanius et

Carinas tendirent tranquillement la gorge à la pique d'or des prétoriens, et moururent, sans seulement crier !

Dans le tablinum, Sœmias et Atillia qui avaient pénétré derrière lui dans la maison, prenaient nerveusement une main d'Amon. Et elles lui disaient :

— Tu es son ami, tu l'as connu, Atillius ?

— Quelles étaient ses volontés, dis ; Madeh te les fit-il connaître ?

Elles ne le connaissaient pas, se doutant seulement que pour qu'il fût toléré là par les chrysaspides, il devait être quelque chose pour le primicérius et pour l'affranchi.

Amon, triste, amer, navré, répondit :

— Non, Madeh ne m'a rien dit ; j'ai voulu le suivre ici, d'où je m'échappai pour appeler du secours au moment de l'envahissement. Je connus Atillius jadis : il me sauva des prétoriens. Hélas ! Malheur ! Malheur ! Ils sont morts tous deux.

Atillius, dans sa robe violette, et Madeh dans sa pauvre toge, étaient renversés, la face en sang, leurs mains s'étreignant. Elles poussèrent un cri et glissèrent dans le sang, dans des débris de meubles. Des chrysaspides les relevèrent. Amon toucha Madeh, moite encore, qui remua :

— Il vit encore, il vit, Madeh !

Elles ouvrirent les yeux. Atillius ne remuant plus, Sœmias referma faiblement les siens. Atillia souleva le corps de Madeh, et, oubliant toujours pour lui son Frère, irrémissiblement frappé :

— Oui ! Oui ! Il vit, et je le garderai, et je le guérirai, et il m'aimera !

XVIII

Des jours s'épuisèrent ensuite d'heures lourdes, dans cette Rome qui avait pris un bain de sang, avec Élagabalus toujours à la Vieille-Espérance, Mammœa toujours au Palais des Cæsars. Encore les orgies mâles, les voluptés de la Pierre-Noire s'époiutèrent sinistrement, sous ce ciel latin, désormais rouge, qui réfléta tout le sang des carnages passés. Lamentable, la Ville Éternelle, la Cité maintenant obscurcie par l'ombre gigantesque du Cône Noir vainqueur, s'affala, gémissante et épouvantée, écoutant son Tibre qui pleurait sans cesser les cadavres emportés, cherchant un jour qui la pût éclairer dans sa nuit. A tous ses horizons, la face d'Élagabalus se dressa, vivante et resplendissante des gemmes de sa tiaras et des joyaux de son col; et sa robe poupre, très longue, ses pieds chaussés de soie et d'or foulant du safran pulvérisé, son sexe énorme, les nudités de son corps lui émergèrent partout, avec des apothéoses de danseuses, d'Hommes de Joie qui le violaient, de prêtres du Soleil aux mouvements de croupe toujours balançants. Hiéroklès, Zoticus, Murissimus, Gordius, Protogenès, tous ses familiers hauts comme des arcs triomphaux, s'étalèrent insolemment dans ses voies, ne se rassasiant pas du Cône Noir, couvrant abominablement Élagàbalus devant des faces de Romains qui n'osaient s'irriter, et ce n'était plus maintenant, dans les imaginations broyées, qu'un amoncellement ignominieux de cuisses d'hommes et de croupes d'hommes, avec des sexes toujours brandis !

Mais encore la révolte convulsa Rome, un matin de Mars ; le Tibre redevenant d'un jaune topaze, les monuments se faisant blancs, la campagne s'adornant, claire, les eaux susurrantes, avec presque pas de nuages au ciel où disparaissait une énorme lune que le ciel devait revoir. Et la Ville revit la descente du Camp des Prétoriens, le hérissement des piques et des javelots, la trouée aiguë des glaives, l'étincellement des casques et des cuirasses, l'échappée éperdue des Bêtes que des soldats tuèrent à coups de flèches, et le retentissant écoulement de la cavalerie dont les turmes assauvagies voltèrent haut, dans l'atmosphère bleutée, sur le sol trépidant, avec des cris à nouveau de mort. Mais elle-même, Rome, ne remua pas, laissa faire, absolument brisée de ses deux séditions, et ce ne fut plus qu'un combat entre les partis qui tenaient l'armée, entre Élagabalus et Mammæa toujours pour son Fils à l'Empire acharnée.

Et cette dernière et définitive convulsion arracha Madeh à la maison des Carènes, et avec Madeh, Amon et Ghéel. L'affranchi s'était rétabli, soigné par Atillia et l'Egyptien. Des jours s'étaient rapidement écoulés. Gangus et Lixio tués à la Vieille-Espérance, Ghéel échappé à sa blessure, grâce à Cordula, accourut vers Madeh, et avec Amon qu'Atillia voulut près de lui, ne cessa de le choyer, de le berçotter de choses exquises, de souvenirs du pays syrien où leur enfance coula, comme une eau discrète entre des rives bordées de végétations criblées d'or : Et quand ses forces revenues le permirent, ils lui firent des amusements d'enfant gâté, des causeries très bonnes ourlées des voix attendries de Cordula et d'Atillia — la courtisane ne répugnant pas à la patricienne; celle-ci n'ayant pas honte de celle-là — des rires émus de Ghéel et d'Amon qui déjà projetaient de retourner à Emesse, pour y vivre calmément; elle, Atillia, servie par Cordula et Habarr'ah ; Amon et Ghéel toujours au service de Madeh à qui ils promettaient des jours d'heurs tendres et de quiétudes ! Le convalescent souriait faiblement, revenait peu à peu aux choses extérieures, avec, pour Atillia, une espèce d'amour qui n'avait rien de charnel, qui était très pur, un oubli de ce qu'il fut pour Atillius et de ce qu'elle fut pour les hommes inconnus des lupanars. Et déjà pour chacun la vie rosoyait d'avenirs adorables, le monde ne leur paraissait plus si noir et la tige de l'humanité si pourrie ; l'Empire leur devenait indifférent, une annihilation de tout s'effaçait au profit d'une intimité croissante qui leur dressait des perspectives sans fin. Quelques fois ils parlaient de Zal et de Severa, et des pleurs intérieurs noyaient leurs voix, et le nom de Kreistos revenait dans leurs conversations, flottait dans le soleil dont la retombée d'or traversait l'appartement de Madeh — l'appartement d'Atillius, où Atillia avait voulu que Madeh demeurât. Alors Amon, Atillia, Cordula et même Habarr'ah parlaient de recevoir les Eaux, Ghéel souriait, Madeh revoyait l'Assemblée de la Transteverine où il se refusa à la joie charnelle des sectateurs du Kreistos oriental ; et celle du vieux temple latin de la Voie Ardéatina, qui le vit se sacrifier à eux. Et il n'était pas jusqu'à Scebahous, admis dans leur intimité, qui ne parlât aussi de Kreistos. Lui aussi désirait retourner non en Syrie mais en Cilicie, où il continuerait à vendre du porc salé et à raconter d'extraordinaires histoires que ses années vécues à Rome devaient rendre plus extraordinaires encore !

XIX

Éperdûment, vers le Tibre, Madeh emportait Atillia que les Prétoriens avaient frappée, alors qu'elle s'élançait au secours de Sœmias, égorgée avec Élagabalus découvert dans les latrines de la Vieille-Espérance, aux murs somptueux. Ils lui avaient enfoncé la tête, sa tête dorée d'Empereur à la tiaras tramée de gemmes et de métaux précieux, dans les excréments, puis tué Hiéroklès, crevé les yeux à Aristomaches et à Antiochanus, empalé Zoticus et Murissimus, décollé Gordius et Protogenès, semé à nouveau les Jardins de cadavres qui y pantelèrent à ce soleil de Mars, empli les lacs de sexes coupés d'Hommes de Joie, saccagé le palais où il ne resta plus rien debout, ni candélabres aux pieds d'atlantes, ni vases, ni statues, ni triclinias, ni trônes d'or, d'ivoire et de bronze dont les obscénités sculptées étaient des symboles, ni cathèdres, ni sigmas, ni tables de thyas, ni rien qui en faisait la gloire. Puis, arrachant la Pierre-Noire au Temple du Soleil, ils l'avaient souillée d'ordures et mise en débris que le peuple dispersa pour que jamais ne lui revînt cette signification de la Vie, érigée si terriblement au-dessus de Rome, comme un obélisque d'ombre, à aspect de gigantesque phallus.

Dès le soulèvement, Habarr'ah avait appelé Ghéel et Amon pour arracher Atillia aux prétoriens révoltés, et quoique faible encore, Madeh les suivit. Ils pénétrèrent à la Vieille-Espérance où ils furent bientôt dispersés. A peine si Madeh put se glisser en un coin de salle emplie de sang jusqu'à Atillia violée, le ventre nu, les seins coupés, la gorge tuméfiée, la face broyée à coups de talons de fer! Il la prit et n'eut que le temps d'éviter une flèche partie d'un couloir dérobé, frappant Habarr'ah qui tomba là, morte, sans un cri, son corps noir troublant la mare de sang dont un flux bouillonna.

Un crépuscule violet bandé de stries de vin gâté s'élargissait jusqu'au zénith dont les reflets verdirent comme des chairs de cadavres pourris. Péniblement, Madeh marchait, sous un bras Atillia dont les pieds traînaient, et traversait les espaces vagues du bas du Palatin au Tibre. Il voulait retourner à ce paisible atelier de la Transteverine pour, dès le lendemain avec Amon, avec Ghéel, avec Atillia qui n'était pas morte et qu'il soignerait comme elle le soigna, s'embarquer sur le Tibre jusqu'à Ostie, d'où ils s'en iraient tous vers Emesse. Et il espérait, sentant monter du corps d'Atillia une faible chaleur, qui le faisait se méprendre sur la gravité de son état; il espérait malgré tout, lui jadis si désespéré, lui qui eût donné sa vie. C'est que, maintenant, il aimait Atillia, épuré par la souffrance de ses mois de blessure, par les bonnes journées écoulées dans la maison des Carènes, par tout ce qui leva en lui une attirante fleur d'un sentiment très affiné.

Partout la désertion se faisait autour des nouveaux massacres: des cavaliers seulement apparaissaient dans un éloignement de crépuscule, la pique à l'air ou le glaive brandi; des fumées noires montaient lourdement que le vent très faible avait peine à dissiper. Et ces fumées flottaient, pareilles à des draperies, sur les sept collines, sur le Tibre et sur l'horizon, mangeant peu à peu les bandes vineuses de ce crépuscule sinistre, enveloppant les faîtes des temples, les pointes des colonnes et des obélisques, les terrasses des maisons, les bordures des arcs, les coupoles, les toits, les cirques, les amphithéâtres, les mausolées, dont les ors extérieurs flambèrent un moment pour s'atténuer et disparaître, dévorés par une gueule effroyable de nuit.

Des clameurs fusèrent du Capitole, unies à d'autres clameurs, du Grand Cirque, du Palatin et de la Vieille-Espérance. Des ombres de hauts cavaliers à l'armure squammeuse, des ombres de cataphractaires filèrent. Vers le Capitole, dans l'élargissement jaune d'une lune crevant la nuit, un éblouissement d'armures blanches, d'enseignes, de glaives et de piques se fit, une espèce d'érection d'Empereur, qui était Alexander debout sur des surfaces de boucliers d'argent, casqué et avec un flottement de chlamys pourpre qui prit des ampleurs de voile ensanglantée. Du Grand Cirque une foule courut, traînant quelque chose butant sur le pavé. Tout disparut ensuite, en un évanouissement de dernières clameurs.

C'étaient les argyraspides proclamant le fils de Mammæa, après une tuerie furieuse des chrysaspides, ces beaux Prétoriens au casque d'or, au bouclier d'or et à la pique d'or, fidèles jusqu'à la mort pour Élagabalus qui les avait enrichis, protégés et choyés. Une heure durant, les armes d'argent des premiers s'étaient heurtées aux armes d'or des seconds, qui les avaient toujours jalousés ; abandonnés de tous, tant l'armée, à l'exception de quelques autres Prétoriens qui laissèrent faire, leur en voulait d'avoir été choisis par l'Empereur. Et ce ne fut qu'après avoir passé sur leurs corps où leur armure bosselée laissa voir des trous de sang, qu'Élagabalus, Hiéroklès, Zoticus, Murissimus, Protogenès, Gordius, Aristomaches, Antiochanus, Sœmias et Atillia, tous les soutiens de la Pierre-Noire furent tués à coups de massue, à coups de flèches, à coups de piques, à coups de javelots, à coups de glaives, à coups de poignards, à coups de tout !

— Je n'arriverai jamais, jamais ! Ah ! Ghéel ! Amon ! Atillia, Atillia, c'est moi, qui t'emmène, qui te sauve, moi, Madeh ! Ouvre les yeux, vois-moi ! Ah ! dieux, Soleil, Kreistos ! Atillia, Atillia ! — Et Madeh s'exclamait toujours, désespéré, et sans plus de force pour davantage porter Atillia qui ouvrit les yeux, poussa un faible cri ! Devant eux le Tibre s'élargissait dans son vêtement d'eaux que rendait plus jaunes la lune ; des masses molles coulaient à son milieu qu'on eût dit des cadavres, le fleuve gémissait dans un roulement continu de galets. Et ses deux grèves s'allongeaient, épointées de ces galets brillants qui grouillaient, et les ombres des maisons dressées à ses bords se secouaient en des miroitements d'or sale, dans lesquels la lune dansait. A quelques pas, le pont Sublicius évasait ses arches épaisses. Plus loin un trou dégorgeait une eau noire, en bruits de gargouillements. Madeh reconnut la Grande-Cloaque dont l'aspect à la fois tragique et honteux le frappa d'horreur un jour.

Brisé, il s'assit sur la grève. Il eut peur de voir mourir là Atillia, car fermant les yeux, elle serrait ses mains dans les siennes en des crispations d'agonie. Puis elle eut un soupir, se redressa faiblement, et se renversa sur Madeh, sa longue chevelure encore souillée des brutalités des soldats, ses jambes étendues sous la stola déchirée trempée dans du sang.

Des formes humaines se poussaient sur le pont Sublicius, dominées de cavaliers au geste rapide qui s'écartèrent devant deux femmes. Madeh n'osait remuer pour qu'on ne découvrit pas Atillia, qu'on ne fît pas souffrir une deuxième mort à la sœur d'Atillius. Et, pendant qu'il contenait les sanglots de sa gorge, à la clarté de la lune toujours jaune il distingua Mœsa et Mammæa. L'Aïeule, après s'être agenouillée, partait seule, farouche, chancelante, avec un mouvement d'horreur pour sa Fille vivante, immobile là. Elle venait de baiser suprêmement la face d'Élagabalus que ces cavaliers allaient jeter par-dessus le pont Sublicius. Le cadavre de cet Empereur de vingt-un ans, après une mutilation de son sexe, avait été, quelques heures durant, traîné dans le Grand Cirque, jeté dans une ouverture de la Grande-Cloaque trop étroite où il ne put passer, et traîné jusque-là.

— Madeh ! Madeh !

Amon et Scebahous ! Amon, les vêtements déchirés, la tête nue, la face en sang, après avoir vu Ghéel tué à ses côtés, après avoir été lui-même traqué par des soldats à travers les Jardins jonchés de cadavres, retournait à la Région Transteverine, avec Scebahous qui s'était hasardé vers la Vieille-Espérance pour avoir des nouvelles de ses amis. Apitoyé, le marchand de porc salé lui avait offert sa maison.

— Ghéel, Madeh et Atillia sont morts ; tu ne feras rien à Rome. En attendant de retourner à Alexandrie, demeure chez moi. On ne te fera rien, parce que tu n'étais rien ! Ce n'était pas comme Atillia, sœur d'Atillius, comme Madeh, prêtre du Soleil, comme Ghéel, qui assistait aux assemblées du Kreistos Oriental. Viens ! Je donnerai encore de mon porc salé à Cordula, en échange de son corps. Cordula aimait Ghéel ; elle m'aimera, et peut-être que je ne paierai plus le plaisir qu'elle devrait me donner pour rien. Pendant ce temps, je vendrai du porc salé, je m'enrichirai avec du porc salé jusqu'à ce que je puisse vivre des jours tranquilles, en Cilicie.

Ils avaient descendu la grève, attendant que le pont fut libre pour atteindre la Transteverine. C'est alors qu'Amon vit Madeh :

— Viens, tu es jeune, tu ne peux te désoler longtemps. Si les soldats de là-haut te reconnaissaient avec ce cadavre, ils te tueraient, et nous avec !

Il lui prit le bras, ne reconnaissant pas Atillia sous les blessures horribles de sa face. Madeh résista :

— Et Ghéel ?

— Mort !

Amon dit cela, navré, les bras pendants. Madeh gémit :

— Ghéel, Atillia, Atillius, Zal, Severa, tous, tous !

Il ne remuait pas. Mais Amon :

— Et Atillia ?

— La voici, sanglota Madeh, désignant Atillia étendue sur ses genoux, la bouche ouverte, les yeux ouverts, la gorge boursouflée, tailladée de coups et de déchirures qui saignaient. Ils l'ont violée, écrasée, tuée !

Et il souleva sa tête, la baisa au front où un coin de peau nettement brillait comme de l'ivoire, sous ses cheveux souillés, ne voulant suivre Amon et Scebahous qu'avec ce cadavre.

Les cavaliers hissèrent Élagabalus, qu'ils lancèrent au fleuve, par-dessus le pont, les pieds chargés de poids de bronze. Le cadavre plongea dans un grand trou d'eau qui eût des rejaillissements d'or; son ventre blanc au sexe coupé, ses cuisses blanches, sa tête auréolée de cheveux encore teints de pourpre, un instant flottèrent pour couler à plomb dans un engouffrement muet. Puis, les cavaliers firent un mouvement, une tête de cheval recula dans la nuit. Ils allaient disparaître quand Mammæa dit tout haut à un personnage enveloppé dans sa toge :

— Tu connais ces gens-là, Atta? Qu'est-ce que ce cadavre qu'ils gardent?

La lune éclaira Madeh qu'Atta avait vu avec Ghéel, que dans sa haine des Chrétiens Orientaux si souvent il espionna. Comme il connaissait son histoire, il n'hésita pas :

— C'est Madeh, l'affranchi d'Atilius, Magnificence! Encore un partisan de Kreistos dénaturé, quoique prêtre du Soleil!

Alors un cavalier — un sagittaire arabe — banda son arc, un coude en arrière, le buste haut, une flèche siffla. Madeh, qui s'était retourné, reçut l'arme en pleine gorge et tomba sur le cadavre d'Atillia.

— Mort, s'exclama Amon se souvenant, par cette voix, de l'exparasite Atta, pendant que le sagittaire galopait, suivi des autres, en un bruit dur de chevauchée et de piétons qui s'enfoncèrent dans Rome sous la lune revêtue de clartés diffuses d'or sali.

— Jetons-le au Tibre, dit Scebahous philosophiquement, après qu'Amon eut essayé en dépit de tout de ranimer Madeh. Atillia le suivra. C'était un prêtre du Soleil, sa personne est toujours sacrée. Il ne faut pas que son cadavre soit souillé par les méchantes gens de Rome, par les soldats qui tuent tout pour Alexander et pour cette femme qui est Mammæa, et par les chiens qui le dévoreraient sûrement. Vois, il est mort, bien mort! Le Tibre le portera à Ostie, et qui sait si une vague secourable ne le déposera pas sur une plage syrienne, avec Atillia. Si Ghéel était vivant encore, il m'applaudirait!

Et pris de la superstition pour l'ancien sacerdoce de l'affranchi qu'ils voulaient respecter dans sa mort, eux qui étaient des Orientaux, doucement ils prirent Madeh et descendirent la grève jusqu'au Tibre, où ils le jetèrent. Atillia le rejoignit. Les deux corps émergèrent des eaux, se buttèrent aux immondices dégorgées par la Grande-Cloaque, gagnèrent le large et disparurent dans un remous que la lune jaunit vivement.

Comme Amon sanglotait, Scebahous l'entraînant par le pont Sublicius lui disait en guise de consolation :

— Pourquoi s'affliger ? La vie ne vaut pas des larmes. Vois-moi ! J'existe sans exister, c'est-à-dire que je n'existe pas. L'Empire ancien ne me connaissait pas ; l'Empire nouveau ne me connaîtra pas. Je ne suis pas pour Mammæa, pas plus que je n'étais pour Élagabalus ou pour le Kreistos, Oriental ou Occidental. Je suis vendeur de porc salé, je débite du porc salé ; je me dérobe à tous pour m'en aller un jour de Rome où l'on vous tue quand vous existez, c'est-à-dire quand on vous connaît. Fais comme moi ! Tu vendais des lentilles, revends des lentilles ! Mon porc est excellent ; pourvu qu'on me l'affirme, je suis satisfait. Je ne demande qu'à ne pas en donner à Cordula, qui m'aimera maintenant que Ghéel est mort, en échange de son corps. Qu'elle me l'offre pour rien, et je la garde avec moi, et elle vivra avec moi, et nous irons en Cilicie, quand j'aurai vendu assez de porc salé. Sa chair est bonne, mais mon porc est bon ; pourquoi gaspiller celui-ci. Je suis homme sage, prudent et probe ; sois de même et tu n'auras à craindre ni Mammæa, ni cet Atta qui lui a désigné le pauvre Madeh, — ni rien !

FIN

Paris. — Typographie A.-M. BEAUDELOT, 8, place des Vosges.

EN VENTE A LA MÊME LIBRAIRIE

Jean LOMBARD

BYZANCE

Troisième Mille

Un volume in-18 jésus : **3 fr. 50**.

Le fait est que jamais on n'a trouvé langue plus appropriée à l'analyse de ce diadème du grand Empire d'Orient... Il y a dans ce roman historique des qualités de premier ordre, un grand savoir, une mise en scène très habile.
(*Gaulois*, 10 octobre 1890).

Je suis certain de l'avenir de ce livre.
(*Bataille*, 15 juillet 1890).

Bysance est une belle œuvre d'art.
(*Mercure de France*, septembre 1890).

Sur les traces de Gustave Flaubert, mais d'une façon bien personnelle, M. Jean Lombard nous paraît avoir définitivement formulé le roman historique.
(*Revue Socialiste*, décembre 1890).

C'est assurément une œuvre de mérite.
(*Soleil*, 16 novembre 1890).

Bon livre où l'historien et le poète se coudoient.
(*L'Indépendance*, 15 septembre 1890).

Il faut insister sur la science avec laquelle Jean Lombard meut les grouillantes masses populaires, science absolue au point qu'elle ne souffre auprès de ses merveilles nulle analyse psychologique, nul dessin de caractère, et nul dialogue et nulle oasis de grâce fraîche, et science où il n'a qu'un rival, d'ailleurs dépassé à mon sens, le Zola de *Germinal*.
(*L'Initiation*, septembre 1880).

A LA MÊME LIBRAIRIE

Georges DARIEN
BIRIBI
DISCIPLINE MILITAIRE

Dixième mille, **3 fr. 50**

Ces trois cents pages sont pour ainsi dire le martyrologe d'un homme. (*Patrie*, mars 1890.)

Ce livre rappelle les souvenirs de la maison des morts, de Dostoïewsy. (*Soir*, 11 mars 1890.)

Étude? Non. Quelque chose de plus partial et de plus personnel qu'une étude, de plus vivant et de plus humain. Ce livre n'est qu'un cri « un de ces cris rageurs, un de ces cris affreux qui crèvent le silence des bagnes ».
(*Paris*, 23 mars 1890.)

Biribi est un livre superbe, angoissant, terrifiant... une barbare et vibrante épopée qui nous révèle des sortes de supplices plus nombreux et plus effroyables que ceux qu'inventa le Dante. (*Mercure de France*, 14 mai 1890.)

La lecture de *Biribi* vous fait froid sous la peau, vous glace d'horreur et l'on se sépare du livre avec l'impression de sortir d'un rêve effrayant, d'un cauchemar épouvantable.
(*France moderne*, 14 mai 1890.)

Biribi est un pamphlet exacerbé, avec des emphases et des déclamations à la Vallès. Ce que le vigoureux écrivain des *Réfractaires* a fait pour la chiourme de l'Université, M. Georges Darien l'a tenté pour les bohèmes de l'armée... Voilà un livre dans le goût du jour et qui aura certainement du succès... Il n'en faut pas plus pour tirer à vingt mille!
(*Echo de Paris*, 8 avril 1890.)

La plaie est étalée toute vive. M. de Freycinet, assisté par M. Millerand, a promis de la guérir. (*Eclair*, 26 mars 1890.)

C'est après avoir lu le remarquable roman de M. Georges Darien, intitulé *Biribi*, que nous nous rendîmes auprès du ministre de la guerre, pour attirer son attention sur les abus scandaleux qui y étaient dénoncés.
Les critiques les plus vives, et, on a le droit de le dire, les plus justifiées avaient été dirigées contre le traitement qui allait en certains cas jusqu'à la cruauté, infligé aux disciplinaires punis. Le décret qui vient de paraître constitue un progrès réel sur la situation actuelle.
(A. MILLERAND, *XIXe Siècle*, 11 juillet 1890.)

A LA MÊME LIBRAIRIE

Marcel LUGUET

ÉLÈVE-MARTYR

Roman Militaire

Deuxième Mille : **3 fr. 50.**

Le hasard nous a mis aux mains un ouvrage qui, sans être un chef-d'œuvre, a pourtant de grandes qualités et révèle un écrivain. *Elève-Martyr* n'est que l'ébauche d'un beau livre, mais une ébauche puissante, dont la première partie est extrêmement remarquable et promettait un ouvrage supérieur... Je regarde comme une page digne d'être lue et goûtée par les plus délicats celle où M. Marcel Luguet, contant les manœuvres militaires d'automne, nous montre toutes les poitrines des soldats se gonflant d'enthousiasme au cri du colonel qui leur dit : « L'ennemi est là... en avant ! » Le morceau est superbe.

Francisque Sarcey.
(*Le Parti national*, 27 septembre 1889).

Il n'est pas indifférent, ce livre de M. Luguet. Il est un peu touffu, un peu trop abondant et lyrique...; mais il y a là des pages qui ne sont pas sans valeur, comme le récit d'un duel de maréchaux des logis, qui a une issue tragique... C'est là un morceau excellent, sobre, vraiment poignant.

(*Gil Blas*, 23 août 1889).

Une âme ardente et rêveuse, folle d'espoir, puis désemparée par le malheur et un milieu d'abord sympathique à cette âme et qui l'opprime ensuite, le monde militaire, voilà le double sujet du livre. L'influence de Tolstoï est sensible en quelques passages, mais l'ensemble du livre laisse une impression forte. Il contient des parties neuves, des choses fines et pénétrantes, des pages poignantes.

(*Courrier français*, 21 juillet 1889).

Ce n'est pas une peinture optimiste du monde militaire, *Elève-Martyr*; ce n'est pas non plus une étude dénigrante, une œuvre de démoralisation comme il en a trop paru dans ces derniers temps. M. Luguet raconte dans ce volume très nourri, où le détail psychologique tient d'ailleurs une place considérable, les misères d'une âme délicate, mal trempée, incapable de se plier à la saine et indispensable routine du métier.

(*Télégraphe*, 19 mai 1889).

www.ingramcontent.com/pod-product-compliance
Lightning Source LLC
Chambersburg PA
CBHW070451170426
43201CB00010B/1302